俗地と文人

―幕末期大坂の萩原広道―

山崎勝昭　著

はじめに

岡山藩士だった萩原広道（文化一二年一八一五—文久三年一八六三）は、早くから文人として立ちたいと思っていた。天保一二年一八四一から一三年にかけて大病し、そのことをきっかけに、彼は弘化二年一八四五三一才の時、「夢」を果たすべく脱藩して大坂に移住した。大坂の地では、当初から国学講釈や詠歌指導や著作などだけで生計が立てられるとは思っておらず、その足りぬ部分は板下書きや書肆から依頼される仕事を引き受けて当座の糊口を凌ごうと考えていただろう。しかし、門人の集まりが悪い上その門人たちから得られる収入が初めに思っていたより遙かに少なかった。恐らくこれまで蓄えも殆どなかっただろうから生活は苦しく、文人として立つどころではなかった。大坂が俗地で文雅の地でないことは来坂前から承知はしていたが、実際の大坂は彼にとっては想定外の俗地であり「不文之地」だったのである。

来坂した年の弘化二年八月頃と推定される備前の坂根六三郎に宛てた書簡（断簡。野田実「歌人としての萩原広道」（『国民の文学二月号』（通巻第百九十二号—昭和六年二月）所載））で、広道は次のように愚痴っている。

○大阪《（ママ）》にて御存じの歌よみになりても相なるべくいろいろの相談仕り候に、社中をも相集め試み候へども、元来俗地にて一向住居仕り難く、差当り暮向に当惑仕り申候。……《（ママ）》昔より当表にて、文人の開業仕候人は、一人も無御座事と相考申候へば、早速立去り候て江戸表へも可罷出存候へども云々《（ママ）》。

大坂はもともと俗地だから文人としては住みづらく、過去に文人として立った者が一人もいなかったことを考えると、早速この地を立ち去って江戸でも行こうかと考えてもいる、と言う。

また、これより三ヶ月ほど後の備中の親友藤井高雅宛ての書簡でも、[注①]おおよそ次のように言っている。

○私がなんとか大坂で永住出来るようにと、西田直養（小倉藩大坂蔵屋敷留守居）が、吹田屋庄兵衛（大坂商人）や森本勘兵衛（同）らと親切にも種々相談してくれているが、何事も「難波風」でそれ以上話は進まず、とにかく困窮している。春になると何とか相談がまとまればいいがどうも覚束なく、大坂で文人として立つことはとても出来ない趨勢である。

○社中にはかれこれ四〇人ほど出入りするようになったが、月次の歌会に一、二度来る程度、会費さえ集まりかねている。古典の講釈をしてもいつの間にか一人二人まで減ってしまい、腹立たしくて止めてしまった。聞くと、以前大坂で塾を開いていた村田春門や垣本雪臣の時の講釈も同じだったと言う。ここは「よくよく不文之地」である。そんな中、「別懇之者」が七、八人出来たので大いに助かっているが、とにかく来春に予定されている生計の企てがうまくいかなければ、大坂を立ち去るより他はない。

この書簡では、広道が大坂で永住出来るように考えてくれている人々の名も見え、さらに「別懇之者」（とりわけ懇意な者）が七、八人も出来たと言い、先の書簡とは趣は異なっている。しかし、大坂の地に対する不平・不満はより具体的で、「難波風」と言うことばも見える。どう言う意味か、言葉に実が伴わないとか口先だけとかと言うことだろうか。しかし、先の書簡の俗地と最も響き合っているのは、「よくよく不文之地に御座候」と言うその「不文之地」（学問・文事の開けない地）だろう。そしてここでも、生計のめどが立たねば、大坂を立ち離れどこか他の地へ移るしかないと言う。

大坂への飽き足りぬ思いは移住当初だけではない。この三年後、知りあったばかりの周防の鈴木高鞆に宛てた嘉永元年三月二一日付書簡（『広道の消息』）でも、次のように「御存之俗地」と言っている。

近来ハ京摂もさしたる人物無二御座一様子。まして浪花ハ御存之俗地、頓《とん》と埒明不申《らちあきもうさず》候。

「御存之《ごぞんじの》」とある。高鞆はかつて伊勢の足代弘訓塾で学んでいた頃、その往復の途次に大坂に立ち寄り何人かの文人とも交わっていて、大坂は曽遊の地だったからである。そのことを高鞆から聞いていて、広道は、大坂が俗地なのはあなたもよく御存じでしょうが、と念を押している。

ところが、そんなにも俗地の大坂に憤《いきどお》っていた広道だったが、大坂を離れることなく居続け、四九才で亡くなったのも大坂の町中だった。彼が大坂を離れ（ることが出来）なかったのは、主体的（病弱）・客体的（経済的）な条件がかなわなかったから、と言う理由も十分考えられる。しかし、彼としては不本意にも「俗地」・「不文之地」の大坂に居続けてしまったけれども、重要なことは、そのために文人としての「業績」を十分挙げることが出来なかったのかどうかと言うことだろう。

その点に就いて言えば、晩年に中風で倒れ仕事は十分に成し遂げられなかったけれども、幕末期の一見不毛に見える文学界（や思想界）において、彼は「文人」として決して小さくない働きをした、と私は考えている。そのことは、先の拙著『萩原広道』（上下二冊、二〇一六年三月）において紹介したし、またこの後の本文中でも言及している。

俗地が、形而上的なものに対するリスペクトのない地・即物的なものが尊ばれる地というのなら、お金にこだわる商人たちの蝟集《いしゅう》する大坂の地は、紛れもなく俗地そのものである。幕末期の思想界・文学界における広道の働き（業績）は、そんな俗地でなされたものだけに、江戸や京における文人よりその頑張りは大変だったに違いない。ただ、俗地ではあるけれど必ずしも「不文之地」とは言えないような側面（「もう一つの大坂」とも呼べるような側面）—つまり「文化界」の活況を促すことのできる能動的・積極的な側面が思いがけずも大坂にあり、それが文人として必死に立とうとする広道を背後から支えてくれていたのではないだろうか。

その一つは、商人たちだけに見える大坂にも、一方では江戸や諸藩からやって来た武士や役人が少なからずいた。もとより永住するのではないが、短くて一年あるいは数年、長くは十数年の間大坂に仮寓した。彼らは一面から見れば知識人であり、文化というものが人の活発な行き来によって活性化し発展するとすれば、彼らの大坂の地に与えた影響はたいそう大きい。またもう一つ、俗地には似合わぬほど書肆が多かったことである。その数は江戸には及ばぬまでも、文雅の地の京よりは多かったかも知れない。書肆もまた大坂商人ではあったが、文人として生きる広道を、結果として支えていたのだった。

広道のような、全く後ろ盾のない者が、俗地と呼ばれる地において「文人」として最後まで生き抜くことが出来たのは、そんな徒手空拳の「文人」を受け容れるような、寛容な「空間」が大坂には並存していたからではないか。以下、そんな視点から「大坂」と「広道」とを考えてみる。

注①＝備中吉備津宮社司藤井高雅に宛てた弘化二年一一月一七日付書簡（『広道消息』）。そこから二箇所を摘記すると、次のようである（ルビや返り点や中略記号「…」は引用者）。

○其後西田直養よりも段々深切に申来、何分にも野生浪華に永住致候やう相計可レ申とて、又候《またぞろ》吹田屋庄兵衛、森本勘兵衛へ談じ呉候て、…、彼是《かれこれ》及二相談一候へども 是以《ここをもって》 御存之難波風、一切事ゆき不レ申候。去月末西田も上京仕候故、万事夫成《それなり》に相成居申候。何分にも困窮仕居申候。春にも相成候はゞ又々何とか相談つき可申歟《もうすべきか》。無覚束《おぼつかなき》勢ひに、迚《とて》も大坂にて文人を立候事は決て難二相成一勢ひに御座候。

○連中は彼是四十人計も出入仕候様にはなり申候へ共、月次之歌会などへ、一二度参候位の事にて、其料物《りょうもつ》さへ集りかね申候。…、講釈も仕候へども、漸《ようやく》一二人計に相成候故、腹立しさに打止申候。聞合《ききあわせ》候処、已前《いぜん》、春門・雪臣なども、講釈は、皆左様之事にてありしと申候。よくよく不文之地に御座候。併《しかし》、先七八人は別懇之者 出来《しゅったい》仕候故、大に得レ力居申候。何分にも右来春之 術計《じゅつけい》破れ候はゞ、大坂をは袖を払ひ候より外に、術《すべ》は無二御座一候。

〈目　次〉

［凡例］

一　本文は次の要領に従った。

㈠　本文は勿論、引用文に就いても使用漢字は原則として通行の字体を用いた。地の文や引用文中の（）による注記やルビは断りのない限り筆者（引用者）による。割注は一行書きにして【　】で括った。

㈡　資料の引用は、改行してかつ行間を少し空けて引いた。原文を引くときはポイントを下げずに、論文等はポイントを一つ下げて引いた。

㈢　本文中の語句等に注記を施す時、簡単なものは前述の如く（）で括って注記したが、やや長くなる場合は、その語句に注①注②等のルビを付し、その段落（項や章）の終わりにポイントを一つ下げて注記した。

㈣　「幕末」は通常嘉永六年一八五三の黒船来航後を指すようだが、天保改元一八三〇以後とする人もいる。私は後者の見方に従いたく、**本書では「幕末」は天保改元前後から後、約四〇年間と考えている。**了とされたい。

一　文中、参考にした論文や編著作資料は、そのタイトルや著者名などをその場で明記するように努めた。ただし、何度か引用を繰り返すものに就いては、次のように著者名を省きタイトルの多くを略記した。

○『大坂大番記録㈠』＝大坂城天守閣編刊『大坂大番記録㈠』（徳川時代大坂城関係史料集第三号）

○「大坂加番大名一覧」＝大坂城天守閣編刊『大坂加番記録㈠』（徳川時代大坂城関係史料集第一号）巻末［解説］。

○『大阪人物誌』＝石田誠太郎編『大阪人物誌　正続』

○「大阪の出版」＝多治比郁夫「大阪の出版」（『京阪文藝史料第五巻』）

○『大阪訪碑録』＝木村敬二郎原編・船越政一郎編『稿本大阪訪碑録』（『浪速叢書　第十』）

○『海西漫録』＝藤原暹『鶴峰戊申の基礎的研究』［資料編］第二部「戊申の著作類」に抄録。

○『銀鶏雑記』＝平亭銀鶏『難波／金城／在番中銀鶏雑記一～五』（中村幸彦・長友千代治編『浪花の噂話』影印所載）

○「古典籍データベース」＝国文学研究資料館日本古典籍総合目録データベース

○『戊申《しげのぶ》「雑録」稿』＝藤原暹『鶴峯戊申の基礎的研究』

[資料編]第一部「戊申の記録」所収の「「雑録」稿」
○『戊申日録』＝藤原前掲書[資料編]第一部「戊申の記録」所収「日録」―「束脩者」(入門者)又は講席に連なった者の名が記載。
○『自叙伝』＝森川彰「萩原広道の自叙伝」(『混沌第8号』)
○『授業門人姓名録』＝校本『授業門人姓名録』(鈴木淳・岡中正行・中村一基『本居宣長と鈴屋社中』)
○『小竹門人帳』＝多治比郁夫校注「篠崎小竹門人帳」(『上方芸文叢刊5名家門人録集』)
○『書籍目録』＝『享保以後大阪出版書籍目録』
○『高尚書簡』＝飯田正一「藤井高尚書簡集(一)～(四)」(『国文学研究』第五五集～第五八集)
○『竹垣直道日記』＝藪田貫編『大坂代官 竹垣直道日記(一)～(四)』(関西大学なにわ・大坂文化遺産学研究センター刊)
○『中西文庫』＝『中西文庫目録』(大阪府立中之島図書館編刊)
○「中村論文」＝中村幸彦「宝暦明和時代の大阪騒壇―『列仙伝』の人びと―」(『近世作家研究』)
○「浪華人物録」＝「浪華人物録 文化改正」(『摂陽奇観巻之四十五』(『浪華叢書第五』))
○『西田直養』＝玄海生『西田直養』(北九州市立中央図書館蔵)
○『日間瑣事』＝『日間瑣事備忘』(『広瀬旭荘全集日記編一～九』)
○『信友来翰集』＝大鹿久義編著『伴信友来翰集』
○『板行御赦免書目』＝宗政五十緒・若林正治編『近世京都出版資料』所収
○『春門日記』＝渡辺刀水編著『村田春門日記鈔』(『渡辺刀水集(三)』〈昭和六二年一一月〉所収)
○『広道書翰』＝一日会編『萩原広道書翰』
○『広道消息』＝井上通泰編『萩原広道消息』(大阪大学付属図書館懐徳堂文庫蔵)
○『広道の消息』＝関大図書館手紙を読む会「萩原広道の消息」(『関西大学図書館フォーラム6号～11号』所載)
○『街廼噂初編』＝『浪花雑誌街廼噂初編』(『浪速叢書第一四巻』所収)
○「真榛宛広道書簡」＝「安政二年三月一九日付池辺真榛宛萩原広道書簡」(飯田義資『池辺真榛大人伝』)
○『芳樹日記』＝『近藤芳樹日記』(大阪府立中之島図書館蔵写真複製版。『内海文化研究紀要』第34号(平成18年3月)より久保田啓一・蔵本明依「山口県文書館蔵本」翻刻連載中)
○『芳樹書簡』＝『芳樹大人書牘集』・『近藤芳樹書牘集一、二』(共に山口県文書館吉田樟堂文庫蔵写本)
○「六奉行一覧」＝『新修大阪市史史料編 第六巻 近世Ⅰ／政治Ⅰ』巻末付載「船手・六奉行一覧」

第一部

「俗地」の大坂

貴賤に雅俗を対照させると、貴は雅に賤は俗にそれぞれ対応するのだろう。そうすると、士農工商の、いわゆる四民の最下位たる商人の活躍する大坂の地は、当然にも俗地とならざるを得ないのである。雅が〈質〉を重んじると言うのなら、俗は躊躇することなく〈量〉を重んじる。眼前に積まれた米俵の高さを尊んでも、文学や思想という形のない世界に対して尊敬の念をもたない、そんな俗物たちの集まる俗地はまさに不文の地であり、雅を売ることで生活する「文人」にとっては、耐えがたい地だったに違いない。

しかし、俗地は文学や思想――総じて文化というものと本当に無縁だったのだろうか。何か先入観でもって「無縁」だと結論づけていなかったか。いや、実際にそこにあるものは取るに足りぬものばかりだと言うのなら、何をか言わんやだが、しかし、それもまた本当にそうなのか、そのことをもう一度じっくり見直してもいいのではないか、そんなことを考えながら俗地と言われる江戸時代（後半・幕末）の大坂を見てみる。それは、大坂をことさらに顕彰しようと言うのではない。また、萩原広道が幕末期の大坂に文人として生きていた、と言うこともその理由としてあるけれども、しかしそれだけではない。歴史上、今までこうだと思い込んでいたことで、実際は全くそうではなかった、と言うようなことが、江戸時代から明治にかけて特に多いのではないか。例はいくらもあるように思うが、いま、その一つとして「俗地の大坂」を取り上げてみる。

一　三都の中の大坂

「三都」と言う言葉はいつから使われだしたのだろうか。例えば、奥付に江戸・京・大坂の書林名の並んだ上に「三都書林（書肆）」と大きく書かれた板本をよく見かける。「三都書林」と言う熟した語は、本屋仲間がかつては江戸・京・大坂の三ヵ所のみにあったことと関係があるのかも知れない。幕府直轄地の中で、書肆の数だけでなく人口・都市規模の突出していたらしい江戸と京と大坂とを一つにひっくるめて、とにかく〈三都〉と呼び習わしてきたのだろうか。三都と言ってもその都市の成り立ちや機能などは一様ではなく、そのためか三都が比較されることが多い。

I　三都比較論と「大坂＝俗地」観

(1)　旭荘の三都比較論

これは幕末期のものだが、豊後日田から大坂に移住していた広瀬旭荘は、その『九桂草堂随筆』（安政二年成、『続日本随筆大成2』所収）巻之七で、「三都人気（気風）」の違いを、それぞれ平等にネガティブな評語でもって、次のように言っている（ルビは引用者）。

京ノ人ハ細《さい》ナリ。大阪ノ人ハ貪《どん》ナリ、江戸ノ人ハ夸《こ》（誇）ナリ。京ノ人ハ矜気《きょうき》多ク、大阪ノ人ハ殺気《さっき》多ク、江戸ノ人ハ客気《かっき》多シ。京ノ人ハ土地ヲ尊ブ。其意ニ曰ク、江戸大阪トイヘドモ皆田舎ナリ、スムハ京ニ如《し》クハナシト、大阪ノ人ハ富ヲ尊ブ。其意ニ曰ク、公卿官禄高シト雖《いえ》ドモ、貧シキガ故ニ、我輩ノ商賈《しょうこ》ニ手ヲ下グル、世ノ中ニ富ホド尊キ物ハナシト。江戸ノ人ハ官爵ヲ尊ブ、其意ニ曰、諸侯サヘモ貧シキ時節ナリ、貧《ひん》ハ愧《はず》ルニ足ラズ、質ヲ置テモ立身ハスルガヨシト。是《これ》、三都人気《じんき》ノ異ナル所以《ゆえん》ナリ。

旭荘は、大坂には一番長く居住した。京に居住することはなかったが何度も上京していた。江戸は天保一四年から弘化三年まであしかけ四年間居住した。旭荘と三都各都市との「親疎」は必ずしも同じでないが、右は、三都の事情を比較的よく知っていて、かつ三都のいずれの出身でもない者が論じたもので、さしあたりは「公平」で「客観的」であると見なせるだろう。

「京ノ人ハ細ナリ。」とあるその「細」は、ちょっと難しい。伝統ある町ゆえ日常茶飯の起居動作の隅々までこうるさく細々《こまごま》しいと言うことなのか。[注①]それに対して大坂人の「貪」がストレートで最も分かり易い。江戸人の「夸」は俗っぽく「うぬぼれ屋」とでも訳せるか。また、京人に多いと言う「矜気」は、傲慢だとかプライドが高いとかと言うような意味だろうか。「大阪ノ人ハ殺気多ク、云々」とあるのは穏やかではないが、金儲けのために生き馬の目を抜くが如くに我先に競い合うとげとげしい気性を言うのだろう。江戸人は「客気多シ。」ともある。これは先の「夸」とも通じていて、他人の評判に敏感で大向こうをうならせたい目立ちたい喝采を浴びたい、と言う気性の者が多いと言うことなのだろう。

旭荘に従って三都の気風をそれぞれ一言でまとめると、京都は伝統の上にあぐらをかいた地、大坂はもっぱら富とお金の地であり、江戸は評判・名声・権力を競い合う地ということになる。

注①＝すぐ後でも引く馬琴『羇旅漫録』に「七十八　京都の節倹」の段があり、また「百四　大坂市中の総評」に「大坂の人気は、京四分江戸六分なり。倹なることは京を学び、活なることは江戸にならふ。しかれども実気あることは、京にまされり。」等とあるが、「細」は恐らくその「倹」（けちんぼ）とも関係するのだろう。

⑵　大阪ノ人ハ貪ナリ

旭荘三都比較論の中に「大阪ノ人ハ貪《どん》ナリ」とあったが、実は、冒頭〈はじめに〉の注①に引いた弘化二年一一月一七日付高雅宛書簡（『広道消息』）で、萩原広道もまた次のように愚痴っていたのだった。

　連中は、彼是《かれこれ》四十人計《ばかり》も出入仕《つかまつり》候様にはなり申候へ共、月次《つきなみ》之歌会などへ一二度参候位の事にて、其料物《りようもつ》さへ集りかね申候。誠に無レ論次第に御座候

月次歌会出席や詠歌指導などに応じて当然支払うべき代価（料物）さえもなかなか払おうとしない、お金に吝《しわ》く執着する土地柄に憤慨しているが、さらに一年後の弘化三年十二月十一日付同上書簡でも、

　総て都会之地之歌よみは、妓楼にのぼらず、茶の湯もえせず、物の入《いら》ぬを詮《せん》として歌よみにてもなりたらむ、と申様成《もうすようなる》人のみはじめ候事と相見え、鄙吝・猥雑、論之外にのみ御座候。風土之人情、御賢察可被下《くださるべく》候。但、是は御内分也。それゆゑ、活計の足しにはちともなり不申候。只碌々《ろくろく》として、衣食に奔走仕候のみ。いひがひなき事、あはれと思召《おぼしめし》可被下候。

とあり、「都会之地（即ち大坂）之歌よみ」は、「物の入ぬを詮（最上のこと）」として歌詠みになろうなどという論外な「鄙吝《ひりん》・猥雑」、こんな「風土之人情」の中では「活計の足し」には少しもならないと、繰り返し愚痴っている。広道の言う「鄙吝」と旭荘の「大阪ノ人ハ貪《どん》ナリ」とは同じものだろう。しかし、商人の町だと言うことと、「貪」・「鄙吝」の地と言うこととは、必ずしも同じではない。例えば、これより一六〇年ほど前の井原西鶴『日本永代蔵』（貞享五〈元禄元〉年〈一六八八〉刊―岩波日本古典文学大系「西鶴集下」）

巻一「浪風《なみかぜ》静《しずか》に神通丸《じんづうまる》」の冒頭部に次のような件《くだり》が見える（注記は「大系本」頭注より引用者が付記した）。

○惣《そう》じて北浜《きたはま》の米市《こめいち》は、（大坂が）日本第一《にっぽんだいいち》の津《つ》（港）なればこそ、一刻《いっこく》の間に、五万貫目《まんぐはんめ》のたてり（立会）　商《あきなひ》も有事《ある》なり。その米は、蔵々《くらぐら》にやまをかさね、……

○……、空《そら》さだめなき雲《くも》の（当てにならない）印《しるし》の契約《けいやく》をたがへず、其日切《そのひぎり》に、損得《そんとく》をかまはず売買《ばいばい》せしは、扶桑《ふそう》第一の大商《おほあきなひ》、人の心も大腹中《だいふくちう》にして（小事にあくせくせずに）、それ程《ほど》の世をわたるなる。難波橋《なにはばし》より西《にし》、見渡《わた》しの百景《けい》、数千軒《すせんげん》の問丸《といまる》（問屋）、甍《いらか》をならべ、白土《しらつち》、雪《ゆき》の曙《あけぼの》をうばふ。杉《すぎ》ばへの俵物《ひやうもの》（杉形《すぎなり》に積み上げた米俵）、山もさながら動《うご》きて、人馬《じんば》に付《つけ》おくれば、大道轟《だいだうとどろ》き地雷《ぢらい》のごとし。……

○惣《そう》じて大坂《ざか》の手前《てまえ》（暮らしむき）よろしき人、代々《だいだい》つゞきしにはあらず、大かたは吉蔵《きちぞう》・三助（共に下男の通名）がなりあがり、銀持《かねもち》（金持）になり、其時《その》をえて、詩歌《しいか》・鞠《まり》・楊弓《やうきう》・琴《こと》・笛《ふへ》・鼓《つゞみ》・香会《かうくはい》（聞香の会）・茶《ちゃ》の湯《ゆ》も、おのづから覚《おぼ》えてよき人付会《づきあひ》（よい衆づきあい）、むかしの片言《かたこと》もうさりぬ（訛ったおかしい物言いもなくなった）。

ここには、元禄期の大坂の繁華な景観と共に、手前よろしき大坂商人の風流な暮らしの様子が描かれている。大坂が商人の活躍する俗地であるのは変わりはないけれども、しかし、右の描写から、大坂を「不文」の地だとか、「貪」とか「鄙吝・猥雑」の地だとかと言ってしまうのは、躊躇されるだろう。

大坂の人口が四一万三千人とピークに達するのは宝暦六年一七五六と言う。[注①]その後は増減を繰り返すけれども、寛政年間一七八九〜一八〇〇以降は四〇万台に達することはなく三八万人台、三七万人台と逓減して行く。人口の増減だけで云々するのは短絡的だが、大坂の経済活動が段々とすぼんで行き保守的になり守りに入って行ったのは確実で、「大坂の手前よろしき人、代々つゞきしにはあらず、大かたは吉蔵・三助がなりあがり」と西鶴の言うような、アメリカンドリームならぬ浪華ドリームは、遠い遠い過去のものとなっていた。広道の付き合う商人に『日本永代蔵』に出てくるような豪商はもとよりおらず、とにかく彼らが「貪」で「鄙吝・猥雑」だったとしても、やむを得ないのである。

注①＝『新修大阪市史第四巻』（平成二年三月）198頁〜207頁。ちなみに、広道が大坂に来た時の弘化二年は三四万四千人、旭荘が三都比較論を書いた安政二年は三二万一千人である。ピーク時より一〇万人近く──人口の二割五分──も減っている。「貪」ならざるを得ない。

(3)　馬琴の「大坂＝俗地」評

旭荘の三都比較論が正鵠《せいこく》を射たものかどうかはさておく。とにかく、三都にはそれぞれ違った気風（欠点・癖）が見られるけれど、その違いは違いとして旭荘の比較論ではあくまで三都は「対等」であり、各都市の「差」はさしあたりは見当たらない。しかし、「違い」の過度の強調は「上下・尊卑」を含んだものに容易に転化する。例えば、享和二年一八〇二、江戸から京・大坂旅行に来た滝沢馬琴は、その紀行文『羇旅漫録』注①の「百四　大坂市中の総評」の段に、大坂を歯切れよく喝破した、次のような件が見える。

○一体大坂はちまた（巷）せまく俗地にて、みるべき所もなし。
○大坂は今人物なし。蒹葭堂（木村蒹葭堂）一人のみ。是もこの春（享和二年一月）古人となりぬ。

大坂三郷は、その市街地面積や人口比較において江戸の三分の一ほどと言うから、江戸から来た者の目には、確かに狭く映ったに違いない。そしてそのせせこましさがどこか「貪」や「鄙吝」のイメージと重なるのだろう。また、名のある寺社仏閣が数多く集まり周辺にも景勝地の多い京の地に比べると、大坂は「みるべき所もなし」と言われても、これまた無理ではない。と言うことで、これらの「評」は、大坂の地の「事実」を直叙したに過ぎず、特に問題とするに足りぬかも知れない。

馬琴の「評」でやはり一番のポイントは大坂を「俗地」と呼んでいるところだろう。これは土地の狭さ・観光スポットの少なさとも無関係ではないにしても、そこにはその「事実」を越えた何らかの価値判断が含まれている。「俗」は「雅」の対義語であり、従って俗地は、〈文雅〉とは無縁な地―「不文之地」と言うことに結びつく。先の旭荘評語を借りると、それは貪欲な商賈たちのひたすらお金を尊び偏重する地と言う見方とセットになっている。士農工商と言う身分制度の、建て前としては最下位に属する「商人」の跋扈《ばっこ》する大坂は、「士」が人口の半分もいると言う江戸や、「士」の上位に位置するらしい「公卿」のいばっている京に比して、当然にも俗地たらざるを得ないだろう。

従って、「大坂＝俗地」観は馬琴だけのものではなく、この後で見るように、当時はごくありふれた評でもあった。なお、「大坂は今人物なし。」とも馬琴は言う。「不文之地」と言われる大坂だから当然のことで、これも馬琴一人の評ではない。

注①＝本書は有朋堂文庫『日記紀行集 全』や『日本随筆大成第一期第1』に収まるが、服部仁編・解説『馬琴研究資料集成第五巻』（平成一九年六月）に明治一八年刊の板本（全三冊、校訂兼出板人渥美正幹）が影印で収まる。

II　さまざまな「大坂＝俗地」評

馬琴のように大坂は「俗地」だと評したものは他にもなおあるが、とくに「俗地」と言う語を用いずとも、何よりもお金をありがたがる商人たちの跋扈する土地、と言うような評となると、それこそ枚挙《まいきょ》に暇《いとま》はない。そしてそんな中に「俗地＝不文之地＝人物のいない地」と言う大坂評の定着のほどが伺われる。以下にそのいくつかを取り上げてみる。

(1)　荒木田久老の評

荒木田久老の『槻乃落葉信濃漫録』[注①]に「三都」と題された文章が収まり、その全文は次のようである（読点は原文のまま、「大阪《（ママ）》」以外のルビも原文）。

享和二壬戌年五月に、再ビ善光寺に下りて、東門旅館に在けるに、京師の岩本五芳訪来て、しまらく《（暫く）》同じやどりに在て、何くれともの問ふ中に、近ごろ本居宣長の京にての歌に、京師、江戸、浪華を、三のみやことよまれたるは、あたれる呼称にやといへり、答、世の人京、江戸、大阪《（ママ）》をさして、三ヶ津といひ、或は三都といへり、都は都会の地といふ意か、俗人の言は取にたらぬ事なれば、とまれ宣長が三つのみやことよめるは、いみじきひが言なり、みやこといふ言は、都の字義ならず、大宮所《オホミヤドコロ》をいふ称にて、みやは宮《ミヤ》、こは所なり、（其所《ソコ》、此所《コヽ》を、そこゝといふコ也、）江戸は天の下の大御政申給ふ所なれば、みやこともいふべけれど、大阪《（ママ）》は商賈の都会輻湊の地にて、国がらといひ、人がらといひ、甚俗にてみやこといふべき地にあらず、いと〳〵繁昌の地、文雅風流はなき地なるは、もとより商賈の地なればなるべし、又三ヶの津といふもひが言なり、京師《ミヤコ》はいかゞ津ならむ、かゝる呼称文人こゝろじらひ（心配り―引用者）有べき事なり。

荒木田久老（延享三年一七四七―文化元年一八〇四）と本居宣長（享保一五年一七三〇―享和元年一八〇一）とは、同じ伊勢人で同じ賀茂真淵（元禄一〇年一六九七―明和六年一七六九）門―但し年若い久老の方が門人としては宣長の先輩―だが、その二人は晩年に不和になったと伝えられている。確かに久老晩年のこの『信濃漫録』（享和元年成立、没後の文政四年刊）には宣長批判の言が目立つが、右もその一つである。

「近ごろ本居宣長の京にての歌に、云々」とあるのは、前年享和元年三月末から六月上旬までの宣長在京中の歌を指しているのだろう（宣長は帰郷してその三ヶ月後の九月に没す）。宣長の詠んだその歌の中に（「三都」を意味する）「三つのみやこ」と言う語句があったようで、その言葉の当否を京の（門人の）岩本某から問われた久老は、「いみじきひが言なり」と答えている。

久老の指摘が正しいのかどうかは問わず、ここで注目したいのは、京は言うまでもなく「みやこ」であり、江戸もまた幕府の置かれた「みやこ」と言えるが、大坂だけは「みやことといふべき地」ではない、と指摘している点である。久老はその理由として、大坂は「商賈《しようこ》（商人）の都会」であり「輻湊《ふくそう》（全国の諸物産集積）の地」だからと言う。そのため「国がらといひ、人がらといひ、甚俗《はなはだぞく》」―即ちパーフェクトな「俗地」であって、「みやこ」などとはとても呼べないと言う。彼は、堂々巡りのように、「（多くの人や物の集まる）いと／＼繁昌の地」でかつ「文雅風流はなき地」であるのは、大坂が「商賈の地」だからだと繰り返している。とにもかくにも、大坂は商人の町だから土地柄も人柄も俗であり、だから文雅風流のなき地であると言う。ここの件は、先の馬琴の大坂評を敷衍《ふえん》して余りあるだろう。

注①＝『荒木田久老歌文集並伝記』（昭和二八年三月神宮司庁刊―「伝記」部分は伊藤正雄筆）所収。但し、［三都］

は板本に入らず写本によって補ったものと言う（83頁）。

(2)「鴻池儒者」―篠崎小竹

荒木田久老の評は、滝沢馬琴と同じく、ストレートで分かり易い。ところで、もっと手の込んだ「評」がある。つまり、大坂は商人の跋扈する俗地でみな商人のようにお金に執着し文雅とは縁のない地だと言うたぐいの先入観が、暗黙の前提にされているようなそんな人物評がある。以下に見る大坂の儒者篠崎小竹に対する「評」がその一つである。

㈠　弘化二年に萩原広道が大坂に移住した時、大坂文壇で最も重きをなしていたのは篠崎小竹（嘉永四年没、七一才）だった。その彼の『交友郷里姓名』注①弘化三年の条（の一〇月から一二月の間）に、「大坂萩原葭治《ママ》北野梅天神ノウシロ」と広道の名が見え（「葭治」は「葭沼」即ち広道のこと）、広道は、来坂後二年近くも立った弘化三年の末に、初めて小竹を訪ねている。これ以後、小竹の亡くなるまでの数年間親しく交わっていた。注②小竹は何かと広道を引き立ててくれたようで、嘉永元年三月の北野村（北野梅天神ノウシロ）から高麗橋二丁目への転居に際しては、経済的にも支援してくれていた。大坂の地で「文人」として生きんとした広道にとっては、対象とするところが国学と儒学との違いはあっても、小竹は何よりも有り難い文壇的パトロンであった。

注①＝水田紀久・森上修・多治比郁夫校「筱崎小竹『交友郷里姓名』」（『大阪府立図書館紀要第二号』）所載。冒頭の［解説］によれば、「来訪した人や手紙をよこした人の名前を記し、その下に住所、さらに時に応じて、日付、用件、小竹がすでに知っている人との関係、などを書きつけたもの」である。

注②＝多治比郁夫「篠崎小竹と萩原広道」(『京阪文藝史料第二巻』)に詳しい。

(二)　ところでその小竹は、いつの頃からか(大坂の地以外の者から)その儒者としての漢学漢詩文の才によってではなく、しばしばその蓄財の才?によって「評価」されていた。例えば、中村真一郎『頼山陽とその時代』の「京摂の友人たち」の章で、頼山陽(天保三年没、五二才)のよき友人・知己として彼が第一に挙げられているが、その中で小竹が「儒ノ鴻池」と言われていたとの噂を次のように伝えている(なお「堅男」とあるが、この前に言及されている叔父頼春風宛頼山陽書簡の中に「篠長左(＝小竹)は評判の堅男にて」とあったのを承けている)。

　小竹は「堅男」であったばかりでなく、実務的才能にも優れ、学者にも似ず家産を富ますことにも熱心で、「儒ノ鴻池」と言われた程の富豪となった。

しかし、これなどはまだまだ穏やかな(必ずしも否定的とは言えない)「噂」だが、木崎愛吉(好尚)『篠崎小竹』(大正一三年六月刊)は、また別の「噂」(「評判」)に言及している。即ち、広道が小竹を訪れた翌年に出された人物評判記『当世名家大妙々奇譚』(弘化四年一一月刊)に小竹も掲出され、それも最上位(巻軸大極真上々吉)に置かれているが、そこに次のような「評判」も付記されている。

　ヤレ待つて居ました、日本一〳〵、ナニ日本一だ、ヘン銅臭儒者の日本一だらう、(中略)、鴻池の丁稚を日本一とア臍が笑わア、(下略)。

先には「儒ノ鴻池」とあったが、ここでは「鴻池の丁稚」と露骨に蔑まれ、「銅臭儒者」とまで言われている。『広辞苑』によれば、「銅臭」とは、「財貨をむさぼり、財貨を誇り、財貨によって立身出世する者を卑しんでいう語。」と言う。
小竹がどれほどの財貨を蓄えていたのか知らないが、しかし、財貨を蓄えた儒者や学者は彼だけではないだろう。例えば、斎藤拙堂（慶応元年没、六九才）は当時最も知られた儒者文人の一人だったが、彼は嘉永四年の五五才の頃に千八百坪の広い敷地を持つ茶磨山荘を造営し、そこは安政三年以後は毎年藩主も来駕するほどの山荘だった。注①尤も、彼は三百石取りの伊勢津藩士（藩儒）であり大坂の素町人の小竹とは違うのだろうが。あるいはまた、京の蘭医であり経世家の新宮涼庭（嘉永七年没、六八才）は、いわゆる儒者ではないけれども、その蓄財の才とその規模は大名貸するほどだったようで、小竹など端から比較すべくもなかったのである。注②「鴻池」と言うのなら、まさにその涼庭の方ではないか。しかし、彼は京人だから大坂の「鴻池」のレッテルは貼られなかったとしても、「銅臭」のレッテルも貼られなかった。それでは、なぜ小竹に対してだけ、「鴻池」儒者であり「銅臭」儒者だったのか。

注①＝梅原三千『茶磨山荘誌』（昭和五年三月、拙堂会刊）など参照。
注②＝山本四郎『新宮涼庭伝』の「第四章　理財家としての涼庭―諸侯への融資と献金―」に詳しい。

㈢　前掲『頼山陽とその時代』に、小竹・山陽・貫名海屋（文久三年没、八六才）・猪飼敬所（弘化二年没、八五才）らの評判を伝える「（囃し）歌」に言及した、次のような件が見える。

当時、京阪地方で歌われた学者評判の囃し歌に、「富は弼、詩は山陽に、書は貫名、猪飼経書に、粋は文吉」というものがあったことは有名であるが、弼は篠崎小竹、豪富を以て聞えていた（山陽は儒者を罵る「腐儒」と冗談に呼んでいた）。書の貫名海屋のことは、やがて出てくる。注①猪飼の「経書」は号の敬所と語呂合わせになっている。そして、最後の文吉がつまり棕隠で、彼は通人としての評判が何よりも高かったのである。

この囃《はや》し歌がいつ頃作られたのか、山陽在世中のことなら天保三年より前と言うことになる。また、話題の四人の居所を見ると、小竹だけが大坂人でそれ以外の三人は京人である(敬所は天保9年以降は京から伊勢津に移住する)。ところで、各人の「評」の当否はここではさておく。それよりも京人の三人に対する「評」は学者・文人墨客に対するものなのに、小竹の「評」だけが学者・文人墨客とは直接に関わっていないのが気になる。小竹は学者・文人墨客の中に数えられない(あるいはわざわざ言及する価値がない)と言うのなら、はじめからここに挙げる必要はない。もし挙げるのなら、他の三人と同じく、学者・文人墨客と言う同じ範疇において勝れた点・特異な点を指摘すべきではないか。

中村前掲書は、小竹について次のように評している。

彼はその穏やかな社交好きの性格により、また優等生的な学識(ということは、独自で難解な天才的な学問でなく、寧ろ俗耳に快い教説)によって、次第に関西学芸界のボス的存在となった。当時、出版された京摂以西の殆どの詩文集には、彼の序が掲げられている。ということは彼がいかにその学界的地位が高かったか、又、いかにどのような傾向の人とも善かったかを示していよう。

儒者たちの世界に限らずどんな分野においても、その名声ほどに実績—但しその「実績」と言うのも分かったようで分からぬ言葉だが、ともかくその「実績」—のない者はいるし、逆に世に知られずとも勝れた仕事・作品を残している者も少なからずいただろう。「独自で難解な天才的な学問」を作り上げなかったらしい小竹は、強いて言えば前者の例になるのだろうか。問題は、仮にそうであったとしてもそれなりの「評価」の仕方はあるだろうに、彼に関してのみ「富」と結びつけて言われるのは何故かと言うことなのである。そう考えれば答は簡単で、この「囃し歌」に即して言えば、要するに「京」(即ち文雅の地）に住む三人に対して、小竹が「大坂」（即ち俗地・拝金主義の地）の儒者だったからである。

注①＝この後の件に「名は苞、字は子善、通称は省吾、後、泰次郎、海屋はその号。阿波の人。本姓、吉井氏。中井竹山門で、京師に講説していた。特に書技に名があり「空海以後ノ第一人者」とまで称された。」とある。

(3)「豊饒の地」の大坂

本居大平（天保四年没、七八才）の門人で三河吉田藩士中山美石（天保一四年没、六九才）は、大坂城代に任ぜられた主君松平伊豆守信順に従って、天保三年正月から天保五年五月までの二年半近く大坂に住む。彼のその在坂時の日記（『大坂日記』注①）は天保三年正月から僅か数ヶ月間のものしか残らないが、その天保三年二月二五日の条に、次のような件が見える。

天満宮に参たるに、殊の外に賑ハしく、それより表へ抜けて、北野の龍興寺の察厳和上「是ハ、悟真寺（三河吉田）の浄松院に在りし人にて、先年和上《わじょう》になりたり。我父母などはことにしたしくものし賜へりき。」を訪たり。大に悦て、虎や（大坂の老舗菓子店虎屋伊織）まんぢうを出し、さて田楽豆腐をとりよせて、茶づけを出されたり。元来好物にて甚だうまく覚たれバ、廿串も食ひたり。かくて大阪（ママ）ハ豊饒《ほうじょう》の地也といふ。物語のついでに、去ル廿一日に茶器仲間の入札ありしに、茶器のみにて一昼夜の間に、銀五百七十八〆目録の商ひにて金壱万両に近し、其中に青井戸の茶碗、金千両と銀百枚にうれたりと云へり、尤も違なき事也、伏見町にての事也、と物語たれ（ママ）たり。元来、かゝる物語（ママ）りなどこのまぬ人にて、己もきらひなれども、甚だ仰山《ぎょうさん》なるめずらしき事なれバ也。

大坂は「豊饒の地」ということで、茶器仲間の入札の話―一昼夜で一万両の取引があったとか、「青井戸の茶碗」が「金千両と銀百枚（七十両）」で売れたとかと言う話―があった。それを美石に話した和尚は普段こんな（金にまつわる）話を好まない人だし、美石自身もまたそうだったけれど、あまりに「仰山」で桁外れの話だったので話題になったと言う。勿論、この言外に、法外な金額で骨董的茶器を取引する大坂という地に対する、ネガティブな気持ちが込められていたことは間違いないだろう。

注①＝『大坂日記』は『葭第三号』（一九九八年九月）に翻刻所載。

(4)「大坂帰リ」

主君に従って在坂中の三河吉田藩の美石が、「茶器」を話題にしていたが、そのことで自ずと想起されることがある。

同じ三河の田原藩江戸詰め家老でもあった渡辺崋山は蛮社の獄に連座し、天保一〇年一月に在所（三河田原）での蟄居・謹慎を命ぜられた。そんな時でも崋山を慕う者たちから藩政に就き私的に相談を受けることもあり、彼の方もいろいろ助言・忠告することがあった。そんなことが同藩用人真木定前に宛てた彼の書簡（『渡辺崋山集第四巻』）から伺うことが出来る。

(一)　真木定前宛の天保一〇年三月一八日付崋山書簡に、次のような件がある。

此度大坂御加番ニて、大坂町人ども尤《もっとも》親敷相成《したしくあいなり》、金子《きんす》融通も能《よく》相成、御高力にて少シ金も取レ、いろ〳〵之事にて一両年ハ暮シ易シ（ママ）かるべし。是《これ》後年之大患《たいかん》之端《たん》ニ御座候。足下《そっか》始メ御勝手之者（藩財政を司る者）、大坂町人之前、並ニ御高力を喜び雀躍《じやくやく》も致候存念《いたしそうろうぞんねん》、毫分《ごうぶん》も有之候而《これありそうろうて》は誠之後患《まことのこうかん》之端、無相違《そういなく》候。西国御大名之内にても大坂へ顔出シ之ならぬ御方ハ皆復国致し（大坂を通過して帰国し）、利と扶持ト雑費並道中往来・為替・逗留、皆利ニ利ヲかさね、名目計《ばかり》安利にて、朝四暮三《ちようしぼさん》・太郎兵衛底ぬけ之譬《たとえ》之通ニ御座候。足下くれ〴〵も心をゆるみ被申間敷《もうされまじく》候。

いくつか注記しつつ見ていくと、まず冒頭の「大坂御加番」である。全国の幕府直轄地（幕府領）には陣屋や代官所が置かれるが、同じように幕府直轄地である大坂では、規模が大きくまたその任務も異なるけれども、さしあたり大坂城がそれに当たるだろう。ここでは将軍の名代である大坂城代（一〇万石〜五万石の有力譜代大名）がそのトップにあり、それを補佐する定番（数万石以下の譜代大名＝二名—京橋口・玉造口）がいる。城代・定番共にその任期は不定期である（数年が多いが中に十数年の者もいる）。さらに大坂城本丸守備を本務とする大番（東西二組。各組は大番頭以下五〇名の大番士より成る）と、その大番の加勢に当たる加番（山里・青屋口・中小屋・雁木坂の各門守備四名）とがいる。大番・加番共にその任期は一年（大坂城在番は八月から翌年七月まで）と決まっている。大番頭は一万石クラスの小大名の就くこともあるが、五千石クラス以上の大身の旗本が多い。一方、加番には多くが一万石クラスの大名が就いている。冒頭の「此度大坂御加番ニテ、云々」とあるのは、一万二千石の田原藩が今回加番に任じられたと言うことを承けている。

次いで「御高力《こうりよく》にて少シ金も取レ、云々」と言う言葉が見える。これは、加番に就くとその間「加番役料」（「高力」＝「合力」）として一万石（あるいは加番場所によってはそれ以上が）加増されるのを承けている。一万石そこそこの藩にとって一万石の加増がとてつもなく大きいのは勿論で、そのため貧乏小藩の間で加番に就くのを競い合う。「大坂加番大名一覧」によれば、江戸時代後期（寛政以降）に限っても、田原藩は寛政六年一七九四と享和二年一八〇二と文化五年一八〇八と文化一四年一八一七と文政七年一八二四と五回も加番に任じられている。七年に一回程度の割合だが、今回はこれまでより二倍も間が開いて、一五年ぶりのことだった。勿論この間、藩としてもあれこれ働きかけはしたらしいが、うまくいかなかった。これより三年前、天保七年月日不明の真木定前宛崋山書簡に「御加番は多分六ケ敷《むつかし》かるべく候間、其積にて当暮の御考第一の事。」とあり、また、次のようにも見えている。

　此度大坂御はずれに候へば、御番所無思束《おぼつかなく》候。承り候処、大変なる御方多く候よし、云々。

　大坂加番にはずれると、加増どころか逆に出費のかさむ江戸城警備（「御番所」）が割り当てられるかもと危惧していたのだった。それが今回はめでたくも加番に当たったわけである。事実、崋山自身も前掲書簡に見えるように、「（加番に当たると）大坂町人ども尤親敷相成、金子融通も能相成」―大坂町人（商人）ともとりわけ親しくなり、これまで難しかった金子の融通もうまく行くようになり、その上加増もあって「いろ〳〵之事にて一両年ハ暮シ易シかるべし。」と、崋山もさしあたりは喜んでいる。
　しかし、崋山が心配していたのは、実はこの後のことだった。加増があるとその加増を見越して（今まで渋っていたのに）大坂商人たちの方から喜んでお金を融通するようになり、そのため一見ゆとりも出てくる。しかし、こんなことで少しでも喜ぶようだと、それは間違いなく後日の憂いの始まりになる（「雀躍も致候存念毫分も有之候而は、誠之後患之端、無相違候」）、西国大名で（多額の負債を抱えているため）大坂商人に顔を合わせられない者は、みな大坂に寄らず通り過ぎて急いで帰国していると聞く。最初は安い利息だと思って気安く融通してもらっていたため、利に利が重なって身動きがとれなくなったからだ。まさに「朝四暮三（＝朝三暮四）・太郎兵衛底ぬけ（＝太郎兵衛籠）之譬《たとえ》」の通り、最初にお金が入って楽になったように見えるが、その後で利に利の重なる借金返済に追われて、結局は同じこと（元の貧乏に戻るだけのこと）になってしまう。と言うわけだから、決して彼ら大坂商人の術中にはまらぬように―「くれ〴〵も心ゆるみ」のないように―と、崋山は警告しているのである。

(二)　ところで、先に見た美石の茶器の話にも繋がる、大坂加番帰りの田原藩士の煎茶の話である。崋山の江戸の門人椿椿山（嘉永七年没、五四才）に宛てた天保一一年一一月三日付書簡（同上）の、今回の「大坂加番」に関連した記事中に、次のように見えている。

昨夜、藩人ノ内、三人茶具ヲ持、煎茶十七八椀ヲ喫シ申候。先近来之快事此位之事、皆大坂帰リ也。

文末の「大坂帰リ」と言う語句に付された崋山書簡編者注記に「天保十一年八月十六日、主君に従って大坂加番を終え、田原に戻った二〇余名の藩士」とある。その書簡の日付からも、先の真木定前宛書簡で話題にされていた「加番」で大坂に一年間赴任し、その任を終えて帰藩した者たちのことである。このたび帰藩した三人が謹慎・蟄居中の崋山を訪ねて来、崋山を慰めるべく茶具を持参して煎茶を振舞ったのだった。接待を受けた崋山もうれしかったようで、「近来之快事」と喜んでいる。

彼らは、今回の大坂在番中に煎茶作法を習ったので、その成果を崋山の前で披露しようと言う気持ちもあっただろう。当時の大坂は、煎茶では田中鶴翁（嘉永元年没、六七才）の花月庵が知られていて、例えば、天保八年版『続浪華郷友録』の「煎茶」部の筆頭に、「花月庵　号毛孔　／清水町　田中新右衛門」と見えている。酒造家だった田中新右衛門は、天保九年に京一条家から「煎茶家元」の揮毫をもらって花月庵流を名乗っていた。田原藩の彼らは恐らくそこで学んだのだろう。

ところで、前掲書簡記事で注目されるのは、崋山が彼らを「大坂帰リ」と呼んでいたことである。大坂加番から帰藩した彼らを「大坂帰リ」と呼ぶのは、事実をその通りに言ったまでで何の問題もないようではある。しかし、例えば江戸や京都へ行って来た者を、ことさらに「江戸帰リ」とか「京帰リ」とかと呼んだのだろうか。また商用かで大坂へ行って戻って来た者をことさらに「大坂帰リ」などと（熟した言葉で）は言わぬだろう。この崋山の「大坂帰リ」と言う言葉は、「大坂から帰って来た者」という文字通りの意味以外に、ある含みをもった言葉ではないか。

つねづね加番になることを望み幕府に働きかけ、それに当たるといそいそと大坂在番に就く田原藩は、何年かに一度は「大坂帰リ」集団が藩内に現れる。彼らは、帰藩してからしばらくの間、どこか「異質な」集団として藩内の耳目を引いていたのではないか。それは例えば煎茶作法の藩内への持ち込みというようなことにも現れていただろう。「大坂帰リ」と言う言葉には、必ずしも否定的ではない、ハイカラな文化伝達者？のイメージもひょっとしてあったかも知れない。しかし、「大坂帰リ」の「大坂」は、やはり先に崋山が真木定前に注意を促していた、拝金主義者「大坂商人」たちの蝟集・跋扈する地であり、そんな「大坂」の地で醸成されたものの考え方や行動様式を、たとえ一年間であっても無意識裡に身につけて帰り、時にはそれをさながら地で行き周りの顰蹙《ひんしゅく》を買っているような者、それが「大坂帰リ」と言う言葉に含まれていて、崋山もまたそんな意味で用いていたのではないか。文人画家としての名声は勿論、国際的な視野をも併せもつ当時の一級の知識人渡辺崋山、そんな彼でさえ―家老として逼迫する藩財政立て直しに苦しんで無理からぬとは言え―、「商人」や彼らの活動に対する警戒心や無意識裡の「蔑視」―封建主義的な「治者」意識―から自由ではなかったと言うことになるだろうか。

⑸「ものゝふのこゝろ」を変える「こがね」

㈠　右に大坂加番で大坂に出かけた田原藩士を取り上げる中で、大坂城本丸守備を本務とする大番にも言及した。その大坂在番の大番頭とその配下大番士に就いてこの後も言及することがあるので、ここで『大坂大番記録㈠』巻末［解説］によって、もう少し詳しく記す。

大番は、将軍本隊の先陣を受け持つ重要な役割を課せられ、十二組に編成されている。その一組の番士は五十名（内四名が組頭）で、各組に大番頭がいて統率し、与力十騎・同心二十人が付されている。平時は江戸城の勤番に当たるが、十二組から二組ずつが割かれて一年（八月から翌年七月まで）交替で、将軍直轄の城である京二条城と大坂城の警備にも派遣された。『柳営補任』によれば、十二番組まである大番の、例えば一番組と六番組とには「巳／亥　大坂　丑／申　二条在番」と付記されていて、巳と亥の年には大坂在番に就き、丑と申の年には二条在番に就くきまりである。と言うことで、十二組の内の決められた二組（東西二組）は、六年に一度ずつ大坂及び京に赴く（三年に一度は上方に赴く）ことになる。

さて、大番頭として江戸と大坂（及び京）とを定期的に行き来していた久貝正典（慶応元年没、六〇才）は、村田春海門で大番士の小林歌城に就いて詠歌も嗜む風雅人でもあった。『柳営補任』によれば、彼は天保一二年に御書院番頭から一一組（子年と午年は大坂、卯年と酉年は二条）の大番頭になっている。ところで、正宗敦夫等校訂『久貝正典歌集』（大正三年四月歌文珍書保存会刊）に彼の大坂在番時の歌が少なからず収まるが、その中の弘化三年（午年）在番時のものの中に、「浪花に有けるころおもふ所あり」と題された、次のような作品が見える。

市人のちゞのこがねにものゝふのこゝろをさへにかはれけるかな

崋山と同じく、正典もまた「ものゝふ」(武士)の「こゝろ」が、「市人(浪花の商人)のちゞ(千々＝たくさん)のこがね」のために変えられることを警戒している。詞書きに「おもふ所あり」とある。彼は、江戸から引き連れてきた大番士や大番与力たちの中に、大坂商人の術中にはまって借金で苦しんでいる者を少なからず見聞きしていたのだろう。正典にとっても、大坂は「ちゞのこがね」の支配する警戒すべき地だったのである。

(二)

久貝正典の「おもふ所あり」と題された歌に関連して、おもしろい資料がある。

近世後期の大坂書肆の中で大きな勢力を誇っていたのは、河内屋喜兵衛を本家とする「河内屋一統」だったと言う。ところで、その有力な別家に河内屋新次郎家(以下、「河新」とも略)があり、その河新の経営形態が、方美英「近世大坂書林「河内屋新次郎」について(研究)」(『お茶の水史学四五号』〈二〇〇一年一〇月〉)において、詳細に論じられている。その中で、「板木売買」を含めた書肆としての通常の経営活動に触れられていると共に、いわばサイドビジネスとも言うべき「金融活動」(「貸し付け」)の実態も詳しく紹介されている。

本論文で取り上げられているその活動期間は、寛政年間から文政年間までだが、その間の貸付総数は延べ二〇一件で、その総額はなんと金四二四三両(四億円ほど?)にも達していると言う(単純に年平均にすると一千万円規模)。そして最も注目すべきは、貸し付けの対象者が江戸から二条城在番や大坂城在番でやって来た大番衆(大番士)で、その中には組頭もいて稀には大番頭までもいる。筆者は、その貸付金額が一〇両以上になる者の実態の分析を通して、いくつかの特徴を指摘している。一つは、借金の目的の多くは「大坂・京都在番の往復に関する費用」に充てるためであったらしいこと、二つは、その利子は「年二〇％」とたいそう高い（現在のサラ金なみ？）。三つは、返済には「切米・初御合力米」が充てられ（「米払役」を通して行われ）、四つは、その返済の時期は借りた年（来た年）かその翌年（帰る年）かさらに江戸に帰ってからの三通りがあったと言う。そして、高い利子にもかかわらず、返済は半数近くが確実に行われていた、と指摘している。

たまたま目にしたのが書肆河新の大番士に対する貸付活動だったわけで、河新以外にも融資話を持ちかける大坂商人はいくらもいただろう。また借り手としては大番士以外に加番の者をはじめ、来坂の武士や役人（以下「来坂武士役人」とも呼ぶ）たちなら、いくらでも可能性はあっただろう。在番に当たっては「御合力米（加増米）」の出る大番衆や加番の者には、それを担保に貸せば回収は確実だから、大坂商人は喜んで貸し付けたに違いない。崋山や正典らの大坂商人に対する心配は、決して杞憂ではなかったのである。なお、本来はそれとは無縁なはずの書肆の金融活動は、書肆と来坂武士役人たちとの書籍を通しての接触の多さを逆に伺わせ、その点でも極めて注目される（大坂書肆の問題は後で触れる）。

二　仮寓の地の大坂

大坂は商人の町で「俗地」であると言う評判とはまた別に、文人の居着かない地とも評されている。それは俗地だから当然とも言えるが、しかし、どうもそれだけではなさそうで、また別に居着かない理由が考えられる。と言うのも、文人は確かに居着かないけれども、それに懲りずに?すぐまた別の文人がやって来て、大坂に文人が途切れると言うことはほとんどなかったからである。

Ⅰ　「江戸・京」対「大坂」

(1)　「永住・半永住の人」と「仮寓の人」

藤井貞和『日本文学源流史』(二〇一六年二月)は、「京都、大阪と、江戸との違いを書き出してもしようがないが、云々」と言いながらも、R・N・ベラー『日本近代化と宗教倫理』(一九六二)から、心学の広く流布していた京都や大阪の地の商人と、心学の及ばなかった江戸商人との違いに触れた件を引きつつ、「こんな乱暴な纏め方に遭うのは初めてだが、分かり易いといえば分かり易い」とコメントしている。ところが、これに続いて「ある時期の文壇ないし文化界についてだが、大阪だけが何ともとらえどころがないという感想」(324頁)を記しているものとして、筆者は、中村幸彦「宝暦明和時代の大阪騒壇―『列仙伝』の人びと―」[注①]冒頭部の、次の件を引いている。

試みに宝暦明和時代(一七五一～一七七一―引用者注)の三都文壇乃至は文化界を想像して見るに、京都、江戸はおぼろげながら、その輪郭を描くことができる。しかし大阪はいっこうに明らかでないのは、私のみではないようである。京都や江戸は、その地に永住または半永住の、漢詩文、和歌、国学、俳諧、戯曲、小説など専門家または準専門家を中心において詩壇、歌壇、俳壇等、乃至は文化圏が考えられるに対して、大阪は、宝暦明和期に限らず、その後も同傾向を持つが、専門家には仮寓の人が多く、彼らはしばしば出入し、彼等を中心に描く圏はまたしばしば変化する。むしろ大阪の文化界の主体は、専門の師家の側になくて、それを後援し従学する素人の側にあったと解さねばならぬ状態なのが、その大きな原因ではなかろうか。

これまで上方（京・大坂）と江戸とを対比させることは、先のR・N・ベラーをはじめとしていくらもあったからか、筆者はこの後、中村論文の右の件を承けて、「なるほど、江戸と京都とを一括りにする見方もあるのだ。」と珍しがっているが、江戸と京都とを一括りにして大坂と対比させるのは、実は先の久老の「三都」論も同じで、必ずしも珍らしいと言うわけではない。しかし、そのことはここでは措く。実は注目したいのは、右中村論文中の、これまでの陳腐な三都比較論の領域をはるかに超えた、大坂の文人・文化界の特色を指摘した件である。即ち、江戸や京都の文人は「永住または半永住」の人が多いのに対して、大坂の文人は「仮寓の人」が多いとか、あるいは「大阪の文化界の主体」が「専門の師家の側ではなくて、それを後援し従学する素人の側にあった」など、いずれの指摘も示唆に富んでいる。

中村論文の言う「仮寓の人」は、大坂では必ずしも文人だけではない。「来坂武士役人」たちもまた同様であって、従ってこれより後、彼らをまた「仮寓武士役人」とも呼ぶ。

注①＝『近世作家研究』（一九六一年五月）、後に『中村幸彦著述集　第六巻』（昭和五七年九月）に収まる。

(2)　「仮寓の人」の後に来坂した広道

右中村論文の指摘する「仮寓の人」と言うと、萩原広道『てにをは係辞弁』に寄せた西田直養の弘化三年二月十二日付序文の、次のような件が想い起される。

（上略）、そも〳〵、此難波津にうまれ出たる人びとをばしばらくおきて、あだし国よりまゐ来て、その名だかき人かず〳〵なれど、歌よミ文かくこと（国文）にたくみなるは、神の御代なる豊のあらは《顕》にごとなどはさら也、ミ代〳〵の日つぎ《皇位》のことらにもくはしからず。また是等のこと（国史）にくはしきも、詞のはたらき・てにをはのさだめなど（国語）にはくらくして、よろづおもふがまゝならず。さて、これをかねたらむ人たえてなきにしもあらざれど、あるは周防の国べにかへり、あるはあづまの方にうつろひて、こゝには足をとゞめず。しかるをこたび萩原ぬし、吉備のくにより来りてながくこの処にをらむとす。おのれ、うるはしき中らひとなりて、つねにまじはるに、かの三ことのすぢをうまくかねそなへられたるぞ嬉しき。

冒頭「（上略）」部分で、直養は、国学は国文（歌文）・国語・国史の三つから成りそれを「三ことのすぢ」と呼んでいたが、さて、「あだし国」からこの大坂へやって来た者で、その「三ことのすぢ」に通じた者は少ない、今までいた者も「周防の国べにかへ」り（近藤芳樹〈明治一三年没、八〇才〉のこと）、また「あづまの方にうつろ」って（鈴木重胤〈文久三年没、五二才〉のこと）、誰もいなくなっていた、そこへ吉備から「三ことのすぢ」を兼ね備えた広道がやって来て「ながくこの処（大坂）にをらむと」しているのが嬉しいと言う。偶然ではあるが、たしかに三人がうまく入れ替わっている。大坂で塾を開いていた芳樹が、天保一一年一〇月、萩藩校明倫館に招聘されて帰国したが、あたかもその後を埋めるかのように、前年一〇年に淡路から大坂に出ていた重胤が一一年九月頃に大坂で塾を開く（拙稿「鈴木重胤と佐々木春夫」〈『葭第12号』〉参照）。そしてその重胤は、同一四年九月に篤胤に就くべく秋田に向かい、篤胤が亡くなっていたので翌弘化元年、江戸へ出た。広道が大阪へやって来たのは、その翌弘化二年春だった。天保末年から弘化（から嘉永の初め）にかけて、京都・大坂のそれぞれの小倉藩蔵屋敷で留守居を勤めた直養らしい観察が、この序文に伺える。なお、在坂文人が「仮寓の人」であるのに念を押すかのように、直養自身も嘉永二年夏には豊前小倉に帰っている。彼も勿論、「仮寓の人」だったのだ。

Ⅱ　「職禄」なき地大坂

⑴　陽春堂主人『木棉製作弁』とその序文

繰り返すことになるが、中村論文に見られた江戸と京とを一括りにして大坂と比較して論じるのは、必ずしも珍しいと言うことではなく、先に見た久老の「三都」論も、大坂だけは「みやこ」でないと江戸や京とは区別していた。さらにまた、文久二年四月に板行され安田陽春堂主人の『木棉製作弁』[注①]の序文中でも、以下に見るように、大坂だけが江戸や京と対比させられている。

『木棉製作弁』は、諸木即ち桑・楮・柳・木槿の四種から「木棉」を「製作」する方法を「弁」じたものだが、それは表向きのことで、その「木棉」の材料になる諸木の枝や皮を買い占めるための宣伝パンフと言える（実は萩原広道もこのパンフの頒布に一枚かんでいた）。何か訝しげな話だが、その買い集めに就いては、幕府の許可をも得ていて、京都や大坂の町奉行所からは協力するようにとの町触れも出ていた。

そんなパンフの冒頭序文に、この「木棉製作」による利益は大坂に医学館（医師養成所）と病院の建立のために使うと言う、なんとも突飛な件がある。但し、ここで注目したいのは、医療事情や医者養成と言う観点から見た、江戸及び京と大坂とを比較した、次の件である（原文は総ルビ、適宜省く）。

抑《そも〳〵》、余が此一事《このいちじ》に沈《ふける》（耽）や、深き故《ゆへ》あり。

そハ江都《かうと》にハ官府《くわんふ》の政徳《せいとく》著明《いちしるく》、医学館《いがくくわん》・施薬院《せやくいん》を設《まうけ》させられ、諸生勤学《しよせいきんがく》の一助《いちじよ》たらしめ、貧民病苦《ひんみんびやうく》の療用《りやうよう》に当《あて》させらる。実《げ》に有《あり》がたき仁恵《じんけい》にして、仰《あほぎ》あほぐべきことになん。

京師《けいし》にハ、古歴《いにしへ》、孝謙天皇の御宇《ぎよう》、天下に学講《がくかう》・施薬院《せやくいん》を建《たて》給ひしこと等ハ、国史に誌《のせ》たれバ其古代《そのかミ》は在《あり》しならんが、今ハ名のミにして、施薬《せやく》の事を不聞《きかず》。然《しかり》といへども、彼地《かのち》ハ九百年来不易《ふゑき》の帝都にして繁盛《はんせい》他国に異なり、故《かるがゆへ》に和気《わけ》・丹波《たんば》の両家及《および》良医其人《そのひと》に不乏《ともしからず》、故《ゆへ》に諸民救急《きうきう》の成薬《せいやく》あり、

唯浪華《なにハ》の繁花《はんくわ》なるに闕《かけ》たるハ医学館《いがくくわん》・病院《びやういん》の二箇《にか》、古来より今に至《いたり》てその沙汰《さた》なき事を、至若《しかのミならず》、彼地《かのち》の医家ハ職禄《しよくろく》なし。無禄《むろく》なるも、父祖の余財あるものハよろしといへども、余財なくして師父を亡《うしな》ひ鰥寡孤独《くわんくわこどく》となれる者、行《ゆい》て学《まなぶ》に間《いとま》なく、間《いとま》あれども財なけれバ、父祖の業を其《その》子相続なす事能《あたハ》ずして、其《その》業を廃すにいたるを悲み、貧民ハ高価の薬品用《もちゆ》るに術《すべ》なく、終《つい》に病苦して寿《じゅ》を半途《はんと》に亡《うしな》ふに至ること必《ひつ》せり。

余、年来、此二支《このにじ》を嗟嘆《さたん》の余り、彼木綿造作《かのきわたせいさく》の益を以《もつ》て、彼地《かのち》に医学館・病院を建立せんことを官に訴え奉り、其事《そのこと》の是《ぜ》なる、其言《そのげん》の直《ちよく》なるに依《より》、頓《とミ》に許用《きよよう》を得て造営の事に及び、孤医《こい》・貧民の為にしも、勤学《きんがく》（左傍に「まなびをすゝめ」とのルビあり）救病《きうびやう》（左傍に「やまひをすくふ」とのルビあり）の策を修《しゆ》し、薬

草種類を動殖《どうしょく》せんとし、今哉《いまや》其事半途に及べり、(下略)。

注①＝大阪府立中之島図書館蔵板本。本書はまた青木国夫解説『江戸科学古典叢書15機織彙編／木棉製作弁』に影印収録されている。解説によれば著者は薩摩藩の眼科医安田轍蔵(轍三)だが、その轍蔵の伝に就いては安藤保「琉球通宝の鋳銭と安田轍蔵(上)」(『九州文化史研究所紀要第42・43号』)に次のように見える(注記は引用者)。

安田徹蔵については出自を含めて明らかではない点が多い。『言行録』(市来四郎編『島津斉彬言行録』)には「安田徹蔵ハ大坂ノ産ニシテ御屋敷見廻役田原某ガ実弟ニテ眼科医ナリ、万延元年庚午ノ年御抱ヘトナリ江戸ニ居住ス」と簡単に説明され、(中略)、安田と薩摩藩との結びつきは安政二年医師としての召し抱えを願い出たときに始まる。この時は召し抱えられなかったが鎌田正純(薩摩藩江戸家老)に接触するなど藩内に人脈を作る努力をしており、家老島津豊後の紹介で召し抱えられたのが万延元年であることは、『言行録』の記述とも一致するので間違いなかろう。文久二年「江戸詰諸役人姓名書」には「奥医師格一代御小姓与」として名前が記されているが、(下略)。

右に「安田徹蔵ハ大坂ノ産ニシテ」とあり、また嘉永三、四年の『大坂医師番付』に彼の名が眼科医として見えていて、大坂に医学館や病院を建てると言うのは必ずしも無稽なことではなさそうなのだが。なお、安田徹蔵と『木棉製作弁』に就いては、『葭第28号』(二〇一三・一二)でやや詳しく触れている。

(2)『木棉製作弁』序文に見る大坂

右(1)に引いた「木棉製作弁」序文は、なぜ「桑」や「楮」や「柳」などの枝や皮を広く集めて綿を作ろうと(それによって利を得ようと)考えたのかを「弁」じているが、要するにこういうことである。

将軍のお膝元の江戸では、ちゃんとした医学館・施薬院が設けられていて、医師の養成も病苦の者の診療施設も整い、ありがたいことである、京都はかつては医学校（学講）や施薬院があったし、「九百年来の帝都」なので、今もなお宮中や公家や門跡寺院等に出入りする累代医家も多く、良医も少なくない、ところが、大坂だけは今まで医学館や病院の噂さえも聞いたことがないし、大坂の医師たちは、江戸の医師（幕府や諸藩屋敷出入りの医師）や京の医師（宮中や門跡寺院等の出入りの医師）らと違って、「職録」と言うものがなくて不安定、父の没後にもしその余財がなければ子はその業を嗣ぐのは難しく、往々にして廃業するに至り、そのため大坂では病者もたやすく医者には就けない、そこでこの木棉製作で得た利益で大坂に医学館や病院を建てたいとお上に申し上げた所、許可されて今やその事業は半ばまで進んでいる、と。

三都における医学館（医師養成）や病院（治療）や医師事情に就いて、安田陽春堂の言うのをそのまま信じていいのかどうかは分からないが、「彼地（大坂）の医家ハ職禄なし。」との指摘は、まさに目から鱗で、「大坂」の地と「江戸や京」の地との違いが見事に言い当てられている。

この指摘により注目されるのは、大坂で「職禄」のない者は必ずしも「医家」だけではないからである。大坂の「文人」のほとんどの者は「職禄」を持たないのである。

Ⅲ　「仮寓」の地大坂

(1)　仮寓余儀なき大坂の文人

将軍の居城を中心に、御三卿屋敷をはじめ二百を越えると言う全国諸藩の大名屋敷（それも藩によっては二つも三つもあり）、さらに数千人にも及ぶ旗本やそれに二倍三倍する御家人たちが集まり居住する江戸の地は、「文人」たちが「職禄」を得る機会は恐らく多く、京坂の地などとは比すべくもないだろう。

江戸とは比較にならぬとしても、しかし京には大坂に比べると、まだ「職禄」にありつくチャンスはあった。京の文人は、城戸千楯や福田美楯や竹屋春臣らのように町人も多かったが、宮中や公卿や大寺院〈門跡寺院〉に出仕する者、それと関わりを持つ者は少なくなかった。因幡から上京して香川家に養子に入った景樹は香川家離縁後も公家徳大寺家に出仕して禄を得ていたし、富士谷御杖高弟福田美楯門の高島宣陽は長子が青蓮院宮侍並河家を嗣いで、近江から上京してそこに身を寄せていた。高畠式部は公家千種家に仕えていたし、大田垣蓮月は養子に譜代の知恩院宮侍を嗣がせて扶持を得ていたし、『千一言』の著作を持つ本居大平門の土山武貞は近衛府の官人であった。また、隆正の三子持正は、長兄・次兄共に亡くなり野之口家の嗣子だったが、徳大寺家宮侍小川家に入って（いわば職禄を得て）小川持正を称している（この後、持正の長子が小川家を嗣ぎ次子が大国〈野之口〉家を嗣いだと言う）。なお、京で職禄を得たわけではないが、陸奥棚倉藩を辞して京に来た岡部春平はしばしの在京後、門人で浄土宗総本山知恩院の宮侍森田春郷・春蔭の斡旋により江戸の浄土宗大本山増上寺学問所に職禄を得て江戸に赴いている、と言う具合である。

こうして見てくると、大坂の文人が「仮寓の人」であったのは、結局は職禄を得ることが出来なかったからではないのか。近江三上藩大坂蔵屋敷留守居を勤めていた篠崎小竹門の奥野小山などの例外はあるが、大坂では定職に就いている文人は殆どいなかった。文化末年に大坂に出て塾を開くも天保三年に江戸へ出、同九年に水戸藩に抱えられ安政六年に江戸水戸藩邸で没した豊後臼杵の鶴峯戊申や、天保一〇年二月に大坂で塾を開き同一一年一〇月に長門萩藩に召し抱えられ帰国した周防の近藤芳樹など、その多くは「職禄」を他の地に得て大坂を離れた者たちで、大坂はまさに「仮寓の人」の集う土地であった。

(2) 迚《とて》も大坂にて渡世難相成

文化末年に江戸から大坂に移住し塾を開いていた村田春門（天保七年没、七二才）は、文政八年に大坂城代として来坂した水野忠邦の目に留まる。忠邦は翌九年の京都所司代勤務を経て同一一年に西丸老中として江戸に戻るが、その彼から、翌一二年に国学和歌師範として召される。春門は、長子の嘉言と次子の春野とを大坂に残して、妻と共に江戸へ移住した。春門もまた、他の地に職禄を得て移住した者の一人と言うことだが、その彼の大坂社中（いわば遺産）を引き嗣いだのは長子の嘉言だった。次子の春野は江戸へ出ることを願っていたが、何か勘気に触ることがあったのか、春門は春野が江戸へ来るのを許さなかったらしい。兄の嘉言はその間に入って弟春野の気持ちを何とか伝えようとした。そのことが『春門日記』文政一三年二月五日の条に、次のように見えている（「下略」以外の注記は原文）。

嘉言方より母（春門妻）方へ、並蔭（後の春野）江戸へ下り申度、迚も大坂にて渡世難相成、尤妻をも携可参、如何可致哉と申越に付、不埒の上の不埒、一人下候はゞ、品（事の次第）により奉公口可有之哉、左も無之候ては決て無用、（下略）。

嘉言も父の春門には直接言えなかったようで、母に弟春野の気持ち―大坂では（職禄にありつけず）渡世が成りがたいので江戸に下り（職禄を得）たいとの気持ち―を伝えた、それを妻を通して聞いた春門は、全く不埒《ふらち》である、もし一人で来るのなら奉公口も見つかるかもしれぬが、連れ合いと一緒ならもっての外と一蹴したらしい（編者刀水は春門は春野の結婚相手に不満を持っていたのかと推測している）。しかしこの後、どういうことがあったのか、春野は江戸に出て父春門の力添えで水野侯に召し抱えられる。おもしろいと言うか皮肉にもと言うか、彼は大坂から江戸へ出たが、水野侯の肝煎りで、神職吉田家の家士で有職家の山田以文（天保六年没、七四才）に有職を学ぶべく、再び上方に戻って二、三年滞在することになる。「職禄」を得たことがいかに大きかったか、こんなばかばかしいようなことからも知られる。なお、春野は嘉言よりも才があったかして、父春門の没後はその家督を嗣ぎ、江戸の国学界で名が知られるようになる。

ところで、ここで注目したいのは、春門と春野との親子対立ではなく、『春門日記』中に見える「迚《とて》も大坂にて渡世難相成《あいなりがたく》、云々」と言う件である。春野の言う「渡世」とは、言うまでもなく、父春門や兄嘉言と同様に、国学者歌人として文人として生きていくことだろう。父春門には江戸で立派すぎる職禄があり、職禄のない嘉言も春門の大坂での「遺産（数多くの豪商をその社中にもつ村田社中）」を嗣いでいる。しかし、職禄なく親の遺産も継げない者は、大坂のような地では、文人としての「渡世」は「相成り難い」、とうてい不可能だ、と春野は言っている。

(3)　最後まで文人として生きた広道

春野が「迚も大坂にて渡世難相成」と言ってから一五年後の弘化二年春、岡山藩士だった萩原広道は脱藩し文人として立つべく大坂に移住した。広道の志しを理解し応援してくれる人も何人かはいたが、現実は厳しく、生計を立てていくことは困難だった。そのことを、冒頭〈はじめに〉でも引いた弘化二年一一月一七日付高雅宛書簡（『広道消息』）で、その春野の言をなぞるかの如く、広道は次のように言っている。

何分にも困窮仕居申候。春にも相成候はゞ又々何とか相談つき可申歟《もうすべきか》。無覚束《おぼつかなき》勢ひに、迚も大坂にて文人を立候事は決て難相成勢ひに御座候。

見られるように、両者の嘆きはよく似ている。しかし、広道は脱藩して大坂に来たのだから職禄にありつこうなどと考えていたはずはなく、従って職禄にありつけないことを嘆く春野とは根本的に違っている。広道はもとより職禄なき文人として大坂で生きていこうとしていたのだが、しかし、大坂があまりの俗地のため―文人に対するあまりの無理解ゆえに―、それは不可能だと嘆いていたのだった。

ところで、本当の問題は実はこれからである。「迚も大坂にて渡世難相成、云々」と嘆いていた春野だが、親の七光りで江戸で職禄を得て移住した。一方、同じく「迚も大坂にて文人を立候事は決て難相成」と嘆いていた広道はと言うと、これより半年余り後の弘化三年の夏に「兎角《とかく》俗地之大坂故、文雅にて糊口仕《ここうつかまつり》候事は存も不寄《よらざる》次第、とくにも存切《ぞんじきり》、北野と申処へ夏方より引移り、板行下之筆耕（板下書き）など仕候て煙をたて居申候。」（弘化三年一二月一一日付高雅宛広道書簡）と言う通り、大坂北郊北野村に転居している。勿論、彼は文人としての仕事を放棄したわけではない。彼の思想的方面の著作の一つである『神璽考疑同傍評私議』もここで書かれていて、その巻末に「弘化四年丁未秋八月三日草於摂津国北野僑居寸簸《きび》浮浪葭沼」と記されている。また、特にそのことを裏付ける資料はないが、恐らく『開巻驚奇侠客伝』（「第五編」）執筆に没頭していたのはこの北野村ではなかったか、と想像される。

しかし、北野村と言っても、実は大坂三郷の一つ天満組と地続きであり、大川を隔てて都心の北浜や高麗橋界隈ともそんなに離れているわけではない。実際、板下書きの仕事をするのに書肆とそんなに離れるわけにもいかぬ。事実、その「北野僑居」は一年半ほどで切り上げられ、嘉永元年三月の初めには、嫌っていたはずの俗地の、そのまっただ中の高麗橋界隈に転居する。それは、彼の考えが変わったからではなく、もっぱら彼の生計を立てる経済的な条件や病弱という主体的な条件によってのことだろう。

経済的には書肆には出来るだけ近い方が何かと便利だろうし、病弱と言うことであれば近くに信頼出来る医師がいるのは心強いに決まっている。特に後者に就いて付言すれば、広道は大坂に移住した年の暮れに早速病に臥すが、その時たまたま在坂していた備中宮内の親友藤井高雅の紹介で、彼の叔父（母の弟）緒方洪庵に診て貰っている。弘化二年一一月一七日付高雅宛広道書簡に「猶亦緒方先生へ御治療御頼被下、段々御懇切之至、不一方《ひとかたならず》、難有奉存候。御蔭ニテ追々全快ニ及、去月廿日ニ、病臥相離レ申候。」とあるのがそれである。この後もその洪庵の紹介でだろう、洪庵と親しい中玉樹（伊三郎、洪庵の師中環の従弟）にも診て貰っている。また、今回の高麗橋転居に就き、広道は篠崎小竹と（洪庵と共に）知名の医師春日寛平（明治一九年没、七五才）とに世話になった。小竹は先に触れたが、寛平とはその父が元備前岡山藩士で脱藩して大坂に移住していた言う誼もあったのだろう（寛平、洪庵共に後に広道の源氏講釈の席にも連なる）。ちなみに、広道著作『葉山の栞』（嘉永三年春刊）巻頭の、嘉永元年九月二五日付（広道の高麗橋転居の半年後）佐久良東雄（万延元年没、五〇才）の序文冒頭部に次の如き件がある（注記や「」等、引用者）。

このふミのつくりぬし、あしのけ（脚気）、れいよりよくおこりて、こもりをるよしきゝておぼつかなければ（心配だったので）、よべ（昨夜）とぶらひけるに、ともし火あかくかゝげて、ふすま（衾）のうへにうつぶして、いとこまやかなるものかきてゐたり。「いまだやまひもいえず、むねとあるふミ（恐らく『本学提綱』など）あらはさんとして、いとまもあらねど、何がし（書肆河内屋清七）がせちにこひもとめて、いちはやくとせむるまゝに、をとつひ（一昨日）一日一よのほどに、かゝるものかきいでたるをかきあらたむるなり、ひとわたりよミて、ひがごと（僻事）ゞもおもはずは（思わないなら）、巻のはじめにまいれ（でも）終りにもまれ、ひとことかきつけてよ。」といふに、（下略）。

前年弘化四年秋に大坂に出て来て広道と親しくなった常陸浪人の東雄は、広道が脚気で寝込んでいると聞き夜に見舞に行くと、広道は病床で生活費を稼ぐための著述に没頭していたのだった。「ともし火あかくかゝげて、ふすまのうへにうつぶして、云々」とあるところなど、広道の著述「現場」を目の当たりにするようである。「むねとあるふミあらはさん」と思っているのだが、「いまだやまひもいえず」生計のための仕事に追われ「いとまも」ないと言う。にも関わらず、彼が再び大坂市中に転居してきた理由が分かるような気がする。この時、恐らくこの俗地で最後まで踏み留まろうと決心していたに違いない。

Ⅳ 国学史・近世文学（和歌）史の問題

前掲中村論文に、文化界（文学・思想界）は「専門の師家」（以下「師家」と略）と「それを後援し従学する素人」（以下「素人」と略）から成るが、大坂の文化界の主体は後者ではないかとあった。そして「宝暦明和期に限らずその後も同じ傾向を持つが、」云々」とあったように、近世後期の大坂文化界の状況を指摘したものとして注目される。実際、近世文学史・思想史（の後期から幕末にかけて）の中に、大坂出身者・居住者の名（とその著作）を見ることは殆どない。勿論、それが「実状」に叶っているのなら問題ないが、ただ、「師家」と「素人」との境界はかなり微妙である。例えば上田秋成は当時は国学者として遇されていて、注①読本作家としては少数の読本愛読者以外には殆ど知られていなかったが、いま秋成を国学の「師家」として国学史上で言及する人はいるのだろうか。さらに、その境界を曖昧にしているもっと別の事情があるように思う。即ち、近世後期の思想史・文学史における人と作品の評価に際し、ある先入見―いわばベーコンの「劇場のイドラ」とかのためか、必ずしも十全な目配りがなされていなかったのでは、と言う疑念である。

注①＝野之口隆正『学統弁論』に、「二祖（真淵）の学統は、春海・宇万伎の学流あり。……、しかる時は、春海の学流は儒者にして、和書をよむものといふべし。宇万伎の学流は秋成あり。これもまた儒見なり。」とあり、「国学の学統」を論じる中で他ならぬ秋成にも言及されている。

(1) 『草莽の国学』

今も言及されることの少なくない伊東多三郎『草莽の国学』[注①]に、「京坂の国学」と言うタイトルの、京や大坂の地の国学不振に言及した論文が収まるが、その中に次のような件がある。

宣長の盛んな時代、鈴屋の学風は諸方に弘まったが、大坂では殆ど見るべきものはない。鈴屋門人は摂津一国としても僅かに一名に過ぎぬ。却って宣長の復古思想を頻りに攻撃した上田秋成の如き人物さえ出している。但し大平時代には、二十名を算し、しかも宣長の門人村田春門が大坂に居をトして、富豪を相手に古典の講義をし、歌道を教授したので、京都の場合と同様な文雅を楽しむ学風はかなりひろがったようである。又同じく宣長の高弟たる藤井高尚が一時大坂に滞在して講筵を開いたことがある。しかし乍ら平田の学風は、遂に盛んとならなかった。……。かくて篤胤の生前に、気吹舎に入門の礼を取った者は、僅かに二名、摂津一国でも三名でしかない。没後でも三十六名、摂津を加算しても五十四名に足りぬ有様である。……。結局、大坂の町人生活は復古主義を吸収し、之を育成するだけの余裕を持っていなかったのである。その代わりに行われたものは、香川景樹の桂園派であって、この歌風は町人の間に多数の共鳴者を得た。なお、源氏物語の研究で名を成した萩原広道が幕末の頃、『源氏物語評釈』を出版しているが、之も富豪の援助に依るものであった。以上のごとく概観する時、大坂の国学は村田春門の活動を以て、代表とみても誤りないと思う（278頁〜279頁）。

大坂には鈴屋の学風は殆ど見るべきものはないと言うのはまだしも、「上田秋成の如き人物さえ出している」とまで言うのには驚かされる。尤も、当時京住の秋成がいかにも大坂人（俗人又は世間一般の人）らしく、例えばその『胆大小心録』（日本古典文学大系『上田秋成集』〈中村幸彦校注〉）の中で、次のように宣長を激しく攻撃していたのは事実であるけれども注②（文中の注記は頭注によった）。

月も日も、目・鼻・口もあつて、人体にときなしたるは古伝也。ゾンガラスと云ふ千里鏡で見たれば、日は炎々タリ（火の燃えるさま）、月は沸々タリ（水のわくさま）、そんな物（人間体）ではござらしやらぬ。い中人のふところおやじ（田舎人の年の長じても世間を知らぬ、学問知識の片よった輩。本居宣長をさす）の説も、又田舎者の聞いては信ずべし。京の者が聞けば王様の不面目也（天皇様にかけても面目ない。知識の開けた京には通用しないはずだ）。やまとだましいと云ふことをとかくにいふよ。どこの国でも其国のたましいが国の臭気（くさみ。欠点）也。

秋成の後、村田春門もに言及されているが、平田銕胤編『毀誉相半書下』（『新修平田篤胤全集補遺五』）に見える春門「評」—江戸で不行跡のため逃れて大坂へ行き「専ラ歌作を業とせしが御所司代水野侯に取入、云々」との「評」—とほぼ同じく、「大坂移住後の春門は才気と世渡り上手とで、勢力を扶植し忽ち京坂地方の国学界の重鎮となった。」とあり、権力者に取り入り世渡り上手な京坂国学者の典型として挙げられ、これもまた国学の振るわない証《あかし》とされている。

萩原広道にも触れられている。しかし、作品の中身に触れることなく「源氏物語の研究で名を成した萩原広道が幕末の頃、『源氏物語評釈』を出版しているが、之も富豪の援助に依るものであった。」とのコメントは面食らうばかりで（これは先に何例も挙げた大坂（人）と富やお金と結びつける俗評と変わらず）、なぜここで広道の「評釈」に言及したのか、その意図が理解しがたい。このコメントは、清宮秀堅『古学小伝下』（明治一九年九月）の広道伝中の「佐々木春夫、資ヲ捐《す》テ（寄付し）評釈ノ初ノカタヲ刊行セリ。」とある件に依ったのだろう。大坂玉造の豪商佐々木春夫（明治二一年没、七一才）が「評釈」刊行の出版資金に関与したことは、その詳細不明ながらも確からしいが、しかし、出版資金は春夫からだけ調達したのではない。そもそも「評釈」は予約出版として企画され、前もって読者から資金を募っていた。この「小伝」記事は春夫からまるで全面的な資金援助を受けたかのように読まれるが、実際は「評釈」彫刻代の一部を融資して貰ったに過ぎない。出版資金が集まらないのを苦しんでいる広道の書簡をこれまで何度も目にしているので、「之も富豪の援助に依るものであった。」などと軽く書かれているのを見ると情けなくなる。

尤も、春夫の援助を強調したこの伊東論文のコメントは、これより前に見える「村田春門が大坂に居をトして、富豪を相手に古典の講義をし、歌道を教授したので、云々」との件を承けている。つまり、春門や広道らの「活動」は、「富豪」（に取り入り、その彼ら）と結びついていたのを強調したかったのだろう。しかし、当時「富豪」（富商・富農）と無縁な国学者などいただろうか（勿論、国学者だけではない）。宣長もまた伊勢や尾張の裕福な商人の支援を受け彼らと歌会を催し彼らに源氏の講釈などをしながら、その旺盛な著作活動を続けていたのではないか。それにしても「大坂の町人生活は復古主義を吸収し、之を育成するだけの余裕を持っていなかった」とあるが、それはどんな「余裕」を言うのだろうか。「余裕」がないから復古主義に走ったとコメントする方が、私などには分かりやすいが。

伊東論文には、国学は荷田春満↓賀茂真淵↓本居宣長↓平田篤胤と継承・発展していくと言う牢固とした考えがあり、それからはみ出た者やその「学統」に批判的な者はほとんど評価されることはない。もっと言えば、国学者の「業績」の判断基準は、どうやら国学の頂点とされている篤胤＝「平田学」らしい。宣長の後継者だった大平に対しては（彼が篤胤の真逆の位置にあったからか）ほとんどコメントはなく、どうも言及するに価しないと考えていたように見受けられる。

大坂には宣長の門人は一名しかいなかったと言う。注③しかし、その宣長から鈴屋を託された養子大平の代には大坂の門人は二十名にも増えている。さらに、宣長高弟の春門や高尚らが、必ずしも短くない期間、大坂で塾を開いて教授してもいて、鈴屋の学風は思いの外広がっていた。しかし、大坂でいかに鈴屋の学風が広まろうとも、気吹舎の学風が広がらないとダメなようである。伊東論文は「平田の学風は、遂に盛んとならなかった。」と言い、かくして（京と同じく）大坂の国学は「不振」だったとされている。

と言うことで、鈴屋の学風—総じて大平以降の歌文重視の学風—の影響下にあってなされた大坂の文人たちの種々の（著作）活動は、国学史上、「業績」として評価されることはなかった。注④

注①＝何回か出ている。昭和二〇年一月初版、羽田書房刊。昭和四一年五月、真砂書房刊。昭和五七年三月、名著出版刊（増補版）。なお、本文での引用は最後の「増補版」による。

注②＝秋成と宣長との間に、天明六年（一七八六）から七年にかけての、この天照大御神をめぐるいわゆる「日の神」論争や撥音「ン」を巡る「音韻」論争があった（高田衛『上田秋成年譜考説』等参照）。

注③＝「本居宣長門人録」寛政一二年の条に「大阪」の岡崎俊平（実は若狭）の名が見える。彼は後で触れる。

注④＝後で見る如く、宣長の没する前後の大坂には実は何人もの宣長門がいて中には旺盛な著述活動を行っていた。しかしその多くは歌文に属するものだったからか、これまでの国学史では殆ど無視されている。伊東論文の描く国学史（少なくとも京坂国学史）では京坂は国学不毛の地にならざるを得ない。そして広道だが、彼は宣長に私淑し特にその歌文研究の側面を継承し、『源氏物語評釈』を含め著述も多くはその方面のものだった。従って広道もまた何の「業績」もない京坂の文人であり、思想史・文学史に掲出されることは殆どなかった。

⑵ 『日本文学新史〈近世〉』

近世文学史ではどう扱われているのか。例えば「新史」と銘打たれた松田修編『日本文学新史〈近世〉』（平成二年一〇月）は、羅列するだけの働きのない教科書風文学史とは違い、気概ある近世文学史として注目すべきものだが、その冒頭の序章「近世文学の近世性」（松田修筆）に、次のような件が見える（34頁）。

このように、ともかく長嘯子以後の、俳諧における芭蕉、浄瑠璃・歌舞伎における近松、小説における西鶴の三人の実績と諸作品に焦点を定めて論じてきたが、ここまでで取りこぼしたものに、漢詩漢文、正統的と言われている和歌和文、それらに触れる割合いが結果として少ないのは遺憾である。漢詩漢文などにこそ焦点を定めよという声はたしかに聞こえるが、あえて恐れず言うならば、やはり近世文学史の本筋は漢詩漢文でも和歌和文でもなく、その出発点であり、帰着点であるものは、芭蕉、近松、西鶴であると思う。

見られるように「近世文学史の本筋」と言う、何かロマン派歴史学者の言うような言葉がある。近世文学の研究は、近世（江戸時代）二百数十年のさまざまな文学的事象をまず平等に取り上げる（帰納する）ことから始まり、それら各事象一つ一つについての研究とその評価結果がひとまず集積され体系化されたものの、それが近世文学史だと思っていた。文学の歴史が「本筋」というものによって演繹され、その論者の演繹の技量（言い換えればレトリック）が競われるものとは全く意外だった。確かにその「文学史」は作品としては面白いものになるだろう。しかし、目の当たりの漢詩文や歌文が「本筋」でないと排除されるのを見ると、何か逆立ちしているようで、一体、歴史（文学史）とは何なのかと言う素朴な疑問が浮かぶ。

近世後期から幕末期にかけての膨大な和歌詠草群は、『日本文学新史〈近世〉』でもかなりのページが割かれている洒落本等の戯作類と、その量においては決して引けを取らない。しかも戯作類の多くが江戸というごく狭い空間で作られ享受されていたのに対し、和歌は全国各地の点在する作者たちによって詠まれ、詠まれたものは編者のもとに集められ、多くは逐次刊行物として再び全国の作者やその周りの者たちのもとに戻されて行く。そんな全国的規模での文学的営為は、これまではなかったのではないか。

量でなく質だ、幕末期の和歌は鑑賞に値しないと言う批判があるのかも知れない。しかし、現代の我々の鑑賞に値するかどうかで言うのなら、例えば洒落本をはじめとした戯作類やあるいは俳諧や狂歌にしても、その本当のところはどうなのか。ごく少数の例外を除いて、現代では研究者以外に読む者はいないのではないか。ともあれ、一つ一つの作品がかりに論ずるに足りぬものだったとしても、数多くの撰集に結集した彼らの現代にも通じる文学的情熱、これを文学史で扱わずに何処で扱うと言うのだろうか。

(3)『近世和歌史』

和歌・和文の問題は「近世文学史」だけではない。当該の「近世和歌史」の方にも問題はある。これは先の『萩原広道』（下巻「幕末類題集運動と広道」）でも触れたが、全国の藤垣内（本居大平）門から添削を乞うべく若山の師の元に送られて来た多量の詠草群をその基にして、加納諸平が編集し文政一一年一八二八に板行した類題和歌集『鰒玉集』は、この後の全国規模で展開する同様な類題集の盛行を促すことになった。弘化四年一八四七に全国行脚した渡辺明は、その中島広足宛書簡で注①「誠ニ当時者、雲上《うんじよう》地下《じげ》国学詠歌発行之秋にて、天下を遊歴仕候に面白き時節ニ御座候。」と伝え、広道は嘉永三年一八五〇の高雅宛書簡（『広道消息』）で「長沢伴雄鴨川集三篇、相催し居申候。若《もし》御歌被レ遣候はゞ、早々拙家迄御上《のぼ》せ可レ被レ下候。……。此類之事いろいろ発起いたし候様子、実に永禄・天正の戦国のさまに御座候。」と伝えている。また在坂中の大隈言道も、文久二年一八六二、筑前飯塚の門人小林重治に「ちかごろ京坂にて類題板行、千船集・青藍集・紀州にてゝゝ（ママ）集（「清渚集」）、その外わがとも近藤芳樹も今ゑらみ侍るまゝ（「月波集」）、入撰の御望あらバ格別の御出財なくても自在なる世ぞかし。」と伝えている。注②

このような維新直前まで続く全国規模の類題集の盛行は、少し注意すれば相当に目に付くはずだろうに、なぜか、近世和歌史で正面から取り上げられることはなかった。例えば、古典的な佐佐木信綱『近世和歌史』（大正一二年一月刊）や福井久蔵『近世和歌史』（昭和五年一〇月刊）においては、近世歌人は万葉派・古今派・新古今派とか、県居派・江戸派・桂園派とか、あるいは自由派とかのいくつかの派に分けられ、その派の領袖のもとに各歌人の小伝とその作品とが、若干のコメントが付されて並べられている（これ以後の近世和歌史もこれを踏襲している）。これは、「近世和歌史」というよりは、どちらかと言えば「近世歌人列伝」（又は「近世歌人史」）と呼ぶべきものだろう。そこでは「鰒玉集」・「鴨川集」のような撰集（従来はなかった逐次刊行投稿雑誌的類題和歌集）は取り上げられる余地はなく、従ってその具体的な分析とそれに基づく文学史的意味（又は無意味）に言及されることなどはなかった。古典的二著よりもう少し新しいものに、久松潜一『近世和歌史』（昭和四三年四月刊）がある。内容は前二著と基本的に変わりはないが、その中に、

> なほ諸平の編纂した類題鰒玉集は長沼（ママ）伴雄の編した類題鴨川集とともに近世歌人の歌を類題的に編纂したものとして注目される。古今六帖や夫木集などと同性質であるが鰒玉集は当時の歌人の歌を募集して編した点に特殊の意義がある。近世和歌史は私家集が中心をなしてゐるが、このやうな私撰和歌集の行はれたことも忘れてはならない。

と言う件がある。付けたりのように鰒玉集や鴨川集にも「注目」されてはいるが、この程度の注目なら佐佐木・福井前掲書にもあった。それよりもここでは著者が「近世和歌史は私家集が中心をなしてゐる」と言っている所に注目される。なるほど、江戸時代には勅撰集撰進《せんじん》の沙汰はなく、有力な私撰集も続かなかった中、江戸後期には、江戸の加藤千蔭や村田春海らいわゆる江戸派の面々や京の香川景樹らの私家集が

続いたのは事実だろう。しかし、そんな有力な私家集を挟みながらも、実際に近世後期・幕末の歌壇を席巻したのは、その多くが地方から板行された私撰集（類題和歌集）だったのである。

事実、文政一一年に若山から『鰒玉集初編』を刊行して以後の幕末類題集盛行の口火を切った加納諸平は、その「初編」を板行した動機を嘉永五年六月一四日付中西多豆伎宛書簡（『中西文庫』）で、

家集といふもの八六家集（藤原俊成・西行・藤原定家・藤原良経・藤原家隆・慈円）にても見ぬ人が多きもの也。まして二三百年来之人之集、ホンの年忌の茶のごもち（御物）同様にて候故に三十年前此心つきて、ふと亡父（夏目甕麿）之旧友之歌をあつめ候が趣意にて、四編跋ニもほゞ其意をしるせり。

と言っている。これの書かれた嘉永五年から「三十年前」は文政の初めだが、その頃は新古今時代のあの輝かしい名家たちの家集を見ぬ者も多くなり、ましてこの二、三百年来の歌人の私家集など、年忌の配り物のように遇せられ頁を開けてみる者もいなかったと言う。ややオーバーな物言いとしても、少なくとも「近世和歌史は私家集が中心をなしてゐる」と言うのは、この諸平証言からも正しいとは言えぬだろう。

結局、「近世和歌史は私家集が中心」なんだとの揚言は、先の「近世文学史の本筋」とよく似ている。眼前の文学的事象よりも「観念」が先立っている。近世の和歌史は私家集が「中心」であると言うような観点に立ち続けている限り、いかに多種多様な撰集（類題集）が全国各地で刊行されていようが、本腰を入れて取り扱われることはないし、事実として殆ど言及されることもなかった。かくして、幕末期の広範な和歌運動とその成果としての類題集は、本格的には検討されないままに置かれていて、それに携わった各地の編者や多くの作者たちの名は、近世文学史は勿論のこと、近世和歌史にも見ることはないのである。尤も、明治半ばに正岡子規に「発見」された橘曙覧や平賀元義、同じく佐佐木信綱に「発見」された大隈

言道、大正時代に相馬御風に発見された良寛らには言及される。しかし、彼らは彼らを生んだ幕末歌壇から切り離され「評価」されて、膨大な数の幕末作者たちには、いわゆる勤皇歌人以外、殆ど触れられない。

注①＝弘化四年八月七日付中島広足宛渡辺明書簡（弥富浜雄編『名家書翰集抄』）
注②＝穴山健「翻刻『壬戌謌撰』—大隈言道研究のうち・門人資料(一)」（『有明工業高等専門学校紀要第八号』）

(4) 信綱による大隈言道「発見」

右に「明治半ばに正岡子規によって「発見」された橘曙覧や平賀元義、同じく佐佐木信綱によって「発見」された大隈言道、大正時代に相馬御風に発見された良寛、云々。」と書き、曙覧や元義や言道の発見にはカッコを付け、良寛のそれには付けなかった。と言うのも、近世後期から幕末にかけての歌壇の動向を私なりに調べている中で、良寛（天保二年没、七四才）には一度も出会わず、従って大正時代の相馬御風の発見は文字通りの発見なのだろうと思った、しかし、良寛より一世代後の大隈言道（慶応四年没、七一才）や平賀元義（慶応元年没、六七才）や橘曙覧（慶応四年没、五七才）らには、広い範囲では必ずしもないが既にその時に知られた歌人として接していて、明治後半の発見によって初めて知ったのでは必ずしもなかったからで、「発見」にカッコを付した次第である。以下、信綱の大隈言道「発見」譚（その経緯と意味）を具体的に見てみるが、そこに「幕末」と「維新」との狭間《はざま》の問題が自ずと浮かび上がってくるだろう。

(一)　明治三五、六年頃に成ったと思われる佐佐木信綱「大隈言道の歌」（『歌学論叢』〈明治四一年九月刊〉所収）は、言道とその作品を紹介した最も早いものと思われるが、その冒頭部に次のようにある。

数年前の夏、ある月夜に散歩の途次、神田五軒町の一書店に立寄つた。その時ふと草径集と題した歌集を見た。二三首読んで見ると、面白いので買つて、月の光に読みつゝ帰り、その夜直ちに読み了たが、如何にもその歌風着想の一特色あるに感じた。著者をみれば大隈言道とある。未だ聞いたことのない名である。これ程の力量のある人がどうして世に埋れてゐたのであらうと思つて、繰返し調べて見ると、（下略）。

また、佐佐木信綱・梅野満雄編『大隈言道とその歌』（大正一五年五月刊）に付された「大正丁巳（六年）」付信綱序文の冒頭でも、信綱は言道「発見」の経緯を同じように次の如く記している。

福岡の歌人大隈言道の名は久しく埋没して世に知られざりき。（中略）。吾人が、わが大隈言道の名をはじめて識りしは、今より二十余年前、明治三十一年の夏の夜、神田末広町なるさる書店の店頭に、草径集三巻をあがなひし時にありき。（中略）。明治以前にありてかばかり斬新なる歌風を詠みひらきつる彼の天分に驚きつつ、かかる未知の歌人を発見し得つる喜ばしさに堪へざりしその折のおもひは、今も忘られがたし。

明治五年生まれの信綱は明治三一年に神田の古本屋でその家集を見て「未知の歌人」言道を知ったと言う。勿論この言葉にウソはない。ただ、信綱にとって「未知の歌人」が他の人にとっても同様だとは限らない。他の人が信綱と無縁の者ならばともかく、実は佐佐木信綱の父の佐々木弘綱（明治二四年没、六四才）にとって、言道は「未知の歌人」どころか、その最晩年の短い期間だが親交もあり、畏敬すべき先輩歌人だった。そのことは前掲佐佐木・梅野編著所収「大隈言道伝」（梅野満雄筆）に収まる言道宛弘綱書簡（慶応三年一八六七かと推測される三月二二日付）の、次のような件からも窺い知ることが出来る。

抑《そもそも》昨年、社中より御染毫《せんごう》（染筆）願上候処、早速御認《したため》被レ下、御詠といひ御書といひ、誠以《まことにもって》感心、人々（弘綱社中の者）嬉がり申候。（中略）。千船集四編原稿にかかり居候処へ、御門人御詠草御遣し大慶仕候。無二相違一四編へ編入可レ仕《へんにゅうつかまつるべく》候。河吉一向急ぎ不レ申甚困入候。何分遠方板本、困申候。しかし伊勢にて上木仕候ては、天下に行わたり候儀は難レ叶、夫故御地にて致させ候儀に御座候。（中略）。草径集御次編御出来《しゅったい》候はば御恵贈願上候。一家の御体にて感吟仕候。とかく古人の跡のみふみ候世の中に、かく新しくよみ給ふは及ばざる処と人々感心仕候。猶、御門生御詠追々御恵贈願上候。（中略）。出羽秋田辺詠草もあまた来り居候。四編上木の上御覧被レ下度候。

言道は六〇才の安政四年に家集を刊行すべく筑前博多から大坂に移住して、その六年後の文久三年に念願の家集『草径集』板行が成った。家集板行のためにわざわざ大坂に出てきたのは、大坂書肆の広い販売ルートを通してそれを「天下に行わた」らせるためだったのだろう。そのことは右書簡で、弘綱が「千船集」を地元伊勢で板行しても「天下に行わたり候儀は難叶《かないがたく》、夫故《それゆえ》御地（大坂）にて致させ候」と言っていることから、逆に推察される。さらに次の目的（「草径集御次編」の板行）があったためか、言道は念願の家集を板行しても帰国せずになお居続け、七〇才のこの慶応三年は、在坂まる一〇年にもなっていた。老齢にも関わらず、幕末動乱のまっただ中の大坂に居続けるその文学的情熱には、改めて驚かされる（なお国元の門人の強い勧めもあってこの慶応三年末か翌四年初めに帰国する）。

さて、右弘綱書簡を見ると、彼がその時編集中の類題集「千船集四編」が話題にされているが、実は「三編」もこの時はまだ板行されていなかった。『千船集第三編』（「盛岡公民」蔵板本—但し「古典籍データベース」掲出画像）はその冒頭に「元治二年（慶応元年）むつき二日」付井上文雄（寛政一二年一八〇〇—明治四年）序文が付され（江戸の文雄は弘綱の歌の師）、巻末刊記に「慶応四戊申年七月新鐫」とあり、これを信ずれば右書簡の書かれた翌年七月の板行である（発行書肆は京は丁子屋源治郎以下七書肆、大坂は河内屋吉兵衛・河内屋源七郎ら四書肆）。「三編」は、高倉一紀編『佐々木弘綱年譜〈上〉』慶応二年四月の条に

「十八日千船集三編校合摺来。」と言う記事が見えるので、慶応二年末頃にでも板行されていて不思議はないのに、大幅に遅れている。書簡に「河吉（大坂書肆河内屋吉兵衛）一向急ぎ不レ申甚困入候。」とあるのはこの三編に就いて言っているらしいが、しかし、遅れた理由は書肆の怠慢だけではなかった。

㈡ 『大阪出版書籍目録』の文久末から元治にかけての件に「類題千船集三編 二冊」が掲出され、「輯者」は「佐々木重蔵（弘綱）」で居所は「伊勢国石薬師駅」とあり、「売弘（書肆）」は「河内屋源七郎（伝馬町）」とある。続いて「出願」は「元治元年一八六四二月」で、その「許可」は三年半後の「慶応四年七月二日」とあり、この記事の後に「この許可は裁判所に於て申渡さる」と付記されている。

一方、同上「目録」によれば、中島広足著作『玉霰窓の小篠』は板元は秋田屋太右衛門で、その「出願」は弘綱の「三編」と同じ「元治元年二月」だが、「許可」は早く翌慶応二年四月とあり「本書板行に対しては江戸学問所伺済」と付記されている。つまり広足の著作はこれまで通り江戸の学問所で吟味・許可されているのである。なお、熊本藩士だった広足は若くして隠居し長崎に住み、六七才の安政五年五月、その長崎から大坂に移住し言道とも弘綱とも親交を結んでいたが、七一才の文久二年四月に藩命で熊本に帰国し、二年後の元治元年正月に亡くなった。従って、彼は『玉霰窓の小篠』の板行に就いては何も知らなかったが、そんな広足著作に比べて、弘綱出願の「三編」の吟味は余りにも遅れていた。

その間、第二次長州征伐の失敗や将軍家茂の急死、それを承けた慶喜の慌ただしい将軍就任が続いて、窮地に立たされた徳川幕府は、ついに慶応三年一〇月一五日に大政を奉還し崩壊する。それに伴い、江戸学問所の仕事は「（大阪）裁判所」に移され、審査中の「三編」も大坂に回送され吟味されたらしい。しかし、「大阪裁判所」と言うのも分かりにくく、慶応四年一月二二日に設置された「大阪鎮台」が、五日後の一月二七日に改称されて出来たものと言い、「三編」はそこから許可が出されたのだが、しかしその「裁判所」も、五月二二日には「大阪府」と改称されたと言う。つまり、役所（名）も転々として、「三編」の売り弘めが許可された時、それを許可した「裁判所」もなくなっていたのだった。

㈢　何か些細なことをこまごまと記したが、とにかく混迷の極まった中で「三編」は認可され板行・販売されたと言うことである（逆にそんな中でも許認可業務がなされていたことに驚くべきかも知れない）。そんな中でもなお懲りずに、「四編」を「天下に行わた」らせようとしていた弘綱の文学的情熱は、言道と同様に、本当に頭が下がる。その情熱は編者弘綱だけでなく作品を寄せた諸国の作者たちも同じだった。前掲書簡末に「出羽秋田辺詠草もあまた来り居候。四編上木の上御覧被レ下度候。」とあるが、『千船集』にはこれまで出羽作者は殆どいなかった。「初編」に武田信興が一人（二首）、「二編」は誰も見えず、「三編」も田口昌忠一人（一四首）。それが今回の「四編」には、出羽秋田歌壇の作者たちが作品をたくさん送って来たと言う。維新ぎりぎり迄、幕末類題集運動の勢いは衰えていなかったのである。なお「四編」は板行されなかったが、後でも触れる如く、弘綱は明治一三年に『明治開化和歌集』を板行する。その巻末「作者姓名録」に「ウゴ／角館」とか「ウゴ／大館」と付された「ウゴ（羽後—秋田）」の作者が六名も見える。彼らは、恐らく先に「四編」用詠草を送った「出羽秋田辺詠草」の作者たちだろう。

㈣　悪条件の中で板行された曰く付きの「三編」だが、注目されるのは、そこに言道の作品が見えることである。採られたのは僅か二首だが、巻末「千船集三編作者姓名」欄に「言道　筑前大坂住　大隈池萍堂」と見えている。筑前博多在住時の彼は、門人たちの作品をまとめて長沢伴雄の『鴨川五郎集』（安政二年春刊）に送り、大坂に移住してからも、いくつかの類題集を筑前の門人に紹介し作品を寄せるように勧めていたが、自分の作品を幕末類題集に寄せたのは、今回の「三編」が初めてだろう。筑前作者は（先の出羽作者と同じく）、「初編」は一人で「二編」は誰も見えなかった。それがこの「三編」には二〇名も作品を寄せていて、恐らく大坂住の言道の働きかけがあったからだろう。また、大坂作者五名の内に加東利貞と言う者がいるが、彼は高麗橋三井鼈甲店の主人で、大坂の有力な言道門人だった。弘綱は「三編」編集の頃から言道と親交を結ぶようになっていたと思われ、これに続く「四編」にも、前掲書簡で弘綱が「御門人御詠草御遣し大慶仕候。」と感謝しているように、言道は門人の詠草をたくさん送っている（勿論、自分のも送っただろう）。なお、先にも触れたが、言道は慶応三年末か四年初め頃に帰国し、それから間もなく同年七月に亡くなるので、自分の作品の載る「三編」を手にすることはなかった。

㈤ 前掲言道宛弘綱書簡でもう一つ注目されるのは、「草径集御次編御出来候はば御恵贈願上候。」とある件である。言道の『草径集（初編）』（但し原本に「初編」文字はない）は、前述のようにこの四年前の文久三年三月に板行されたが、その巻末跋文（門人茂郇恒久筆）の最後に「また二篇もほどなくものすべくなむ。」とあるが、その「二篇」がこの「草径集御次編」のことだろう。結局「御次編」即ち「二篇」は板行されなかったが、「二篇」が板行されたら是非送って欲しいと乞うているのだから、弘綱の側に『草径集（初篇）』の方は当然あったはずで、熱心に目を通していたに違いない。注目されると言うのは、そのことである。即ち、前掲書簡から、信綱が東京の古本屋で見つけるより三〇余年も前に、父の弘綱がその『草径集（初編）』を読んでいたことが自ずと知られるからで、同時に『草径集（初編）』は、これ以後も佐々木弘綱家に蔵されていただろうことも十分に想像されるだろう。

㈥ 弘綱と言道との繋がりを示すものは、『千船集第三編』や『草径集（初編）』だけではない。「佐佐木信綱年譜」（『佐佐木信綱文集』〈昭和三一年一月竹柏会刊〉付載）によれば、弘綱は旧知の勧めと嗣子信綱の教育のため明治一五年三月に東京へ移住するが、その二年前の明治一三年に伊勢松坂で『明治開化和歌集』（国文研近代書誌・近代画像データベース）を編み板行している。冒頭に明治一二年五月付近藤芳樹序文と同一三年五月付芳樹養子近藤芳介序文とが付されている（刊年不明。さしあたり芳介序文の日付に従う）。巻末「開化和歌集作者氏名録」には七七八名の作者が見え（『千船集第三編』作者は四一五名）、未刊の「四編」用の作品も取り入れられているらしいことは先に見た。実はこの中にも言道の名が見え、前掲「作者氏名録」に「言道　大坂　大隈」とあり作品が六首採られている。作品を見ると、弘綱は言道の作品を安直に『草径集（初編）』から抜き出したのではなく、言道から「四編」用に寄せられたものか、あるいは手元にあった短冊等から採ったようである。ちなみに、面白いことに「作者氏名録」には「信綱　八歳　弘綱／長子」と弘綱嗣子信綱の名も見え本文では五首も採られていて、「発見」された人とその人を「発見」した人とが、「発見」の一八年前に、板行の同じ類題和歌集の中に一緒に載っているのである。

言道と弘綱との「関係」を示すものが、些細なものだが、なおもう一つある。高倉一紀・竜泉寺由佳編『佐々木弘綱年譜〈下〉』明治二二年一二月三一日の条（弘綱六二才）に、「けふハとしの終にて人々いとまなけれど、おのれは今は世を信綱（この時一八才）にゆづりたれバ、心静に四十七士伝をよみて哥よむ、（下略）。」とあり、これに続いて「故人短冊余分ある分」とのタイトルの下に「故人」五十名と「現在人」四名の名（彼ら五十余名殆どはこれまでの幕末類題集に見える）が記されているが、その中に「大隈言道」の名が見えている。言道の短冊は佐々木家にちゃんと蔵されていたのだった。

（七）　要するに、佐々木弘綱家には、言道の作品二首を収める『千船集三編』と、言道の家集『草径集』と、言道の作品六首を収める『明治開化和歌集』と、さらに何枚かの言道短冊が蔵されていたと想像される。事実、前掲論文（「大隈言道の歌」）で信綱は「その後我父の編纂した千船集を見ると、言道の歌が出てゐるのに気が付いた。」と言っている。従って、信綱が明治三一年に「未知の歌人」として「発見」するまでに、言道を知りうる機会は傍目《はため》には十分あった。しかし、事実として信綱はその時まで言道を知らなかった。もし信綱が、父の存命中に『草径集』を見いだし、あるいは『明治開化和歌集』をひもとき、あるいは父所蔵の短冊を見るようなことがあったなら、言道と父とが親しかったこと、言道が筑前歌壇はもとより当時の大坂歌壇でもよく知られた歌人であったことなどを父を通して知り、その歌風の新しさを再顕彰することはあったとしても、全く新たに発見すると言うようなことはなかっただろう。幕末の「弘綱—言道」と明治の「信綱—言道」との間には〈維新〉があり、和歌の家佐々木家においても、弘綱↓信綱と言う自然な伝承が妨げられていた。弘綱は、明治二四年、信綱二〇才の時に亡くなった。この間、「東京」という全く新しい環境下で、信綱は幕末期の類題集やその作者たちのことを父から聞く機会は殆どなかったのだろう。「周知」の歌人が長らく埋もれた「未知」の歌人として、あたかも美談のような「発見」譚の中で、紹介され再登場することになったのである。

(八)　繰り返すが、明治四年生れの信綱は明治三一年に言道を「発見」し、「明治以前にありてかばかり斬新なる歌風を詠みひらきつる彼の天分に驚きつつ、かかる未知の歌人を発見し得つる喜ばしさに堪へざりしその折のおもひは、今も忘られがたし。」と記した。しかしその「発見」より三十余年前に、父弘綱も言道の作品に接して、「一家の御体にて感吟仕候。とかく古人の跡のみふみ候世の中に、かく新しくよみ給ふは及ばざる処と人々感心仕候。」と言っていた。

つまり、共に言道の歌の新しさに触れている。しかしながら、弘綱は自分も属する当代歌壇の中において言道の新しさを称賛しているのに対して、信綱は言道を彼の属していた歌壇を媒介することなく抜き出して、明治時代（近代）の視点からその新しさを顕彰している。両者似てはいるがやはり違っている。弘綱は、同時代の歌人たちを「古人の跡のみふみ《踏み》候」と批判的だが、しかしそんな中で「古人の跡」を踏まない言道のような歌人もいたのだ。珍しいが、言道のような歌人が他にいないとも限らず（事実、言道に共鳴する門人も多くいたし)、何よりも言道の新しさを認めた弘綱自身がまさに同時代の歌壇に属する歌人だった。信綱が言道の歌を評して「明治以前にありてかばかりの斬新なる歌風」と顕彰するのは、ちょうど大正の相馬御風が良寛を抜き出し顕彰したのと同じで、言道が彼の属した歌壇でどう遇されていたかなどには恐らく顧慮されてはいない。とは言え、信綱が言道を「発見」した功績を割り引こうなどと言うのではない。言道の「発見」と「顕彰」とは、やはり明治三〇年時と大正六年時の信綱の業績だろう。もし文学史上の問題があったとすれば、この後の近世和歌の研究者たちだったかも知れない。

(九) 例えば、先にも引いた久松潜一『近世和歌史』である。そこに「言道も長く忘れられた歌人であったが、明治三十年代になつて佐佐木信綱博士がその家集草径集を紹介されるに及んでその価値を認められるに至つた。」などとある。言道が「長く忘れられた歌人」でなかったことはもう繰り返さない。それより、ここには言道が属していた筑前博多歌壇や大坂歌壇や彼の関わっていた幕末類題集などへの関心もそれへの言及もない。信綱に倣ってその歌風の新しさが称えられ持論の「私家集」(『草径集』)に言及はされているが、文学史として注意して然るべき歴史的な繫がりには目は向けられていないのである。考えてみれば、博多と大坂とは商人の町と言うことで共に俗地であり、言道はまさに俗地の歌人だった。彼の古歌に囚われぬ歌風の新しさは、俗地ならではでないか。近代が伝統的諸権威を否定する俗地から生まれるとすれば、幕末期の言道が歌風の近代的な新しさを称えられるのは、蓋し当然のことだろう。

(5)　評価の俎上にのぼらぬ文人たち

伊東論文「京坂の国学」の指摘を待つまでもなく、京坂の国学は古学(復古思想)よりも歌文研究が中心だった。大坂には契沖以来の和歌研究・古典注釈の伝統もあり、それは文化年間以後の本居大平指導下の鈴屋国学とも合致していた。後でも見るように、大坂には鈴屋を中心とした国学者が何人も行き来し、時にはしばらく仮寓もし、さらに多くの著編書類をものにし、それらを見る限り、伊東論文の指摘とはうらはらに、国学はどちらかと言えば盛んだったとさえ言える。少なくとも「不振」だったとは決して言えないだろう。さらに特に天保年間以降、その歌文中心の国学の影響の下に、全国規模の類題集が盛行するが、京坂の国学はそれにも大きく荷担した。大坂の「文人」たちの仕事（著作）も、後でもやや詳しく見るようにその方面のものが多く、書肆もまたそれを要求していた。やや後れて大坂に来た広道もまた、その例外ではなかったのである。そのため、何度も繰り返すけれども、彼らの名とその「業績」は、平田学を中心とした国学史の中に見ることはできないし、和歌和文はその本筋ではないとされる近世文学史の中にも見ることは出来ない。一番期待される近世和歌史においても、右にやや細々と見てきた「言道」発見譚からも伺えるように、私家集は注目されるものの、私撰集・幕末類題集はほんの付け足しのように見られていたので、ほとんど俎上にあげられることはなかった。眼前の歴史的な「事実」に丁寧に目を向け続けていかぬ限り、少なくともこれまでの大坂の文人たちの仕事は、評価の対象とさえならないようである。注①

注①＝各地に遍在していた歌人・文人の多くは東京に移住し、「文学史」も〈維新〉後の東京で書かれる。幕末期の類題集編纂・板行は、その多くは江戸以外の地でなされていたため、それが盛況だった地方では「周知」だった者も、〈維新〉後の東京の地では全く「未知」だったらしい。そして東京での「未知」は理不尽にも「文学史」の上でも「未知」とされた。子規も信綱も鉄幹・晶子らも全て若き上京組だが、急激な政治経済の中央集権化の下、〈文化〉（「文学史」）も一極に集中し、「周知」と「未知」の大逆転が生じたのである。

三　ネットを繫ぐ者たち

「文化」をその「伝播・享受」の側面―中村論文の言う「(専門の師家を後援し従学する）素人」の側―から見てみる。「伝播・享受」は「創造」より一段劣ったもののように受け取られがちだが、「伝播・享受」を媒介しない「創造」は、いかにそのオリジナルが誇示されようとも、山師やギャンブラーの「勘」に限りなく近い。本居宣長の「創造」現場たる書斎鈴屋は、そこへ昇る階段は取り外され鈴の音だけが雅に響く、俗界と離れた静謐な空間だったと言う。あるいはそうだったのかも知れないが、一方、彼は鈴屋を訪れる訪問者たちを快く受け容れ談笑しつつ、彼らの興味深い話をいくつもメモし、また、師の賀茂真淵からその「下手さ」を指摘されながらも、歌会を開いては飽くことなく詠歌に興じ、また、聴者を前にして源氏物語全五四帖の講釈を生涯に亘って二度も三度も繰り返した。こういう人々との交わりもまた、彼の「創造」に多く寄与したことだろう。「専門の師家」も時には「従学する素人」となり、「素人」も時には「専門」家にもなると言うような場、多様な人々とつねに接触して意見を交わす場―これが「文化」創造の現場ではないのか。

Ⅰ　国元と任地を行き交う者

⑴　沖安海と黒沢翁満と

本居内遠の嗣子豊頴の編纂した『打聴鴬蛙集初編』は、主として鈴屋門流―特に大平・内遠門―の作者五三二名の作品二六九〇首を集め嘉永五年に板行されたものだが、その作者の中に、伊勢国で最も多い二〇首採られた沖安海（安政四年没、七五才）と言う者がいる。彼は『三重先賢伝』にも掲出されて、

勢州白子ノ人ナリ。（中略）。本居大平ニ就キテ国学和歌ヲ学ビ、人其ノ学才ヲ称ス。当時嘉永三十六歌仙ノ一人トシテ雷名アリ。安海家、世々染形紙販売ヲ業トシ、常ニ奥羽地方ニ行商ス。旅中毎ニ帙ヲ懐ニシ、閑アレバ則チ之ヲ読ミ諸子百家ノ書ヲ渉猟シ、名声大ニ揚レリ。就キテ学ブモノ多シ。

とある。彼はまた、『藤垣内門人姓名録』文化四年の条に「伊勢国白子寺家寺　沖　正蔵　安海」と見える古参の大平門であり、また右引用文中に見える「嘉永三十六歌仙」（秋元安民編『嘉永三十六歌撰』〈嘉永六年刊〉）にも「海辺寒草」題の彼の作品が収まる。この「三十六歌撰」中の安海以外の伊勢作者は、足代弘訓・富樫広蔭・荒木田久守・御巫清直ら、広く聞こえた国学者・歌人ばかりである。一方、その彼は「世々染形紙販売ヲ業トシ、常ニ奥羽地方ニ行商ス。」とあり、その伊勢から奥羽への「行商」旅中も「毎ニ《つね》帙ヲ懐ニ」しつつ、その立ち寄り先でその彼に「就キテ学ブモノ」が多かったと言う。

ところで、伊勢白子の商人安海は「常ニ」奥羽に行商に出かけていたが、武蔵忍藩士黒沢翁満（安政六年没、六五才）もまた、国元と大坂とを「常ニ」（毎年）行き来していた。彼はもとは、安海と同じく、伊勢（の桑名）の人だったが、文政六年二十九才の時に藩主の移封で武蔵忍に移住した。弘化元年頃から、藩の用人として毎年九月に大坂蔵屋敷に赴き翌年三月に武蔵忍に帰国するのを繰り返していた。播磨には七千石近くの飛地（領地）がありその視察管理を兼ねて赴くこともあり、伊勢桑名周辺にも領地が残り陣屋が置かれていて、大坂と国元との往復の途次に立ち寄り、江戸は藩邸があるのでそこにもまた立ち寄っている。もとより国学者・歌人として著名な翁満である、安海と同じく（いやそれ以上に）、彼に「就キテ

学ブモノ」が多かった。翁満編の『採風集初編』（嘉永六年刊）や『同二編』（安政四年刊）には、国元の忍をはじめ大坂や播磨や伊勢や江戸の門人たちの名が見えている（翁満は有功との論争を後で取り上げる）。

(2)　文化の「媒介者」

高橋章則「さまざまな東北文化の紹介者たち」（花登正宏編『東北―その歴史と文化を探る』〈二〇〇六年三月〉）は、一般市民対象の連続講座の一つとして話されたものだが、沖安海を「従来の歴史ではほとんど取り上げられなかった傍流の存在、『媒介者』の典型」として捉え、その「媒介者」の歴史における意義を指摘している。前掲『三重先賢伝』の「安海家、世々染形紙販売ヲ業トシ、常ニ奥羽地方ニ行商ス。」とあった件が次のよう敷衍されていて、その「媒介」は一過性でもなく偶発的でもなく、着実で反覆持続的なそれであった。

> 「染型紙」いわゆる伊勢型紙の販売を生業とした安海は「常に奥羽地方に行商」したとされます。この「常に」というのは、伊勢型紙の販売権利「株」に関わることです。型紙の行商仲間は紀州藩〔その道を開いたのは徳川吉宗です〕の保護を得て全国に対する独占的な販売権利を持っていました。（中略）。その行商による販売権利〔「株」〕のなかで仙台以北の伊達領と南部領での「株」を保有していたのが、沖安海の沖家でした。型紙の販売は、春二月くらいに白子を出発し秋九月くらいに帰国するというもので、一年の半分は行商をおこなっていました。つまり、行商を行っていたころの安海の生活は、半分が東北での時間だったわけです。

一年の半分ずつを国元と行商先とで過ごすと言うと、ここでも黒沢翁満のことを思い起こし、彼もまた一種の行商人（藩命による行商人）だったのではないかとさえ思ってしまう。武士や商人を問わず、毎年のようにほぼ同じルートを旅する人がいて、彼らがその立ち寄り先の人々に情報を伝達し刺激を与える（結果としてその地の文化発展に寄与する）ということである。安海の場合、多くの情報を伝えて刺激を与えた者の一人に、陸奥信夫郡瀬上宿の豪商内池永年（嘉永元年没、八六才）がいる。彼は文化九年入門の大平門人でもあるが、高橋前掲論文に次のようにある。注①

本居大平は、「福島を訪れる行商人がいるから懇意にしてやってくれ」と先の内池永年に一人の人物を紹介しました。この大平から師弟の「媒介者」として指名され、以後、永年との交流を深め、書簡のやりとりや書物の斡旋をおこない、また永年と本居家との学問的な関係をスムーズにしたのが伊勢白子の沖安海です。

永年は、大平から安海を紹介されていたが、実際に安海と会いそのことを大平に伝えたようで、それを承けたと思われる文化一一年八月三日付永年宛大平書簡（福島市史資料叢書第58集『続・内池永年集―みちのく社中Ⅱ―』〈平成三年三月〉）の尚々書に、「伊勢白子人安海、貴地通行之節立寄られ、をりよく御出会被成候よし、珍重方奉存候。」とあり、大平は二人の出会いを喜んでいる。

注①＝高橋氏は、これより先の「学問の形成と「書物」の集積」（『日本思想史学』第三五号〈二〇〇三年一一月〉）の中でも安海に触れ「沖安海は伊勢型紙の行商を「生業」とした鈴屋門の国学者であった。伊勢型紙は全国の染色業者の需要を一手に引き受けており、和歌山藩の庇護のもとで株仲間を形成し、販路の不可侵を厳しく守った。そのなかで仙台・南部地域を行商圏として確保した安海は、通過地福島の永年のもとをほぼ毎年おとずれ様々な情報をもたらした。」と言っている。

Ⅱ　代官手付元〆若山滋古

文化の媒介者として、国元と任地を行き来する者の例を右に挙げたが、必ずしも常に行き来するようなことはなくて、しかし、同じように文化の媒介者の役割を果たしている者がいた。ここにその一例を挙げる。

⑴　宣長と滋古

㈠　本居宣長の『寛政十二年紀州行日記』（『本居宣長全集第十六巻』）の享和元年二月二四日の条に、次のような件がある。

夜をこめて宿りを出、大仙陵（仁徳天皇陵）によりて見奉り、住吉社、天王寺にまうで、八ツ比大坂につく。南組鈴木町（アキ）家にやどる。岡崎青宇、橋本稲彦、堺辺まで出迎、同道して大坂に入。

紀伊和歌山から伊勢松坂への帰途、大坂に立ち寄る宣長を、岡崎青宇（俊平）と橋本稲彦とが堺まで出迎えた。彼らはそれほどメジャーではないが共に知られた宣長門で、後でまた触れる。気になるのは名を失念したのか、空白のまま残されている部分である。しかし幸いなことに、この時宣長に同行した養子大平の、大和長谷の宣長門人萩原広満に宛てた、享和元年三月一〇日付書簡に、[注①]

二月廿三日わか山出立、貝塚泊り、廿四日大坂着、鈴木町若山東九郎宅ニ止宿、廿五日同断、云々。

とあり、前掲空白部には「若山東九郎宅」が入り、「廿五日同断」とあるので、宣長はその若山宅に連泊したことも分かる。注目されるのは、宣長が連泊した家のその当主若山東九郎のことである。

注①＝白井伊佐牟「河井家蔵萩原広満伝資料紹介―本居大平書簡を中心に―」（『鈴屋学会報第12号』所載）

(二) 今回の旅行中に宣長に贈られた物品・金子類が、前掲『日記』記事に続いて「○到来物」のタイトルの下に日を追って記されているが、その「(享和元年二月)○廿四日」―即ち宣長が若山宅に到着した日の条に「一、紙　宇治いつき／一、(ママ)　岡崎青宇／一、大折　若山東九郎」とある。
「宇治いつき(五十槻)」は荒木田久老のことで、ここにその名が見えるのは注目される(後で見るように彼はこの頃在坂していた)。『日記』にも前掲大平書簡にもその名は見えず、久老が若山宅で同席していたことは考えられない。恐らく、久老は宣長が若山宅に来ることを事前に知っていて、滋古に贈答用の「紙」を託していたのだろう。なお、和泉堺まで出迎えた一人の岡崎青宇は若山宅まで一緒に来ている。

(三) 江湖山恒明「本居宣長をめぐる二つの事項」(『お茶の水女子大学人文科学紀要第29巻第1分冊』)に、石塚龍麿の紀行文『花のしら雲』の(享和元年二月)二十七日の条、即ち宣長が滋古方を立った翌日の条から、次のような記事が引かれている(ルビは原文。注記とルビ「ママ」は引用者)。

未の時(午後二時)ばかりに(大坂の)日本橋《ニホンハシ》のほとりにいたりてやどりをさだめて、さて若山棐《ワカヤマノヒサキ》ぬしの許《モト》に鈴木町《スヾキマチ》にとぶらひゆく。おなじ学《マナ》びのはらがらにしあれば、はじめてあひたるやうにもあらず、いとむつまじくかたらふ。すゞの屋のうし、若山《ワカヤマ》(紀伊若山―和歌山)よりの御ゝかへさに、こゝにも一夜やどり給ひて、きのふ立田《タツタ》までものし給ひつ。今一日《イマヒトヒ》はやからましかば対面《タイメ》し給はましをといはるゝに、松坂よりまづ若山にものすべく思ひ侍りしを、御かへさには此難波にもあしの一夜はやどり給ひぬべくきゝ侍りしかば、此程こそはと思ひはかりて物せしを(ママ)(下略)

宣長門(寛政元年入門)の龍麿(文政六年没、六十才)は、遠江から師宣長に会うべく松坂へ来た、師は紀伊若山への出講中だった、紀伊若山までと思ったが、日程を推し量って帰途立ち寄るという大坂の若山棐方まで来た、しかし僅か一日の差で師に会えなかったのだった。ただ、若山棐とは「おなじ学《マナ》びのはらがら（兄弟弟子）」と言うことで「いとむつまじくかたら」ったと言う。と言うことで、若山東九郎は若山棐《ひさき》とも称したこと、龍麿と同門つまり宣長門であったことがここで知られる。

㈣『鈴屋集八之巻』（『本居宣長全集第十五巻』）に「大坂若山滋古が家の庭に萩をいとおほくうゑたるを見て、二月の事なりければ」との詞書をもつ二首が収まる。訪ねたのが二月と言うこともあり、この「大坂若山滋古が家」とは、勿論、鈴木町の若山東九郎方である。と言うことで彼は滋古とも称したことが分かる（以下、地の文では彼を「滋古」又は「棐」と記す）。ところで、紀伊若山での講釈の後大坂を経て一旦松坂に帰った宣長は、ほとんど休む間もなく上京する。それが『享和元年上京日記』（『本居宣長全集第十六巻』）に伺えるが、実はその五月一六日の条に、次のような記事が見える。

大坂若山但四郎入来　／右ハ一昨日上京着之由、昨日も入来之処、留守中ニ而不逢。今日対面。

この日記を収める『本居宣長稿本全集第二輯』には、この「若山但四郎」に就き「名ヲ滋古トイヒ、又棐ト称ス。」（294頁）と注している。要するに、若山東九郎は、「棐」とも言い「滋古」とも言い、また右に見るように、「但四郎」とも称したらしいことが分かる。なお、翌一七日の条にも「若山但四郎、今夕船ニ而帰ルベキ由也。」とも見える。尤も、大坂の但四郎即ち滋古が、上京中の宣長に挨拶するためだけに来たとも思われない（僅かこの二ヶ月半前に二日間も一緒だった）。彼は所用で上京することがこれまでもあったらしく、『雲錦翁家集』（『校注国歌大系近代諸家集三』）「巻三」に、「若山滋古が初てとひ来て、さよ更るまでかたらふに、云々」との詞書をもつ作品が収まる。いつの上京時か、彼は賀茂季鷹方をも訪れていたのだった（季鷹とのことは89頁の⑹の注①を参照）。

㈤　滋古が宣長門だったことは、宣長門の龍麿が滋古を同門と呼んでいたことをはじめ、右に見たいくつかの記事からも推測されるが、実は宣長の『授業門人姓名録』に彼の名は見えない。その点に就き、鈴木淳「『授業門人姓名録』の論」（『本居宣長と鈴屋社中』）に興味深い指摘がある。即ち、『金銀入帳』に授業料納入の事実がありながら『授業門人姓名録』に名の見えない者が六十七名もいて、その中に含まれる荒木田久老門人六名の一人が「若山東九郎」だと言う。さらにこのことに就き、同論文は「宣長の（久老への）遠慮の情も強くはたらゐたはずで」「恐らく門弟同様の待遇を与へながら正式の門列には加へずにとゞめおいたものと思はれる。」と言う。恐らくそうなのだろう（なお、先の㈢に引く江湖山論文はこの鈴木論文により知る）。ちなみに、宣長『金銀入帳』（『本居宣長全集第十九巻』）によれば、滋古の最初の「入金」は寛政一二（庚申）年二月八日のことで、その「庚申春」の条に「二、八日　金三分　大坂若山東九郎」と見える。そうすると、「姓名録」には記載はないが、宣長入門はさしあたり寛政一二年二月と言うことで、両者の親交もこの頃から始まったと考えていいのだろう。

㈥　寛政一二年六月二八日付千家俊信宛宣長書簡（『本居宣長全集第十七巻』）に、次のような件がある。

然ば、国造君御用事ニ付、京大坂へ御越被レ成御逗留之由、御苦労御儀ニ奉レ存候。稲彦、順和、若山氏等、御出会被レ成候由、宇治五十槻神主も去年以来上京ニ而、専古学をいざなはれ候義ニ御座候。追追京師大坂も古学起り申候趣ニ而、致二大慶一候。

宛先の千家俊信は清主とも言い、出雲大社七六代国造千家俊秀の弟で、寛政四年入門の宣長門、書簡冒頭の「国造君」とは、その兄の千家俊秀のこと。その他、右書簡中の人物に注記すると、「稲彦」は先にも言及した橋本稲彦のことで、「順和」は近藤春彦のことで『授業門人姓名録』天明六年の条に「備

中　庭瀬　近藤嘯蔵　春彦」、別称として「居呼雲水称順和」と付記されている。この寛政一二年時は大坂にいたらしいが、それ以外詳しくは分からない。[注①]滋古は彼らと並べられて「若山氏」と記されている㈢人の中で彼に対する宣長の敬意?と遠慮が感ぜらる)。宣長は、「宇治五十槻神主」即ち荒木田久老の活躍で京坂の地にようやく「古学」が根付きそうなのを喜んでいる。同年七月七日付同上書簡にもまた、

先頃、大坂より御出し被下候御状も、相届申候、彼地ニ而、若山東九郎へ折々御逢被成候由承候ニ付、右の御返事ハ、先日右同人方へ相頼さし出し申候。もしいまだ御許へ相達し不候ハバ、若山方御尋可被下候。

とあり、滋古の名が見える。俊信も大坂では滋古と親しくしていて、宣長はその俊信宛書簡を滋古方に送っているのである。鈴木町の滋古方は、先の龍麿の時と同じく、鈴門ネットワークの大坂でのキー・ステーションの役割を担っていたらしい。

注①＝近藤信『国学文献集解』(昭和一九年八月)に、伊予の鈴門梶谷承慶・野井安定宛の近藤春彦書簡(寛政六年のもの)二通収まる。付された「解説」によれば春彦はもっと知られて然るべき人物のようで、この年に伊予八幡浜に遊説に来ていた。承慶と安定とは翌七年に宣長に入門するが、それは彼の誘掖によったらしい。

(2)　久老と滋古

滋古の宣長(及びその門下の者)との親交の様子を右の㈠〜㈥に見たが、㈤にも指摘されていたように(また㈡に引く「〇到来物」の記事からも推測されるように)、彼は荒木田久老の門人だった。その入門時期は不

明だが、少なくとも宣長に授業料を納めるより先だったことは、『荒木田久老歌文集並伝記』の次の記事からも知られる(611頁)。

寛政十一年八月末、久老は大阪の門人若山某に迎へられて、再び同地に下り、翌年五月まで同地に滞在する事になつた。若山某は俗名東九郎と言ひ、滋古と名乗つた人である。

右記事に続いて、滋古に言及した記事がいくつか見える。説明の都合上、(a)、(b)等の符号を付し分割して引く(615〜616頁)。この後の㈠〜㈣で引用記事に注記する。

(a) 大阪の門人若山某は、後に言ふ小松親枝等と共に、最も懇切に久老を世話した人らしい。「難波旧地考」(久老の著作—引用者)の某の序にも、師を慕ふ情がよく見えて居り、

(b) 同書(「難波旧地考」)本文冒頭にも、久老は「久老ことし寛政十一年己未年八月の末、若山某ぬしにむかへられて、難波に下り来て、云々」と言つて、彼の大阪行きが某の勧奨によつたものなる事を明記して居る。

(c) 後に言ふ如く、久老が真淵の『祝詞考』を出版したのも某と相談した結果であつた。

(d) 「槻落葉家集」雑の部には、

i 「若山某に師(真淵)の直しの詠草をあたふとて」

ii 「この某がみづからの歌を十番の歌合として其判を乞ければ判書て奥に」

iii 「同じ人(某)のもたる契沖法師の自筆の富士百首の巻物の箱に書つけゝる歌」

iv 「難波なる若山某が母の六十の賀に」等の歌があり、

(e) 同書文部には、「難波にありけるをり、若山某が許にて龍のかた(絵)に席上にて書る詞」や、某が秘蔵の契沖自筆「富士百首」を印行するに際して書与へた寛政十二年六月稿「富士百首序」が載つてゐる。

㈠ (a)に見える「小松親枝」も久老門で、寛政一二年の久老の播磨遊歴に触れた件に、次のようにある。

この時の紀行『槻の落葉播磨下向の日記』によれば、八月晦日京を出で立ち、九月一日大阪の門人小松親枝の堀江の家に迎へられた。いさゝか脚気の気味があつたので、暫くこゝに滞在。蓋し親枝は医者が本業であつたから、その療治を受けたのであらう。十三日門人斎部道足の来訪を受けて、歌会を催した。

寛政末版一枚刷「大坂医師番付」（『大坂医師番付集成』）の東の関脇に「堀江　小松久庵」の名が見える。居所も同じなので、「医者が本業」と言う親枝は、当時は有名医だったその久庵だろう。

㈡

右に久老門人として「斎部《いんべ》道足」の名が見える。同門として滋古も彼と親交を結んでいたと思われ、また医師の小松親枝とは違い、当時の大坂歌壇・国学界でかなり知られた人なので、ここで少し触れる。

彼は『大阪訪碑録』にその墓碑が引かれていて、冒頭に「斎部道足と云へるは、陸奥会津人なるが、弱時《若い時から》ゆこれの難波に来て年あまねく住《すめ》りけるに、常にあがりたる代の手振《てぶり》をしぬび《偲び》て、作る所の歌も古風を慕ひ殊に長歌を好て、其数八百余作りき。」（原文宣命書き）とある。陸奥会津人で大坂に住み「古風を慕ひ殊に長歌を好」んだ人で、この後に、五九才の「今年文化の十三年と云年の八月」に病で亡くなったとある。その歌風（万葉風）からも久老門だったことが改めて知られるが、実は彼はまた滋古と同じような「宣長門」（「門人録」に載らない門人）で、前掲鈴木論文に滋古と並んでその名が見えている。

もう少し付記すると、彼はまた「斎柏《いかし》新介」とも言い、本居大平とも親しく、（宣長没後の）享和三年一一月二八日付萩原広満宛大平書簡（69頁―⑴の㈠の注①に引く白井論文所載）に、

　大坂鹿島（加島）や別家とて、富家ノ家臣斎柏新介てふ人、古風ノ詠歌上手にて、いろ〳〵見せニ来候。うつさせ可入御覧候。のち〳〵ハ御文通もし給へかし。

とあり、また、同年一二月一四日付同上書簡[注①]にも、「大坂玉水丁加嶋屋久右衛門方別家斎柏《イカシ》新介と申、

先達而も噂申候、此人古風長歌好候、来春ちと御文通可被成候。」とあり、大平は大和長谷の宣長門萩原広満に、しきりに「新介（道足）」との文通を勧めている。

また大平編『八十浦の玉　上巻末』（天保四刊）に、「蘇我の臣等がまがわざをうれたみてよめる歌　斎部道足」（二四オ）を第一首目とする五首の長歌が並び、その第五首目の最後（三十オ）に「右五首、道足は難波人斎柏新助といふ」とのコメントが付されている。さらにまた、文化末年頃の成立かと推測される「浪華人物録」の「国学并和歌」部に、尾崎雅嘉（文政一〇年没、七三才）や石津亮澄（天保一一年没、六二才）らよく知られた人物の並ぶ中に、「布屋町　斎柏新介」として道足の名も掲出されている。要するに、国学者・歌人として、彼は当時の大坂ではよく知られた人だった。

注①＝〈手紙を読む会〉編「翻刻　本居大平等書簡」（『大阪府立図書館紀要第31号』〈平成7年3月〉所載）

(三)　(b)に久老は滋古に迎えられ大坂に来たとある。事実、「古典籍データベース」掲出画像付「国文研三井」蔵板本『難波旧地考』滋古序文に次のようにある（冒頭の「ことし」は前掲本文冒頭の「寛政十一年」）。

ことしやよひのころ、五十槻園大人、都に旅やどりしたまふよしをおどろかし（消息し）たまへしかば、年ごろしたひまつれるがあまり、此あたりにもむかへまつらまほしくて、奈良柴のしば〳〵きこえならしゝにより、わが萩の原の花さけるころこゝにおはしまして、云々。

寛政十一年春の時点で「年ごろしたひまつれる、云々」とあるので、棐はもっと前から久老とは親しくしていた（或いは入門していた）ことが分かるが、その時期は確定できない。ちなみに、「（久老は）わが萩の原の花さけるころこゝにおはしまして、云々」とあるが、滋古は自宅の庭の萩が自慢だったようで、先の(1)の(四)に引く宣長の歌の詞書に「大坂若山滋古が家の庭に萩をいとおほくうゑたるを見て、二、月の事なりければ」とあった（宣長は「二月」に、久老は「花さけるころ」即ち秋に来た）。なお、序文の最後に次のようにあり、「難波旧地考」板行も滋古ら大坂の久老門によってなされている。

かゝるふミを、いたづらに箱ぬち（箱のうち）にひめおきたらむには、あたらしき（惜しい）わざにをとて、うるはしくすなる友どち、はかりて板にゑらせるは、国さかり（離り）をるおなじまなびの人〳〵にもおくらむがためぞ。／若山棐

これによって寛政一一年春に上京した久老が、大坂に来たのは寛政十一年の秋のことだったと分かるが、彼は享和元年の八月に大坂を立って京を経て九月に伊勢に帰っている。この間に播磨行などがあり、ずっと大坂に居続けた訳ではないが、とにかく二年間ほど大坂及びその周辺に滞在していたのだった。

㈣　(c)に、久老の真淵『祝詞考』の板行も棐（滋古）との相談によったと言う。「後に言ふ如く」とあるように、この後の件（617頁）に『祝詞考』の久老跋文が引かれているが、そこに次のように「難波人若山棐にかたらふに」とあるように、棐と相談したことに触れられている（ルビ及び注記は引用者）。

近きとしごろ、本居宣長、これ（真淵『祝詞考』）が中より大祓辞と神賀詞とをぬき出、後釈と云を作て、猶其言を明《あき》らめ論《あげつら》へるより、世の人みな後釈をのみもてはやして、この考のある事をしらず、知りてもあかぬもの（飽き足らぬもの）としておほろかに（おろそかに）おもひをるが、うれはしくいきどほろしく、難波人若山棐にかたらふに、こゝにして世にひろくなしおき給ひなば、故大人のいさをは三津の浜び（難波の津の浜辺）にさく（裂く）波の、いちしろく（著く）あらはれ出なむものを、と催さるゝによりて、堀江に生《はえ》るあし手のあしきをもたわすれ（た忘れ）、仮名も何ももとのまゝに、みづからの手して書うつして板に彫せるは、いさゝか師恩を報《むくわ》むがためぞ。（中略）。寛政十二年やよひ難波の旅寓にして書つ。

先にも触れたが、晩年の久老の言に宣長への反発や批判が目立つと言う。ここもそのようで、宣長『大祓詞後釈』のため師真淵『祝詞考』（の功績）が埋没させられたのを憂いそのことを滋古に話すと、彼は『祝詞考』を板行して師の業績を顕彰してはどうかと勧めてくれ、そこで板下を自ら認めて板行することになったとある。滋古は、宣長に対してと同様、久老に対しても誠実に師事していたことが分かる。

㈤　(d)のⅲに滋古所蔵の契沖自筆「富士百首」が見え（(e)にも見え）、それを久老の序文を掲げて板行するつもりで、滋古は契沖に深く傾倒していたようである。そのことは、後（(3)の㈢）にも見えている。

(3)　安藤論文「若山滋古」

大坂鈴木町に住む若山滋古を、久老の門人または宣長の門人として、中村論文の言葉を使えば「（専門の師家を後援し従学する）素人」として見てきた。しかし、それは彼の一面であって、また別の一面をも持っている、即ち、自ら古典研究に従事すると共に、江戸の文人たちと頻繁に交流していたのだった。

滋古に就いては、早く安藤菊二「若山滋古」（『伝記』第八巻第一一号〈昭和一六年一一月〉）がある。そこから伺える情報は、次のように、これまでの滋古のイメージとはその印象が大きく異なっている。

㈠　冒頭に清水浜臣校本更級日記（岩瀬文庫蔵）巻末の次のような識語が引かれている（書き下して引く）。

文化元甲子季冬、浪華隠士若山滋古所蔵の古印本を以て校正了《おわん》ぬ

また、高田与清『松屋外集』の「更級日記」の条からも、次のような記事が引かれて、ここでも滋古所蔵の更級日記の古印本が挙がり、さらにその「謄写本」にも言及されている。

予が見し（更級日記）は元禄十七年の刊本、扶桑拾葉集ノ本、群書類従ノ本、橘千蔭が校本、余が家蔵の古写本二種、斎藤彦麿が家の写本、岸本由豆流が家の写本、清水浜臣がもたる難波人若山滋古が古印本 謄写《シキウツシ》 の本など凡て九種也。

㈡　加藤千蔭や清水浜臣に就いたと言う旗本巨勢利和（天保五年没、六八才）の「空物語新治」（文政五年に成った注釈書「宇津保物語新治」一〇冊）から、「文化補刻本宇津保物語三十冊の巻序」について触れた、次のような件が引かれている。

（上略）、此校合本の次第を定めしは難波人若山滋古とて、芳宜園（加藤千蔭）大人、荒木田久老、本居宣長などに、よろづ物学せし人也。今はなき人のかずにいりにたり。

文政五年の時点で「今はなき人」とあり、滋古がそれまでに亡くなっていることが知られるが、安藤論文には、右を承けて「あの錯乱を極めた一部三十冊の巻序の改訂方を、滋古が依頼されたといふ事は、極めて注目すべき事でなければならない。」とのコメントが付されている。

巨勢利和のことだが、大身の旗本であった彼は『柳営補任』によると、文化二年三月に御書院番頭から八番組（申・寅年大坂在番、亥・巳二条在番）大番頭になる、但し同三年六月には五番組（午・子年大坂在番、卯・酉二条在番）に転じている（同六年二月まで）。とすると、大番頭在任中の彼は大坂在番には就いてはいないが、文化四年（卯年）四月[注①]（翌五年三月まで）に京都二条城には赴いていただろう。この間、利和は大坂の滋古の噂を聞く機会もあり、また滋古自身が上京することもあったか、と想像される。

注①＝大坂城在番はその年の八月から翌年の七月までの一年であることは、例えば『大坂大番記録㈠―弘化二年八月～弘化三年七月、西大番頭本多忠隣―』（徳川時代大坂城関係史料集第三号、大坂城天守閣刊）などでも確かめられる。二条城在番もまた同時期かと思われたが、大番頭久貝正典の『久貝正典歌集』（正宗敦夫編、大正三年四月、歌文珍書保存会刊）に、次のような詞書を付す作品が載り、四月初めに江戸を出立している。従って二条城在番は四月から翌年三月までである（ルビは引用者）。

天保十四年京に大番にのぼるとて四月四日門出す　／君が為大城《おおき》もる《守る》とて行旅をうづきといふは名に社《こそ》有けれ

㈢「厚顔抄補訂」は「契沖の厚顔抄に補訂を加へた滋古の著述」だが、それに寄せた村田春海の文化二年九月の「厚顔抄補正序」（『琴後集』）から、滋古に言及されている件が、次のように引かれている。

…《(ママ)》こゝに、おなじ難波の里人若山滋古は、かの法師におくるゝこと百年にあまりて、まさに今世になずらひなき物しり人なるが、古の学びに心をふかむるまゝに、かの師注釈めでたしとはいへども、猶あかぬことのおほかるを惜みて、この近き世にまなびの名聞えたる人々の、これかれ考へいへる事どもの有るを、広く問ひ、あまねくあつめて、よきをばひろひ悪しきをば捨て、足らはぬを補ひ、ひがめるを正して、更に補正と名づけて、法師が注釈をしも全からしむ。此のふみ、ひと度世におこなはれましかば、古の学びにこゝろざしあらむ人、たれかこのぬしのいさをしさを、うむがしみて（喜ばしく思って—引用者注）たう（ふ）とまざらむ《(ママ)》…

「厚顔抄」三巻は元禄四年に成った契沖の記紀歌謡の注釈書である。滋古は、その「厚顔抄」の「あかぬことのおほかる」を惜しんで、「よきをばひろひ悪しきをば捨て、足らはぬを補ひ」などして、「厚顔抄補訂」を著したらしく、春海は契沖の旧著をよりよいものにせんとした滋古を「難波の里人」と呼び、その「いさを」を称えているのである。

ところで、安藤論文はこの引用の後に、次のようにコメントを付している。

此の序の書かれたのは文化二年九月の事である。浜臣の更科日記の識語を思ひ合はせると、滋古は文化元年の暮の頃、此の序の依頼などもかねて江戸へ下つてゐたのではないだらうか。(中略)。勿論、滋古がもっと早くに、在勤の都合などで幾度か江戸に滞在する事があつて、その間に千蔭の門にも入り、春海や浜臣と交る機会を持つたといふ事は考へられない事ではない。

所用での上京の可能性を先に指摘したが、安藤論文は「在勤の都合などで幾度か江戸に滞在する事があつて、云々」と、江戸行の可能性を指摘している。安藤論文が滋古をどう言う者と考えていたのかは、これだけでは分からないが、この間、確かに彼の在府を想定させるようなことはある。事実、右に続いて「何時の程の事であらうか」との付記の上、「若山滋古が弥生の末故郷なにはへ帰るによみておくりけるうたみじかうた」との詞書をもつ、加藤千蔭注①の長歌と反歌とが引かれている。滋古は、巨勢利和によれば、千蔭にも就いていたのだから、とにかく江戸に出ていたことは確で、それ以外にも江戸に来ることが何度かあった、と安藤論文は推測している。

注①＝本文ではこの長歌反歌は「清原雄風の歌集の中に見えてゐる」とあったが、前掲安藤論文の「追記」(『伝記』第一〇巻第一号〈昭和一八年一月〉で「千蔭の歌」と訂正されている。

⑷『泊洦舎年譜』から

さらにもう少し、滋古の江戸と関わる情報がある。丸山季夫著『泊洦舎年譜』(昭和三九年二月)は清水浜臣(文政七年一八二四没、四九才)の詳細な年譜だが、そこに若山滋古の名も見えるのでいくつか引いてみる。

㈠　一つは、享和元年の条の末に引かれている、加藤千蔭に宛てた村田春海書簡の次の件である。

去月中滋古方より、契沖校合之歌仙歌集十五巻内五巻、私方へ相下し申候、(中略)、さて右歌集残り十冊は、正路大阪より帰り候節、持参いたし候やうに申遣し、(下略)。

「契沖校合之歌仙歌集十五巻」とは、契沖の校合した藤原公任編「歌仙歌集」一五冊を指すのだろうか。詳しくは分からないが、「先月、大坂の若山滋古から契沖校合の「歌仙歌集」一五巻の内、五巻分を私の方へ送って来た、そこで残りの一〇巻分は、ただいま在坂中の「正路」に持ち帰るように頼んだ。」と言うことなのだろう。

(二) 前掲春海書簡に見える「正路」とは植村正路のこと。編著者は、享和三年の条の初めに、その小伝として、次のように記している。

植村正路、号萩廼舎、幕臣鳩組御書院与力、初め冷泉家の流をくみ、後千蔭門人、書は森尹祥門人。文化十四年五月十七日没、年四十六。浜臣とは殊に親し。泊洦文藻には哭植村正路誄及植村正路肖像之賛等あり。

ところで、その正路はこの時は大坂にいたわけで、前掲春海書簡の後に、「泊洦舎長歌文詞には「送植村兄趣(赴)難波歌」の長歌あり。此の時分のものなるべし。」と言う、彼の上坂に関わる著者のコメントが付されている。浜臣は正路とは極めて親しくて、彼の大坂行に際して歌を贈っていた。ところが、同上年譜享和三年の条の冒頭に「泊洦文藻巻四」から「正月七日つとめて雪のふりいでたるに、正路がり(の許に)いひやりたる、(下略)」との詞書の付された浜臣作品が掲げられていて、少なくとも享和二年末までには江戸に戻っていたことが知られる。彼の大坂行の用件は何だったのか。右小伝に、彼は書院番与力だったとある。「書院番」は大番のように大坂勤務があったとは思われない。但し、先の巨勢利和に見たごとく、「大番頭」は「書院番頭」から任ぜられることが多いようなので、その配下の「与力」

も「大番与力」になることもあったのではないか。ひょっとして彼はこの時（例えば寛政一二年から享和元年にかけて）大番与力として大坂城に赴任していたのかも知れない。繰り返すが、大坂在番は六年ごとだが京都二条城勤務を入れると三年ごとに上方に上ることになり、彼が大坂の滋古と接触する機会は少なくないだろう。

滋古所蔵本を正路を介して借りたと言う記事が、この後も見える。即ち、前掲書文化三年六月の件に、

六月初植村正路を介し、若山滋古蔵契沖全校本八代集を借り得て千載集、新古今集の両書を校合す。

とある。それを裏付ける資料として、その浜臣校本に依った木村定良自筆校了本の、文化十年七月二六日付識語が引かれている。その中に「友人植村正路」に頼んで「難波人若山滋古」所蔵の契沖校正の全本を得た、それによって間違いを正して足りぬものを補うことができたと言う、次のような「泊洦舎主人（浜臣）」の識語が見える。

契沖師の校正する所の八代集若干巻、往年賀茂季鷹本を借り、比校了《おわ》んぬ。惜しい哉、千載・新古両集の契校（契沖校正本）其の半ばを闕《か》く。爾来《じらい》、諸書に就き僻案を加ふ。近頃、友人植村正路に憑《たの》み、難波人若山滋古所蔵契校全本を得て、補闕《ほけつ》竣功《しゅんこう》す。時に文化丙寅季夏初三（文化三年六月三日）霖雨《りんう》新に霽《は》れ炎暑羅《ら》（薄物）に勝へず。泊洦舎主人再識。

ここにも「近頃、友人植村正路に憑《たの》み、難波人若山滋古所蔵契校全本を得て、云々」とある。この時もまた、正路は大番勤務で大坂に出ていた可能性は大きい。

⑸　代官手付元〆《もとじめ》

㈠　右に滋古に触れた資料を少なからず見てきた。彼はいくつもの顔をもつようだが、改めて滋古とはいったい何者なのか。いま彼に就いてのこれまでの「情報」を箇条書きにして示せば、次のようになる。

(a)　彼は江戸の文人たちからは、「難波の里人」とか「難波人」とか「浪華隠士」とかと呼ばれていた。つまり、彼は全くの大坂人だったように映る（彼を掲出する人名辞典類—例えば『和学者総覧』にも「大坂」とある）。

(b)　契沖に私淑し、その自筆本をいくつか所持し、彼の手になる古典校本を写し持ち、時にはその未《いま》だしきものに就いては校合・補正をもした。

(c)　彼は荒木田久老門人で師の著作の板行にも協力していた、さらに久老と晩年の不和が伝えられる宣長とも親しく交わっていた。と言うより、門人帳に記載はないが、先の鈴木論文の指摘する通り実質的な門人だった。他の宣長門人も彼を同門と遇していたことは、前掲江湖山論文中の龍麿紀行文からも明らかである。

(d)　彼は、加藤千蔭の門人であっただけでなく、江戸の文人たち—村田春海や清水浜臣らとも親交があった。浜臣と親しい江戸の御家人植村正路とも親しく、また江戸の旗本巨勢利和も滋古のことを知っていた。

ところで、この(a)〜(d)の中で最も訝しく思われるのは、確実のように思われる(a)である。確かに彼は大坂に住んでいたし、(b)の契沖への傾倒もいかにも「大坂人」らしく見える。しかし、彼がもし根生いの大坂人なら、もっと他の大坂人との交流が知られて然るべきなのに殆ど聞こえて来ず、ましてや契沖に私淑していたというのなら、その道の先学で大坂人の尾崎雅嘉や、あるいはまた石津亮澄らとの親交は当然かと思われるのに、その事実は知られていない。むしろ(d)などの情報からは、滋古は元来は「江戸人」だったのではないか、と疑わざるを得ないのである。

㈡　先の⑷の㈠に春海書簡を引いた時に、話が錯綜するのを避けるため敢えて省いたが、実はその書簡の後に、次のような極めて貴重なコメントが著者（丸山季夫）によって付されていた。

若山滋古、俗称藤九郎、号金花園。篠山十兵衛手付元〆。荒木田久老門人。難波に住す。千蔭春海宣長等と交渉あり。又この年さらしな日記の古写本を、浜臣かりしことあり。文化八年頃没。（屋代弘賢雑著中人伝上）注①

「屋代弘賢雑著」に基づいたと言うこのコメントで最も注目されるのが、滋古が「篠山十兵衛手付元〆」だったと言う点である。「篠山十兵衛」とは篠山景義のこと。西沢淳男編『江戸幕府代官履歴辞典』によれば、寛政五年から文化六年までの一六年もの長きに亘って、大坂鈴木町代官所の代官だった人である。滋古はその代官篠山景義の手付元〆（元締め）だったと言う。なるほど、彼の居所が「鈴木町」なのは当然のことだった。このことがもっと早くから分かっていたら、彼の言動・交友等に関して、なるほどと思われることが多い。

㈢　ところで、代官所手付元〆とはどう言う者の就く役職なのか。安藤博編『徳川幕府県治要略』（復刻版昭和46年5月）に「徳川幕府時代、県治を司る吏員を郡代、代官と云ひ、属吏を手付《てづき》、手代《てだい》、書役《しよやく》と云ふ。」とあり、その内の「手付」は「幕臣にして、譜代席、抱席、両種の資格あり。」とある（「手代」は「純然たる幕臣に非ず。去れども亦郡代、代官の家臣にも非ず、郡代、代官に付従して勤務するものにして、【割注略】准幕臣とも云ふべきものなり。」とある）。そして前者の「譜代席」に就き、次のようにある。

譜代席は、徳川家祖先以来累世奉仕せし家柄を云ふ。世々嗣子に家督相続を命ず。譜代席の手付は他役又は小普請組【割注略】より郡代、代官の推薦に依り、手付出役に任命せらる。（中略）。譜代席手付は各世禄を有す。

次いで「抱席手付」に就いては、「新に抱入臣籍に列せられ、終身限り奉仕するものを云ふ。」とある。尤も「本人死去又は退隠するときは、番代と称し余人をして補欠せしむ。然れども補欠の候補者は、概ね本人の嗣子を以て之に充つ。自然世襲の趣を為せり。」とあり、こうなると譜代席と変わるところがない。また新たに抱え入れる場合、「手代」の中の優れた者を選ぶことが多かったのか、「手代の中より抜群超衆能く吏務に通ぜしもの、新に抱入を命じ幕臣に列せしめ三拾俵三人扶持を賜り、代官手付と称するの栄を得せしむ。」とある。但し、郡代や代官が勝手に抱え入れるのではなく、「総て手付を採用するは、郡代、代官の申請に依り勘定奉行、之を専命し、格式授与其他重きものは、同奉行より老中へ経伺の上任命す。」とあり、勘定奉行の「専命」を待ってのことであると言う。

江戸初期から設けられていた民間登用の「手代」とは違って、江戸後期（寛政初年）に設置されたと言う「手付」は、本来は小普請組の幕臣（御家人）が就き、「元〆」はそのトップという。恐らく新たに設置されたばかりの「手付（元〆）」に任ぜられた滋古は、小普請組の幕臣だったのではないか。恐らく譜代席の手付だったのだろう。彼は大坂鈴木町の代官屋敷に官舎（邸宅）を与えられて、先（74頁、⑵の⒟のⅳ）に久老に「難波なる若山栞が母の六十の賀に」と言う詞書をもつ歌に言及したが、彼は家族（母）と共にそこに住んでいて、そしてこれも先に見た如く、その家の庭は広く鑑賞に堪えるほどの萩が植わっていた。それはやはり幕臣（御家人）で手付元〆の家としてはふさわしい。繰り返すけれども、宣長は先に、稲彦らとは区別して、滋古を「若山氏」と書いていたが、恐らく幕臣（直臣）に対しての遠慮があったからだろう。

注①＝典拠資料の「屋代弘賢雑著中人伝上」は未見ながら、『日本古典文学大辞典』掲出の「屋代弘賢雑著」（梅谷文夫筆）によれば、静嘉堂文庫所蔵弘賢自筆稿本等二十一点を集成した「屋代弘賢雑著」一四五冊中の

「人伝《ひとのつたえ》」全三冊の「上」（＝第一冊目？）のことのようである。

㈣　滋古が御家人らしいことが分かれば、(d)に見た江戸の文人との交流も、特に御家人だった加藤千蔭に就いたのも、大坂にやって来た御家人（与力）の正路との交際もよく分かるし、また大身の旗本巨勢氏に関心を持たれたのも不自然ではない。しかし(a)の情報はどう扱えばよいか。

滋古の本貫の地が大坂だった可能性は否定出来ず、大坂人だった彼が幕府の没落御家人かの養子となり江戸へ出て、再び代官下僚として大坂に戻ってきたと言うこともあるかも知れない。しかし、滋古と大坂との結びつきを示す情報はなく、彼は江戸人で江戸の地で成長し加藤千蔭に就いた（いわゆる江戸派の）者だったと考えるのが順当だろう。その彼が「難波人」と呼ばれるのは、代官に従って寛政五年以降大坂に住み続けていたからだろう。彼ら江戸の者が滋古を「難波人」と呼んだ寛政一二年前後、滋古はそれまで足かけ八年も大坂に居住していた。先に引く丸山季夫コメント中に「難波に住す。」とあったが、これが一番正確な書き方であろう。先の安藤論文は、滋古はこれまで江戸に何度か来ることがあったのではないかと推察していたが、恐らくそうだと思う。ちなみに、そこで千蔭の「若山滋古が弥生の末故郷なにはへ帰るによみておくりけるうたみじかうた」に言及されていたが、そこに見える「故郷」は生まれ故郷を意味するとは必ずしも限らず、旅に出た時の（大坂での）留守宅を意味することもある。そしてまた、「うた」の中に次のような件が見えている。

……ふゆごもり　咲いづる梅の　香ぐはしき　名さへきこえし　わがせ子が　むらさきおふる　むさし野の　ゆかりとめきて　なつかしみ　あひみてしより　あさなゆふな　なれにしものを……

「むさし野のゆかりとめきて（尋ね来て）なつかしみ」とある「むさし野のゆかり」とは、ここでは江戸の旧師千蔭方をさすだろう。しかし、一方では滋古にとっても江戸は「ゆかり」の地だったのではないか。前掲「代官履歴辞典」によれば、篠山景義は天明八年から寛政四年まで江戸代官を勤め、その翌五年は江戸郡代屋敷で、大坂に赴任するまで江戸に在った。滋古がずっと景義の属僚だったかどうかは分からぬが、彼が江戸の文人たちと親しくしていたことは想像される。大坂に移住後もなお、手付元〆として公用で江戸と行き来することも考えられ、大坂移住後の千蔭や春海ら江戸の文人との親交も、ごく自然に受け容れることができる。

(6) 文化の媒介者としての来坂武士役人

要するに、若山滋古は江戸人（御家人）で、加藤千蔭やいわゆる江戸派文人仲間の一員だった。大坂鈴木町代官に任ぜられた篠山景義に従って、寛政五年[注①]以後手付元〆として大坂に移住（仮寓）し、文化六年まで一六年間もその任にあった。大坂移住後、仕事にも慣れ古典（契沖）研究に打ち込み、久老や宣長にも就いた。在坂在京の久老門や宣長門たちとも交流する一方、古典研究の成果は江戸と大坂を行き来する友人知人を介して、江戸の文人仲間にも送っていた。彼の古典研究（そのテキスト研究）の業績がどの程度のものかは知らず、中村論文の言う「専門の師家」ではないかも知れぬが、しかし「素人」と言うような程度の者ではない。彼は、大坂の地にあって代官所手付元〆としての職禄を得ながら、「文人」としても優れた業績を挙げていたのではないか。

先に、沖安海や黒沢翁満のような、国元と任地とを常に行き来する文化の媒介者の例を見た。若山滋古と言う人もまた、立派な文化の媒介者の一人と言えるだろう。彼は江戸から大坂にやって来た来坂武士役人の一人であり、そういう一時滞在者（仮寓者）として在坂（ないしは京摂周辺）の文人たちと交流すると共に、他方これまで通り江戸の文人たちともコンタクトをとり続けていたのだった。そんなことは大坂根生いの文人ではあり得ない。来坂武士役人だから為し得るようなそんな文化の媒介者が大坂にはいた、と言うよりも、この後でやや詳しく見るように、実は滋古のような来坂武士役人は想像以上に多くいて、大坂という俗地は、そんな文化の媒介者の活躍する地でもあったのだった。

注①＝先に滋古が季鷹とも逢っていたのを見た。彼らは恐らく江戸で旧知の間柄だったのだろう。土岐武治「賀茂季鷹の生涯と学統」（『花園大学研究紀要第二号』）に依れば、宝暦四年生まれの季鷹は安永二年二三才の時に江戸に下り加藤千蔭ら多くの江戸文人と交わり、寛政五年四〇才の時に妻子と共に京に戻った。いみじくも滋古が江戸から代官手付として大坂に移住した年だった。

Ⅲ　野里梅園をめぐる人々

若山滋古は江戸の文人たちから「大坂人」と呼ばれながら、実は来坂武士役人（又は大坂仮寓文人）の一人だった。滋古の文人としての評価はもっとあって然るべきだと思うが、少なくとも文化の「媒介者」の役目を果たしていたことは右に見た通りである。ここでは、野里梅園と言う大坂根生いの文人とその作品『梅園奇賞』を軸にして、大坂文人と「来坂武士役人」との交流、また「来坂武士役人」同士の交流を見てみたい。大坂と言う〈俗地〉は、一方では文化媒介の役割をも果たす、そんな文化的空間をも併せ持っていた。

(1) 野里梅園

大坂南組総年寄野里四郎左衛門梅園とその伝に就いては、多治比郁夫「野里梅園のこと」（『京阪文藝史料第三巻』）が詳しいが、そこで次のような略伝が掲示されている。

野里梅園は名は嵩年、通称は四郎左衛門。煎茶を嗜み、古物の鑑定に長じ狂歌や書画をよくした。大坂の総年寄を勤めたが、天保一四年「丁内頼母子講ノ事ニテ忌諱ニ触レ」（鹿田古井著『思ひ出の記』）、播州高砂に隠棲した。天明五年出生、没年は未詳。著書は、刊本に『梅園奇賞』『本朝画図品目』、稿本に『標有梅』『如是我聞』など。

当時、金石碑文・古物・古書画等に強い関心を寄せるいわゆる好古家が多くいた。それは暇な商家のご隠居さんの好事趣味の域などをはるかに越えていた。京では以文会、江戸では耽奇会などが組織され、文人・学者や上層武士たちの間でもその趣味は広がっていた。その様子は清野謙次『日本考古学・人類学史』に詳しい。その代表者の一人が梅園であり、その代表作の一つが『梅園奇賞』である。この作品の成立や周辺人物との関わりに就いても多治比論文に詳しく、少し長いがそれを引くと次のようである。

『梅園奇賞』は古器や古書画を模刻したもので、奥付には「文政十一年戊子嘉平月摹勒上梓、森川世黄校合、浪華野《（ママ）》梅園蔵板」とある。『大坂本屋仲間記録』によれば、翌十二年に大阪の書肆河内屋源七郎が売り弘めた。さて巻頭題字の筆者は松軒主人、即ち浜松藩主水野忠邦である。忠邦は天保改革をもって知られるが、それより先文政八年五月から翌九年十一月まで大阪城代、次いで文政十一年十一月まで京都所司代を勤めた。そして京阪在任中に、古社寺に散在する古文書を影写させ、これを模刻した『野泉帖』二冊（村田春門序、森川世黄校合、文政十年刊―引用者）を刊行している。忠邦と梅園は古文書への興味を同じくしたわけで、松崎慊堂が日記に「大坂町内総年寄野里四郎左衛門、多蔵㆓古器古書画㆒、浜松侯時屡見㆓迎接㆒」（『慊堂日暦』文政十二年八月十三日）と記すとおりであったと思われる。（中略）。なお、忠邦の和歌の師である村田春門の日記によって、『野泉帖』編集前後の森川竹窓（世黄―引用者）や梅園の消息若干がうかがえる。梅園が『梅園奇賞』の編纂に乗り出したのは、『野泉帖』に刺激されるところがあったかと想像する。

『梅園奇賞』成立前後の野里梅園と水野忠邦との関係に触れ、さらに大坂城代の主君に随従した掛川藩儒松崎慊堂（の日記）にも言及されている。ここにすでに、大坂の文人（梅園）と来坂武士・文人との交流が指摘されているが、以下、この観点から梅園と言う人を見てみる。

(2) 松崎慊堂の『慊堂日暦』

(一) 松崎慊堂（弘化元年没、七四才）は、文政一一年一一月～天保二年五月まで大坂城代に任ぜられた主君の掛川藩主太田資好（資好の江戸出立は文政一二年三月一日）の命により、文政一二年三月九日に江戸を立ち同二三日に大坂に着いた。以後、同九月二七日に立つまでの六ヶ月間在坂した。著名の江戸住儒者慊堂は、これより一〇年後、蛮社の獄に連座した三河田原藩江戸住の渡辺崋山の救済のために努力した人でも知られていて、事実、彼が今回大坂に行くに際して「餞物」を送った者の中に「崋山外史」の名も見えている（文政一二年二月二七日の条）。その慊堂に文政六年から天保十三年までの二〇年に及ぶ日記『慊堂日暦』[注①]があり、幸いなことに今回の在坂中の記事もそこに見える。

注①＝本日記は、『慊堂日歴』（以下『日歴』と略）として「日本芸林叢書」第十一・十二巻に収まり、また平凡社東洋文庫には山田琢訳注『慊堂日暦1～6』（以下『日暦』と略）として収まる（原本では「日歴」「日暦」両様の表記がある由）。なお、『日歴』は漢文の部分は書き下さず返り点のみ。但し日記（の原本）そのものはかなり錯綜しているからか、『日歴』と『日暦』とでは、日付のずれや記事の脱落？等も少なくない。引用は、原則として漢文部分の書き下された『日暦』によるが、適宜『日歴』をも参照する。

㈡ 前掲多治比論文中の『日歴』文政一二年八月一三日の条の記事は、この前後の記事も引くと分かりやすく、それを『日暦』により引くと次のようである（この件は『日歴』・『日暦』共に異同はない）。

十三日　早涼。宗友と共に出でて、東御堂西にいたり、店にそって山繭衣を捜問し、八銖（半両）を以て一表を買う。おわって天平を訪い、古書画を検す。酒を設け酒たけなわにして、午飱して帰る。伴君（伴直方）より書あり、晩その招きに赴く。柳庵（甲柳庵）は既に在り、酔語数刻、五鼓（午後八時）に始めて去る。竹中子来るも、五鼓已成《いせい》なるを以て、入宿するを得ず。

○梅園奇賞　／大坂町内の総年寄野里四郎左衛門は、多く古器古書画を蔵す、浜松侯はしばしば迎接せらる、今の督君もまた召さるれば必ず益あらん、戸田美州[注①]は別れに臨んで、伴君に属して余をしてこれを白《もう》さしむ。

［大意］宗友（不詳）と一緒に御堂界隈で「山繭衣」を探して半両で買った、次いで「天平」なる店で古書画をあさった。酒を呑んで午食を済ませ帰った。招きの手紙が来ていたので晩にその伴君のところへ行くと、柳庵は既に来ていた。酒を飲み交わしながら話し込み、午後八時頃に退去した。竹中氏も来たがすでに午後八時に成っていたので官舎に入れなかった（「竹中氏」即ち井内左門に就いては後で触れる）。

「梅園奇賞」という本がある、その編者で大坂三郷南組総年寄の野里梅園は古器古書画を多く蔵していて、古物好きの水野忠邦侯も彼を何度も召していた、「今の督君」—即ち今の大坂城代の太田資好侯も忠邦侯と同じように彼を召されたら必ず「益」があるだろう、と「戸田美州」が別れに臨んで、伴君に託して、私（慊堂）から主君（資好侯）にそう進言させた。

要するに、多治比論文所引の「大坂町内の総年寄、云々」以下の記事は、勿論それ自身何の問題もないが、厳密に言うと、もとは「戸田美州」の言ったことのようで、それを「伴君」から聞いて、慊堂が日記のこの日の条に記したものだったのである。

注①＝「美州」はここでは「美濃国（美濃守）」のこと。「美」は「美作」・「美濃」の二つ（の国）があるため、
　前者は「作州」で後者は「濃州」と区別されるのが普通だが、「美濃」は「美州」とも言われたのか。

㈢　梅園に言及した記事は、来坂の武士役人同士の交流という観点からも注目され、「戸田美州（美濃守）」も、実は来坂武士（江戸幕府旗本）の一人である。彼は『柳営補任』の［大番頭］の条の「十一番組」に「戸田《美濃守》和泉守《光弘》」の名で見え（以下、彼を光弘とも呼ぶ）、文化一〇年に書院番頭より十一番組（子と午に大坂城在番、卯と酉に二条城在番）の大番頭に任ぜられ、文政一二年一一月に「西丸御側」に転じている。十一番組の「戸田美州」は文政十一年が子《ね》歳なのでその八月に来坂し、実はこの文政十二年七月末まで勤務していた。前掲『日暦』八月一三日の条の記事中に「戸田美州は別れに臨んで、云々」とあったが、この「別れ」が大番頭としての任を終えて大坂を立つ時だったのは明らかだろう。

次いで「別に臨んで」光弘から慊堂宛の言葉を託された「伴君」のことだが、彼は伴藤五郎直方と言う幕臣で、例えば『日暦』九月二七日の条に「晡（夕方）に城を出で、山村与助（大坂三町人の一人）を訪う。また伴奉行を訪う。」とも見える如く、この時は大坂城代指揮下のいわゆる六奉行の一人「具足奉行」だった。彼に就いて森潤三郎「伴直方伝の研究」（伝記学会編『国学者研究』）が詳しく、

寛政二年に生れ、文政四年十月に家督を相続し（割注略）、同七年二月大坂具足奉行として赴任し、天保二年裏門切手番之頭に転じて帰府、同十三年七月八日歿す。年五十三、その子直清嗣ぐ。又その国学の系統につい

ては、(中略)、賀茂真淵家集拾遺を編集し、村田春海、清水浜臣の著書や蔵書を写し、村田春門と交游のあったことなどから見て、古学派に属することが知られる。

とある。「六奉行一覧」によれば、彼は文政七年から具足奉行として大坂に〈仮寓〉、後から来て先に帰る大番頭戸田光弘の餞別の宴に臨み(直方は古物・古書画等に興味のあった光弘と在坂中に何度も会っていたのだろう)、そこで慊堂への伝言を託されたに違いない。それはいつのことか、とにかく八月一三日に直方はその伝言を伝えるべく慊堂を招いた、慊堂はそれを直方から聞いて『日暦』に記したのである。

ところで、戸田光弘は忠邦と梅園との親交をどうして知ったか。前掲多治比論文にあったように、忠邦が大坂城代だったのは文政八年五月から翌九年十一月まで(慊堂の主君太田資好の二代前)だった。ところがその文政八年は酉歳に当たっているので、この時の光弘は二条城在番で京都にいたはず。忠邦はまた文政九年一一月から一一年一一月まで京都所司代を勤めたが、先にみた如く、光弘はその子歳の一一年の八月から大坂城在番に来ていた。忠邦と光弘とが同じ場所にいることはなかったが、二度にわたって京坂の地で隣あわせになり、当時幕閣の切れ者の忠邦の噂は否応なしに光弘の耳に入って来ていたのではないか。光弘は梅園とも会っていて、梅園から直接に忠邦との親交を聞いていたかも知れない。

もう一つ付記すれば、光弘は古物・古書画に詳しい梅園と親交を結ぶことは「益」になるだろうからと勧めていた。この「益」と言う言葉が少し気になるが、幕閣の中枢にいる者として朝廷勢力との良好な関係を維持することは大切であろうから、(忠邦がそうしたように)その公家たちとの社交の術として古物・古書画等に関する造詣の深さも必要とされただろうから、あるいはそれを「益」といったか。

なお、前掲多治比論文中に「忠邦の和歌の師である村田春門の日記によって、『野泉帖』編集前後の森川竹窓や梅園の消息若干がうかがえる。」とあり、この件に関して春門の関わりも指摘されている。

この春門は、実は伴直方とも親交があって、例えば『春門日記』文政一〇年一一月二日の条に、「谷川士清真跡和訓栞、伴氏〔直方〕へかし遣ス。」（注記原文、以下同断）とあり、同年一二月一九日の条に「伴藤五郎〔直方〕殿より、去ル三日より疫症、尤追々肥立被申よし。和訓栞七返却。古葉略類従抄かり度よし。神代巻訓考代銀催促に付、則金二百疋遣ス。」とあり、同一一年一月二〇日の条に、「伴藤五郎殿〔直方〕より使差越候ニ付、栄花物語十五冊かし遣す。」とある。

当然、慊堂も春門の噂は直方からも聞かされただろうが、その春門は文政一二年の四月に[注①]（資好や慊堂の来坂と入れ替わるように）、西丸老中に任ぜられて帰府した水野忠邦に召されて、江戸へ移住していたのだった。事実、『日歴』六月一二日の条の最後部に「村田初一柳春門　本居弟子、水野君所レ召。」とメモされている（『日暦』では同日の条を含めて見えない）。

注①＝『春門日記』は文政十二年の日記が欠けていて彼の江戸へ出た正確な月日はわからないが、周防大道の上田堂山父子に宛てた文政一二年六月二六日付近藤芳樹書簡（『芳樹書簡』）に「無事過ル廿二日大阪着仕候。山陽道珍らしき事も無御座候。大阪ハ不相替繁昌ニ御座候。村田春門翁江府ゟ被召候而《めされそうろうて》、四月中旬ニ出府被レ致候。右、今度相対不得仕《あいたいしえつかまつらず》、残念ニ奉存候。」と、旧師に会えずに残念とある。ここに見える「（文政一二年）四月中旬」に江戸へ出たと言う春門情報は、信ずべきだろう。

⑶　大番頭戸田美濃守光弘

光弘に就いて右に少し触れたが、彼に就いてはなお言うべきことがある。『江戸幕府旗本人名事典』によれば、戸田光弘は六千余石の大身の旗本で、先に『柳営補任』によって記したことを繰り返すと、文化一〇年に書院番頭より十一番組（子と午に大坂城在番、卯と酉に二条城在番）の大番頭に任ぜられ、文政一二年一一月に「西丸御側」に転じている。その彼をまたここで取り上げるのは、実は彼の名が、「日本随筆大成第一期」別巻として影印刊行の国立国会図書館蔵版『耽奇漫録』（上下二冊、平成五年十二月吉川弘文館刊）に見え、彼も水野忠邦同様になかなかの古物好きだったことが分かり、任終えて大坂を立つ時、直方を通し慊堂から太田資好に野里梅園と会うよう勧めさせたのもむべなるかな、と思われるからである。

㈠　本書『耽奇漫録』上巻巻頭の「耽奇漫録解題」（小出昌洋筆、以下「解題」とも略）の冒頭に、

「耽奇漫録」は、文政七年の五月より翌八年の一一月にかけて、毎月一回、計二十回に亙って（文政七年は閏年）、雑学者山崎美成を中心とする、好古、好事の者の集まる耽奇会において、会員各自が持ち寄った古書画、古器財などの珍品、奇物を展観批評したものの記録である。

とある。出席会員は毎回異同（出入り）はあるが、初回（文政七年五月一五日）は「本会の中心人物だった」（「解題」）と言う山崎美成（薬種商）、西原梭江（筑後柳川藩江戸留守居）、谷文晁（画家）、関思亮（書家）、そして梅園を号する戸田美濃守の五人だった。二回目から屋代弘賢（幕府御家人、右筆）が参加し、この後も中村仏庵（幕府畳師）が参加、第八回（文政七年十一月一四日）からは滝沢馬琴も参加している。初回からの参加者で本書に「耽奇漫録」と名付けたと言う西原梭江に就き、「解題」に「しかるに、文政八年四月、命によって帰藩のことがあり、梭江の出席は十二集のあった同（文政八）年三月十三日が最後である。」とある。西原梭江は第十二回（文政八年三月十三日）が最後で、翌四月は帰郷することになり、この後には見えない。なお、戸田美濃守も第九回まで毎回参加していたが第一〇回目（文政八年

正月二〇日）は休み、小出「解題」は「(戸田）梅園は以降出席することはなかった。」と指摘しつつ、その戸田美濃守に就いて、次のように言っている。

　梅園戸田美濃守については、いまに一向にその人を詳らかにするを得ないのを、遺憾とする。しかし、同人の出品中には、木村蒹葭堂所蔵の品を譲られたものもあることから、蒹葭堂と親しかったことが知られる。また「兎園小説」第七集に掲げる、美成の雨蛤竹筒のことを記した条に、文政八年六月二十六日、京都の梅園から書簡の裁せられたことを報じているのがあり、依って当時は同人の京師にあったことが知られる。すなわちそのことは、第十集以降に出席を見ないことと関係があっただろうと思われる。なお梅園を屋根屋三左衛門こと北静廬に擬する人のあるは、誤りである。

戸田美濃守（以下、光弘）が文政八年に入ってから耽奇会に出なくなったのは、「解題」の指摘する通り、彼が上京することになったからだった。先に見たように、文化一〇年以降は、彼は（卯年と）酉年にはその四月から翌年三月まで二条城在番に当たり、文政八年は酉年だったので四月には上京していた（第一〇回目など、時期的に出席出来そうだが、上京の諸準備などがあって、耽奇会どころではなかったか）。

(二)　また、彼が耽奇会に出品したものの中に「木村蒹葭堂所蔵の品」があるので、蒹葭堂と親しかったのだろうとある（後で見るように、光弘が親しかったのは実は二世蒹葭堂である）。確かに、光弘の出品物に、もと蒹葭堂所蔵のものがいくつもあり、第二回には「南都東大寺宝物器一巻凡五十余種」が「右浪華蒹葭堂の摸本」と付記されているし、第九回には、三重箱に入った三十余りの「奇石」があり、その最後に「右品ハ蒹葭堂所蔵を譲り請しなり」と付記されている。ところが、最も興味深いのは、第五回に出品された「貝多羅葉箱」で、最初にその箱の蓋と身とが画かれ、そこにそれぞれ縦横等の寸法が記され、次いで「上箱蓋　先（一世）蒹葭堂巽斎筆」と付記された「貝多羅葉箱　蒹葭堂蔵」が掲げられ、その蓋の裏と思われる所に、譲り渡しの文言が、次のように認められているのである（返り点引用者）。

以二天竺之貝多羅葉一、製レ匣、以二梵経一、
是其匣也、古巽斎所蔵物産之一也、今茲
文化丁丑初秋奉レ呈レ之。
戸田大君之文席　　木村孔陽拝

「貝多羅葉《ばいたらよう》」は棕櫚に似た厚く固い多羅樹の葉で古代インドで文書などを書くのに用いられたと言う（『広辞苑』）。その固い葉で製した箱は「巽斎」即ち初代木村蒹葭堂（名孔恭、享和二年没、六七才）旧蔵で、それを巽斎の養嗣子で二世蒹葭堂を称する木村石居（名孔陽、天保九年没、享年不詳。没年は『鷹見泉石日記』天保九年八月廿四日の条参照）が「戸田大君」即ち光弘に差し上げたと言う。日付に「文化丁丑（一四年）初秋（七月）」とある。光弘が大番頭で最初に大坂城在番に赴任したのは、前年一三年（子年）の八月で、その「文化丁丑初秋」は大番の任を終えて江戸へ立とうとした時である。石居は帰府する光弘への餞として先代蒹葭堂の遺品を贈ったのだろう。光弘の古物・珍品好きは、京坂の地に来る前からのものか、とにかく三年に一度の上方行（そして一年間の滞在）を、彼は結構楽しんでいたに違いない。

いま、蒹葭堂旧蔵の物品―恐らく大坂大番で在坂中に手に入れたものを見たが、それ以外にも彼の大坂在番中に手に入れただろうと思われるものが、第一回の「摂津四天王寺古塔の彫物」などをはじめ少なからず見られる。第七回（文政七年一〇月一三日）に出された「丸銅棒銅」もそうで、「大坂銅座、御城代・御定番巡見之節、差出候丸棒棒銅之雛形／長崎廻リハ、総而棒銅也。銅山吹方ノ図添出ス。」と付記されている。恐らく文政五年（午年）から六年にかけての大坂在番中に手に入れたのではないか（こ

の時の大坂城代は松平周防守康任）。勿論、二条城在番で手に入れたものもまた少なくないようで、例えば第四回に出品された「空也堂茶筅」に付された識語に「文政三年辰三月予巡見之節所望、踊念仏見物ス。」とある。文政二年は卯年で二条在番に当たり、前年四月に上京し、その任の終わる直前の三月に洛中の巡見に出かけて所望したらしい。

㈢　先の「解題」で、『兎園小説』（『日本随筆大成第二期1』）第七集に文政八年六月二十六日に到着した京の光弘から（美成宛）の便りが紹介されていた。確かに文政八年七月朔付の「○養和帝遺事付雨蛤竹筒」と言う山崎美成の文章中に、そのことが、次のように見える。

去月（六月）廿六日、京師なる戸田君の御もとより、祇園祭礼番付三葉を下し給はり、且鈴木氏の書物に、西原氏先日当所御通行之節、此方へも御尋被下、久々にて、旦那も拝顔被致大慶奉存候。其節、貴君御噂山々御座候。しかし御城中故、緩々拝顔も不被致残念奉存候。

耽奇会の熱心なメンバーだった光弘から、赴任地京の祇園祭の札番付を送って来たと言う。それもおもしろいが、これも「解題」に指摘されていたように、文政八年四月に帰国することになった西原梭江が、その帰国の途次、京都二条城に光弘を訪ねたと言うのもおもしろい。それは「先日」とあるだけで日時は分からないが、あるいは五月頃だろうか。彼は光弘と会い美成の噂などをしたと言う。ただ、城中（二条城中）なのでゆっくり出来なかったらしい。なお、「鈴木氏の書物に、云々」の「鈴木氏」とは主君光弘に従って江戸から来た家臣で耽奇会のメンバーとも旧知の間柄だったのだろう。「旦那」とあるのは、言うまでもなく光弘のことである。この後、梭江に就いての噂が、

当地御出立の砌は、雨天にて伏見乗船留り居、京地へ両三日御逗留之内、四条雨蛤てんがく見世へ

も御立寄被成候よし、右田楽見世に余程ふるきたうがらし入り、ヶ様の形に竹にて作り候もの（図略）、殊の外望の由にて、亭主にいろ〳〵掛合候へども、余程むつかしく申、手に入り兼残念の趣にて、京地出立被致候。此よし美濃守承知、其後向々へ相頼、此程漸手に入申候。西原氏格別望故、追日大坂表柳川蔵屋敷迄差出し置、幸便之節柳川表へ相届候積りに御座候。此段御慰に申上候。

と続いている。詳細不明ながら、棱江の乗るべき伏見からの船が、二、三日雨天のため出ず京に滞留中、四条の「雨蛤てんがく（田楽）」見世（店）で古い「たうがらし（唐辛子）入」を見、それが欲しくて亭主に掛け合ったが譲ってもらえず、結局そのまま京を立った、そのことを美濃守（光弘）が聞き知ってあれこれ手を尽くして手に入れ、とにかく棱江が特に欲しがっていたと言うことで、それを大坂の柳川藩蔵屋敷まで届けて、そこから柳川表へ届けてもらうように頼んだと言う。無縁の者には馬鹿げた唐辛子入れのための珍騒動が、仲間の間では「御慰」の話だったらしい。こんなことをも含めて、古物・金石・古書画・古書跡集めに興ずる人々のネットワークが、江戸の地にだけにとどまらず京坂の地からさらに筑後柳川の地まで張り巡らされていたのだった。棱江の「たうがらし入」騒動の後、「鈴木氏」の手紙は、「又云」として次のように続く。

又云、大坂表蒹葭堂此程参り候間、耽奇の本為見《みせ》候処、殊の外歓《よろこび》、大坂表へ是非とも持参いたし候趣にて、壱本不残《のこらず》貸遣し候。耽奇会は殊の外浦山敷《うらやましき》様子にて、御座候。此段申上候と記されたるを見るにも、千里面談の心地ぞする。（下略）。

大坂の「蒹葭堂」が二条城までやって来たので「耽奇の本」を見せたと言う。「蒹葭堂」は勿論二世蒹葭堂即ち木村石居のことで、彼が光弘と旧知であるのは先にも見たが、その彼に「耽奇の本」を見せたと言うのが注目される。これは『耽奇漫録』を指すと思われるが、光弘の耽奇会出席は文政七年一二月の第九回（第九集）までだった。従って上京時には『耽奇漫録』第一集から第九集までの九冊を持参していたのだろうか。そして、大坂から来た石居に「壱本不残貸遣し候」とあるが、その「壱本」は『耽奇漫録』九冊分を指しているのか。『耽奇漫録』全二〇冊の成立事情が不明で、ちょっと分かりにくい。

ともあれ、石居は「耽奇の本」を見せて貰ってたいそう喜び、かかる物品を持ち寄り意見交換の出来る耽奇会のような組織の存在をうらやんでいた、と「鈴木氏」は伝えて来たようである。美成は、その「鈴木氏」の手紙を読み、それが千里も遠い京都でのことながら、古物・奇物を愛する者同士の話を目の当たりにする如く近しく感ぜられた、と言うのである。

江戸と上方とは地理的には近いとは言えないが（「千里」も隔たるが）、京での「情報」がいわばリアルタイムで伝わっている。そんなことが、こんなささやかなエピソードの中から知ることが出来る。

(4)　中山美石『大坂日記』

掛川藩主太田資好は天保二年五月に大坂城代から京都所司代に転じたが、その後を継いだのが三河吉田藩主松平伊豆守信順だった（同五年四月まで）。資好の在坂中の消息は右に見たように、松崎慊堂の『日暦』から伺うことができた。信順在坂中の消息も、先（25頁）にも引いた中山美石『大坂日記』からいくらかは伺える。美石は天保三年正月二〇日に大坂に着き、他の藩士と同じく一般の勤務に就くと共に、主君信順の詠歌指導などにも当たっていた。ちなみに、信順の次の城代は下総古河藩主土井利位で（同八年五月まで）、その家老として陪従した鷹見泉石に『鷹見泉石日記』（古河歴史博物館編全八冊）があり、その在坂中の消息が詳しく伺えるが、別に（『葭第9号』などでも）触れているのでここでは省く。

㈠『大坂日記』の天保三年二月二五日の条に、次のような件がある（【】は割注、以下同然）。

四つ（午前一〇時）過に御扶持方の御判に出て、帰りに天満の天神宮に詣で、其序に尼崎や又右衛門を訪んとて、例の只一人出たり。尼崎やハ三町人といふの一人にて、毎日の如く御前に出て、諸御役人方【公義人】公用人などにうち交りて、公用の事にあづかる男也。朱子学にて甚堅き実意人なれバ知己になりてと、榎本左司馬【旧名池田主領】寛親の許よりいひおこせ、去年の秋も、此人の己が来るやうにあらまほしといひ居り、といひおこせたり。此ごろ状をおこせて届やりたり。然るに互に事しげくて、いまだ逢はず。廿八日に江戸へ出立すといふ事なれバ、先づ一面《メン》の識にだにと思ひて行たるに、例の他出なれば、又帰りにといひ置て（ママ）天満宮に参たるに、（中略）、さて帰りに、又尼崎へ立よりたれどもいまだ帰らずして逢ハず。いと口をし。七ツ（午後四時）前に帰りたり。

美石は「尼崎や又右衛門」を二度まで訪ねたが留守で会えなかった。「又右衛門」は、この後に付記されているように、彼は大坂三町人（尼崎又右衛門・山村与助・寺島藤左衛門）の一人として知られ、来坂武士役人の書いたものの中にその名がよく見える（先には引かなかったが、例えば『日暦』六月二七日の条にも「君に朝《ちょう》し、天王寺の額字及び大坂総督（大坂城代）印を白《もう》し、退いて尼崎又右と議し、明日を以て赴かんとす。」などと見える）。美石は、その三町人の仕事内容なども少し記していて参考になる。また、又右衛門その人も「朱子学にて甚堅き実意人なれバ、云々」と評されていて、なかなかの人物だったらしい。

美石はその又右衛門のことを、前もって友人の池田寛親から聞いていた。寛親は美石の主君信順が大坂城代になったのを知り、美石も大坂に随伴して来ると考え、又右衛門のことを伝えたのだろう。

(二)　ところで、その寛親とは何者だろうか。藤井隆「中山美石年譜考証」(『文莫』第一二号)文政六年四月一七日の条に「池田寛親「船長日記」跋を書く。」とあり、美石は寛親が漂流者(尾張船頭重吉)からの聞いて書いた『船長日記』(文政五年自序)に跋文を寄せている。その跋文に「我学の道にむつまじくする池田寛親」という言葉が見え、また本居大平もその巻頭に「池田寛親がかきたる船長日記を見て」と題する短い序文を寄せているので、寛親は、美石と同じく、大平門かと推察される(但し大平の門人録には見えない)。なお、藤井論文は寛親に就き「新城藩〔三河〕江戸家老である。」と注記しているが、その三河新城(現新城市)は美石の三河吉田(現豊橋市)に隣接する。

「船長日記」は、山下恒夫再編『石井研堂コレクション江戸漂流記総集』第三巻に収まる。その「解題」によれば、寛親は「(新城藩の)用人よりは一級下の用人格次席、禄高五十石」であり、その新城藩主は七千石の旗本菅沼氏で(従って厳密には「藩」ではないが)、この時の当主は菅沼織部正定志だろうか。さらに「解題」に、寛親はその後「文政十二年、幕臣新見正路〔注記略〕から同家の家老に迎えられ江戸に移り、天保四年〔一八三三〕江戸で没した。」とある。このことから、池田寛親はある特定の主人に仕える譜代の臣ではなく、奉行や代官になった幕臣(旗本)に「渡り(侍)」として随身する者で、最後は菅沼家から新見家に抱えられたと言うことのようである。

ところで、これまでの寛親情報からは、彼が大坂三町人の尼崎又右衛門と親しかったことを伺わせるものはない。実は、前掲「解題」などには見えなかったが、彼は二年余り大坂に滞在(仮寓)していたことが分かっている。即ち、『摂陽奇観』(『浪速叢書第六』)文政一二年四月の条に「廿四日　西町奉行新見伊賀守様江被仰付候御触、御本丸御目付ヨリ。」と、寛親の新しい主人である新見伊賀守正路が大坂西町奉行になったと言う記事が載るが、この後に「御家老　志満津泰輔　榎本左司馬　……」と続き、ここに「榎本左司馬」即ち池田寛親の名が、新見正路の「家老」として見えている。新たな主君に随伴して、彼は大坂に来ていたのだった。『大阪市史 第四上』に就けば、新見正路が実際に大坂に着任したのは同年七月二三日で、任終えて大坂を立ったのは天保二年八月二二日のことである。従って大坂西町奉行新見正路（従ってその家老寛親）の在坂期間は実質二年一ヶ月だった。この間、大坂に仮寓して、又右衛門を初め大坂の文人と親しく交わっていたのである。ところで、先の「解題」記事に「文政十二年、幕臣新見正路〔注記略〕から同家の家老に迎えられ江戸に移り、云々」とあり、寛親は文政一二年に（三河新城から）江戸に移住したかのように書かれていたが、彼のこの年の江戸行は、新たな主人新見正路から、奉行として赴任する大坂の地で側近の家老として随伴せよ、との命を受けるためだったのだろう。

なお、新見伊賀守の江戸帰任と松平伊豆守信順の大坂城代赴任とはほぼ同時期だった。従って、美石が天保三年の一月に大坂に来た時、寛親は勿論大坂にはいなかった。その前年八月下旬に大坂を立ち主君正路に従って江戸へ移っていたはずで、前掲日記天保三年二月二五日の条に「……寛親の許よりいひおこせ、去年の秋も、此人の己が来るやうにあらまほしといひ居り、といひおこせたり。」とあったが、寛親が三河吉田の美石に「いひおこせ」た場所は、出立前の大坂か、帰府後の江戸かは微妙である。

㈢　さて、『大坂日記』の天保三年三月三日の条に、次のような件がある。

八つ（午後二時）前より、常盤町の野里四郎右衛門【惣年寄にて古物好の風流家也。藤垣内門人にて、寛親が懇意人故ニ、寛親より状も来たり。】を訪ひ、幸ひ在宿にて片時余り物語したり。厳敷き下戸なる由。実意人（誠実な人）にてよき人也。九条殿下に御所蔵の鎌足公の御印を模刻しておしたるを、もらひ帰れり。中旬過ぎに、舟にて安治川迄行て、薩摩や仁兵衛にも引合せ、ゆる〳〵物語らん、と約せり。仁兵衛も天満組の惣年寄にて、実名尚監と云ふ。賀茂季鷹の門人にて、歌よみ、契沖書入の蜻蛉日記其外、古き歌書多く所持し、才子にて実意人也、と寛親いひおこせて、状も野里と連名にておこせり。おのれが事を頼みて也。野里ハ、名ハ嵩年、梅園と号すと也。

この日、美石は野里梅園を訪ねている。右に「寛親より状も来たり」とあるように、梅園もまた、先の尼崎又右衛門と同じく、寛親が在坂中に懇意にしていた人だった。彼は美石に梅園とも親しくするように前もって勧めていたのである。とりわけ梅園は、「藤垣内門人にて、云々」とある通り、美石と（寛親とも）同門であり、それだけ又右衛門以上にゆかしい人だっただろう。注①ここでは『梅園奇賞』は話題になっていないが、美石は梅園から藤原鎌足の印の模刻したのを貰ったと言い、さらにその彼は、天満組の総年寄薩摩屋仁兵衛と一緒に一度ゆっくり会おうと約束してくれたのだった（梅園は南組総年寄）。実は、その仁兵衛即ち井辻尚監についても寛親から先に紹介されていて、彼は賀茂季鷹門で詠歌を好み古典特に歌学方面に造詣が深いと言う。

ところで、在坂時の寛親が、三町人の一人又右衛門や総年寄の梅園や尚監ら大坂の有力町人と親しくしていたのは、大坂町奉行の家老としての職務上で彼らと接触する必要があったからである。喜田川守貞著宇佐見英機校訂『近世風俗志（守貞謾稿）』（岩波文庫）巻之四〈大坂三町人〉の項に、「この三人（三町人）、平日出仕一刀に肩衣なり。惣年寄と相似て、惣年寄は町奉行に隷し、これは城代に属すなり。」とあり、惣年寄は町奉行の指揮下にあった。従って、奉行の家老寛親が、一方では城代の指揮下にある三町人の又右衛門らと交わると共に、特に梅園や尚監たちと職務上でも親しく行き来するのは当然だった。城代の家来美石が又右衛門とだけでなく、梅園・尚監らとも親交を結んでいたのも同じである。

注①＝彼の名は『藤垣内門人姓名録』（東大本居文庫蔵写本のコピー）の「天保四年癸巳」とある欄上に「大坂　野里四郎右衛門嵩年」と見える。「姓名録」は『三重県史資料編近世5』に翻刻されているが、そこでは「天保四年癸巳」のタイトルのすぐ後に【大坂（欄上書入）　野里四郎左衛門】と記され、天保四年入門者と見なされている。

(5)　久須美祐雋『在阪漫録』

これより二十余年後、安政二年から文久元年まで大坂西町奉行だった久須美祐雋は、その間の『在阪漫録』（『随筆百花苑第十四巻』）に、懇意にしていた尼崎又右衛門ら「浪花の三傑」を次のように記している。

〇天保之頃より安政の初に至て、浪花の三傑と称して、土地のもの殊の外に賞賛し、江戸にても其風聞ありし人物は、第一、予が組の【西ノ奉行也】与力内山彦次郎、次に、三町人の内尼崎又右衛門【隠棲して得三に改む。】、次に、惣年寄【三郷之内北組也。】薩摩屋仁兵衛の三人を云。此三人はいづれも別格ニ用立人物なり。

尼崎又右衛門と薩摩屋仁兵衛（井辻尚監）の名が見えるが、野里梅園の名は見えない。彼の没年は不明で、亡くなっていたのかも知れない。但し存命だったとしても挙げられることはなかった。冒頭掲出略伝中にあったように、「天保一四年の春、水野忠邦が失脚した年に、梅園も事に触れて総年寄を解職され、高砂に隠棲」（多治比前掲論文）していたからである。ちなみに、浪花の三傑のトップに挙がる内山彦次郎は、大塩の乱時にも活躍した大坂町奉行所の与力として知られるが、この後元治元年五月に（新撰組に？）暗殺された。

第二部

仮寓武士役人の町

先に、中村論文が「大阪の文化界の主体」は「専門の師家の側ではなくて、それを後援し従学する素人の側にあった」と指摘しているのを見た。ところで、その「(専門の師家を) 後援し従学する素人」と言う「素人」とは、一体どう言う者を言うのかと改めて思う。さしあたりは大坂町人（商人）を指すことになるが、彼らの中に文雅を愛する好学の者がそれほど多くいたとも思われない。「専門の師家」は定住しないし、「素人」も余りいないとなると、「大阪の文化界」はまことに貧相と言わざるを得ず、そのためか、大坂はお金を第一とする商人の町で、不文の俗地だと評されて来たのである。しかし、当時の文化界は、単純に「専門の師家」と「素人」から成るのではなく、その両者を媒介する出版ジャーナリズムが確固として存在していた。このことは後でも触れるが、その出版（書肆）と言う側面に目を遣れば、大坂の活況ぶりは、幕末期に至るまで江戸や京にもおさおさ引けを取らなかったと言われ、例えば心斎橋筋の書肆街は全国的にも知られていた。その点からだけでも、大坂の「文化界」は必ずしも貧相とは思われず、江戸や京の「文化界」に並んで、確実に存続していた。ところで、その出版界の盛況ぶりを考えると、「専門の師家」が少ないと言うのも少し疑問だが、それより文化を享受する「素人」が少数の風雅を好む商人だけではとても間に合わないはずである。これまで大坂の文化史（思想史・文学史）を考える時に気づかれずに見過ごされて来た者―先に言及した若山滋古のような者―が他にも多くいたに違いなく、そうでなければ帳尻が合わないだろう。

一　仮寓の武士役人たち

大坂に、諸国から集まるのは米をはじめとした「物」だけではなかった。「人」もまた集まって来た。西に向かって開かれたその位置から、大坂には西国と京や江戸や東国とを行き交う者は多かった。ただ、そのような人の頻繁な行き来は、街道沿いの宿場町やいわゆる交通の要衝と言われる地ではよく見られることで、そのことで言えば、大坂はそんな中の最も大きな町の一つだったに過ぎない。注目したいのは、旅人として行き来する一過性の者たちとは別に、江戸や諸藩から様々な「役」を担って大坂へ来て、短くて一年多くは数年長い者は十数年も「仮寓」（「旅居」）する武士役人たちがいたことである。

大坂文化界を支えた中村論文のいわゆる「素人」として、風雅を好む商人以外に考えられるのが、江戸や諸藩からやって来て、しばしの間在坂仮寓していた少なからずの武士や役人たちだった。と言うのも、彼らの多くは当時の知識階級に属する読書人―その内実はともかくも、少なくともそうとも呼べる者たち―だろう。先に文化の媒介者だった彼らを、「来坂武士役人」とか「仮寓武士役人」とかと呼んで何人かに言及したが、文化界と言う側面から言えば、大坂は単に「商人の町」だっただけでなく、もう一つの大坂とも呼ぶことの出来るような、「来坂武士役人の町」「仮寓の武士役人の町」でもあった。

I

森鴎外『大塩平八郎』の来坂武士

天災・人災を問わず、「大変」（「重大な出来事・大きな事変」）が勃発すると、普段は隠れて見えなかったものがそのヴェールをはがされて、あらわにその姿を現すことがある。近世大坂におけるその好例の一つに〈大塩の乱〉と言う「大変」があった。これまで町人（商人）たちの活躍の蔭に隠れて殆ど目立たなかった武士役人たちが、彼らの仲間でもある大坂東町奉行所に属する天満与力大塩平八郎の起こした「大変」によって、その姿を大坂の町にゆくりなくも現わしたのだった。

(1) 大坂城内の武士役人たち

来坂（仮寓）武士役人のうち、〈大塩平八郎の乱〉の時に姿を現した在坂常備軍としての武士団のことは、森鴎外『大塩平八郎』（大正三年初出―『鴎外選集第四巻』）の「十、城」の章の、次のような件に伺うことが出来る（ルビは原文、中略の意の「……」や注記は引用者）。

けふの騒動が始て大阪の城代土井（土井大炊頭利位）の耳に入つたのは、東町奉行跡部（跡部山城守良弼）が玉造口《たまつくりぐち》定番《ぢやうばん》遠藤（遠藤但馬守胤統）に加勢を請うた時の事である。……。土井は両町奉行に出馬を命じ、……、昼四つ時に定番、大番、加番《かばん》の面々を呼び集めた。

城代土井は下総古河《しもうさこが》の城主である。其下に居る定番二人のうち、まだ着任しない京橋口定番米倉（米倉丹後守昌寿）は武蔵金沢の城主で、現に京橋口をも兼ね預かつてゐる玉造口定番遠藤は近江三上《みかみ》の城主である。定番の下には一年交代の大番頭《おおばんがしら》が二人ゐる。東大番頭は三河新城の菅沼織部正定忠、西大番頭は河内狭山《かわちさやま》の北条遠江守氏春である。以上は幕府の旗下で、定番の下には各与力三十騎、同心百人がゐる。大番頭の下には各組頭四人、組衆四十六人、与力十騎、同心二十人がゐる。京橋組、玉造組、東西大番を通算すると、上下の人数が定番二百六十四人、大番百六十二人、合計四百二十六人になる。これ丈《だけ》では守備が不足なので、幕府は外様《とざま》の大名に役知《やくち》一万石宛《づゝ》を遣つて加番に取つてゐる。山里丸《やまざとまる》の一加番が越前大野の土井能登守利忠、中小屋《なかごや》の二加番が越後与板《よいた》の井伊右京亮直経、青屋口《あをやぐち》の三加番が出羽長瀞《ながとろ》の米津伊勢守政懿《まさよし》、雁木坂《がんきざか》の四加番が播磨安志《あんじ》の小笠原信濃守長武である。加番は各物頭五人、徒目付《かちめつけ》六人、平士《ひらざむらひ》九人、徒《かち》六人、小頭《こがしら》七人、足軽二百二十四人を率ゐて入城する。其内に小筒《こづゝ》六十梃《ちやう》弓二十張《はり》がある。又棒突《ぼうつき》足軽が三十五人ゐる。四箇所の加番を積算すると、上下の人数が千三十四人になる。定番以下の此人数に城代の家来を加へると、場内には千五六百人の士卒がゐる。

城代以下の定番・大番・加番などに就いては先にも触れた。この「大変」時に大坂城内にいた士卒（足軽を含む武士）の人数が丁寧に数え挙げられ「千五六百人の士卒がゐる。」と言う。但し、「幕府は外様の大名に役知一万石宛を遣って加番に取ってゐる。」などと記されているが、加番に任じられたのもやはり土井利忠以下四名とも全て譜代大名である。その他、記された人数を含め、必ずしも正確とは言えない所もあるだろうが、大坂城守備の来坂武士役人の種類・人数などに就き、その概要を知るには十分である。

(2)「武士の町」大坂

『大塩平八郎』に見える武士の人数は、大坂に居住する仮寓武士役人全体の数ではなく、西国諸大名を監視し大坂城を守る常備軍の数だが、これだけでもかなりのものである。これ以外に、東西の各町奉行所にはそれぞれ相当数の与力や同心がいるし、また、大坂船手や、六奉行と呼ばれる材木・弓・鉄砲・具足・金・蔵の各奉行があり、それぞれに相応の配下を従えている。代官所も二つ（谷町・鈴木町）あり、銅座など、幕府の出先機関もある。その上さらに、諸藩の百二十余の蔵屋敷があり、そこに常駐している留守居以下の役人たちを加えると、もっともっと数が増える。町人（商人）の町と言われている大坂に、想像を遙かに超える多くの役人（武士）がいたのだった。藪田貫氏はこれまで「大坂には『町人の町』の研究は、いやと言うほどありますが、『武士の町』としての大坂を研究することはほとんどありません」（「内山彦次郎と大塩平八郎」〈『大塩研究』四〇号〉）と、「『武士の町』としての大坂」研究の重要性を力説し、大坂には武士が少なかったという通説（俗説）を批判して、武士はその家族を含めて、八四〇〇人から一万人程度はいたと指摘している（同「新見正路と大塩平八郎」〈『大塩研究』四四号〉）。要するに、大坂は「町人（商人）」の町」であると共にまた「武士の町」とも言えるような側面を併せ持った町だったようである。

尤も、大坂の人口三五万人〜四〇万人に比すれば八千四百人から一万人程度の武士人口は僅か二％に過ぎない。ふつう城下町の武士人口の平均は一〇％かとされている。そうすると、大坂の全人口に対する武士の割合は他の城下町の武士の割合の五分の一程度で、町人が目立つのは当然だろう。大坂は町人（商人）の町で武士は少なかったという「通説」（俗説）には、それなりの「根拠」もあったのだろう。少し大坂の武士人数にこだわっているが、「不文之地」の大坂にも必ずしも「不文」ではない者―当時としては数少ない知識階級・読書人としての武士役人―が想像以上にいた、と言うことを確認するためである。

ところで、さらに留意すべきは、彼ら来坂武士役人たちの多くは、それぞれの仕事・任務とは別に、大坂商人や大坂文人と親しく交わっていたことである。大坂の商人・文人と来坂武士たちとの交流の伺える史料の一つに、木村蒹葭堂の『蒹葭堂日記』（安永八年一七七九一月〜享和二年一八〇二一月）があり、その日記に見える「番方の武士」たちに注目してその動向を分析した論考もある。[注①]それによれば、蒹葭堂自身が訪ねたり蒹葭堂を訪ねて来たりした武士の数は、定番大名一名、加番大名一二名、大番頭大名（又は旗本）五名を含めて、実人数で一五〇名にも及んでいる。延べ人数にすればこれに何倍することか。

注①＝有坂道子「木村蒹葭堂の交際圏―『蒹葭堂日記』に見える武士に着目して㈠―」（『京都橘大学研究紀要四〇号』

Ⅱ　来坂武士役人と文人たち

これまで大坂は武士などはあまりいない町人（商人）ばかりの町だと言われてきたが、右に見たように、思いの外多くの武士役人たちがいた。ただし、その人数の多寡だけを問題にするなら、先にも少し言及したように、都市人口比率の上からはずいぶん低く、またその武士役人の総数にしても、外様の国持ち大名の擁するそれに比すれば相当に劣るのではないか。注目すべきなのは、その人数もさることながら、その来坂武士役人たちの在り様で、彼らのほとんど全てが、「旅居」の者・「仮寓」の者だったと言う点である。

(1)　旅居・仮寓の武士役人たち

大坂は全国の物産の集積地であると共に、西国大名監視のための要塞大坂城に将軍名代の城代の置かれた幕府領であった。そのため、来坂の武士役人たちは、大坂城在番の者をはじめ東西町奉行や代官や諸藩の蔵屋敷詰めの者に至るまで、ほとんど全てが一時滞在者であり、江戸や諸藩の城下町とは違い、彼らてが治者・支配者側に立って町人たちに対峙していたわけではなく、中には威張る者がいたとしても、彼らはその内にこの地を去って他の者と入れ替わるのである。とは言っても、街道の宿場町のように一日二日で入れ替わるのではない。これまでにも指摘してきたように、それぞれの任務や仕事に応じて期間は一律ではなく、大番・加番は一年交替だが、それ以外は数年又はそれ以上というのが多い。注①

武士役人が一年おき数年おきに入れ替わるので、大藩の城下町のような秩序だった安定感はなく、流動的である。しかし、後でも触れるように、大坂に書肆が多かったことに即して言えば、例えば購買者が常住の場合、一度買えば同じものを二度買うことはない。ところが彼らが入れ替わると、同じ本でも購入される可能性は確実に増える。つまり在坂武士役人の人口は、毎年その実数は変わらないが延べにすると二倍にも三倍にもなる。〈文化〉を書籍の流通という側面から見ても、「大坂の文化界」は武士役人の入れ替わりで活性化され続けていたとも言えるだろう。注② 彼らの内、文雅に興味を持つ者同士が行き来したり、大坂の文人たちと交流したりして、互いに「文化」を伝播・吸収し合う時間は十分にあっただろう。

来坂武士役人は、大番の者（旗本と御家人）や町奉行（旗本）等は江戸からやって来る。城代や定番や加番に随伴する家臣等は、江戸藩邸や国元から来る。彼らの大坂での仕事は、その身分や職種により一様ではなかろうが、江戸や国元に在る時よりは仮寓の気楽さ・解放感があり、大坂で（大塩の乱のような）「大変」の起こらぬ限りゆとりがあり、また大坂赴任には手当なども出ただろうから、金銭的な余裕もあったに違いない。「仮寓」と言うことで時間は少々制約されるけれども、その制約によって却って彼らの学びの密度は高められ、雅事・文事に携わる姿勢も真剣にならざるを得ず、彼らは大坂の地で学ぶことは多かっただろう。一方、彼らの「俗地」の大坂に与えた影響は、彼らが大坂から学ぶ以上に多く大きかった。

注①＝大番・加番以外の者の仮寓期間に就き、前掲『大塩平八郎』に見える者は、『柳営補任』によれば、城代土井利位は天保五年四月から同八年五月まで（足かけ四年）、「玉造口定番遠藤」は天保四年三月から同一二年八月まで（足かけ九年）。天保七年一一月に任ぜられ乱時にはまだ着任していなかった京橋口定番米倉（昌寿）は安政四年閏五月まで足かけ二二年。「東町奉行跡部」は天保七年四月から同一〇年九月まで（足かけ四年）。

注②＝前掲『鷹見泉石日記』天保七年一一月二〇日の条に「河茂（河内屋茂兵衛）へ薩摩風土記三冊戻。受取。」と見える。これだけではよく分からぬが、買うためにしばらく預かり結局買わなかったのか、資料として借りて（借り賃を払って）返したのか。何にしろ、来坂武士と大坂書肆との親しい「関係」がここにも伺える。

(2)　旅居の幕府役人と上田秋成

高田衛『上田秋成年譜考説』明和三年の条に「秋、加藤宇万伎と逢い、入門する。」とあり、上田秋成（文化六年没、七六才）は、賀茂真淵の高弟で江戸幕府御家人加藤宇万伎（安永六年没、五七才）に、明和三年に大坂で会って入門した。

宇万伎は元大番頭戸田淡路守氏之（大垣新田藩一万石藩主）の家臣だったが浪人し、幕府大番与力の株を買って御家人になったと言う。彼は、初めは七番組に属したと推測されているが、『柳営補任』によればこの組は「卯／酉　大坂　子／午　二条」と付記されていて、宇万伎は明和二年（酉年）八月に来坂し翌三年七月まで滞坂していたはず。従って、秋成の入門は宇万伎が江戸へ帰る直前のことだったことになる。高田前掲書明和六年の条に、「正月、二条城の宇万伎に賀詞をおくり、返書を得た。」とある。宇万伎の七番組は明和五年（子年）から翌六年まで二条城在番に就いていた。また、同明和八年（卯年）の条に「加藤宇万伎、大阪城在番。」とあり、翌安永元年の条に「秋、帰東の宇万伎のために、木村蒹葭堂らと、送別の舟遊びを行う。」とある。秋成と共に蒹葭堂の名が見えるのにも注目される。事実、右年譜「加藤宇万伎、大阪城在番」の解説記事中に、「また、宇万伎は明和九年（安永元年）二月に、「押照浪速なる蒹葭堂のことば」を、三月かに『奇見（ママ）図譜』のための序『渚の玉』を、それぞれ木村蒹葭堂の依頼を受けて書いている。[注①]」とあり、蒹葭堂との交遊も知られる。なお、秋成は享和元年に大坂銅座役人として赴任した大田南畝とも親交があったが、これもよく知られていることでもあり、ここで改めて触れることはしない。

注①＝高田前掲書では蒹葭堂の『奇貝図譜』に宇万伎が序文を書いたのは安永元年のこと（安永元年の大坂在番中）

とあり、水田紀久「木村蒹葭堂年譜」（『完本　蒹葭堂日記』〈木村蒹葭堂全集別巻〉）には、その安永四年の条に「三月、加藤宇万伎が『奇貝図譜』（貝よせの記）に序す。」とある。京二条城の加番は四月が交代期なので、後者であれば、前年安永三年（午）四月から翌四年三月までの二条城在番中に序文を認めたと言うことになる（なお、「蒹葭堂日記」は安永八年一月から始まっているので、日記には宇万伎の名は見えない）。

(3) 旅居の幕府役人と木村蒹葭堂・十時梅厓

大坂加番として何度も大坂に「旅居」した伊勢長島藩（二万石）の藩主増山雪斎（文政二年没、六六才）と木村蒹葭堂や十時梅厓らとの親交もまた早くから知られている。

雪斎は、安永七年一七七八を皮切りに天明元年一七八一・天明三年一七八三・寛政元年一七八九と四度も大坂城加番に就いていて、平均三年に一度の割合で来坂し、あたかも大坂へ参勤交代するかのようで、大坂の文人たちと親しくなる機会は多かった。その一人が、後には文人画家としても知られる十時梅厓で、その墓碑（『大阪訪碑録』）に、次のようにある（句読点、注記、……、は引用者）。

十時梅厓、初名ハ業字ハ季長、後ニ名ヲ賜字子羽ト改ム。通称半蔵梅厓ト号ス。……、浪華ノ人也。伊藤東所（東涯の子）ニ学ブ、経義ヲ以テ称セラル。……、後、趙陶斎ニ従ヒ書法ヲ受ク。長島増山侯（原注記略）大坂城番タリシ時、屡《しばしば》陶斎ヲ招ク。梅厓之ニ随跟《ずいこん》（随従）シテ其邸ニ至リ、因テ増山氏ノ知ヲ蒙リ、遂ニ仕フル事トナレリ。天明四年、従テ長島ニ之《ゆ》キ建議シテ学校ヲ興シ、……。

彼は「浪華ノ人也」とあるだけで詳細は不明だが、商人（の出）か。安永四年一七七五『浪華郷友録』の「儒家」部（及び「書家」部）に「十時半蔵」の名で掲出され、居所は「南本町壱丁目」とある。

雪斎のいつの在番時か、かつては大坂に寓しその当時は堺に住んでいた書家趙陶斎（天明六年没、七四才）が雪斎に招かれたが、その際に十時梅厓はその陶斎門人として随伴し、雪斎の知遇を得、儒臣として召し抱えられたと言う。梅厓はまた蒹葭堂とこれより前から親交があったようで、『蒹葭堂日記』の安永九年（天明元年）の条から彼の名が見える。雪斎はその梅厓に仲介を依頼したのか、同日記天明三年八月二六日の条に「登城早朝十時同伴増山河内守邸へ行中食暮帰ル宅」とあり、蒹葭堂は梅厓と同伴で雪斎と対面している。天明四年二月二十日の条には「早朝十時／半蔵同伴登城増山河内守席画酒井越前守／同席帰路今市」とあり、画家としても一流の蒹葭堂は、雪斎の前で絵を描いている。この時「酒井越前守」が同席しているが、彼は安房勝山藩一万二千石の藩主酒井忠鄰で、雪斎と同じく今回は三度目の大坂加番に来ていた。天明四年八月、雪斎は加番勤務を終えて江戸に戻るが、蒹葭堂も雪斎に陪従して江戸に赴いたようで、水田紀久編「木村蒹葭堂年譜略」（『蒹葭堂日記』）天明四年八月五日の条に、「増山雪斎に倍し江戸へ出発。九月一三日、江戸長島藩邸で送別宴。一〇月一日帰宅。」とある。

雪斎と蒹葭堂との親交で知られているのは、寛政元年末の「酒造石高違反事件」だろう。寛政元年から翌二年に雪斎は最後の大坂在番に当たっていた。蒹葭堂は「酒造石高違反」の廉《かど》で翌二年三月に醸造権や町内年寄役などを召し上げられたが、その「冤罪」に同情した雪斎は彼を避難させるべく伊勢長島の領内へ招き暫し住まわせた。この件を含め両者の親交に就いては中村真一郎『木村蒹葭堂のサロン』に詳しい。

(4)　大坂蔵屋敷とその留守居たち

(一)　大坂に置かれた蔵屋敷の数は天保期には百二十余あったと言う。その蔵屋敷の諸藩の留守居・役人連がみな、先に言及した直養や翁満のような「専門の師家」―例えば国学や歌文に造詣深く著作もあるような者―だった訳ではなく、その職務上から「難波風」に染まった者も少なくなかっただろう。しかし、その仕事の合間に、学問や文芸に関心を寄せる者も少なからずいたことは確かである。

嘉永五年五月に広道は江戸堀五丁目に引っ越す。その引っ越しに就き、金銭的にも世話になった河内喜里川の庄屋中西多豆伎宛の嘉永五年六月五日付書簡（『中西文庫』）で、広道は次のように伝えている。

扨、去歳、色々御配意被下候転宅之事、今般、相応之処御座候ニ付、江戸堀五町目と申所へ、去月上旬引越し申候。場末ニ候へども、内勝手ハ大抵ニ宜敷、歌会も自宅ニて相成申候。

引っ越した場所は「場末ニ候へども、云々」とある。周囲は蔵屋敷の建ち並ぶ所で、翌年三月広道宅を訪れた長門萩の近藤芳樹は、その『芳樹日記』嘉永六年三月二五日の条に、「江戸堀ノ七ツ蔵ナル萩原鹿蔵広道ヲ訪ヒテカヘル。」と書いているが、広道の江戸堀五丁目の居所を「江戸堀ノ七ツ蔵」と呼んでいるのがおもしろい。江戸堀五丁目は、江戸堀川の安治川に続く魚市場や船蔵・船番所近くの西端で、その北岸には東から播磨林田藩・日向佐土原藩・薩摩藩・伊予小松藩・旗本寄合衆松平久之丞の各蔵屋敷があり、南岸には東から肥前五島藩・磐城平藩の各蔵屋敷があり、江戸堀川を挟んで七つの蔵（屋敷）があるので、この辺りは「七ツ蔵」と呼ばれていたのだった。北岸の薩摩藩蔵屋敷（薩摩藩には三つの蔵屋敷がありここは中屋敷）は別として、広道新居の周りは多くが小藩の蔵屋敷で、これまでの都心の高麗橋二丁目の旧居に比べるまでもなく、「場末ニ候へども、云々」と言う通りである。ところが、広道の嘉永六年八月二〇日付河内屋茂兵衛宛書簡（『京坂文藝史料第五巻』）に、次のような件が見える。

○薩摩人、万葉略解（加藤千蔭『万葉集略解』、寛政八年成、同年～文化九年刊、二〇巻三〇冊）入用のよ

し申来候。上本と次の分と二通ほど御見せ、直段《ねだん》御書付可被下候。且又万葉考（賀茂真淵『万葉考』、明和六年〜天保六年刊、二〇巻一〇冊）古本ニ而板のあざやかなる物御座候ハヾ、買手御座候間、序ニ御見せ可被下候。余ハ拝晤と申残候。草々不備。

「万葉略解」を欲しいと言う「薩摩人」は、広道新居近くの薩摩藩蔵屋敷の者で恐らく広道宅の歌会に出入りしていたのだろう。「万葉考」を買いたい者も同じ蔵屋敷の者か、あるいは「七ツ蔵」の他の蔵屋敷の者だろうか。蔵屋敷の役人は蔵の物産の管理だけに従事していたのではなく「文雅」にも関心を寄せていたのだった。同時に、広道がこんな「場末」に引っ越して来た理由も自ずと明らかだろう。

(二)

各藩の江戸藩邸は規模も大きく、その留守居たちの仕事も外交官のような働きを期待されていたらしい。そのため、公儀通達や他藩との情報交換の場としてそれぞれ主君の格に従った「留守居組合」があった。[注①]一方、大坂の蔵屋敷は江戸藩邸に比べて規模も小さく働きも経済活動が主だっただろうが、やはり情報交換の場として江戸と同じような「留守居組合」があった。『新修大阪市史　史料編第七巻』（平成二四年一月）に、年月日未詳の「留守居組合の取りきめ」や岡山大学池田家文庫所蔵の天保一三年三月から一二月までに回された十余通の「留守居組合」の廻状が収まる。その中には留守居組合への（天保一二年）正月付の料亭の案内状まで見える。

そんな取りきめの必要な公的な活動とは別に、趣味・嗜好を共有する私的な付き合いもまたあった。先（66頁）に武蔵忍藩の黒沢翁満に触れたが、その彼の家集『葎居集下巻』（安政五年跋）に弘化三年二月一八日付の「浪花に有けるころ、西田直養・小林大茂が乞《こえ》る梅屋敷の記」と題された文章が収まる。豊前小倉藩蔵屋敷留守居の西田直養（慶応元年没、七三才）と因幡鳥取藩蔵屋敷留守居の小林大茂（明治三年没、八〇才）と、毎年大坂（蔵屋敷）と国元武蔵忍とを半年毎に行き来し（一〇月〜翌三月は在坂、四月〜九月は国元）、この時はまだ在坂中の翁満と、所用で来坂中の紀伊若山（和歌山）藩の加納諸平（安政四年没、五二才）との四人が、大坂東南隅生玉宮の東なる梅屋敷に遊んだ時のものである。その中に次のような興味深い件が見える。

直養がいへらく、かうつどへりけるよたり《四人》、まろと大茂ハ今ハ難波人のやうなれど、おのがじゝの故郷をいへバ、まろハ豊国の道の口也、大茂ハいなば也、諸平ハ紀、翁満ハむさし、四方四国なるも契りあやしからじやハとて、

うば玉の夜ハあくとてもよもやまのものがたりをぞなすべかりける

といふをうけて、諸平、其四方の国の四人が酒をのむ事もおとらずまさらず、かたミに上にたゝんことかたく下にたゝん事かたくなんあるべきといへバ、人々とよミてはとう《はあと》ち笑ふ。

［大意］直養が、このように集まった四人は、考えてみると、私と大茂は今は難波人のように見えるが、故郷を言えば私は豊前（「豊国の道の口」）で大茂は因幡だ、そして諸平は紀伊で翁満は武蔵である、ということで、それぞれが四方（東＝武蔵、西＝豊前、南＝紀伊、北＝因幡）の四国から来た者であるのも、不思議な縁（「契り」）ではないか、と言いながら、

夜が明くるとも互いに四方山の話をしようではないか（一晩お国のことをあれこれ語り明かそうではないか）

と詠むと、それを承けて諸平が、その四方の国の四人は酒を飲むことにおいても勝らず劣らず、互いに相手の上に立つことは難しく下に立つことも難しいだろうと言ったので、人々は声をあげてどっと笑った。

直養は弘化元年から大茂は天保末年からそれぞれ大坂蔵屋敷留守居に赴任して来、翁満も弘化元年から国元と大坂とを行き来し始めた。江戸の藩邸や京・大坂の蔵屋敷留守居として諸国諸藩から赴任して

来ている者たちのことを官遊派とも呼ぶらしいが、諸平以外の三人はすべてそうである。彼らは経済的にも時間的にも比較的ゆとりがあり、他藩の者やその地の商人たちとそつなく交際する必要上、漢詩文・歌文あるいは絵画・音楽・茶道・華道などの芸事をも身につけていることが多かった。そしてそんな官遊派連中による、直接の利害に結びつくことのない、雅な一種のサロンが形成されていたらしく、そのことが、梅屋敷における直養らの宴からも想像される。[注②]

注①＝白石良夫『最後の江戸留守居役』は幕末期佐倉藩江戸留守居役依田学海の活躍を記したものだが、その中に「学海らが加盟していた留守居組合は、江戸城帝鑑の間詰めの大名家（佐倉・小田原・松代・小浜・郡山・大垣・福山・中津・小倉）で組織している組合である。」（52頁）とある。

注②＝彼らは宴会だけをしていたわけではない。西田直養は、弘化二年にいわゆる三種の神器に関する論考を『神璽考』としてまとめた。その初稿の奥書に「弘化二年乙巳四月十八日、於二浪華邸舎一記」とあるが、翌三年に書き直した。その改稿本（弘化三年本）の文末に、翁満は「かくいふは、むさしのさいたま人黒沢翁満、くうげ（弘化）のミとせといふしはす（師走）、しるす」とある序文を寄せている。

(5)　加番大名―板倉勝明・前田利和

大坂加番に就いて、先に渡辺崋山に触れる中で言及した。大坂住文人との交流と言う観点からは、城代や定番で来坂した者より、加番で来坂した大名（及びその家臣）の方が束縛も少なくて、かつ小藩のため自藩で抱える儒者・文人が少ない（又はいない）ため、在坂中の大坂文人との交流は積極的だった。先に増山雪斎と蒹葭堂らとの間に、その早い例を見た。ここでは、その雪斎と蒹葭堂との親交より半世紀ほど後の、天保前半頃の加番大名の板倉勝明や前田利和らと大坂文人との交流の例を見てみる。

㈠『春門日記』天保五年一月一八日の条（春門在江戸）に、次のような件がある。

嘉言方より来状、無為、御加番松平山城守殿・同石見守殿なども、当春よりかうさく（講釈）承度よし被申、元日にも城入いたし、賑々敷迎春の旨申越。

大坂の嘉言から、来坂の加番大名から講釈の依頼を受けたと春門に伝えて来た。嘉言に講釈を依頼した大名は、「大坂加番大名一覧」によれば、前年の四年八月から加番に来ていた者で、松平山城守は出羽上山藩三万石の藩主松平信宝、松平石見守は三河奥殿一万六千石の藩主松平乗利である。この件はこれ以外に記事が見えないので詳細は明らかでない。ただ、嘉言は来坂の加番大名から講釈の依頼を受けることが多かったようで、また同年一〇月四日と八日の条にも次のような記事が見える。

一〇月四日の条―留守中春樹（不詳）、大坂より八月十四日出同苗大助より書到来、於彼地《かのち》主人板倉伊予守殿、篠崎長左衛門并村田嘉言被召《めされ》候て、講尺被仰付《こうしやくおうせつけられ》候よし申来、右為知《しらせ》くれる。

一〇月八日の条―大坂九月廿八日出六日限著状　一統無事、板倉伊予守殿より被為召、源氏物語かうさく相勤、画も歌も懇望の趣、十八日始入城御目通相済、凡四十人ばかり聴衆有之由。

四日の記事は分かりにくい。春野は天保三年三月下旬、先にも触れたように有職故実修業のため上京していたが、いつまで滞京していたのか（この頃もまだ上方にいたのだろうか）、とにかく大坂からの八月十四日付のその「同苗大助（村田大亮＝春野）」からの書簡で、嘉言の消息を伝えて来たのである。まず「彼の地に於ける主人」と言う板倉伊予守は、「大坂加番大名一覧」に、大関伊予守増儀や前田大和守利和や稲葉兵部少輔正巳とともに、板倉伊予守勝明〔上野安中、三〇、〇〇〇石〕として見える。加番として来坂した板倉伊予守から、篠崎長左衛門（小竹）と嘉言とに講釈の依頼があった。一方、八日の条の記事は、直接嘉言からの書簡らしい。嘉言は、源氏物語講釈を依頼され、また歌と共に画も所望された、九月一八日に初めて登城し、四〇人ほどの聴衆があったと言う。

㈡『銀鶏雑記』は、平亭銀鶏（明治三年没、八〇才）の天保五年八月から翌六年八月まで大阪城在番中の「雑記」である。これを収める『浪花の噂話』巻末解題（長友千代治筆）によれば、彼は「上州甘楽郡七日市の前田侯」に仕えた藩医で、「前田侯」とは「大坂加番大名一覧」の天保五年の条に見える「前田大和守利和」のことである。銀鶏は加番に任ぜられた大和守利和に従って大坂に来ていたのだった。ところで、その「雑記」三冊目に彼が出会った人たちのことが人物誌風に記されているが、その中に嘉言が「舟越町　和歌　村田嘉言」のタイトルのもとに、次のように紹介されている。

村田春門の子也。和歌を詠ずるのいとま、画を好んで楽みとす。画風所謂江戸にていふ処の上方絵なり。月並の会日八十六日。三八に寡君へ来り。源氏の講釈并に百人一首を講ず。当座もあり。近頃和歌の式の稽古はじまる。いと面白こと也。春門翁ハ今江戸にありて行はる。住する処の舟越町ハ夏日蚊屋をつらずといへり。おほ江戸にても日本橋呉服丁辺ハ蚊屋をつらぬ処も有りときけり。いとうらやましきこと也。

この記事は、前掲『春門日記』を補ってくれていてありがたい。例えば、「（嘉言は）和歌を詠ずるのいとま、画を好んで楽みとす。画風所謂江戸にていふ処の上方絵なり。」とあるが、これは、先の日記の「画も歌も懇望の趣」と照応しているだろう。また、「三八に寡君へ来り」とある「寡君」はここでは前田侯だが、「三八」つまり「三」と「八」の日にその前田侯まで出講すると言う。

ところで、先に板倉伊予守に初めて面会したのは「(八月)十八日」とあった。これから推察すると、嘉言（や小竹）に講釈を頼んだのは、前田侯一人ではなく、他の加番大名たちも一緒だったようだ。先に、「凡四十人ばかり」の「聴衆」があったと嘉言は伝えていたが、なるほど合同の会席であればその程度の人数には十分なるだろう。講釈の方も源氏物語だけでなく百人一首もあったことが知られる。

㈢　木崎好尚「篠崎小竹（第二席）」（『懐徳』第三七号）に、次のような記事が見える。

それから其年（天保六年）の三月に、小竹は女房と訥堂の母親の三人連で花見に行つた。其の時に大阪の城代に来て居つた所の上州安中の板倉勝静〔甘雨〕と云ふ殿さんがある。其の人から沢山餞別の酒を貰つた、云々。

右引用にはいくつか錯誤がある。「城代」は「加番」の間違いで、また名前の「勝静」は「勝明」の間違いである（「勝静《かつきよ》」は「勝明」よりは後の人。備中松山藩主で、文久二年に老中になっている）。なお、この記事は小竹の「遊記」（上方芸文叢刊71『浪華詩文稿上』所収）冒頭部の次の件に基づく（返点を付す）。

乙未三月、携㆓老妻及概生母加藤氏㆒、観㆓花於畿内諸山㆒、甘雨板倉侯送㆓伊丹酒五斗為㆑餞、混以㆓剣菱一斗㆒。

小竹が畿内の諸山に花見に出かけると言うことで、小竹「門人」の板倉侯は、剣菱一斗を含む伊丹酒五斗を餞として贈ったと言う。『小竹門人帳』天保六年の条に「板倉侯臣」と付記された二名の入門者の名が見える。「板倉侯」は板倉勝明のことで、彼ら二人は恐らく主君に代わって入門したのだろう。

㈣　板倉勝明は、好学・多趣味の「文人」大名だったようで、いつのことか在府時、渡辺崋山を招こうとしたことがあった。しかし、崋山は忙しいままにその招きに応じず、またその新宅の絵も所望されたがこれも断っていた。崋山にも理由があったのだろうが、彼は板倉侯に対し続いて「非礼」を働いていたことを内心悔やんでいた。そんな折、天保一〇年七月から田原（康直）侯は大坂加番で上坂していたが、実はその板倉（勝明）侯も、天保五年に続いてこの天保一〇年にも、田原侯と同役の大坂加番に任ぜられ上坂していた。加番勤務が初めての藩主康直は二度目の板倉侯には何かと世話になるだろうに、かつてその板倉侯に非礼を働いていたことが思い出されて、崋山はあれこれ思い悩んでいた。蛮社の獄で天保一〇年春より在所田原で蟄居中だった彼は、天保一〇年八月一三日付藩重役宛書簡（返り点等原文―『渡辺崋山集四』）で、次のように言っている。

　板倉侯其始、私ヲ御招ニ被レ成度思召アルヤニ察シ、侯ヨリ書物被レ下、又ハ拝借致候処、私難レ有かり出可レ申、定而御召候半。然処いそがしく候而無礼ガチニ過候処、新宅御画ヲ被二仰付一、それハ御断申、大不首尾之様ニ相成候。然上ニ、上殿中にても何カ御含ニも無レ之様ニ窺候。此度御上坂ニて右只々御案事申上候。何もいさゝかの事ニハ御座候得共、私後悔先ニ不レ立、致方無レ之候。毎々此段不二恐入一事無レ之、御工夫のため如レ此候。

なお、好学の板倉侯は、前回の天保五年～六年の時に続き、この時もまた小竹や嘉言を召して講釈させたに違いないが詳細は不明。ちなみに、『交友郷里姓名』の天保一一年（三月カ）の件に、それぞれ「江戸（人）」と付記された板倉侯の家来三人の名が次のように見えている。

　横井源右衛門　板倉　大夫／　清井五郎左衛門　同　用人／　星野清七郎　同　用人

「大夫」は家老だろうか、その家老や「用人」―即ち板倉侯の重臣たちが小竹方を訪問しているが、残念ながらその用件は記されていない。もう一つ付記すれば、『小竹門人帳』天保一一年の条に「大山

呉一郎 板倉侯儒臣／三月六日」とあり、右の重臣三人の小竹訪問の前後に、藩儒らしき大山某なる者が小竹に入門している。彼は加番の終わる七月まで小竹に就いたのだろう。

⑹ 大番頭本多忠鄰

㈠ これまで何度か「大番」に言及して来た。その大番頭は大身の旗本がなることが多いが、先の大坂加番同様に、一万石程度の小大名が任ぜられることがあり、播磨山崎藩一万石の藩主本多忠鄰もその一人である。大名と言っても様々で、外様の国持大名は論外として、多くは数万石かそれ以下で、一、二万石クラスの者も少なくない。彼ら小大名は、大身の旗本と殆ど変わるところはなく幕僚を兼ね、参勤交代もせずいわゆる定府大名と呼ばれる者が多かった。本多忠鄰などは、『山崎町史』（一九七七年四月刊）に「天保十四年卯年大御番頭仰付られ　安政四巳年御定番仰付られ、当戌（文久二）年まで二十か年在所へ罷越し申さず候処、云々。」と記されていて、なんと二〇年間も「在所（国元）」へ帰ることはなかった。

　さて、『柳営補任』によれば、本多忠鄰は、「巳」と「亥」の年に大坂在番に当たる六番組に属していて、巳年に当たる弘化二年八月から翌三年七月まで在坂していた。『大坂大番記録㈠』は実はその時の記録だが、その弘化三年一月十二日の条に、次のような記事が見える。

　遠藤但馬守様御家来之由、高麗橋辺ニ罷在候奥野弥太郎と申仁、儒学講釈能出来候由候付御頼被レ成度、…被二仰入一候処、御請申上候付御頼印御肴一折被レ遣、以来三之日罷出於二小書院一講釈有レ之候。

　遠藤但馬守の家来で高麗橋辺に住む「奥野弥太郎」を呼んで「儒学講釈」をさせることになった。講釈日は「三之日」（三日・一三日・二三日）で、翌日は一三日なので、次のように早速講釈が始まった。

奥野弥太郎罷越《まかりこし》、易経之講釈有レ之、九鬼様并《ならびに》御組頭様方・御番衆様之内ニも御出有レ之。

「九鬼様」とは相方の大番頭で丹波綾部藩二万石の藩主九鬼隆都のこと、大番組頭や「御番衆（大番士）」らも一緒に聴講したと言う。ところで、「奥野弥太郎」とは奥野小山（安政五年没、五九才）のこと。『大阪人物誌』に、「浪華の人。世々瓦町に住す。幼にして学を好み業を篠崎小竹に受け、安藤秋里、橋本香坡、加藤（篠崎）訥堂等と併称されて篠門《しょうもん》の四天王と云ふ。」とあり、また「業成《なり》て帷《い》を島町二丁目に下《くだ》し以て子弟を教授す。後、儒を以て近江三上藩遠藤侯に仕へ大阪藩邸の留守居を勤む。」とあり（さらに「旁《かたわ》ら画を森徹山に学び」ともあり）、大坂ではよく知られた儒者だった。

彼が講釈を乞われたのは、第一に「儒学講釈能《よく》出来候由」ということであろうが、「遠藤但馬守（胤統）様御家来之由」と言うことも大きかっただろう。近江三上藩主（一万石）の彼は、この弘化三年時は幕閣（若年寄）だったが、天保四年から同一二年までの八年間大坂定番を勤めていた（その間大塩の乱に遭遇しその働きの宜しきを褒められていた）。本多忠鄰はその胤統と親しくしていて、江戸を立つ時に、大坂の情報として小山のことを聞いていたのかも知れない。

㈡　前掲「記録」より三ヶ月後の（弘化三年）四月九日の条に、また次のような記事が見える。

一　今日画師小虎と申者并《ならびに》奥野弥太郎御呼寄、書画為ニ御書成一候段、右ニ付両人江金三百疋并支度（食事―引用者）被レ下等之儀、御用人中被ニ申聞一承届候。

一　九鬼様ニも御直約《じきやく》ニ而、右為ニ御見物一被レ成ニ御出一候。

「画師小虎」とあるのは田能村竹田の義子田能村小虎即ち田能村直入（明治四〇年没、九四才）のこと。大番頭本多忠鄰は小虎と小山とを呼んで「書画」を書かせたという。二人の取り合わせは偶然だとは思われず、小山が小虎を推薦したのだろう（二人とも堺に住んでいたことがある）。小山はここでは「書」を書いたかも知れないが、前掲「人物誌」によれば、小山も森徹山に就いたとあるから、絵も描いたのか。また約束していたのか、ここにも「九鬼様」が「書画」（席画）見物のために出て来られたとある。江戸から派遣されていた彼らは、とにかく何か「大変」の勃発せぬ限り暇だったろうから、諸芸・文雅に楽しんだのであり、それに応える「文人墨客」たちが大坂にもいたと言うことである。

(7)　大番頭久貝正典

正典に就いてはすでに言及しているが、五千石の大身の旗本久貝正典は、『柳営補任』によれば、「十一組」に属して、「子」と「午」の年が大坂在番に当たる。彼が大番頭として大坂城に赴任したのは午年の弘化三年（～四年）と子歳の嘉永五年（～六年）の二度である。但し、前掲『柳営補任』巻之五〈小性組番頭〉の条に見える正典の件に、「同（天保）九戊六月朔日、大坂城代為引渡罷越。」とあり、これより先天保九年六月にも大坂城代交代（の立ち会い？）の件で大坂に来ていたことが知られる。

正典の大坂との関わりは幕閣としての関わりだけではなく、彼の和歌の師小林歌城と同じく、河内の国に（大身の旗本だけに歌城より何倍も広い）領地を持っていた。『枚方市史第三巻』によれば、交野郡長尾・藤阪・津田・田口などの諸村にまたがっている（全体で約二千五百石にも及んでいる）。その支配地の一つの田口村の『村方御用留』が前掲書第七巻に収められていて、そこからも正典の動向が知られると共に、また江戸の旗本領主と河内の領民との繋がりの強さが伺えるが、それはここではおき、在坂中の彼の消息を少し挙げてみる。

㈠　嘉永元年一一月までの八年間、大坂谷町代官所代官を務めた竹垣三右衛門直道（明治二年没、六四才）とその日記『竹垣直道日記』に就いては後でも詳しく見るが、彼は和歌短冊の蒐集を好みその短冊帖を作って楽しんでいた。そんな彼のこと、弘化三年八月にやって来た小林歌城門の久貝正典と親しくなるのは自然で、前掲『竹垣直道日記』にも正典の名は何度か見える。

その弘化三年九月二二日の条に「久貝因州短冊出来来ル。」とあり、大坂に来たばかりの正典に早速短冊を乞うたらしい。実は、彼らが特に親しくなるのは正典が任終えて帰府せんとする翌四年七月になってからで、その三日の条に「昼後久貝因幡守方江相越、初而逢談話。」と見え、この日に初めてあったらしい。二日後の七月五日の条に「久貝因幡守ゟ使、自書并染筆・扇弐本差越、菓子一折贈ル、及返書短冊送ル。」とあり、さらにその二週間後の七月一九日の条に、

御城入いたし、久貝因幡守方江参逢。暫く談話、夕飯被振舞《ふるまわる》、寓居哥（ママ）話二冊貸ス。

と言う記事が見える。直道は、城内に正典を訪ね清談に時を過ごし夕食までご馳走になり、正典に「寓居哥話」を二冊貸したと言う。これは近藤芳樹の『寄居歌談《ごうなのうたがたり》』のことで、「二冊」とあるので、初編・二編各一冊、計二冊を指しているだろう。それぞれ（大阪府立中之島図書館蔵板本）の巻末識語によれば、初編の成立は天保一三年一一月下旬で、二編は天保一四年一〇月である。

ただし、板行の時期は初・二編共にその巻末刊記に「弘化二乙巳歳」とあり前年に板行されていたように見えるが、『芳樹日記』弘化三年四月一二日の条に「広島（広島書肆井筒屋方）より、歌がたり初編三十冊来たれり。」とあり、初編が実際に板行されて長門萩の著者芳樹の許に送られてきたのが、弘化三年四月のことである。ほぼ同じ頃に大坂書肆秋田屋太右衛門（以下「秋太」とも略）にも送られて、大

坂及びその周辺で流布していたと思われる。一方、二編の板行に関する記事は同日記の弘化三年中の記事には見えないが、その板行は弘化四年の半ば頃までになされたのだろう。いずれにしろ、直道が正典に持参した『寄居歌談』二冊（特にその二編）は、板行後間もなくのものだった。

㈡　正典が本書に興味を示すのは、詠歌を好む者としては当然で、歌話は勿論、現存歌人の噂などはゆかしく読まれただろう。そんな中で、二編には特に江戸歌人の評判が—その中に正典の師小林元雄（歌城）のそれも—見えるので、それを知った直道が正典に伝えるべく持参したか、正典が先にその噂を聞いていて直道に本書閲覧の意向を伝えていたのかも知れない。

ところで、長門萩の芳樹が京摂歌人の噂を知ることはそれほど難しくはない。曽遊の地の大坂（何度も在坂しているが特に天保一〇年二月から一一年一〇月までは開塾）には知人友人門人がおり、紀伊若山には大平同門の親しい加納諸平もいて、情報には事欠かなかっただろう。一方、江戸の情報はどうか。江戸にも友人がいたかも知れないが、恐らく萩藩江戸屋敷詰めの友人からの情報が大きかったに違いない。正典の師小林元雄の名は二箇所あるが、その一つは次のような件に見える（「……」と注記は引用者）。

江戸にハ聞ゆるうたよミいと多かるよしなれど、……。弘正方がいふをきけバ、小林元雄・海野幸典（遊翁）・木村定良などいふぬしたちハ、よハひ（年齢）もやゝたけられて（高齢で）、うけばりたる（堂々たる）この道の宗匠なれバ、いとやんごとなし。

歌城らの噂は弘正方（万延元年没、五一才）から聞いたとある。彼は、芳樹より九才年下の萩藩士で江戸での勤務が多く、その任を終えて帰国し芳樹に会った際、江戸の噂を伝えたのだろう。彼が帰国したばかりであったことは、『芳樹日記』天保一四年一月二一日の条に、次のように見える。

佐藤良平が家の日本紀の会なり。夕かけてまかりぬ。弘正方、江戸よりかへりでこの家に居たり。

芳樹は江戸から帰って間もないその正方に、萩藩士佐藤良平宅で実際に会っている。芳樹はこの時に正方から江戸歌人の噂を聞いたのではないか。先に記したように『寄居歌談』二編の成立は天保一四年一〇月なので、時期的にもその時の話を歌話として載せることは十分可能である。ちなみに、元雄はこの天保一四年時は六六才、幸典（嘉永元年没、五五）は五〇才、定良（弘化三年没、六六才）は六三才。幸典は少し若いが、なるほどみな「よハひもやゝたけられて、云々」とある通りである。但し、直道や正典が本書を手にした弘化四年には、定良は既に亡くなっている。

それにしても、江戸歌人のささやかな噂ではあるが、その伝播ルートが無理なくたどられる。萩藩士弘正方が天保一二、三年の江戸藩邸勤務中に江戸歌人の評判を見聞きした、任終えて翌天保一三年末かに長門萩に帰り、それを翌年一月に芳樹らに伝えた、伝え聞いた芳樹はほどなく『寄居歌談』二編に記した、そして、先にも触れた如く、それは弘化四年（の前半）に広島で板行された、板行されたその二編は直ぐに大坂書林へ送られて来た、江戸から天保一一年に赴任して来ていた谷町代官所の代官はそれを書林から手に入れて読み、さらに前年弘化三年に江戸から赴任して来ていた大番頭も、昵懇のその代官から借りて読んだ、というわけである。

伝播ルートを繰り返すが、江戸の話題が長門萩まで伝えられ記録され、それが安芸広島を経由して大坂に入り、まさにその大坂の地において、江戸から来た二人がその江戸の噂の書かれたものを読んでいたのだった。これは決して偶然ではなく、大坂と言う町もまた（「みやこ」であり「文雅」の町だと言う江戸や京都と同じように）そんな「交流」を日常茶飯とするような構造をもった町だったのである。

㈢　正典は、『寄居歌談』中の江戸歌人の消息に興味があったのでは、との憶測を記した。これに就いて少し付記すべきことがある。先に言及した江戸の平亭銀鶏に、天保六年在坂中に書いた『街廼噂初編』と言う戯作がある。これは、万松（江戸人）と千長（同）と鶴人（大坂人）との三人の会話による大坂評判記だが、その中に大坂人の鶴人が二人の江戸人に対して、次のように言う件がある。

モシ、先哲叢談の評判ハ大阪ハがうぎな物でムり《ござ》ヤス。心斎橋筋の書林で、何処で聞ても能売るといひやす。大阪ハ奇妙な処で、著述などが当るとくると、金銀にハ厭はず買て見やす。しりうごとだの魯助さんの癡談などが壱分ヅヽに売やした。

冒頭に『先哲叢談』が見える。江戸の儒者原念斎の編になるその「正編」は文化一三年刊行で、同じく江戸の医家出の儒者東条琴台の編になるその「続編」は文政一二年刊行だが、ここでは両書区別せずに言ったのだろう。『しりうごと』は後でも触れるが天保三年の刊行。最後の「魯助さんの癡談」とは、東条琴台の兄で戯作者花笠文京（魯助）の『役者必読妙々痴談』を指しているようで、天保四年に刊行されている。全て最近板行の人物評判記が話題にされているが、ちょっと注目されるのは、大坂人の鶴人が「大阪ハ奇妙な処で、著述などが当るとくると、金銀にハ厭はず買て見やす。しりうごとだの魯助さんの癡談などが壱分ヅヽに売やした。」と言っているところである。意味が取りにくいが、大坂は著述物で評判になるとそれにつられて少々高くなってもよく売れると言うことらしい。とかくお金に細かく鄙吝だと言われている大坂では珍しい話だが、流行に敏感というのもあるいは俗地らしいと言えるかも知れない。ただ、右に挙げられた〈人物評判記〉で話題にされている人物は、ほとんどが江戸の者である。そんな者でも大坂で評判になることは勿論あるだろうが、ひょっとしてその〈人物評判記〉購買者の多くは江戸や諸藩からやって来た武士役人たちではないだろうか。彼らには時間やお金に少しは余裕があり、また「(江戸人の)評判」への関心も(大坂の者たち以上に)高かっただろう。逆に、『先哲叢談』や『しりうごと』などに、安くもないお金を出す大坂町人を想像することの方が、はるかに難しい。

(8)　大番士小林歌城

先に触れた如く、秋成の師加藤宇万伎は大番与力だったが、大番頭久貝正典の和歌の師である小林元雄(歌城、文久二年没、八五才)は大番士だった。元雄即ち歌城と正典との師弟関係は、共に幕府麾下の士と言うことで分かりやすい。しかし、江戸の旗本小林歌城はまた、前述の大坂玉造の豪商佐々木春夫の和歌の師でもあったようだが、これは傍目《はため》には分かりにくい。

春夫に就いては本間良三郎「贈従五位佐々木春夫小伝」(『菅舎歌集』〈大正一三年刊〉)に詳しいが、その師について「主として師事せしは、江戸の国学者にして、幕府の世臣旗下小林元雄並に和歌山藩の学士加納諸平なり。」とあり、春夫の書き物から「おのれ若かりしころ、歌の道におりたちて、小林元雄翁にをしへをうけて物まなびせし、云々。」という言葉をも引いている。一方、森潤三郎「小林歌城とその著述、交友及び門人(一)」(『歴史と国文学』第一〇巻第三号)によれば、小林家は代々河内国河内郡に六百石、武蔵国足立郡に二百石を知行する幕臣で、その九代の元雄は寛政八年一九歳で家督相続し大番士に列した、文化十年の大坂在番勤務の後、いく程もなく嗣子に家督を譲って致仕し、天保三年剃髪、文久二年二月に没したとある。

江戸人歌城の大坂との関わりの一つは、右に見た如く、彼が定期的に(六年ごとに)大番士として大坂に来たことである。事実、久貝正典がその板行に与った『歌城歌集』（嘉永二年篠崎小竹序・嘉永五年刊）にも、「文化十年大坂の大番にのぼるに、云々」の詞書をもつ作品が載る。但し、この文化一〇年の大坂在番を最後に家督を譲り致仕しているので、文政元年生まれの春夫は、大番士としての元雄は知らない。

大坂との関わりの二つは、彼が河内国河内郡（豊浦村）に知行地をもっていたことである。同じく『歌城歌集』に「河内国豊浦村はわがとほつ祖より世々しる処にて、云々」の詞書をもつ作品が見えている。また、近藤芳樹は『寄居歌談二』で河内国花園村庄屋であった国学者岩崎美隆（弘化四年没、四四才）に触れつつ、歌城の河内の領地に就き次のように言及している（ルビは原文）。

　河内に岩崎美隆といふすき人あり。村田春門のをしへ子にて、歌集・物語をバいとよく心得たる人なり。おのれ難波にゐたりしほどハ、村田のゆかり（芳樹もまた春門門—引用者注）とて歌ミせにおこせなどして、むつまじうしたりき。なにはより遠からぬわたりなれバ、春のころかれがもとをとぶらひて一よやどりけるに、つとめて朝花といふを題にて歌よまんとて、里人の内にもこの道このむが多かるをつどへたり。こゝハ小林元雄主の領《シ》らるゝ所にて、おのづからぬしにならひて、うたよミども多かりけり。

歌城の領地には、その領主歌城に倣って歌を嗜むものが多かったと言う。春夫が歌城と接点を持つとすれば、いつのことか彼が河内の領地を訪れた時であろう。その詳細は不明ながら、春夫の居所である大坂西南端の玉造は、いわば河内国への入口であり、そこから「遠からぬわたり」に領地をもつ元雄と接触して「おのづからぬしにならひて、うたよミ」になったと言うことなのだろう。

なお、中島広足『橿園随筆』（『日本随筆大成第一期第3巻』）の「○佐々木春夫が歌の評」の段の冒頭に、

　難波人松田直愛がもとよりいひおこせけるは云々、佐々木春夫が星の歌、別紙の通、諸君の評あり。

（長沢）伴雄は（千種）有功卿と同意に相成候まゝ除之《これをのぞく》。君のおぼしめしいかゞ。此奥へ御記しも被レ下候はゞ、難有奉存候。此段春夫より奉願呉候様申出候。

星　寐にゆくとからす友よぶ夕ぐれにみつよつほしの影ぞきらめく

とある。そしてこの「星」題の春夫作品の後に、まず紀伊藩の加納諸平の評があり、次いでその評を承けた小林元雄の評が続き、さらにこの両評を承けた京の千種有功（嘉永七年没、五九才）の評が続き、最後に中島広足（文久四年没、七三才）の総評が記されている。

有功までの評は、この順番で春夫自身が乞うたのだろう、そして直愛に依頼して最後に長崎の広足に総評を乞うたのである（各人の評の中身にはここでは立ち入らない）。これが何時のことか分かればいいのだが（憶測ながら天保一一年頃か）、春夫が評を求めた時、元雄即ち歌城は、領地視察か何かの用で大坂にいたかと思われる。それにしても、大坂の春夫の作品に就き、若山の諸平と江戸の歌城と京の有功と（大坂の直愛の仲介で）長崎の広足とが評を寄せているが、考えてみればなかなかにグローバルである。しかし何度も繰り返すけれども、それが特に不思議だとは思われないような、そんな立ち位置に（江戸や京などと共に）大坂も立っていたということである。

(9)　掛川藩儒松崎慊堂

慊堂は先に見た。彼を来坂武士役人に数えるのは、その短い在坂期間（文政一二年三月〜九月）からも少し無理があるが、彼の『日暦』にはなお注目すべき記事があるので、ここに改めて取り上げる。

㈠　慊堂の大坂滞在中の諸文人との交流の様子をその『日暦』から引く。まず、着坂五日後の文政一二年三月二八日の条で、大坂天満橋から北に「一里」の長柄川を渡り、さらに神崎川を渡ると吹田村で、そこで今は「井内左門」と称している「竹中君」を訪ねた、と次のようにある（「……」引用者、以下同断）。

上巳（午前一〇時頃）、出でて竹中君を吹田路に訪う。天満橋より一里、長良川をわたり、新家を経て、神崎川をわたれば吹田なり。留晤し遂にともに帰る。夜四鼓（午後一〇時）君去り、一二軒屋敷に宿す。……、竹中子は、いまは井内左門と称す。

この後も『日暦』には、「竹中君来。」とか「竹中子来。」とかの記事が何度も見え、慊堂と左門とはこれより先江戸の地で、相当親しくしていたらしい。慊堂が江戸に帰る時にも、わざわざ吹田に立ち寄って左門方を訪ねているほどで、その九月二七日の条に次のようにある。

公事はほぼ終れるを以て、賜仮（賜暇）東帰せんことを告ぐ。晡（夕方）に城を出で山村与助（大坂三町人の一人）を訪う。また伴奉行を訪う。……、すなわち発して天神橋にて上舟す。纜を解けば、斎藤世教・甲柳庵は舟を留む。神崎川にいたり、安器と斎甲二子とを留め竹中君に吹田に赴く。夜行して途に迷い、到ればすなわち既に丑刻（午前二時）なり、灯を張り宴を設け、払暁に枕に就いて小眠す。

「伴奉行」は先（93頁）に言及した大坂具足奉行の伴直方のこと。「斎藤世教」「甲柳庵」らに就いては後で触れる。とにかく、舟で夜に吹田に着いて、道を迷いながら夜中の二時に左門方に着いた、前もって訪ねることが伝えられてあったようで、門前には明るい高張り提灯が掲げられ家の中に入ると宴会の用意までされていた、夜明け前にそこで少し眠った、とある。と言うことで、両者の関係は通り一遍のものとは思われないが、左門は江戸に在った時、あるいは慊堂に就いていたのだろうか。二人は古物を愛ずるを共通の趣味にしていたようで、例えば七月二四日の条に「竹中君来り、ともに和・河の古金石を搨することを理《おさ》む。」などと言う記事が見える。

左門その人に就いては『吹田市史第二巻』に「井内左門」で掲出され、次のように見えている。

江戸の人。旗本竹中氏の庶子。井内氏に養われ、文政年間、吹田村の竹中氏代官所の支配役〔俗称、代官〕となる。経雨と号し、その斎号を経雨斎といった。多芸で医学にも明るかった。経雨斎の客になった者には、頼山陽・田能村竹田・市河米庵・金子雪操・田能村直入らがある。明治四年、吹田村で死んだ。

江戸の旗本竹中氏の庶子で井内氏に入り、吹田村内の竹中領の代官として江戸からやって来た者で、彼もまた広義の来坂武士役人の一人だった。江戸での彼の消息は全く不明だが、大坂での特に吹田での消息は少し分かっている。彼もまた文人の一人として、在坂儒者・画人らと交わり、時にはパトロンとしてその居を提供したりしたことなどが知られている。

例えば、田能村竹田（天保六年八月二九日没、五九才）の作品に「吹田村養痾図」があり、これは最晩年の竹田が吹田の地で療養中の作品だったことは周知のことである。竹田の吹田滞在は左門に招かれてのことで、そのことは天保六年七月一一日付田能村如仙（嗣子太一）宛竹田書簡（『大分県先哲叢書田能村竹田　史料編書簡集』）に、次のような件のあることから知られる。

今日ハ、吹田ノ代官井内左門ヲ訪候筈也。十日斗《ばかり》ハ滞留可致ヤ。

また、京都の医師小石樫園（元瑞、嘉永二年没、六六才）宛同年「閏七・八月（ママ）」付竹田書簡（同上）に、前七月初日より中暑之気味、小便抔淋瀝致候、何分市中難レ凌御座候ゆへ、城東吹田村朋友の宅、移居避暑候。然ル処、坂城ニ無レ拠用事出来、急に赴候処、途中値二風雨一冒レ険候、廿四日夜帰候処、其夜大熱、一身疼痛、頭脳最痛、廿五日終日、此間シヤクリ不止候終夜恍惚として起居致候。扨、……。

とある。医師宛の書簡だからか、竹田は己の病状を詳しく伝えているが、「移居避暑」していた「吹田村朋友の宅」が井内左門方だったのは言うまでもない。

竹田が亡くなってから二年ほど後、左門は、江戸の画人でしばし滞京の後に大坂に移住していた金子雪操（増山雪斎・釧雲泉に師事したと言う）を、吹田に呼び寄せて住まわせている。雪操は、文字通りに仮寓だった竹田とは違い、嘉永三、四年頃に大坂に再び出るまでの七、八年間、吹田に居住した（左門と雪操とは恐らく江戸で旧知の間柄だったのだろう）。なお嘉永元年のこと、大坂住の広瀬旭荘は、吹田村庄屋の招きで毎月講釈に訪れるが、その講席に毎回出席し旭荘の活動を支援したのが、この井内左門と金子雪操だった（拙稿「吹田と旭荘―『日間瑣事備忘』より」（『葭第八号』）。

(二)　『日歴』四月一一日の条に、次のような記事が見える。

竹中子来、午飱倶出、雨至、観二伏見町唐貨一、自二本願寺前一西折、観二瓢箪街妓院一、入二心斎橋安堂寺町宋栄堂書肆一、主人不在、踰二日本橋一飯二酒楼一而帰、与二竹中子一別。

左門が慊堂の所へやって来たが、今日は二人して町歩きである。ただ、慊堂の関心はどうやら心斎橋安堂寺町の書肆宋栄堂即ち秋田屋太右衛門方を訪ねることだったようで、これより先三月二九日の条に「秋田屋太右衛門　心斎橋通安堂寺町」と、秋太の居所がメモ風に記されている。残念ながらこの日彼は留守だった。この後の四月一七日の条に「秋田店にて日本紀・扶桑略記・元亨釈書を借る。」とあり、秋太行の用件は「日本紀」以下の書籍を借りることだったらしい。なお、これは「賃借」だろうか。先（114頁注②）にも、鷹見泉石が河茂から借りていた『薩摩風土記』を返却した記事を引いたが、これも賃借ではなかったか。書肆もひょっとして「貸本屋」のような営業をしていたのだろうか。

ところで、『日歴』中には、秋太と同じような書肆の名が散見し、六月七日の条に「市元範解有レ書書自二島町二丁目播磨屋九兵衛一達。」とある。市元某は不明だが江戸人か。その者の手紙が書肆播磨屋九兵衛（播九）方から届いたと言う。書肆が文人間の文通の中継地になっているのは珍しくはないが、播九と慊堂との関係は不明。また、七月一五日の条に「〇書。河内屋吉兵衛隠居〔川場《船場》唐物町中橋筋に居る〕、浅野弥兵衛、奈良屋長兵衛〔堺筋本町南入〕。」とある。どういうメモか、河吉や奈良長は勿論、「浅野弥兵衛」も「藤屋弥兵衛」の名でよく知られた書肆である。

㈢　六月一五日の条に、「出でて伴君を訪う。帰れば、山本善太〔伏見に居る〕・斎藤五郎〔江戸の人、いま梶木町に居る〕の二子、訪わる。」とある。「伴君」は伴直方。細かなことながら、『日歴』では「二子」は六月十三日の条に見え、そこに「山本善太　居二伏見堀千秋町中環宅一。」とあり「斎藤五郎　居二梶木町船場一」とある。『日暦』にある「山本善太〔伏見に居る〕」だけだとその居所は京の伏見かと思うが、実は大坂の伏見堀（京町堀）に居る者だった。のみならず、その彼が中環《なかたまき》方に寄宿していたのも注目される。実は『戊申日録』文政一一年時分の条に「山本善太阿波人」と見え、中環と同じく戊申門だった（中環に就いては後でも触れる）が、それ以外の情報は知らない。また、「斉藤五郎」は斎藤鑾江のこと。野田浦笛「撰」・篠崎小竹「表」の「墓碑銘」（『大阪訪碑録』）の冒頭部に、

先生諱象、字世教、通称五郎、姓斎藤氏、阿波徳島人、家世為商、……、先生初学於那波網川、年

甫二十五、奮以東征入国学、師事精里・侗庵二先生。

とあり、最後に「嘉永元年八月十三日病没、享年六十四。」とある。先に「斎藤五郎（江戸の人、いま梶木町に居る）」とあったが、どうやら彼は江戸人でなく徳島人で、初め那波魯堂養子網川に学び、後江戸に出て古賀精里とその子侗庵に就いたと言う（江戸に遊学していたので「江戸の人」と言ったのか）。いつ大坂で塾を開いたのか、文政六年版の『続浪華郷友録』には見えず（この後の天保八年版『続浪華郷友録』以下嘉永元年版『浪華当時人名録』までの人物誌には見える）、恐らく、すぐ後で見る甲柳庵と同じく文政一〇年頃か。ともあれ、慊堂は鑾江とは江戸で旧知の間柄だったに違いない。鑾江は先の善太と共に慊堂を訪ねているが、二人は同郷（阿波徳島）ということで行動を共にしていたのだろう。

㈣　前掲六月一五日の条の記事に続き、「甲柳庵｛江戸の人、いま府下の船場に居る｝もまた来る。」とある。『日歴』には、その彼に就き次のような小伝が載る。

甲柳庵　江戸市谷人、嘗居二下関一、十九年前見、今来居二府下船場淡路町中橋筋北入西側一。

柳庵は斎藤鑾江とは違って本当に江戸人だったらしく、慊堂は、彼が長門下関に居住していた一九年前に会ったことがあり、今はこの大坂に来て船場淡路町に住んでいると言う。なお、この文政一二年一八二九の「一九年前」とは文化八年一八一一のことで、慊堂はこの頃に下関で彼と会ったと言う。「松崎慊堂略年譜」（鈴木瑞枝『松崎慊堂　その生涯と彼をめぐる人びと』）の文化八年（四一才）の条に「林述斎の随員となり対馬へ行く。朝鮮通信使と会う。帰途熊本に寄り墓参り。掛川に帰る。」とあり、恐らくこの対馬への往途か帰途かに、慊堂は彼と下関で会ったのだろう。なお、柳庵に就いては『日暦』同二九日の条により詳しい伝が次のように見える（文中の｛　｝は原注、［　］は訳者（山田琢）注である）。

○甲柳庵／三世の医。石原良碩〔橘東仙院門下〕は四谷鮫橋に居り、御箪司町にうつる。子の柳庵十四歳にして父死し、年十五にて大坂に游び、十七にて江戸に帰り、二十一歳にて再び大坂に来る。二十八歳にて江戸に出て、長崎に游ぶこと四年、年三十一にて長州の下関に来ること一年、芸州の広島に游ぶこと一年、己未の年に家を下関に買い、始めて余と相見る。再び長崎に游び、再び萩城に游び、亥年〔文政十年〕大坂に来て居る。郷を去って二十五年、未だ帰らざるなり。かつて業を二洲〔尾藤〕に受け、また大槻玄沢に学ぶ。その江戸に在るや、太田玄沖と称す。その柳庵と称するは、西湖の柳を崎陽に得て、而して下関に住んでより始むるなり。

右に「己未」年に柳庵は下関に家を買って、その時に慊堂と会ったとあるが、それは先に確認したように文化八年のこと。文化八年は「辛未」年なので、これを「己未」（寛政一一年か安政六年）と書き誤ったのか（ちなみに『日歴』では同記事は七月二八日の条にみえるが、ここも「己未」とある）。長く下関に住んでいたからだろう、幸いなことに、彼は『増補近世防長人名辞典』に「石原柳庵」の名で掲出され、没年や享年も記され、次のように詳しい。

石原柳庵名は公寅字君亮、柳庵また看雲と号す。江戸の人通称は玄脩後に柳庵に改む。のちまた姓を甲と改め甲柳庵と称せり。初め江戸にて儒を尾藤二洲に医を大槻玄沢に学び、文化の初め長崎に遊び居ること数年、帰途下関に留りて医業を開く、柳庵好んで詩を作りまた篆刻を善くし、当時この地の広江殿峰父子と最も親交あり。既にして文政十年家を挙げて大阪に移りこの地に開業、天保四年九月八日没、年五十七。

父を早く亡くしたからか、江戸で漢学・蘭学の錚々たる師匠に就くも、早くから家を離れ、中国・西国の諸国を転々としている。大坂には何か縁があったか、三度も出入りしているが、慊堂来坂の二年前に大坂に移住して来て、在坂七年、五七才で亡くなったと言う。その「業績」としてどう言うものがあるのか知らないが、興味深い人物である。例えば六月二五日の条に「遂に柳庵に就き、ともに出でて天王寺屋平兵衛に入り、印材二顆を買って帰る。」と言う記事が見えるが、右小伝中の「柳庵好んで詩を作りまた篆刻を善くし、云々」が思い起こされる。また八月六日の条に「昨日尼崎又右は伊奈卿墓誌銅壺を転致す。柳庵来り、相対して打搨すること終日、僅かに二通を得たり。一通は柳庵持ち帰る。」とあり、金石墓誌類の拓本作りに精を出している。なお、「文政十年家を挙げて大阪に移りこの地に開業、云々」とあるが、当時の「大坂医師番付」には見えない。彼は江戸人だが、大坂で亡くなっている。来坂武士役人でもなく仮寓文人と呼ぶのが妥当か。こんな人物もまた、大坂文化界の住人の一人だった。

㈤　『日暦』には、当然のことながら、在坂儒者の名が何人か見える。例えば九月二二日の条に「晩、斎藤生の宅に赴き、山脇生と公事を議す。篠崎承弼（小竹）は酒を載せて来る。歓び甚だしく、遂に宿す。」とあり、斎藤鑾江（五郎）宅で小竹と会っている。ただ小竹の名はここが初出で、慊堂は半年近く在坂しながら、江戸へ帰る間際になってやっと彼と会っている。

一方、八月五日の条に「阿部縑洲は主公の図書記及びその刻するところの茶話を送り来る。……、茶話二冊を読みおわる。」とあり、同九月八日の条に「遂に縑洲阿部を訪い、飲を設く。八木兵太・兼康久太郎・藤沢健蔵、来集す。」[注①]とあり、「阿部縑洲」宅を訪うている。

縑洲は、文政六年版『浪華金襴集』の「計（け）」欄や同七年版『新刻浪華人物志』の［儒家］と［篆刻］の部や、天保八年版『続浪華郷友録』の［書家］と［篆刻］に掲出されている。『大阪人物誌』によれば、讃岐の人で大坂に出て西横堀敷津橋辺に住み、「篆刻を以て生業となし、云々」とある。その彼が、在坂中の慊堂とかなり親しく交わっていたのが注目される。

ところで、縑洲から「茶話」が送られてきたとあるが、これは『良山堂茶話』のこと。大阪府立中之島図書館蔵板本によれば、その初編（一冊）はその表紙に「文政甲申（七年）歳新刊」とあり、二編（一冊）のそれには「文政戊子（一一年）新刊」とある。慊堂は「茶話二冊」と言うので、これは明らかに初編一冊と板行したての二編一冊とを指すだろう。

本書成立の由来の記された序文によれば、縑洲は「毎月初五」に「社友同朋」に集まって貰って茶会を開いていたと言う。この茶会は江戸の眈奇会や京の以文会と同じような会で、その序文（原漢文）に、

新を摽《さぐ》り異を領し喜ぶべき愕《おどろ》くべき者有れば、必ず之を収拾・存録し、其の齎《もた》らし携へて至る所は、佳什妙篇・希書僻帙《へきちつ》・珍品異物、夫の古今墨蹟・著作とに至るまで、亦《ま》た必ず之を写して登せ、其の要を提《かか》げ、其の目を挙ぐ。一歳の積む所、終に以て巻を為す。

とある。何かおもしろそうだが、ひょっとして眈奇会の『眈奇漫録』のようなものを別に作っていたのだろうか。とにかくこの『良山堂茶話』は、縑洲主催の茶会で話題になったもの（のいくつか）をまとめたものらしく、慊堂は、送られて来たその二冊（両編）を読み終えたと言う。ここには引かないが、中には江戸の儒者・漢詩人も話題になっていて、慊堂も楽しんで読んだのだろう。

ところで、「二編」には鶴峰戊申説（文政三年春に成った『襲国偽僭考』の説）に言及された件があり、慊堂はここには恐らく目を留めたに違いない。『日暦』五月十日の条に、日記記事の後に備忘記事が数多く並ぶが、その中に戊申がなぜか「儒家」として次のように見えるからである。注②

鶴峯彦一郎。儒家、以西洋学講神代事、名戊申、豊後の烏四鶏《スキ》（臼杵）。

「西洋学を以て神代の事を講ず」とあるのも面白い。慊堂は戊申と直接会ったのか、『日歴』には見

えない。伴直方を通してその名を知った可能性がある。と言うのも『戊申日録』の「文政八年時分」とある件に[注③]「伴藤五郎大伴直方／御具足奉行」とあり、直方は戊申の講席には連なっていたからである。

注①＝『大阪人物誌』によれば、「八木兵太」は八木巽処、阿波人、木村巽斎〈蒹葭堂〉門、天保七年没、六六才。「兼康久太郎」は兼康百済で、大坂人、没年不明、篠崎三島門。共に文政七年版『新刻浪華人物志』［儒家］部に見ゆ（巽処は［画］部にも）。「藤沢健蔵」は藤沢東畡のことか。もしそうなら、讃岐人、元治元年没、七一才。なお「（東畡は）文政七年故郷を辞して大阪に出で、平野町や天王寺に仮寓して学徒に業を授け、云々」（石浜純太郎『浪華儒林伝』）とあり、彼はこの頃来坂したらしく、右の人物志には見えない。但し、天保八年版『続浪華郷友録』以下の［儒家］部には見える。

注②＝この後に、戊申の「人に示す」と題された、次のような「詩」が写されている。この「人」は慊堂のことなのかどうか、とにかくよく分からない「詩」ではあるが。

鶴姓の漁夫にて名は戊申、生来すなわちこれ海西の人、烟波の裏面に吾が家は在り、不向侯家に向って侍臣とならず。」人に示す［詩一首］。

注③＝『戊申日録』の「文化一四年時分ヨリ文政中於大坂所々束脩人」の条に、二百人近くもの名が並び、その中の「文政八年時分」に直方の名が見える。なお、戊申と直方とのことは、後（274頁）でも触れる。

㈥　戊申の『海西漫録』の「武王上表」の条に、自著『襲国偽僭考』に触れて、戊申は次のように言う。

宋書に載る所の、倭の武王の上表（倭王武の上表文）は、けだし偽僭襲人（倭人を偽僭した熊襲）の作れる所也。その我朝を蔑にして、外を慕ふ意まことに悪むべしといへども、此文章は上宮太子の憲法に先だつ事、二百二十八年のむかしに書る所也。そのかみ我大八州のうちにして、かゝる漢風の文章有りて、今に伝はれる事奇也といはざるべけんや。これをもても、九州の地方にはやくより漢風の盛なりし事を推べし。近年出板せる柳菴随筆などに、我国上代の文章は、上宮太子の憲法より古きは無しといへるは、此等の事を知ざる故也。此説既に浪華の友人の、良山堂茶話といふもの中に、戊申が説とて載出せり。なほくはしくは襲国偽僭考にあげつらへり。偽僭考には、綾瀬先生ために序を作り、浪華の書林山本春樹上木を謀ていまだはたさず、(下略)。

少し分かりにくいが、「近年出板せる柳菴随筆」とは栗原信充『柳菴随筆初編』(序・跋日付は「文政二年首夏」、『日本随筆大成第二期17』所収)のことで、その第二条目に「文章の奇古典雅なるは、憲法の右にいづるものあるべからず。(中略)、さては上宮太子は、文字の大祖先とは申奉るべき。」とあり、戊申が「柳菴随筆などに、我国上代の文章は、上宮太子の憲法より古きは無しといへるは、此等の事を知ざる故也」と難じたのは、この文章を承けてのことか。なお、詳しいことは『襲国偽僭考』(邪馬台国を大隅国に比定し熊襲が偽僭した国だとの論)を見よと案内しているが、本書は大坂書肆塩屋長兵衛(山本春樹)方で板行が予定されているがまだ出ないとある(これ以後も板行されることはなかったが)。ところで、右に「(このことは)浪華の友人の良山堂茶話といふもの中に戊申が説とて載出せり」と見えるのが注目される。「浪華の友人」は阿部縑洲、「良山堂茶話」は『良山堂茶話二編』を指し、事実、その中に、

鶴峯皐屋云。頃ゴロ某氏ノ随筆ヲ覧ルニ、吾邦古文ノ伝ヘテ今世ニ存スルモノハ、上宮太子ノ憲法最モ前ナリと云。是未ダ深ク考ヘザルナリ。ソノ已前、襲王武ガ宋ニ遣ス上表アリテ、其文魏志ニ載セタリ。

とある。「某氏ノ随筆」は前掲『柳菴随筆』のこと。この条の最後に「余、今倭ヲ以テ之ヲ襲ニ帰ス。私カニ以テ暁然トス。【皐屋、名ハ戊申。豊後人。】」と見え、縑洲は、「倭」は「熊襲」の「偽僭」と

言う戊申説に接し、これまで不分明だったことが「暁然」となったと、戊申説を顕彰しているのである。その議論の当否はここでは問わない。当時の大坂「論壇」では何が話題になっていたのかが、少なくともその一つがこれによって知られる。帰府後の慊堂も大坂みやげとして、周りの友人たちにも披露・吹聴したかも知れない。「文化」の伝播とは、例えばこんな風なものではないか。なお。『襲国偽僭考』に就いては、この後（288～289頁）でも触れる。

Ⅲ　大坂銅座をめぐる人たち

大坂過書町（現中央区北浜）にあった銅座は、多くの役所（幕府出先機関）の中ではごく小さなものだが、来坂武士役人の拠点の一つでもあった。その役人構成も特異で、在坂文人の交流の観点からも注目される。先にも触れたように、上田秋成は大番与力として来坂した江戸の御家人加藤宇万伎に就いて国学を学んだ。江戸に出たことのない秋成だが、江戸人と言えばその宇万伎以外に、もう一人の御家人大田南畝との親交もよく知られている。その詳細には触れないが、その両者親交のきっかけは、幕府勘定方に勤める御家人の南畝が、享和元年三月にその大坂銅座勤務を命ぜられ来坂したことだった。すでに京住だった秋成だが、この頃はたまたま在坂していて、両者はその六月に大坂で会って、以後親交を深めたのである。

(1)　大坂銅座・俵物方

永積洋子「大坂銅座」（『日本産業史大系6近畿地方篇』）に就けば、大坂銅座は元禄一四年一七〇一に「銅の集荷・鋳造・輸出に関する一切の業務を管理」するために設けらた、その後二度改廃され、明和三年一七六六に設けられた三度目で最後の銅座が明治元年まで続き、次のような体制のもとに運営されていた。

明和の銅座は、大坂町奉行・勘定奉行・長崎奉行という三奉行の管轄下におかれた。江戸からは銅座付の役人として御勘定方と御普請役が一人ずつ、長崎からは詰合吟味役・請払役が毎年大坂銅座に詰めることになった。さらに大坂の町（奉行）からは与力二人・同心二人が銅座の役人に任命され、それぞれ一ヵ月交代で、銅座の事務を担当することになった。

なお、大坂町奉行の『手鑑』（文政十二年及び天保三年頃の調査になるもの―大阪市史編纂所編『手鑑・手鑑拾遺』所収）の「〇銅座之事」の条に次のようにある。

一、明和三戌年六月、過書町ニ有之、長崎奉行・御勘定奉行支配之長崎銅会所相止、銅座ニ被二仰付一、諸山銅、銅座江御買上、銅座ゟ売出候付、右座為二取締一、江戸表ゟ御勘定方両人・御普請役弐人、年々交代、銅座江被二差越一、（中略）。但右銅座、寛政九巳年五月ゟ御勘定奉行・長崎奉行・大坂町奉行三支配ニ相成候事。

一、銅座掛り与力・同心共、俵物方兼勤、銅座詰支配・勘定御普請役同様、文化七年四月ゟ相勤候事。

この前半は、先に引いた永積論文に見えるのとほぼ同様の内容だが、銅座役人が兼務するという後半の「俵物方」について補足すると、これまでの大量輸出のため払底して来た銅を補うため、対外貿易用としての俵物（煎海鼠・干鮑など海産物）を独占的に扱うための部局で、銅座改編に併せて設けられていた。その会所（俵物会所）は、過書町にあった銅座から東三丁ほどの北浜三丁目にあった。

この役所は人数は少ないが、江戸からの四人と長崎からの二人と大坂からの四人から成ると言う混合部隊であり、江戸と長崎からの者は一年交替で大坂の者は一ヶ月交替ということも含めて、随分変わった組織である。その役人達たちの出自のため当然だろうが、大坂町奉行・勘定奉行・長崎奉行の三奉行の管轄下に置かれるという、きわめてユニークな役所だった。

(2)　『小竹門人帳』の銅座役人

大坂銅座には、江戸からと長崎（の銅会所）から役人がやって来る。江戸幕府（勘定奉行配下）の役人の在坂中の活動は、大田南畝の記したもの以外にその資料は見ないが、長崎会所からやって来た者に就いては、いずれも間接的な資料だが、いくつか残っている。

(一)　その一つは、前掲『小竹門人帳』で、その文化一三年の条に「近藤半五郎　長崎人　銅座吏　春田尚平介」[注①]と見える。近藤半五郎は近藤光輔（天保一二年没、六二才）のこと。彼の名は、入門日付「八月廿日」の備前人石谷梶太郎と同「閏八月九日」の本庄式部侯臣（美濃高富藩）大中喜間太[注②]との間に見えるので、入門は文化一三年八月末頃だろうか（光輔三六才）。後の(3)でも触れる如く、彼の天保九年から翌一一年の大坂銅座勤務は比較的知られているが、それより二十余年も前に銅座に来ていたのだった。先に見た如く、長崎から「詰合吟味役・請払役」の二人が毎年大坂銅座に詰めることになっているが、光輔はその請払役として来坂したらしく、岡中正行「長崎の鈴門―歌人近藤光輔を中心に―」[注③]に、次のようにある。

光輔は代々長崎会所の役人の家柄に生まれたが、その職は請払役であった。請払役は、荷物の請込み、金銭の出納、値組等に当たる長崎会所の中心的な事務役員で、十二名がこれにあたった。

ところで、光輔は、同論文中でも指摘されているように、二〇才の寛政一二年に宣長に入門しているが、これも大坂銅座勤務と連動したていたかも知れない。さらに、同論文に光輔の家集『夜雨庵集』冒頭の中島広足序が引かれているが、そこに「いとわかゝりし時は鈴屋大人にことゝひ、後には（加藤）《ママ》千蔭翁、（本居）《ママ》大平翁などにも見せて、（中略）、よはひの末には（香川）《ママ》景樹翁にもふみかよはしてよしあしのさだめをこはれけり。」とあり、彼はいろいろな師に就いていて、宣長没後には江戸の千蔭にも就いたと言う。千蔭は文化六年に亡くなるので入門はその前だが、恐らく文化改元前後だろう。注④同じく、宣長没後には大平にも添削を乞うている。「私義も二月二十八日大坂出立、三月十四日無滞帰郷仕候。」と認められた年次不明本居大平宛光輔書簡が同上論文に引かれていて、そのきっかけが大坂銅座勤務と連動していたことは明らかである。さらに「よはひの末」即ち晩年には、景樹にも就いたと言う。兼清正徳『香川景樹』によれば、光輔は文政年間に香川景樹に入門していると言う。

　江戸の千蔭入門は別にして、その他の入門は、銅座詰めのための上坂と密接に関係していたと想像される。本項冒頭に見たように、小竹への入門がまさにそうでだったが、しかし、早くから宣長や千蔭に就き、後には景樹にも就いたと言う光輔が、小竹にも入門していたと言うのには、改めて注目される。和歌国学を好みその道を究めたとしても、それはあくまでも「余技」であり、幕府の役所に勤める者としは漢学・漢文の読み書きは必要とされただろう。長崎の地でも漢学は学んでいて、小竹への入門は銅座勤めの合間を縫ってのその再履修だったかも知れない。なお、この後で詳しく見るように、天保九年の長崎からの上坂時は小竹とではなく、同じ年に同じ九州（豊後日田）から大坂に移住して来ていた広瀬旭荘らと、彼は親交を結んでいる。光輔に就いては、なおこの後の(3)で取り上げる。

注①＝紹介者の「春田尚平」は春田横塘（文政一一年没、六一才）の名で知られる儒者で、文化一〇年前後の成立かと推測される「浪華人物録の［儒家部］に、「江戸堀 篠崎長左衛門（小竹）」の名と共に「土佐堀二丁目 春田尚平」と掲出され、文政七年版『新刻浪華人物誌』の［儒家］部には春田横塘名で掲出され「名走字有則／伏見町界筋 春田尚平」と見える。泉州岸和田出身という横塘と光輔との関係は不明。

注②＝「本庄式部侯」は美濃高富藩一万石藩主本庄道昌のこと。文化三年～文政元年まで玉造口大坂定番の任にあった。「大中喜間太」は藩主に従って大坂に来ていて、小竹に入門したのである。

注③＝『帝京大学文学部紀要〈国語国文学〉』第一六号。但し、光輔は文政六年に請払役になっていてそれ以前は厳密には請払役助だったようだ。

注④＝大田南畝に長崎出役を終え江戸へ帰るまでの文化二年の日記『小春紀行』（『大田南畝全集第九巻』）があり、その冒頭部を摘記すると次のようである。

文化二のとし神無月十日、卯の時すぐる頃、長崎を出て、あづまに帰る。（中略）、人家あり。矢上の宿なり。こゝにて昼餉あさる。けふ府尹を此処まで送り来りしもの〻中に、朝夕したしかりし者来りつどふ。（中略）、会所より来れるもの多き中に、近藤光輔□五郎は橘千蔭翁の門人にして、和文和歌をもたし□《（め）》るものなれば、その学を遂ん事をすゝめて手をわかつ。

即ち、江戸へ帰る時に見送ってくれた多くの会所の者の中に光輔がいた、その光輔は千蔭の門人で和歌和文をも嗜める者なので、別れる際にその方面の学を究めることを勧めた、と言う。ともあれ、この文化二年一〇月の時点で千蔭門とあるから、光輔は勿論それまでに入門していた。入門紹介者はひょっとして南畝か。あるいは、江戸から出役として長崎にやって来ていた南畝の前任者の誰かであろう。

㈡　銅座役人やその子弟の小竹塾（梅花社）入門者は数は少ないが（そもそも役人の数も少ないが）、『小竹門人帳』の文化一四年の条にも「三原敬之助 長崎近藤半五郎姪《おい》 二月十二日」と見える。光輔の姪（甥）ということで、紹介者は光輔で居所（勤務先）も当然銅座だろう。敬之助は光輔と一緒に大坂に来ていたか、光輔を頼って後から大坂に来たのか、いずれにしろ、銅座が長崎と大阪とを結ぶ大きな拠点の一つになっていたのは確かだろう。

光輔の甥の入門からほぼ十年後の、文政九年の条に「村田賀十郎 銅座 岩城清五郎介／五月廿二日」と見え、さらにまた十年後の天保七年の条に「永井朔之助 保三郎子 銅座書吏」と銅座の書記をしていたらしい者も見え、続いて翌天保八年の条に「田中益之輔 銅座役人 正月 橋本半介介」とある。そして、『小竹門人帳』では最後になる天保一三年の条に「為川住之助 銅座役人 八月十八日」・「同 辰之助 住之助弟 同」と役人兄弟の入門者の名が見える。とにかく、ぽつりぽつりとではあるが、二十数年間に亘って、銅座関係者の入門者が続いていた。全て長崎からの役人と思われるが、彼ら一人一人に就いてはよく分かっていない。ちなみに、天保八年の条の「橋本半介介」の「介」は「紹介」の意。紹介者の「橋本半介」は、篠門四天王の一人と言われる橋本香坡のこと。彼に就いては後でも見るが、彼は小竹門の銅座役人とも親しく交わり、新しく長崎から来た銅座役人に小竹入門を勧めていたらしい。

『小竹門人帳』に「銅座」と付記された銅座役人はさしあたり右の通り。ただ、「銅座」とは付記されず従ってその役人ではない者でも、同郷（近隣）の誼ということでか、長崎からの銅座役人と親しくしている者がいる。例えば、同上天保七年の条に「桑原順蔵　三月十五日／天草人 前川文蔵介」と見える、桑原順蔵がそうである。彼は咸宜園出身者でもあったか旭荘とも親しく、『日間瑣事』の天保八年や九年の記事中に、その号の「鳳斎」名でしばしば見えている。ところで、順蔵即ち鳳斎は、「天草人」と付記されているだけで具体的にどう言う人物か分からない。ただ、幕府領の天草には長崎と連動した対外貿易に関わる会所があり、例えば大田南畝『おしてるの記』（『大田南畝全集第一七巻』）享和元年三月一四日の条に「長崎詰人見藤左衛門、御普請役小島常五郎、天草詰斎藤勝五郎、今朝出立。」とあり、同じく『長崎表御用会計私記』(同上) 文化元年一一月八日の条に「天草詰大河内久兵衛、昨夜五ツ時比到着。麻上下ニ而出勤。」とある。鳳斎はあるいはその天草会所ゆかりの者であったのかも知れない。

なお、鳳斎を紹介した「前川文蔵」だが、彼は阿波の人で文政六年の小竹門。天保六年に長崎に留学し一旦大坂に戻るも、天保九年頃再び長崎に赴いて天保一三年頃まで塾を開いていた (この後、阿波藩から儒者として招聘される)。当然、長崎の者たちとは親しく、長崎と大坂 (の銅座・俵物会所、あるいは梅花社など) とを結ぶ当時のキーマンの一人だった (前川文蔵に就いては『葭第28号』でやや詳しく触れている)。

(3)　近藤光輔のこと

光輔に就いては既に(2)の㈠で触れていて、文化一三年時の大坂銅座勤務にも言及したが、岡中前掲論文も指摘しているように、光輔は天保九年三月から天保一一年三月頃まで、大坂銅座勤務に就いている。彼のこの間の消息は、『芳樹日記』などいくつか資料があるので、以下、この時の彼の交友等を見てみる。

㈠　今回の銅座勤務の上坂の途次、光輔は周防三田尻の近藤芳樹方に立ち寄っていた。そのことが『芳樹日記』天保九年三月一〇日の条に次のように見えている。光輔は芳樹には大坂銅座は来年 (天保一〇年) までの勤務だと話したようだが、実際は二年後の天保一一年まで在坂した。

長崎近藤半五郎光輔、銅座御用トシテ上坂ノ序ニ篳門《ひつもん》(茅屋=拙宅) ヲ訪フ。余オクリテ宮市ニ至リ、藤村屋ニテ終夜閑談。(中略)。彼者、来年マデハ大阪過書町銅坐役処ニ住居ストナリ。

なお、その芳樹は翌天保一〇年二月二九日に上坂し (そして翌一一年一〇月まで在坂)、その三日後に銅座に光輔を訪ねていて、前掲「日記」天保一〇年三月二日の条に次のようにある。

過書町銅座ニ近藤半五郎ヲ訪フ。上京ノ留守也。ソレヨリ斉藤町篠崎長左ヱ門ヲ訪フ。

光輔はこの時は上京中で会えなかったと言う。芳樹はこの後、篠崎小竹を訪ねている。『小竹門人帳』に芳樹の名は見えないが、文政六年に上坂して村田春門に就いた時、芳樹は実は小竹にも就いて漢学を習っていて、文政七年正月一一日付周防の上田堂山父子宛書簡（『芳樹書簡』）に、「国学の何のかのと力見候而も、小生ハ元来漢学ニうとく候故、只今ハ篠崎氏へも参り申候。」とある。従って、その後も上坂（上京）の折には小竹方を訪ねていた。なお、芳樹はこれより先天保八年七月に河内屋儀助（売弘所）から『古風三体考』を板行するが、小竹はこれに「題古風三体考」と言う漢文序を寄せている。

(二)　『日間瑣事』天保九年五月一三日の条に「鳳斎、率長崎人近藤半五郎、来見。」という記事が見える。「鳳斎」は先に見た桑原鳳斎のことで、天草人として長崎からの銅座・俵物役人とは親しくしていた。今回も、上坂して二ヶ月足らずの光輔を旭荘の所に連れて来たのである。少し気になるのは二十余年前に入門した小竹との関係で、光輔がその小竹方を訪問したかどうか、『交友郷里姓名』に彼の名は見えない。但し、その天保九年の閏四月二二日と五月一六日の記事との間に「長崎　柘（ママ）　栄之助　近藤半五郎侄（甥）」と言う記事が見え、光輔の甥という長崎の「栄之助」が小竹を訪ねている。ひょっとしてこの時光輔も一緒だったかも知れない。小竹は栄之助の姓（の表記）が分からなかったのか、「柘（ママ）　」とあるだけだが、ここは「柘植《つげ》」である。と言うのも、『日間瑣事』天保九年五月二三日の条に、井上司馬助（鶴洲—易学家）が旭荘らを招いて雅会を開いた際、「信之助」をも人を遣って呼ぶと、彼は鳳斎以下三人を連れてやって来たと次のようにあり、そこに「柘植栄之助」の名が見える（「信之助」は間瀬信之助で、次の(4)で少し触れる）。

又、使人招信之助、信之助携鳳斎・橋本半助及長崎人柘植栄之助至。

その翌日の条にも「柘植栄之助来訪、請此後聴講。」と見える。栄之助は小竹方には挨拶に行っただけで入門はせず、右に「此の後聴講せんことを請う」とあるように、旭荘の講席には出たらしい。前日の雅会で旭荘と言う人を知ったからだろうが、長崎から来た銅座役人たちのグループ、いわば大坂に於ける長崎閥の面々と旭荘とが、同じ九州人と言うことで親しくしていたことも大きかったに違いない。

なお、栄之助は永之助とも書かれ、また、天保一〇年元日の条に「春田【旧称柘植永之助】」とあるように、「春田」とも呼ばれたが、天保一〇年四月一一日の条に「春田来告将帰郷。」—つまりその春田が長崎に帰ることになったと伝えに来たとあり、さらに同一五日の条に「春田来別、裁寄前川文蔵柬託之。」とあるように長崎に帰る春田に、旭荘は前川文蔵宛の手紙を託している。彼の銅座俵物会所詰めは一年余りで、これが普通なのだろう。先にも見たように、光輔も芳樹に一年後には帰国すると伝えていたのだった（それが事情で二年に延長された）。

(三)　先に見たように、芳樹は光輔を天保一〇年三月二日に訪ねたが留守で会えなかった。彼の名は一年近く後の翌一一年二月二日の条に「近藤光輔来ル。筆ヲ持テ来タリ。」とあるまで見えない。この間接触はあっただろうが、とにかく共に和歌国学を嗜む者としてはやや不自然である。芳樹の方はともかくも、光輔の方が芳樹をよく思っていなかったようで、それも原因の一つにあったのだろう。即ち、天保一一年二月晦日付中島広足宛書簡（『名家書翰集抄』）に次のような件が見える（ルビは引用者）

近来、芳樹出坂。店を張り愚人をあつめ〔○偉大ナル鼻ノ絵アリ。今略ス〕ケ様ナ躰《かようなてい》にて商売致し居り候。先日納涼記といふもの十枚斗《ばかり》出板にも可致《いたすべき》気色にて、拝見候故二三難を申候所、やめに成

> 候やうに候。君の文章などにくらべては月とスッポンのごとし。（中略）、芳樹はあまり高慢ナ人にて、近藤翁 芳樹 などと書ク人故つらがにくゝ御座候。其くせ歌は下手歟《か》。文は力自慢にて源氏うまく手に不入、今五六年都の風にふかれねば三田尻の臭気去がたかるべし。穴賢《あなかしこ》人になにほ《匂》はせ給ひそ。

右に話題にされている「納涼記」は未詳だが、芳樹は歌も文章も上手くないのに師匠然として高慢に振る舞っている、少なくとも光輔にはそう見えたのだろう、かなり激しく芳樹を難じている。尤もこの一〇日ほど後、光輔はその芳樹らも参加した歌会に出ている。即ち、『芳樹日記』天保一一年三月九日の条に次のように見える。

> 森熊夫亭会。（高橋）残夢・（加納）諸平・光輔・余（芳樹）・亭主・女房（亭主妻）、以上六人也。

紀伊出身大坂在住の医師森熊夫は、文政六年入門の本居大平門であり、文政一三年入門の景樹門でもあると言うことで、歌会メンバーもそれに見合っている。前掲日記を見ていると、芳樹は熊夫とは（同じ大平門でもあり）親しく行き来していて、彼の名が熊夫宅での歌会に見えるのは異としない。高橋残夢（正澄）も見えるが、彼は在坂の桂園派歌人として熊谷直好と共に知られている（直好がここに見えてもおかしくないが彼の居所が大坂南郊天王寺でちょっと遠いからか）。光輔もまた鈴門であると共に、先述の如く文政年間に景樹に入門したと言われている。若山の諸平も見えている。摂津伊丹への途次で大坂に滞在していた折のことで、彼は大平門（文政二年入門）として熊夫とも芳樹とも親しくしていた。ちなみに、伊勢松坂の殿村篠斎に宛てた天保一一年六月九日付書簡（内田旭「加納諸平書簡集抄」『内田旭著作集三』）で、諸平は光輔と歌会で一緒だったことを次のように伝えている。

> さるハ、瘧《おこり》後、専、鰒玉集四編輯録ニ而、両人計手伝致させ、二月中旬相済候ニ付、同月廿八日、

長沢伴雄同道ニ而発杖、泉州堺ニ而同人ニわかれ、彼人は直に上京、小弟は堺・大坂・伊丹と遊歴して、（中略）、さて大坂ニ而、田中（近藤）芳樹・森三折、長田鶴夫・高橋残夢景樹門人、さてハ、長崎之近藤光輔等と一会致し、同所にも五六日ありて、（下略）。

右に話題にされている『鰒玉集四編』は翌十二年一月に板行されている。ちなみに、この四編には光輔は八首採られているが、これまでは初編（文政一一年一月）はたったの一首だが、二編（天保四年一〇月）は急増して五〇首、三編（天保七年三月）は二五首だった（同じ長崎の中島広足は初編には見えないが、二編二五首、三編七二首、四編三八首見える）。なお、「桂園入門名簿」（『国学者伝記集成第二巻』）の天保二年の条に光輔の甥栄之助が蔭夏の名で見える。この時彼は大坂銅座詰めだった可能性があり、この時光輔も一緒に上坂していたのなら、諸平との接触も考えられ、それが天保四年に板行された二編への大量入集と連動していたように想像される（広足も二編から見えるのはその時に光輔に勧められたのではないか）。

なお、光輔は四月半ばに船で大坂を立ち、五月初め（「節句頃」）に帰国を予定していたようで、前掲広足宛書簡の別の件で、彼は次のように言っている。

（上略）、無程帰郷、万々可申上候。う月一日頃出京、十五六日比乗船、節句頃帰り可申候。景樹けしからぬ気のつよき人にて、壮健にはなけれど、ねばりづよく取罷在候。今三四年矢張此通なるべし、どふで（どうしても）親玉大のことおほく御座候。是又拝面と申上残候。

ところで、彼は大坂を立つ前に上京を予定している。これは、右に景樹に言及されているので、恐らくその景樹に会うため（帰郷の挨拶のため）ではなかったか。そうすると、先に上坂したばかりの芳樹が光輔を訪ねた時、彼は上京していて留守だったが、この時も景樹に会うためだったかも知れない。それにしても景樹はおもろく、最後まで「親玉」然としていたらしい。中村幸彦「景樹と子規」（『近世文芸思潮攷』）は、その冒頭で、子規が「歌話」などで景樹を罵倒している件を引き、次のようなコメントを付している。光輔はさしずめ、その中に見える井上通泰のように、景樹に対していたのかも知れない。

　景樹が尊大剛腹で、当時から天狗とあざ名され、策略をも敢えて辞せずして歌壇的勢力をのばして、老狐と評された人柄を、その悪罵の一理由とする。恐らく最も景樹について詳しい知識の持主であり、自らも終生桂園風の和歌をよくした井上通泰ですら才人とは評するけれども、善人・偉人などと云わなかった点から見ても、問題のある人物であったことは事実である。しかし、人と文学との間には自ら別のものがあろう。（下略）。

(4) 間瀬信之助

間瀬信之助は大坂銅座と直接関わる者ではないが、小竹門で銅座役人とも親交のあった来坂武士である。ただ、その「在坂（仮寓）」の事情がよく分からず、そんな来坂武士もいたと言う例として取り上げる。

(一) 彼は旭荘と親しくその『日間瑣事』に早くから何度も見え、例えば天保八年八月一九日の条にも、

　訪禎助・文蔵、遂與文蔵、訪間瀬信之助於中島、不在。又訪安藤太郎、不在。訪小竹、談話移時。信之助使人招。乃往、供酒。鍛工種直《ママ》（直胤）者・小竹門人橋本半助者同席。亥下牌辞帰。鳳斎氏・信之助亦小竹門人也。是日鳳斎従。

　［大意］長崎会所から大坂銅座に来て居た春禎助（老谷とも言う―咸宜園出身）と小竹門人で長崎にも遊学していた前川文蔵とを（俵物会所に）訪ね、次いでその文蔵も一緒に中之島の間瀬信之助を訪ねたが留守だった、次いで安藤太郎（秋里―小竹門人）を訪ねたが彼もまた不在だった。小竹を訪ねて談話に時を移していると、

（先に留守だった）信之助が人を寄越して招いたので、すぐに赴くと酒が出た、刀工の直胤なる者や小竹門人の橋本半助（香坡）も一緒だった。午後一一時頃に辞した。桑原鳳斎氏も間瀬信之助も橋本半助同様にまた小竹門人である。この日は鳳斎が私に同行した。

と見える。銅座役人たちと小竹門人たちとの親交の様子が伺えるが、その中に中之島に住む小竹門の信之助がいる。いま『小竹門人帳』を徴するに、その文政六年の条に「間瀬雄之助　藤八郎子　戸田日向侯藩士／正月十八日　山家屋芳兵衛介」と「間瀬雄之助」の名が見えるが、彼が「信之助」（「雄之助」は信之助の初名ヵ）だろう。「戸田日向侯藩士」の間瀬藤八郎の子とある。「戸田日向守」は宇都宮藩主戸田日向守忠延（寛政二年―文政六年）のこと、即ち、宇都宮藩士の父の大坂（藩邸？）赴任に従って大坂に来て、この時何才か、小竹に入門したと言うことなのだろう。但し、独立した宇都宮藩蔵屋敷は中之島にはなく（大坂の他の場所にもなく）、「訪二間瀬信之助於中島一」とある記事が分かりにくい。

㈡　大坂谷町代官竹垣直道の日記『竹垣直道日記』弘化三年五月二三日の条に、次のような記事がある。

昼食後、坂（本）《ママ》入来、八ッ時過設楽も入来、一同談話、八ッ半時比ゟ両氏同行中ノ嶋大江はし秋元蔵屋敷内戸田山城守殿家（来）《ママ》間瀬信之助方江罷越逢、鍛冶直胤初而逢、刀剱地鉄金鉄調和之法一覧、夕刻相済、信之助宅ニ而酒飯出し馳走ニ成り、自分者先江退散、六ッ半時比帰宅。

［大意］昼食後、玉造与力坂本鉉之助がやって来た、午後二時頃、大坂鈴木町代官設楽八三郎能潜もやって来た、しばらく話した後、午後三時頃、二人と一緒に、中之島大江橋畔の「秋元蔵屋敷」内の戸田山城守家来間瀬信之助宅を訪ね、そこで鍛冶（刀工）荘司直胤に初めて会い、「刀剱地鉄金鉄調和之法」の一覧を夕刻に終え、その後信之助宅でご馳走になり、自分だけ一人先に出て、午後七時頃帰宅した。

ここでは信之助は「戸田山城守殿家来」とある。戸田山城守は先代戸田日向守を嗣いだ宇都宮藩主戸田忠温で前年から老中の要職に就いている。ところが、その信之助の居所が中之島の「秋元蔵屋敷」内となっている。秋元氏は上野館林藩主秋元志朝のことで、従って「秋元蔵屋敷」は館林藩大坂蔵屋敷というこ とになるが、実は秋元氏はこの前年一一月末までは出羽山形藩主だった、従ってこれまでは山形藩蔵屋敷と呼ばれていた。問題は信之助がなぜその秋元蔵屋敷内に居住していたのかと言うことである。

(三)　『宇都宮市史第六巻』に「戸田氏と秋元氏の関係は、忠余の祖父戸田忠昌が正保元年（一六四四）秋元但馬守富朝の女を室に迎えたときから、親戚の交誼があった。」(64頁)、そして両家に男子なきときその長男を養子とする約束をして、それ以後実行に移されたようで、「これにより戸田・秋元の両家はいよいよ深く結ばれ、藩士たちも互いに親交を深め、明治戊申の役には、宇都宮城を退去した戸田家は館林の秋元家を頼って再起することになったのである。」(同上)ともある。さらに、寛政一〇年一〇月には戸田氏側から「かねて先祖忠昌時代から特別の間柄であった秋元家との交誼を末永く保つことを念じ」て、秋元氏側に〈覚書〉を進呈し、これに対して秋元侯の家老が使者として戸田家を訪問し「旧例を永々変ることなく相守る」旨を申伝え、両家の結合がより濃くなったと言う(81頁〜83頁)。

詳細はなお不明ながら、どうやら秋元蔵屋敷に宇都宮藩士が住むこともあり得るらしいことが、右に見える両藩の「親交」の事実から推測はされる。ところで、戸田氏側のその〈覚書〉には重臣の名が十数名連署されているが、その筆頭には(家老の戸田彦右衛門らより先に)「能登守(戸田忠翰)御使　間瀬新兵衛」とあり、間瀬氏の名が見えている。さらに「戸田藩家臣とその俸禄」の項(114頁)に、(元治二(慶応元)年の「宇都宮藩大小給人高御扶持大凡調」によると)宇都宮藩戸田家の藩士は一〇七〇人前後とみられる。この内、大給の二二四人は、田原時代から京都在住のころまでに、随時新規採用となって仕官した家臣の子孫である。いわゆる譜代の藩臣である。その最高が間瀬万之助の高一〇〇〇石、次が戸田小膳の高六五〇石、（下略）。

とあり、どうやら間瀬氏は宇都宮藩士のトップらしい。大坂秋元蔵屋敷に住む間瀬信之助と本藩の間瀬氏との関係は不詳だが、戸田宇都宮藩の中で最有力の間瀬氏一族の者かも知れない。宇都宮藩士としての彼が大坂でどう言う任務を帯び何をしていたのか分からない。『日間瑣事』に見える彼は極めて社交的で、大藩の留守居のようでもあるが、仕事をしている風にも見えないのでどこか大店の隠居のようでもあり、とにかく文人たちを邸宅に招いて酒を出したり、かなり余裕のある暮らしぶりである。

もう一つ付記すべきことがある。大坂の中之島の蔵屋敷群の中で、山形藩蔵屋敷より西に（まさに大江橋畔に）島原藩蔵屋敷がある。戸田氏は、実は延享四年一七四七から安永三年一七七四までは島原藩主だった。つまり、この島原藩蔵屋敷はかつては戸田蔵屋敷でもあったのだ。とすると、戸田侯家臣間瀬氏と島原藩蔵屋敷との縁も考えられぬこともない。大坂銅座の長崎会所からの役人と間瀬氏との親交を考えると、この島原藩蔵屋敷と間瀬氏の関係にも注目したくなるが、今の所、山形藩邸（転封により現在は館林藩邸と言うべきか）との関係以上に分からない。

来坂・仮寓武士役人と一口にいってもまことに多種多様で、とりわけ移封を繰り返しその領地の変わる譜代藩は、その大坂蔵屋敷等との関係も紛らわしい。その紛らわしさが間瀬信之助のような一人の在坂武士の中にも見られるのである。

二　仮寓武士役人と大坂の塾

大坂の漢学塾や蘭学塾や国学塾（あるいは和歌塾）は、本来は大坂商人またはその子弟の学ぶ所だったのだろうが、来坂武士役人またはその子弟の学ぶ所にもなっていった。武士役人やその子弟は特に漢学塾で学ぶ者が多く、大坂にはそのニーズに応えられるだけの塾があった。

Ⅰ　仮寓武士役人の学ぶ漢学塾

(1)　懐徳堂―並河寒泉

大坂で町人学問所として知られる懐徳堂は、富永仲基（延享三年一七四六没、三二才）や中井竹山（享和四年一八〇四没、七五才）・中井履軒（文化一四年一八一七没、八六才）らの活動―江戸時代中期からせいぜい文化年間までの活動―がクローズアップされて来た。そんな中で、山中浩之「幕末期の懐徳堂とその廃絶について」（生馬寛信編『幕末維新期漢学塾の研究』所収）において、触れられることの少なかった幕末期の懐徳堂（並河寒泉）の活動が取り上げられている。

そこで、まず「梅花社（篠崎小竹）、泊園（藤沢東畡）、旭荘塾（広瀬旭荘）などにくらべると、幕末期の懐徳堂は、それらの陰に隠れて、その活動が表面にみえにくく」かったこと（注記は引用者）、その理由として、天保一一年に懐徳堂を引き継いだ並河寒泉（明治一二年没、八三才）が「朱子学を信奉する道徳家・教育家であり、友人との交わりを嫌ったため、当時の学芸界での活躍は目立たな」かったこと、などが指摘されている。しかし、寒泉自身は積極的に出張講義を行うなど、先代（中井碩果）のやや弛緩していた懐徳堂を立て直すべく尽力し幕末期大坂文壇で大きな役割を果たしていたことが、同時に顕彰されている。
ところで、積極的に行っていた出張講義のその出講先だが、町人学問所として多くあって然るべき商家は、なんと懐徳堂を支えてきた有力商人の一人平瀬家（豪商千草屋）だけだったらしく、そのほとんどが「武士役人層」だった。即ち、山中論文に次のようにある。

それでは他の（千草屋以外の―引用者）主な出講先はどこだったのだろうか。「町人学問所」懐徳堂としては、意外なことかもしれないが、主要出講先は町奉行や定番大名、大坂代官、蔵屋敷関係などの武士役人層であったと見られるのである。たとえば大坂東町奉行与力、朝岡助之丞・田中源右衛門や、柳川藩邸がはやくからみられるが、その後、代官竹垣三右衛門、京橋口定番米倉丹後守、高崎藩留守居新家氏、代官設楽八三郎、玉造口定番酒井右京亮（越前敦賀藩主酒井忠毗）、東町奉行佐々木駿河守等々をみることが出来る。とくに代官竹垣三右衛門は自身の日記からも、弓奉行・破損奉行・鉄炮奉行などの「地役人」仲間とともに、天保十三年正月二十三日から寒泉の出講をうけて、月に四〜五回の「逸史」講を開いていることが知られる。

ここには城代・大番・加番に繋がる者は見えないが、定番（京橋口・玉造口）・大坂町奉行・奉行所与力・蔵屋敷留守居・蔵屋敷役人・代官（谷町・鈴木町）・六奉行など、来坂武士役人の大半の者が網羅されているのに驚かされる。このように精力的に出張講義を行いながらも、しかし梅花社などの有名私塾に隠れてその活動が今まで見えにくかったのは事実である。それは、非社交的な寒泉自身の性癖もさることながら、やはり大坂は町人の町、懐徳堂は商人のための学問所、という「偏見」に遮られて、少なからずいたはずの来坂武士役人たちに目を遣ることが少なく、従って寒泉の彼らへの精力的な働きかけも、これまでは見過ごされてきたのだろう。

(2) 梅花社—篠崎小竹

篠崎小竹の門人のうち銅座役人たちに就いては先に触れたが、改めてその「門人帖」を見ると、やはり町人（商人）が多くて、次いで医家の子弟や近郷の豪農・庄屋などが目に付く。しかし、銅座役人以外にも来坂の武士役人たちもまた少なからずいる。ここでは、特に大坂蔵屋敷関係の者に就いて見てみる。

㈠　前掲山中論文の指摘が興味深いのは、繰り返すけれども、大坂は町人の町であるとか懐徳堂は町人の学問所であるとかと言う「通説（俗説）」（そのことは間違いだとまでは必ずしも言えないが）によって隠されていた、来坂武士役人の姿が顕わにされているからである。しかもこのことは、官許学問所の懐徳堂だけに限らず、篠崎小竹の私塾梅花社においても、その事情はさほど変わらない。『小竹門人帳』には町人（や在郷農民）たちに混じって、藩士や幕府の役人と思われる者の名も見えている。実際に小竹が加番大名たちに乞われて講釈していたのを先に見たし、その家臣の何人かも小竹に就いていたのだった。

『小竹門人帳』には文化一一年末から嘉永元年の半ばまでの三十余年間の入門者約一四六〇名が記載されている。多くの町人（又は農民）たちに混じって、諸藩の藩邸（蔵屋敷）や大坂在番の武士役人たちの名が散見する。彼らを厳密に区別するのはむつかしいが、藩医（及びその子弟）なども含め、やや幅広く武士役人の人数を数えると、約二七〇名ほどいる。全体の二割には満たないが、大坂の町の武士比率（一割）に比べるとやや多いだろうか。

㈡　入門した武士役人を見ていて目に付くのは大坂蔵屋敷勤務の者である。彼らの氏名を省いてその下に「邸吏」（藩邸もしくは藩大坂蔵屋敷詰め役人）と付記された者を、ほぼその表記通り抜き出すと次のようである（「肥後邸吏」や「長州邸吏」や「鳥井侯（下野壬生藩三万石）邸吏」などは複数見えるが、別人でかつ入門年月も異なっている。以下同断)。

肥後邸吏・肥前島原邸吏・福山邸吏・長州邸吏・薩摩邸吏・鳥井侯邸吏・薩邸吏・鳥井侯邸吏・肥後邸吏・大洲邸吏・鳥井邸吏・雲州広瀬邸吏・金谷邸吏・延岡邸吏・肥後邸吏・田沼邸吏・柳川邸吏・大洲邸吏・長州邸吏・津山知邸・阿州邸吏・浜田邸吏・明石邸吏・島原邸吏・林田邸吏・浜田邸吏・津山邸吏・長州邸（吏）

次いで、その藩邸役人の子（吏子・邸子・監子・司子）又はその兄弟・一族（吏弟・吏族）、あるいはその従者を、右に同じ要領で抜き出すと、次のようである（「二子」は子弟二人の意）。

宇和島知邸二子・出雲知邸子・筑後久留米邸吏子・宇和島邸吏子・大洲邸吏子・新谷邸吏子・宇和島邸小吏二子・姫路邸吏子・播州三木邸監子・館林邸吏子・長府知邸子・伊東（飫肥?）邸知邸子・赤穂邸司子・松山邸司子・因州邸吏子・芸州邸司子・秋田邸吏子・岡邸吏子・岡邸吏子・姫路知邸子・今治邸司子・筑前秋月邸司子・備前知邸子・杵築知邸子・今治知邸子・津軽邸吏子・日向延岡邸司子・柳河邸吏養子・広島邸吏養子・大洲邸吏子・阿波邸吏子・肥後新地邸吏子・長州邸吏子・阿波邸吏子・広島邸吏養子・岡邸吏子・柳川邸吏子・岡邸吏子・大洲門吏子・阿波邸吏子・丸亀邸司子・柳川邸吏子・柳川邸吏次子・広島邸吏子・姫路邸司子・阿波邸吏子・福山邸吏子・津山藩邸吏子・長州邸吏子・広島邸吏子・広島邸吏養子・備前邸司子・大洲邸司子・阿波邸吏子・津軽邸吏子・備前邸吏・雲州邸吏子・阿州邸吏子・阿波邸吏子・大洲邸吏子・阿波邸吏子・平戸邸吏弟・姫路邸吏族・亀井邸吏族・津山邸司ノ僕・雲（雲州）邸胥徒・大洲邸門閽吏

少し見づらいが、合計すると百名近くになる。「邸吏」とあるのは蔵屋敷役人だろう。「邸監」は一人しか見えないが留守居（又は蔵屋敷の最高責任者）のようである。なお、「邸司」・「知邸」と記されている者も少なくないが、彼らも「邸監」と同じ留守居だろうか。以下、いくつかコメントを付す。

一つは、藩の延べ数は百近くあるが、実数は四四藩で、これは大坂藩邸（蔵屋敷）全体の約三分の一に当たる。また、阿波藩は九名、大洲藩は八名と、特定の藩との結びつきも見られる。梅花社（や他の在坂漢学塾）が、いくつかの大坂藩邸勤務の役人の勉学の受け皿の働きを果たしていたことが知られる。

二つは、右に見る限り、蔵屋敷役人たちよりも彼らの子弟の教育の場としての役割が大きかった。藩により大坂蔵屋敷役人の勤務実態はかなり違うだろうが、一年二年という短期でなく数年またはそれ以上の勤務になる場合（それが多いようだが）、当然妻子を伴うことになり勢い子弟の教育が問題になる（国元にいたならば藩校に行かせるだろう）。その教育の場の一つを梅花社は提供していたのだった。

三つは、右には「宇和島藩邸小吏二子（宇和島藩邸の下級役人の子二人）」とか「雲邸胥徒（出雲藩邸の庶民から採用された下級役人）」とか「大洲邸門閽吏（大洲藩邸の門番？）」とか「津山邸司ノ僕（津山藩邸留守居の下僕）」とかの、いわば「武士」としてぎりぎりの？下級役人たちも見える。彼らは、身分秩序が厳しく守られていた国元では、このような学習・勉学の機会を得ることは少なかったのではないか。大坂の儒者小竹は、一方では加番大名を初めとした上層武士たちに講釈しつつも、他方、向学心に燃える下級役人又はその子弟たちにも教授していたのである。こんなことが出来たのは、たんに小竹の教育者としての度量の大きさからだけではなく、「格」の差や「身分」秩序に拘わることの少ない（あまり拘る必要のない）、それ故に「俗地」呼ばわりされてきた大坂と言う地だったからかも知れない。

(三)　在京医家への医学留学生のことはよく知られているが、医学修行で来坂する者もいた。『小竹門人帳』には、例えば文化一三年の条に「竹屋等伯　防州三田尻　医生　斎藤方策介」とあるように、医学生の名が少なからず見える。紹介者の斎藤方策は、周防出身の大坂の著名な蘭医で、等伯は同郷と言うことで医学修行に来ていたのだろう（方策はこの後（182頁注①など）にも見える）。文政二年の条などにも「山本完平　土佐　医生　花岡弟子　河吉手代介」とある。「花岡」は紀伊の著名な産科医華岡青洲の弟で、文化一三年から大坂中之島に医学塾合水堂を開いていた華岡鹿城のこと、完平は土佐から来坂・入塾したのである。紹介者の「河吉手代」は書肆河内屋吉兵衛の手代だろう。漢学塾と書肆とは何かと縁がある。当時は、儒医・蘭医に限らず漢学（漢文の読み書き）は必須で、そのため留学中の医生は漢学塾にも同時に籍を置いていた。梅花社もまたその受け皿になっていたのである。当然、各藩の藩医またはその子弟の来坂も多く、その名を省いていくつか摘記すると、「吉田（伊予吉田藩）医員 吉益門人」とか「美作（美作勝山藩） 三浦侯官医子」とか「肥前佐嘉（肥前佐賀藩）医員 好蘭学 但但馬天民介」とか「明石（播磨明石藩）医員 吉益弟子」とか、「広瀬（伯耆広瀬藩）医員」とか「大洲（伊予大洲藩）医員」とか「飯飽（日向飫肥?）藩医師」とか「浜田（石見浜田）藩医」とかとある。藩医の子ではなく藩医その人の大坂留学は医学医療技術の再習得ということで、それに併せての漢学修行だったのだろう。

なお、「吉益門人」とある「吉益」は、京の古医方の大家吉益東洞三男贏斎から始まる大坂の医家吉益家（ここでは吉益掃部）をさす。また「但馬天民介（紹介）」とある天民も同じく大坂の医師。

㈣　大坂蔵屋敷詰め役人たちの梅花社入門の様子を『小竹門人帳』に即して右に見てきた。しかし、「邸吏」（「邸吏子」）とは書かれずただ藩名のみ記された入門者の中にも、大坂蔵屋敷の役人（またはその子弟）は何人かいるようだ。実は先にも言及した橋本香坡も実はその一人で、文政八年の条に彼が圭太郎の名で、そして単に「藩中」と次のように見える。

橋本圭太郎　土岐山城侯藩中　城戸兼通介　七月廿二日

香坡に就いては萩原進『橋本香坡伝』（昭和一九年八月）が詳しく、その〈まへがき〉冒頭に「橋本香坡は、名を通、幼名圭太郎と云ひ、通称は半助、大路と称し、香坡、小梅道人、（中略）、等の号がある。

上野国利根郡沼田城下に、藩士橋本紋右衛門（名は一徳―引用者）の長男として生れた。時に文化六年二月である。」とある。即ち、「圭太郎」は沼田藩士橋本一徳の長男で後に香坡と号した者だった。「土岐山城侯」即ち土岐山城守とは、上野国沼田藩三万五千石の藩主土岐頼潤のことで、その沼田藩の蔵屋敷は天満堀川沿い（堀川戎近く）にあった。紹介者の「城戸兼通」は（彼の息子も小竹に入門していて）篠崎家と懇意らしいが、香坡との関係も含めてその詳細は不明（あるいは、沼田藩蔵屋敷出入りの商人か）。

ところで、香坡が父一徳に従って大坂蔵屋敷に来たのは文政六年のことだった。沼田藩は国元以外に遠く離れた美作に大きな飛地があり、大坂蔵屋敷はその収納米の管理と換金の仕事に当たっていたらしい。即ち、前掲書から摘記すれば次のようにある。

香坡が、初めて父と共に大阪に出たのは十五歳の時であつたから、文政六年に当る。この年に一徳は特に選ばれて大阪の蔵屋敷勤務となり（20頁）、……、父一徳は、土岐侯の抜擢により、別封の飛地である美作国の宰領として、大阪の蔵屋敷に移る事になつた。時に文政六年の五月（24頁）。父は土岐家の大阪の邸即ち堀川の沼田藩邸に落着いた。この蔵屋敷の勤務と云ふのは、別封からの収納米を倉庫に入れ後金に替へる収税吏と倉庫役人を兼ねたものであつた（26頁）。

繰り返すが、香坡は文政六年五月に沼田藩大坂蔵屋敷に父に従って移住して来た、そしてその二年後に小竹に入門した。その後の彼に就き、前掲書巻末［年譜］に従えば、天保三年二四才の時に小竹の紹介で江戸の古賀侗庵に入門し、いつまで江戸に在ったのか、少なくとも天保七年には大坂に戻っていて、翌八年の八月一九日に小竹同門の間瀬信之助方に居て、旭荘と会っていたのは先に見た。その後、天保一〇年には摂津伊丹の郷校明倫堂の学頭になり、安政四年まで一八年間もその任にあった。

Ⅱ　『日間瑣事』の来坂武士たち

「梅花社」は、享保九年一七二四に出来た懐徳堂より五〇年近く後の、安永五年一七七六に先代篠崎三島によって開かれ、それを承けた養子小竹によって大坂の漢学塾中で確固たる地位を占めるに至り、そこに入門した来坂武士役人たちやその子弟の消息を右に見た。来坂武士役人との関係は、「梅花社」より新しい藤沢東畡「泊園」（文政七年）や「旭荘塾」（天保九年）においても、恐らく同様の傾向が見られただろう。旭荘塾の場合、旭荘の日記『日間瑣事』があり、在坂・京摂文人との交遊録という側面も持っている。ここでは、在番で大坂にやって来た仮寓武士役人の日常の伺える記事を一つ二つ取り上げてみる。

(1)　三河田原藩士村上定平

田原藩の天保一〇年～一一年の大坂加番に就いては先（26頁以下）に見たが、『日間瑣事』天保一一年一月二七日の条に、それと関わる次のような記事が見える（書き下して引く、以下同断。ルビは引用者による）。

副鎮《ふくちん》三宅土州の臣村上定平なる者来見して曰く、某《それがし》、鈴木春次郎・有田大助と善《よ》し。業を受けんことを請《こ》ふと。

「副鎮」（大坂加番）の「三宅土州」（三宅土佐守）の家来村上定平と言う者が面会を求めて来て、私は鈴木春次郎・有田大助（後者の大助は慎斎とも号して江戸の者らしいが、前者共に未詳）らと親しい者ですが、先生（旭荘）の授業を受けたいと言う。大坂加番の任期は八月から翌年の七月までなので、彼は、前年の八月に大坂に来ていて、この頃は仕事にも慣れて時間も取れるようになったのだろうか。このことを承けた同二月二二日の条に「村上定平来入門。」と記されている。八月になれば在番期限は終わり定平は帰国する。事実、後の八月三日の条に、帰国する定平のための送別会が間瀬信之助方で持たれた（らしい）ことが、次の記事から伺える（社交的な「信之助」がここにも見える）。

信之助嘗《かつ》て余に属《しょく》して曰く、村上定平来別【定平は将《まさ》に三宅公に従ひ三河に帰らんとす】、君之《これ》を導き以て敝廬《へいろ》に臨せよと。昨日定平に柬《かん》して余告ぐるに、信之助の言を以てす。定平曰く、明日午後来り先生に随ひ、以て間瀬君を訪《おとな》はんことを請《こ》う、と。

先日、信之助が私に頼んで次のように言った、村上定平の送別のことだが【定平は間もなく主君三宅公に従って三河に帰る予定である】、彼を連れてあなたも拙宅での会に出て欲しい（そしてそのことを彼にも伝えて欲しい）と。私は定平に手紙を出してこの信之助の言葉を伝えたところ、定平はその返事で、明日の午刻過ぎに先生の所に参り、先生の後について信之助方にお伺いしたい（そのような段取りでお願いしたい）と言ってきた（この日の記事は少し不自然だが、旭荘の子の急病と急死を承けて後の日に書かれたもの。定平は送別会に出るべく旭荘宅にやって来たが、実際に送別会が持たれたのかなど不明である）。

ところで、田原藩士村上定平（明治五年没、六五才）のことである。彼は渡辺崋山が最も期待していた人物で、彼が三河へ帰った翌天保一二年一〇月に崋山は自刃するが、残された遺書五通の内の一通はその彼宛だった。天保一二年に長崎の高島秋帆は幕命で江戸に出てその近郊徳丸原で砲術の演習を行うが、定平は同三月から六月まで江戸に行きその演習に銃隊員の一人として参加している。さらに翌一三年四月には長崎に赴き秋帆に入門し、皆伝を許されて翌一四年には『銃陣初学鈔』を板行している。[注①] 彼は崋山の期待通りの人物だったようで、後には藩の家老にもなっている。そんな定平であるが、大坂在番後半のわずかな期間だったとは言え、彼は大坂の旭荘塾で学んでいたのである。

注①＝有馬成甫『高島秋帆』〈人物叢書8〉の第三部第二章「高島流の伝播（初期の弟子）」の第4項に「村上範致（田原藩）」の名で取り上げられている。

⑵　大坂城内見学

在番勤務も終わりに近づいた頃に、定平は、師の旭荘（と他に門人二人と僕、計四名）を自分と同じ田原藩の者として入城させ城内を案内した。そのことが『日間瑣事』天保一一年六月八日の条に見えるが、その最初の件を書き下して摘記すると、次のようである。

村上定平来りて曰く、先生を導きて城中を観んと欲す、何如と。余曰く、固より望む所なりと。……。高麗橋を過り、南に折れ追手街に出づ。街に一舎有り。扁（名札）に曰く、三宅土佐守札場と。札とは城門を出入する符を謂ふなり。土州（土佐守）邸は城内に在り。故に札場を設け一吏を置く。邸に事有る者を検して符を給するなり。定平は土州に臣たり、故に余輩は仮に土州人と為る。定平曰く、某、城中工役を掌（支）へ、破損処を検し、破損方職と名づく、徒歩巡城に当たりては袴を着すを許さず、請ふ、皆袴を脱ぎて僕をして襆《もすそ》を負ひ袴を包みて従はしめよと。符書に曰く、三宅土佐守人五名と。

［大意］定平が来て、先生を連れて城内を案内したいと思うがどうか、と言った。私は勿論望む所だと答えた。……。家を出て高麗橋を過ぎて南に折れて追手街に出た。そこに小屋があって「三宅土佐守札場」の名札がある。「札場」の「札」とは城門出入りの許可札である。土佐守の屋敷は城内にあるので、札場を設けて役人を置き、屋敷に用のある者を調べて札を渡す。定平は土佐守の家来なので、我々も仮に土佐守家来として入

るのである。定平が言うのには、私は城内の営繕工事の担当で「破損方職」である、徒歩で城内を巡回する時は袴着用は許されず、そこでお願いだが、みんな袴を脱ぎ、下僕にもすそを背負わせ、袴を包ませて従わせてほしいと。「札」には定平を含めて「土佐守人五名」と書いた。

彼らは案外と簡単に入っている。記事中、おもしろい件がいくつかあるが、その一つを同様に次に引く。それにしても、城代・定番、とりわけ大番・加番の諸軍勢にものものしく警備されているはずの大坂城内へ、大坂城加番三宅土佐守（康直）配下の定平は、城内の営繕係（「破損方職」）の仕事をしていたらしい。

一門を過ぎ、北に折るること数十歩、又一門有り。之を出づ。地勢稍《や》や低く、濠上に出づ。水近くして掬《きく》すべし。東に一邸有り。定平曰く、此れ敝邸（城内の三宅土佐守邸）なりと。小闥《たつ》（門）より入りて、定平の居に至る。其の広さ僅かに膝を容《い》るるのみ。休憩之《これ》を久しくす。定平導きて邸の東隅に至る。女牆《じょしょう》在り。前に佛郎機《フランキ砲》五所を設く。墻腰《しょうよう》に数孔有り。蓋《けだ》し銃箭《じゅうせん》（銃や矢）を放つ処なり。孔より下瞰《かかん》すれば、外濠の塁高きこと百尺、墻は其上に架く。初め身の高処にあるを知らず。此に至りて惴然《ずいぜん》として眩《げん》せんと欲す。余扇を以て牆孔《しょうこう》の側に就けば、其の厚薄、殆んど二尺可《ばかり》なり。……。邸内半《なかば》は菜蔬を種ゑ、士人居する所の門に枯芻《こすう》（まぐさ）を懸く。趣き田舎に肖《に》たり。定平の居に返りて午睡す。申上牌出づ。川西確助の内藤丹州邸に在るを聞き、之を訪ふ。邸は三宅邸の東隣に在り。確助方《まさ》に睡れり。人をして之を起こさしむ。其の室に引き入れ、酒を供す。……。確助将《まさ》に余をして内藤侯に見《まみ》えしめんとす。余辞して曰く、某《それがし》今日上下《かみしも》【礼服なり】を着せず、国君に見《まみ》ゆるは宜《よろ》しく其の始を厳とすべし、請ふ、他日を俟《ま》たんことをと。

［大意］一つの門をくぐって北に折れ数十歩進むとまた門がある。これを出ると土地が少し傾斜して堀のほとり

に出た。堀の水に近くて手ですくうことが出来そうだ。東側に屋敷があり、定平はこれが私どもの屋敷だと言った。その小さな門に入って定平の居室まで行くと、そこはやっと膝を容れることの出来るほどの狭さだった。暫く休憩した後、定平の案内で屋敷の東の隅まで来た。そこに城壁の上に作られた低い垣があり、フランキ砲（大砲）が五箇所設けられていた。その垣には数カ所の穴があったが、恐らくここが銃や矢を撃つ所なのだろう。その穴から下を見ると、外堀の城壁の高さは百尺、垣はその上に架けられている。自分はこんな高いところとも知らずここまで来、びくびくして目がくらみそうだった。扇でもって垣穴を測ればその厚みは二尺ほどあった。……。屋敷内の空き地半分は野菜が植えられ、役人たちの居所の門には秣《まぐさ》が懸けられていて、まるで田舎の趣である。定平の居所に戻って昼寝をした。午後四時過ぎにそこを出て、川西確助が「内藤丹州邸」（同じく大坂加番で来ている三河挙母藩二万石の藩主内藤丹波守政優邸の屋敷）にいるのを訪ねた。屋敷は三宅屋敷の東隣である。訪ねると確助は寝ていたので人に起こしてもらった。確助は自分たちを部屋に入れて酒を勧めた。……。確助は私を自分の主君である内藤侯に引き合わせようとした。私は、今日は裃を着ていない、国君に面会するに特にその初めは礼を重んずべきなので、他日にお願いしたいと言って断った。

大坂城の巨大さ厳めしさと野菜が植わって秣《まぐさ》の干された（「趣き田舎に肖《に》たり。」と言う）城内屋敷内の長閑《のどか》さとのアンバランスが面白い。その上、門番を騙してまで入っての城内見学途中に、定平の部屋で昼寝をし、その昼寝が終わって隣の内藤邸の知人を訪ねると、彼もまた昼寝していたと言う。何か（夜勤明けか）事情があったのかも知れぬが、なんとものんびりムードが城内に漂っている。来坂の武士役人たちは、江戸や国元にいた時より、仕事や煩わしい人間関係からしばし解放されて、のんびり出来たのだろう。

ちなみに、大田南畝は大阪銅座勤務の二年後長崎奉行所勤務を命ぜられる。玉林晴朗『蜀山人の研究』に「大阪出張の時も其の時の日記や書簡には勤務多忙と記してゐるが、此の長崎の勤務に比すれば閑なものであった。」(581頁)とあるように、南畝にとって大坂勤務は長崎勤務に比べたら随分と楽だったらしい。彼は弟島崎金次郎宛書簡(『大田南畝全集第十九巻』)で「大阪よりは余程繁多、毎日〳〵初めて見候事取扱申候。」(文化元年一一月一七日付)と長崎の仕事の忙しさを託《かこ》っている。さらにまた、

此節短日、朝五つ時過出勤、引け七ツ前に成候【日々出候書物三四十通程づゝ、一々熟覧余程草臥《くたびれ》申候。扨々大阪は隙な事に候ひき。】

と言う手紙(文化元年一二月二八日付)があり、特に割注の中で「扨々大阪は隙《ひま》な事に候ひき。」と嘆息しつつもなつかしく思い出しているところなど、すぐ右に大坂城内の在番武士たちののんびりした昼寝を見てきただけに、吹き出したくなる。

大坂では江戸や国元に比べてゆとりがあったのは、必ずしも下っ端役人だけではない。彼らの主人たちもまた(いやそれ以上に)束縛されない時間が多くあっただろう。そんな「自由」な雰囲気の中、在坂の儒者や画師たちを呼んで講釈させたり画かせたり、自分の方から塾に通い学問や習い事をする者が出て来ても不思議ではない。そして、その程度の受け皿が大坂にもあったことは先に見た。ところで、先に天保一一年一一月三日付椿椿山宛崋山書簡を引き、大坂加番から帰った「大坂帰り」の藩士三人が崋山を訪れ、大坂で身につけた煎茶作法を披露したのを見たが、ひょっとしてその三人の中に定平もいただろうか。

(3)　挙母《ころも》藩内藤侯

右引用文の末に見える挙母藩の川西確助だが、これより二〇年近くも前の『小竹門人録』文政五年の条にその名が見える、彼も早くからの小竹門だった。いまその入門の経緯を改めて推察すると、その入門年

の文政五年は内藤丹波守政優の先代山城守政成が大坂加番に当たっていたことが分かり、その時に確助もその主君内藤山城守に随伴して大坂に来ていて小竹に入門したのである。事実、前掲門人録には「内藤山城侯臣／十月四日」と付記されている。確助本人のことはさておいて、[注①]旭荘は、確助が内藤侯へ引見せんとするのを断って、他日を期さんとしたが、その「他日」が実際に八月朔日に実現した。その時の会見の様子も日記に見えるので、そこから同様に少し摘記すると次のようである（「……」引用者）。

午後出、……、追手街内藤公札場に至る。一吏見ゆ。曰く、向《さき》に川西（確助）子、一人をして先生（旭荘）を迎へしむ、先生未だ至らずして其人去る、請ふ、姑《しば》らく俟《ま》たんことをと。傍らに一人見る。礼服を着して座す。九州の人に似たり。余（旭荘）に問ひて曰く、君何国人なるやと。余対《こた》へて曰く、西州（西国＝九州）なりと。客、余の姓名を問はんと欲す。未《いま》だ言を発せざるに、迎者至る。余乃《すなわ》ち辞して出で、城に入り確助に至る。確助曰く、今日、寡君（わが主君）、宗国延岡の用人相木市兵衛を見、将《まさ》に先生と共に觴《さかづき》を同じうせんとす、先生、市兵衛を知るやと。余曰く、嘗《かつ》て其の名を耳にして未だ之を見ずと。確助供酒《きょうしゅ》す。書肆河新之人某、偶《たま》たま至る。酒杯を行ふこと数巡。一吏来りて曰く、公（内藤侯）広瀬先生を見んと欲すと。確助乃ち余を導き公所に至る。……。少して一人進み出づ。之を向所に視る。札場に見えし客なり。確助之を指さして曰く、此相木君なりと。市兵衛、余と始めて見ゆるの辞を叙す。公問ひて曰く、先生嘗て尼崎又右衛門と同じく坂本鉉之助宅に集ひ怪を語ること諸《これ》有りやと。余曰く、有りと。公曰く、我が為に其の一二を語れと。余乃ち二三条を話す。公曰く、怪、理より甚だしは何如《いかん》と。市兵衛曰く、天地の大なるは有らざる所無く、悉《ことごと》く理を以て之を推《お》すべからざるなりと。市兵衛も亦《ま》た数条を語る。……。

［大意］午後、内藤侯（三河挙母藩主内藤政優）の札場に行くと役人がいた。彼は、先に川西氏が先生を迎えるべく一人をここに寄越していたが、先生が見えないのでその者は引き上げてしまった、暫くここで待ってほしい、と言う。その傍らに同じく座って待っている者が一人いた。九州の人のようである。その人が私にどこの国かと問うたので、西国（九州）の者だと答えた。さらに私の名を聞こうとした矢先、私を迎えに来た者が来たので、その人と別れて城内に入り確助の所まで行った。確助は、今日我が主君は本家の延岡藩（延岡藩内藤家は挙母藩内藤家の本家らしい）用人相木市兵衛を引見し、先生と一緒に酒を飲もうとされているが、先生はその市兵衛を御存じかと尋ねた。私は、その名は耳にしたことはあるが、まだ会ったことはないと答えた。確助は酒を勧めた。そこへ書肆河新（河内屋新次郎）の家の者がたまたまやって来た。杯を数回巡らせた。中継ぎの人がやって来て、いま主君が広瀬先生に会おうとされていると言う。そこで確助が案内して内藤侯のところへ参上した。……。暫くして一人が向こう側に進み出てきた。それは札場で会った者だった。確助が彼を指さしこの人が相木氏だと言った。彼は私に初対面の挨拶をした。内藤侯が私に問うた、先生は尼崎又右衛門と一緒に坂本鉉之助宅に集まって「怪異」談を語ることがあったと言うが本当かと。私はあったと答えた。侯はその時に出た「怪異」談を一つ二つ語って欲しいと言うので、私は二つ三つ語った。これを聞いて、侯が言うには、「怪」は「理」よりも甚だしいがどうしてだろうか、と言った。市兵衛は、この大きな天地には無いものはなく「理」をもってこれ（天地の怪異）を推し量ることは出来ないと言い、市兵衛もまた数話の「怪異」を語った。

延岡藩用人の相木市兵衛は、旭荘もその名は聞いたことがあると言い、また彼の発言からも儒者らしくもあるが、どう言う人物で何用で在坂していたのかなどは不明。また、市兵衛と別れ確助の所へ行くと、書肆河内屋新次郎の家の者がやって来た、とあるのに注目される。書肆のことだから商売の書籍販売のことで来たと考えるのが普通だが、しかし、先にも見たように、河新は本業以外の大番衆らに対して金融活動を行っていたので、在番勤務で大坂にやって来た挙母藩士に対してそんな働きかけをしていたのかちょっと気になるが、旭荘はこれ以外に何も記していない。

注①＝これより二年半近く後の『日間瑣事』天保一三年一一月二二日の条に、篠崎訥堂（長平）から確助の自刃を聞いた、と次のようにある。家人から確助の死が師の篠崎小竹方に伝えられていたのだろう。

聞河西確助自殺【長平話】。【確助参河衣人。十年前西遊訪余家。大昨年随其君内藤公在大坂城、介余謁公、性慷慨有気節奇男子也。而余極服其謙虚無所挟。其自刃我不知其故、（下略）。】

旭荘は確助を早くから知っていたようで、「十年前」―つまり天保四年の西遊の途次、確助は日田の広瀬家を訪れ、その時はまだ日田に在った旭荘も会っていたのだった。その自刃の理由は分からぬまま、旭荘は「性慷慨にして気節有る奇男子なり」と確助の死を悼んでいる。

(4)　坂本鉉之助宅での怪談会

前掲『日間瑣事』に、内藤公が旭荘に「先生、嘗て尼崎又右衛門と同じく、坂本鉉之助宅に集ひ怪を語ること、諸《これ》有りや。」と訪ね、旭荘が「余曰く、有りと。」と答える件がある。

（一）「尼崎又右衛門」に就いては先に何度も言及した。もう一人の「坂本鉉之助」は、先（158頁）にちょっと見えたが、玉造口定番与力で数少ない大坂常住の武士（幕府役人）で、特に大塩平八郎の乱の際の鎮圧の功労者として広く知られている。旭荘は、玉造の官舎に彼を訪ねた印象を、『日間瑣事』天保一〇年二月二八日の条で、「短小にして精悍、風神爽々として、人を射る。」と次のように言っている。

坂本氏を訪ぬ。主人延見（引見）す。年五十左右《ばかり》なるべし、短小にして精悍、風神（風格）爽々として、人を射る。一見して其の功名人たるを知る。此人、大昨年（一昨年）之役（大塩の乱）、賊を破るの功第一にして、玉造与力より鳥銃監に叙され、爵（位）御目見以上を賜ふ。

「年五十ばかり」とある通り、寛政三年生まれの彼はこの年四九才である（万延元年没、七十才）。

㈡　内藤侯は旭荘に対して、その鉉之助宅での「怪を語る」会のことを問うている。これはこれより半年余り前の天保十一年一月二十一日にあった会を指すようで、『日間瑣事』同日の条に次のようにある。

未牌（午後二時）、坂本君の許に至る。……。御弓奉行鈴木君【其名を失す。疑ふらくは次郎衛門ならんか】尼崎又右衛門・寺島藤左衛門【二人、謂ふ所の大坂三町人】先に座に在り。坂本君余に謂ひて曰く、三君午時（正午）より来たる、君を俟つこと久し。鈴木君年五十左右《ばかり》なるべし。容止《ようし》（立ち居振る舞い）遜恭《そんきょう》にして和気人を酔はしむ。余に謂ひて曰く、先生、毎事相譲る。尼崎・寺島二子も亦た風姿尋常の商人に似ず。皆読書人なり。主人余に謂ひて曰く、三君、君の怪を話すを聴かんと欲す。故に某《それがし》、君をして要《よう》せしむ。請ふ、君の聞見《ぶんけん》する所の奇事を述ぶるを。余乃《すなわ》ち、一二事を語る。香川一郎・池田瑞仙《ママ》至る。主人置酒（酒盛り）す、談話蜂起《ほうき》し、人毎《ごと》に怪を語る。主人及び又右衛門の説く所、頗《すこぶ》る異談有り。戌牌（午後八時）、鈴木君及び又右衛門・藤左衛門去る。亥牌（午後一〇時）、余、一郎・瑞仙と辞して出づ。

［大意］午後二時に坂本鉉之助氏の所に着いた。弓奉行鈴木氏【その名失念した。ひょっとして次郎衛門か】と尼崎又右衛門・寺島藤左衛門【二人はいわゆる大坂三町人】が先から席に就いていた。坂本氏が、三人は正午から来ている、君を長らく待っていたと私に言った。鈴木氏は年は五〇才ほどで、立ち居振る舞いは謙虚でその和やかさは人をうっとりさせる。私に対してもやさしく、先生は何事においても控えめだと言ってくれる。尼崎・寺島両氏もまたそのなりふりは商人にはちっとも似ず、皆読書を事とする知識人のようである。主人が私に言うには、三人が貴君の話す怪異談を聴きたいとのことで、拙者が貴君にここに来て貰った、

どうか貴君のこれまで見聞きした奇異な出来事を話して欲しいと。そこで私は一つ二つ語った。香川一郎と池田瑞仙もやって来た。坂本氏が酒も出したので、話があちこちで盛り上がり、人ごとに怪異を語った。坂本氏と又右衛門のしゃべった話は、たいそう奇異だった。午後八時に鈴木氏ら三人が去った。一〇時になって私と一郎と瑞仙が坂本邸をおいとました。

㈢　旭荘の話した怪異譚はここではおき、注①怪談会参加者に少し触れる。

まず「御弓奉行鈴木君」のこと。「御弓奉行」は大坂六奉行の一つで、「六奉行一覧」によれば、「鈴木君」とは天保六年以後この任にあった鈴木次左衛門のこと。六奉行は同じ奉行と言っても大坂町奉行よりは格下で、その前職は大番士だった者が多いようだ（大番士として大坂勤務経験があったからだろうか）。次に「三町人」の一人の寺島藤左衛門の名が見える。尼崎又右衛門は寒天を扱う商人だったが、藤左衛門は瓦商人で、右に「（彼らの）風姿尋常の商人に似ず」とあるのは、それを承けているのだろう。

後からやって来た香川一郎は、香川琴橋（嘉永二年没、五六才）の名で知られる書家・儒家。篠崎小竹撰の「琴橋墓碑」（『大阪訪碑録』）によれば、安芸の人で幼少時父と共に大坂に来、書家香川子規に養われその後を継ぎ、儒学はもと安芸広島藩士で致仕して大坂で塾を開いていた劉琴渓に就いたと言う。そしてこの後を「琴橋墓碑」（原漢文）に即くと、次のようにある。

名声稍《ようや》く振ひ、徒弟塾に満つ。阪城加番米倉侯・東町奉行戸塚君、皆延《ひ》きて其の郎君を教授せしむ。嘉永二年己酉十月十八日病没、年五十六、天満蟠龍寺に葬る、（下略）。

琴橋と鉉之助との関係は分からないが、右の記事から、彼は「公儀人」と親しく彼らの子弟に書を教えていたようなので、鉉之助との交友も十分あり得ただろう。

注①＝旭荘の「怪異譚」は拙稿「宮脇志摩の最期―大塩平八郎の乱異聞―」（『葭第9号』）で紹介している。

㈣　右に引く「琴橋墓碑」中の「阪城加番米倉侯」に触れる。彼は、これまでにも言及した京橋口定番の武蔵金沢藩主米倉昌寿のこと。その昌寿と琴橋との親交は、琴橋の『浪華名勝帖』と言う作品からも伺える。その巻末に付された著者識語の日付は嘉永二年春だが、彼はこの年の一〇月に没し、嗣子が翌三年一一月に板行したと言う。その琴橋の識語を写すと次のようにあり、本書が米倉侯（とその若君雪龍君）の意向を汲んで成ったことが分かる。

向日緒余戯作浪華名勝帖。其文半雑国字。乃書供（ママ）米倉公之世子雪龍君之一粲。（ママ）公召徽謂曰、寡人自副鎮於阪城已過一紀矣、若其名区嚢按行目撃一二、蓋有其所也、今披閲此、則有所未知與所未見、亦足彷彿其境矣、東帰之日当為帰遺之一種也。君曰、独書十数帖、其煩応厭焉、命之剞劂而可。（ママ）公曰、然非徒玩読宜為衆人倣書之一帖也。徽拝称旨而退、遂鏤梓。

［大意］私は先日業の合間、戯れに「浪華名勝帖」を作った。その文章の半ばは国字（仮名）が混ざっている。それを書いて米倉侯の若君雪龍君の一見に供した。侯は私を召して言うのには、余は大坂城に定番（「副鎮」）として赴任して来て一二年（「一紀」）になる、大坂の名所と言われている所は先の巡検の際に一つ二つ目撃したことはあった、いま本書を見開くといまだ知らぬところが彷彿としてくる、いずれ江戸へ帰る時、土産の一つにすべきものだと。若君が言うのには、この書は十数帖ではあるが写すのはたいへんである、刷り本にしたらよいのではないかと。侯もまた、それはそうだ、ただ読んで楽しむだけでなく多くの者の書の手本（「倣書の一帖」）ともすべきだ、と言った。私はこのお言葉を頂戴して退出し、次いで彫刻にまわしたのである。

なお、米倉侯と同じく、琴橋を子供の家庭教師として呼んだと言う「東町奉行戸塚君」とは、天保三年六月から同五年七月までその任にあった戸塚備前守忠栄のこと。但し琴橋との関係は不明。

㈤　旭荘の前掲日記記事に戻ると、もう一人後からやって来た池田瑞仙は痘科の知られた医師だが、「瑞見」の誤りだろう（瑞仙に就いてはすぐ後で触れる）。その池田瑞見も痘科の医師で、天保一一年九月刊「大坂医師番付」では〈行司〉に据えられ、居所は「平ノ丁（平野町）」、「疱瘡」医の記号がその名に付されている。彼と鉉之助（または公儀人）との関係は分からない。但し、池田家は「大坂医師番付」には寛政末から慶応四年までほぼ途切れずに見える、累代の痘科専門の医家のようで、この後の弘化二年版『新刻浪華名流記』の「㋶医家部」に「蘭園」の名で掲出され、「池田世脩、字は子猷、瑞見と称す、世々痘科、平野街に寓す」（原漢文）と記されているが、注意されるのは、嘉永元年版『浪華当時人名録』の「痘疹科」部掲出の記事で、そこに「池田瑞見平野町中橋東／瑞仙ノ孫名世脩」とあり、「瑞見」は「瑞仙ノ孫」と記されていることである。

痘科医の池田瑞仙[注①]はもとは周防岩国の人で、安永六年一七七九四四才の時に大坂（西堀江隆平橋畔）に移住し、寛政四年一七九二に京都（東洞院）に移り、同九年に江戸に召され奥詰医師になり、同一〇年に医学館に創設された痘科で講じたと言う。ところで、その瑞仙は、文化一三年一八一六に八三才で亡くなるが、池田世脩（瑞見）はその孫と言う。確かに、寛政末から続く大坂の痘科池田家とかつて在坂した江戸の池田瑞仙とに繋がりのあるのは十分に想像されるが、池田瑞見が来坂の江戸の公儀人と親しくなるきっかけに、その瑞仙（及びその後継者）の仲介があったのかも知れない。

注①＝池田瑞仙に就いては、富士川游『日本医学史』（昭和一六年四月）や、庄司忠『岩国市並に錦川沿線風土誌稿』（上巻昭和四五年一〇月、下巻昭和五〇年三月）に詳しい。

Ⅲ　緒方洪庵と来坂武士役人

⑴　大阪蔵屋敷役人の子弟と蘭学塾

諸藩の蔵屋敷役人やその子弟で大坂の漢学塾梅花社に入った者たちに触れたが、蘭学塾に就いても、数は少ないが、よく知られた例はある。

㈠　緒方富雄『緒方洪庵伝』の第一章「緒方洪庵の生涯」第四項「大阪修業」の冒頭に次のようにある（「（中略）」以外の注記・ルビは原文、但し元号に付された西暦年号は省いた）。

　洪庵は文政八年二月五日一六歳で元服して『田上騂之助惟彰《これあき》』と名のった。（中略）。この年から、洪庵の生涯を決定する最初の転期がはじまる。すなわち、その五月洪庵の父が、大阪で足守藩の蔵屋敷にする家を買いとる交渉に出かけたとき、洪庵をつれていった。交渉はまとまり、二人は八月に足守にかえった。このときが、洪庵の大阪へ出た最初である。大阪に足守藩蔵屋敷が出来たことで、父惟因はその留守居を命ぜられた。それで十月五日、父はふたたび洪庵をつれて大阪に出て、蔵屋敷に住みついた。洪庵は、大阪でしばらく一通りの文武の道を学んだが、のち医学をおさめる決心をして、あくる文政九年七月に中　環《たまき》（天游）[注①]の門人になった。このときから『緒方三平《さんぺい》』と改めた。

　諸藩の大坂蔵屋敷設置時期やその役人構成や役割は一様ではない。いま洪庵に焦点を当てると、足守藩の大坂蔵屋敷は彼の元服の年に置かれ、かつその初代の留守居に父が任じられたことが、確かに「洪庵の生涯を決定する最初の転期」だったことは間違いない。大坂蔵屋敷が単に諸藩からの米や産物だけを収納する場所だけではなかったこと、そこに住む者は蔵屋敷役人としての諸業務に従事すると共に、その合間に、在坂の諸芸の師に就いて学ぶ者が少なからずいたのである。

注①＝中環（天游）は先（139頁）にも触れたが、中野操『大坂蘭学史話』によれば、彼は京都の人。文化二年江戸の大槻玄沢に、同六年京都の海上随鴎（稲村三伯）に学んだ。文化一四年三五才の時大坂に出て開業し蘭学塾思々斎塾を開く。文政五年、斎藤方策と共に把爾翕湮『解剖図譜』を公にした。天保六年三月没、五三才。

㈡

福沢諭吉『福翁自伝』（岩波文庫）冒頭に、次のようにある（ルビは原文、以下同じ）。

福沢諭吉の父は豊前中津奥平藩の士族福沢百助《ひやくすけ》、母は同藩士族橋本浜右衛門の長女、名を於順《おじゆん》と申し、父の身分はヤツト藩主に定式《ぢやうしき》の謁見が出来ると云ふのですから、足軽よりは数等宜しいけれども士族中の下級、今日で云へば先づ判任官の家でせう。藩で云ふ元締役を勤めて、大阪にある中津藩の倉屋敷に長く勤番して居ました。夫れゆゑ家内残らず大阪に引越して居て、私共は皆大阪で生まれた、総領の兄の次に女の子が三人、私は末子《ばつし》。私の生れたのは天保五年十二月十二日、父は四十三歳、母三十一歳の時の誕生です。

これに、三重野勝人『大分県先哲叢書　福沢諭吉』（平成一一年三月）から補足すれば、父百助は回米方として文政五年九月から天保七年六月に亡くなるまでの一五年間、大阪玉江橋北詰の中津藩蔵屋敷に勤務していた。蔵屋敷勤務はこんな長期に亘ることもあったらしい（留守居はもっと早くに交替するのだろう）。尤も、何度か帰国願を出していたらしいが、結局帰国叶わず、百助は大坂で亡くなった。その時諭吉は数えの三歳で、一家（母と子五人）は中津に帰った。ここで諭吉は大坂の中津藩倉屋敷とは一旦切れる。その次いで安政二年に、彼は長崎遊学を中断して江戸へ向かおうとするが、その途次路銀も乏しくなり、大坂の中津藩蔵屋敷勤務の八歳上の兄を訪ねた、ところが母に無断の江戸行を諫められ「それよりか大阪でも先生がありさうなものぢや、大阪で蘭学を学ぶが宜い」と言われ、大坂蔵屋敷に留まり、そこから緒方洪庵の適塾に通うことになった（この後、一旦蔵屋敷勤務を終えた兄と共に国に帰るが、彼は再び大坂に出て適塾内塾生となり安政五年一〇月迄洪庵に就き蘭学を学ぶ）。『福翁自伝』に、安政二年に自分の生まれた中津藩大坂蔵屋敷を訪ねた折のことが、次のように記されている。

大阪に着て久振《ひさしぶり》で兄に逢ふのみならず、屋敷の内外に幼い時から私を知てる者が沢山ある。私は三歳の時に国に帰て二十二の歳に再び行たのですから、私の生れた時に知てる者は沢山。私の面《かほ》が何処か幼顔《をさながほ》に肖《に》て居ると云ふ其中には、私に乳を呑まして呉れた仲仕《なかし》の内儀《カミ》さんもあれば、又今度兄の供をして中津から来て居る武八と云ふ極質朴な田舎男は、先年も大阪の私の家に奉公して私のお守りをした者で、私が大阪に着た翌日、此男を連れて堂島三丁目か四丁目の処を通ると、男の云ふに、お前の生れる時我身《オリヤ》夜中《よなか》に此横町の彼《あ》の産婆《バヽ》さんの処に迎ひに行つたことがある、其産婆さんは今も達者にして居る、それからお前が段々大きくなつて、我身《オリヤ》お前をだいて毎日々々湊の部屋（勧進元）に相撲の稽古を見に行つた、其産婆さんの家は彼処《あすこ》ぢや湊の稽古場は此処《こつち》の方ぢやと、指さして見せたときには、私も旧《ムカシ》を懐ふて胸一杯になつて思はず涙をこぼしました。都《すべ》て如斯《コン》な訳で私はどうも旅とは思はれぬ、真実故郷に帰た通りで誠に宜《い》い心地《コヽロモチ》。

諭吉六五才の時に脱稿したと言う本書に、どの程度正確にその「旧《ムカシ》」のことが再現されているかは微妙である。しかし、大坂の蔵屋敷は、繰り返すが、単に回米や諸物産を収める倉庫の役割をのみ果たしていたのではなかった、少なくとも諸藩からやって来た役人たちにとっては、そこはかけがえのない「生活」の場であり、「家庭」であり、第二の「ふるさと」と呼べる場所でもあったようで、そんなことがこの諭吉の述懐からも推し量られる。

(2)「癸丑年中日次之記」の来坂武士役人

緒方洪庵の「癸丑年中日次之記」（緒方富雄『緒方洪庵伝』所収）は嘉永六年一月から八月半ばまでのわずか半年余の短い日記に過ぎない。しかし、在坂文人・医師の他に、少なからずの来坂武士役人たちの名が見えている。いまその記事を、便宜上(a)〜(p)の符号を付して日付順に引いてみると、次のようである。

(a) 一月一四日　七ツ前比より石谷様へ高松淳山同道罷出。御釜懸る。酒飯戴く。
(b) 一月一五日　朝より回勤。御城内土井大隅守様へ出る。…。西垣丈介翁満著述言霊のしるべ持参。
(c) 一月一七日　御城内稲垣摂津守様家老同九郎兵衛見舞。
(d) 一月一八日　夕石谷様御時服拝領の祝儀に付酒食被招。
(e) 二月二六日　石谷様初節句祝として小き短檠一対、松魚一箱上る。
(f) 二月二九日　留守中石谷様より見舞いとして組肴菓子被レ下。
(g) 三月　朔日　今日坂本にて清朝内乱之書付見る。　(h) 三月　三日　晩石谷様へ初節句に被招。
(i) 三月二〇日　今日黒沢翁丸歌会不快に付断り申遣す。　(j) 四月　四日　晩西垣歌会へ立寄。
(k) 四月一四日　朝、久貝様へ罷出《まかりいづ》。加藤光蔵病気診察。羽織一　拝領《はいりよう》。〇午後回勤《かいきん》。今朝萩原来る。
久貝様へ源氏総論一冊、可レ入二御覧一旨　頼来《たのみきた》り、早速城内へ持参。
(l) 四月一六日　朝より回勤。御城内土井様、久貝様、永田殿へ見舞。
(m) 六月　四日　昨日留守中へ萩原より、久貝侯へ先達而《せんだつて》差出置候草稿、取返し呉候様申来り、明日上京のよし也。今日久貝侯へ右之趣、書中にて申上る。
(n) 六月　五日　留守中へ久貝侯より萩原草稿返し来り、扇面短冊被レ下。
(o) 七月二五日　朝、御城入。土井様、久貝様へ餞別持参。
(p) 八月　四日　御城入。夫々《それぞれ》御暇乞《おいとまごい》申出、久貝様より紋付帷子《もんつきかたびら》拝領。

以下、この後の㈠から㈧で、来坂武士役人と思しき人物を中心に注記する。

㈠ ⒜の「石谷様」は石谷因幡守穆清で、堺奉行から嘉永五年五月に大坂西町奉行となり、安政元年五月までの二年間この任にあった。この後も何度か彼の名が見えるが、洪庵はあるいは彼の侍医の如き存在だったのだろう。

㈡ ⒝の「土井大隅守様」は前年の嘉永五年から加番で来坂している二万三千石三河刈谷藩主土井利善のことで、⒧や⒪にも見える。また、「西垣丈助」は丹波亀山藩大坂藩邸留守居で、同じ大坂藩邸詰め同士の誼もあってか、忍藩蔵屋敷詰めの黒沢翁満の著作『言霊のしるべ』(前年嘉永五年晩秋頃に佐久良東雄の座摩版として板行されたもの)を持参したと言う。後の⒥に見えるように、洪庵はその西垣の歌会にも出、その前の⒤の情報から、洪庵がこれまでに翁満の歌会にも出ていたことが知られる。

㈢ ⒞の「稲垣摂津守様」も前年から加番として来坂中の三万石志摩鳥羽藩主稲垣長明のことで、洪庵はその家老の稲垣九郎兵衛を見舞ったのである。

㈣ ⒢に見える「坂本」は玉造与力坂本鉉之助のこと。これより先、『竹垣直道日記』弘化元年一二月二七日の条に、次のような記事が見える。

尾形幸庵(緒方洪庵)、坂本ゟ世話ニ而《て》来ル。診察為致《いたさせ》、お可世《かよ》をも為見《みさせ》ル。

谷町代官竹垣直道は、坂本鉉之助の紹介で洪庵に自分と娘のおかよとを診察してもらったと言う。洪庵と鉉之助とが親しかったことがこのことからも知られる。

㈤ ⒦に、「久貝様」を訪ねて「加藤光蔵」なる者を診察したとある。「久貝様」は久貝正典のことで、前年(嘉永五年)から二度目の大番頭として在坂中だった。「加藤光蔵」は正典側近の者なのだろうが、不詳。診察の御礼か羽織一領戴いたと言う。江戸や諸藩から大坂へ来た武士役人たちと洪庵とは、当然のことながら、まず医師と患者と言う関係からその交流は始まっている。ところで、これに続く記事が興味深い。朝、城内に出かけていた留守中に、萩原広道が来て『源氏物語評釈』の冒頭の「総論」一冊を、正典に見せて欲しいと置いて行った、そこで午後の回勤の途次、再び城内に持参して正典に届けた、と言うのである。『源氏物語評釈』第一冊目「総論上」の冒頭に久貝正典の序文が掲げられているが、その正典序文が掲載されるに至る経緯がここに伺える。広道が、洪庵を通して正典に序文を乞うに当たり、併せてその「総論」の閲覧をも乞うたのだろう。

㈥　⑴の「永田殿」とは、『柳営補任巻之三』に見える大番組頭（五番組）の永田伝左衛門のことか。彼は嘉永三年から（文久二年まで）この任にあり、十一番組（番頭久貝正典）と共に前年嘉永五年（子年）から今年にかけて在番していた。

㈦　⒨に、洪庵は広道から、⒦で正典に預けた「総論」の草稿を返して貰うように言われたので、書面で以てそのことを正典に伝えたと言う。正典に預けてから一ヶ月半は経っている。⒩に、洪庵留守中、正典方から広道草稿が返却され扇面短冊も頂いたとある。仲介の洪庵の労をねぎらってのことだろうか。

㈧　⒪で、「土井様」と「久貝様」とに餞別を持参している。大番、加番共に、交替が七月から八月にかけて行われ、彼らは任終えて江戸へ帰るのである。そのことが⒫に見える。ちなみに、国学者で三河刈谷藩医村上忠順の「蓬廬受任記」（『村上忠順集第一集』（昭和四四年四月刊））の嘉永六年八月五日の条に「大坂城御交代御発駕」とあり、土井大隅守は翌五日に大坂城を出立している（八月廿八日の条に「十九日無滞御着府被為在候」とある。刈谷に着くまで随分時間がかかっている）。

(3) 緒方洪庵宛坪井信道書簡

来坂大名の多くは藩医を従えていたに違いないが、旗本や御家人たちの場合はどうだろうか。何度か大坂に来ている者にはなじみの在坂医師がいて、初めての者は在坂経験者から紹介してもらったり、毎年のように出ている「大坂医師番付」で評判の医師を探して診て貰ったかも知れない。洪庵のような有名な蘭医となると、引率の藩医の有無に関わらず診察を乞われ、実際に洪庵が彼らを診ているのを先に見た。

おもしろいのは、大坂赴任に際してホームドクターから前もって診察を依頼しておいて貰うと言うこともあったようで、そのことが次の㈠、㈡に挙げた緒方洪庵宛坪井信道書簡から伺える。なお、洪庵の師でもあるその坪井信道（嘉永元年没、五四才）は江戸の著名な蘭医の一人。宇田川榛斎（天保五年没、六六才）門下で、文政一二年に江戸深川で開業し蘭学塾を開いていた。洪庵は文政一一年に大坂で蘭医中天遊に就き、天保二年に江戸へ出て開塾二年目の坪井信道塾に入った（同四年には宇田川榛斎にも就いた）。洪庵は天保六年に帰国、翌七年長崎に遊学し二年間の修業の後、天保九年に大坂で開業・開塾していたのだった。

㈠　天保一三年一〇月四日付の緒方洪庵宛坪井信道書簡に次のようにある（ルビや返り点は原文。なお本書簡には「天保十二年十月四日」付とある）。

然ラバ当時、御旗本伊奈遠江守殿御事、先達て堺奉行に被レ任《ぜ》、来ル十八日江戸発足ニテ、堺へ御下リ被レ成《サ》候。是ハ和田泰然旧主人にて、小子も年来御懇意ニ罷《リ》在《リ》候。其戸塚静斎、伊東玄朴様も出入仕《リ》候。至つて西洋御信仰にて、漢医の薬ハ一服も飲《マ》ヌと申《ス》方ニ御座候。右御母公并《ならびに》奥方兼て病身にて、大抵常薬と申《ス》位ニ御座候。御母公は折々ウオルム之生じ易き御人ニテ、時々殺虫剤上《ゲ》申《シ》候。奥様はスラップへステルにて、多分鉄剤上《ゲ》申《シ》候。此節も鉄没丸沢山ニ製し差《シ》上《ゲ》申《シ》候。堺へ御下向之上は、貴家様へ御願《ヒ》被レ成《サ》度《キ》由に御座候。遠方之処何共御苦労ニ奉《リ》レ存《ジ》候へ共、□《(ママ)》参して早速御枉駕被レ下《サ》様奉《リ》二願《ヒ》上《ゲ》一候。（青木一良編著『坪井信道書翰集』）

「伊奈遠江守殿」は伊奈遠江守斯綏のことで、『柳営補任』によれば天保一三年九月二三日に小納戸頭から堺奉行に任ぜられた。一〇月一八日の江戸出立予定ということで、年来彼と懇意に（診察も）していた信道は、前もって洪庵に伊奈守の診察を依頼して来たのである。なお、編著者（青木一良）によれば、「ウォルム」は「寄生虫」のこと、「スラップヘステル」は「弱々しい体格」とのこと。江戸から派遣される城代や定番や町奉行らは（大番頭や加番などと違って）、必ずしも任期が決まっていないので、家族と共に赴任する。伊那氏は、家族に病身の者がいて一層不安なので、ホームドクターの信道に赴任地の堺や大坂の医師への紹介状を乞うたのだろう。ところで、彼ら一行が堺に着くのは一一月に入ってからだろうが、続いて『柳営補任』には翌一四年六月二八日付で京都町奉行に転任とあるので、堺にいたのは僅か半年ばかり。信道は、伊那氏は「至って西洋信仰」なので何かあったら「遠方之処」ご苦労だけれど、早速に駕籠で駆けつけて欲しいと洪庵に依頼しているが、実際に駆けつけたのかどうか。ちなみに、「和田泰然」は長崎の蘭館長J.E.ニーマンに就いたと言う蘭医佐藤泰然（明治五年、六九才）のこと。彼は、伊那遠江守が「旧主人」とあるので、当初は旗本伊那氏に仕えたらしいが、天保一四年に下総佐倉藩に招かれて佐倉に移住している。戸塚静斎（明治九年没、七八才）は遠江掛川の人、伊東玄朴（明治四年没、七二才）は肥前佐嘉の人で、共にシーボルト門下の著名な蘭医。

㈡　弘化二年正月九日付同上書簡にも次のようにあり、大坂城代とその家族の診察依頼である。

此度松平和泉守様、大坂御城代被レ為レ蒙レ仰《おおせこうむらせられ》、不日御登坂ニ相《ヒ》成《リ》申《シ》候。就テハ、右御藩中多分小家病用懇意ニ御座候。先年御姫様御病気之節ハ、小子より御薬差上《シゲ》候事も御座候。右ニ付大坂御在勤中、同御家中御病人被レ成《サ》二御座一候節、貴家へ御願《ヒ》被レ成《サ》度、御申《シ》被レ成《サ》候。就テハ小子より此段、御頼《ミ》申《シ》上《ゲ》呉《レ》候様との御事ニ御座候。御多用中ニハ御座候へ共、右御家中より申《シ》来《リ》候ハバ、早速御見廻被レ下《サ》、御療用可《ク》レ被レ下《サ》候。（同上）

「松平和泉守」は三河西尾藩主松平乗全のこと。『柳営補任』によれば、弘化元年一二月二八日付で寺社奉行から大坂城代に任ぜられている。ところが、さらに前掲書によれば、弘化二年三月一五日付で西丸老中に任ぜられている。先の伊奈氏も六ヶ月と短いが、今度は三ヶ月である。恐らく大坂城代はあくまでも書面の上でのことで、彼は実際には大坂に来ていない（『大阪市史第四下』〈大正二年五月〉掲載の「御触及口達」弘化二年の条に彼の着坂の記事は見えない）。従って、このせっかくの信道書簡であるが、恐らく全く役には立たなかっただろう。但し、これも先の書簡と同じく、来坂武士役人と大坂の医師（文人）との交流を知る上で、やはり貴重な情報を与えてくれている。信道は西尾藩（の江戸藩邸）に「病用」で出入りしていて、先年は松平乗全の「御姫様」が病気の時に薬を差し上げていた、今度の大坂城代赴任に際しその乗全の方から（娘の治療のことを）洪庵に頼んでおいて欲しいと頼まれたと言い、「右御家中より申来候ハバ、早速御見廻被レ下、御療用可レ被レ下候。」とも依頼している。これまでの伝統医（漢方医・儒医）とは違い、蘭方医の場合は長崎を起点として三都を中心に諸地方に広がるも、その間は（かなり密接な）ネットワークで結ばれていて、江戸と大坂との間も想像以上に近かったのである。

三　大坂代官竹垣直道と京摂の文人

竹垣三右衛門直道（明治二年没、六五才）は、天保一一年九月初めより嘉永元年一二月半ばまでの八年余の間、大坂谷町代官所の代官を務めた。その時の日記『竹垣直道日記』（以下、ここでは単に『日記』とも略）には、代官としての仕事（支配領地視察など）が細かく記録されている。興味深いのは、その合間を縫うように、来坂武士役人たちや在坂（又は在京）文人たちとの「交流」記事が見えることである。その中で、来坂武士との「交流」の頻繁に見えるのは直道自身が来坂武士であるため当然のことだが、特に来坂武士役人との「交流」の一環とも言うべき懐徳堂（の並河寒泉）との関係に就いては、先（162頁）に山中論文で触れられていた。

ところで、直道は、支配地の領民と直接対峙する代官（治者・為政者）として、懐徳堂の寒泉の儒学講釈に熱心に耳を傾ける一方、詠歌を好んで大坂の村田嘉言にも就き、とりわけ短冊蒐集に熱心だった。短冊帖を作り家来に命じて在坂・在京歌人たちの色紙・短冊を集めさせたり、友人の代官を通じてその地の歌人のも手に入れていた。その熱心な短冊集めを通して、京坂の地のみならず周辺広域の文人・歌人たちとの交流の様子が自ずと伺える。

Ⅰ　直道の短冊蒐集

⑴　伴信友への依頼

京都の伴信友に宛てた太田権進（権ノ進）の弘化二年九月二一四日付書簡（『信友来翰集』）に、次のような件が見える（「……」や返り点及び注記は引用者）。

未レ得二貴面一候得共、呈二一書一候。……。然者《しかれば》、貴所様御歌御染筆御頼申上度、色紙短冊差出候間、いつにても御序之節御認め被レ下候様仕度、殊更数多ニ御願被申上候段、別而《べっして》御面倒之御儀、深く御気之毒（ご迷惑）ニ被レ存候へども、旦那義至而執心ニ而秘蔵被レ致度、御頼被レ申候儀ニ御座候間、寄々（折々）に御認め追々御差出被レ下候様にも仕度、何分奉レ願候。随而《したがいて》此品粗末之至ニ御座候へ共、時候御見舞被二申上一候。即直々進上被レ致候。御笑受可レ被二成下一候。折角時令（時節柄）御自重御座候様奉レ存候。当地相応之御用も御座候ハヾ可レ被二仰下一候。右之趣宜申上候様、呉々被二申付一候儀ニ御座候。

要するに、太田権ノ進なる者が、短冊蒐集に「至而《いたって》執心」の「旦那（＝直道）」の命を受けて、まだ面識もない信友に、謝礼の品物と共に、沢山の色紙短冊とを送ってその染筆を依頼したのである。ところで、この権ノ進（権之進又は権進）と言う者だが、直道の『日記』にはたびたび登場しているが、手付とか手代とかと言う代官所の公用に従う者とは違っていて、御用達大坂屋貞二郎（定次郎）が請人の大坂の者で、代官直道の側に侍《はべ》り私的な用を足すべく雇われた文字通りの「侍《さぶらい》」だったようである。

短冊を乞われた伴信友に就いてはこの後も言及することが多いが、若狭小浜藩士の彼はこれまでは江戸住だった。主君酒井若狭守忠義の京都所司代赴任に陪従する嗣子信近と共に上京し、天保一四年末からその死（弘化三年一〇月、七四才）まで京都に在った。ちなみに、『日記』弘化三年一月一七日の条に「伴信友之歌出来差越ス。」とあり、同月二八日の条に「伴信友江受取之旨為レ申遣ル。」とあり、信友はその依頼に応じて短冊を送って来たことが分かる。

⑵ 短冊帖

短冊蒐集に熱心な直道はそれを整理保存すべく、自ら短冊帖を作っていた。そのことは、同じく来坂武士である西田直養の「御代官竹垣ぬしの短冊帖序」と言う文章が、直養の『筱舎全集文詞』に収まることから知られる。直養はそこで、短冊を柱にかけたり箱に入れたりするより、短冊帖にして保管すると傷みが少なく見るのにも重宝だと、至極尤もなことを次のように言っている。

世に時の歌よみたちの短冊をこひもとめ、あるハ柱にかけあるハ箱にをさめもてあそぶ人あり。これをおもふに、柱にかけたるはそりかへりて見ぐるしく、箱にをさめたるハとりいだすにそゝげそこなはるめり。さるを、かくうるはしく帖としもなしたまへれバ、かのそりかへる憂なく、又そゝげそこなはるゝわづらひもあらで、ミづからたのしみたまふにも人に示したまふにも、そのたよりあしからず、ながく家のもてあそびぐさともなりたまひなんは、げに心ゆくかぎりなりけり。かれ、いさゝかそのゆゑよしをかきて奉るになん。

直養が小倉藩蔵屋敷留守居として、それまでの京都から大坂に来たのは弘化元年のことである。従って、この序文はそれ以後に認められているが、残念ながら、『日記』には直養の名はあまり見えない。弘化三年一月一四日の条に「直養江直ニ歌頼遺ス。留守之よし。」とあり、ここで直養に歌短冊を乞うている。序文はあるいはこの頃に成ったか。残念ながら、直道の『短冊帖』は残らないが、『日記』には和歌やその短冊に関わる記事が少なからず見え、恐らく短冊帖に収められていたであろう、繰り返すが、その京坂や支配地の摂津・播磨の作者（歌人）たちとの「交流」が伺える。

Ⅱ　『直道日記』の大坂の文人

⑴　真佐木元興

㈠　『日記』弘化四年三月一六日の条に、代官所役人や御用達商人たちを招いて直道の嗣子竜太郎の元服賀宴の記事が次のように見える（「……」は引用者）。

竜太郎元服祝義ニ付役所之もの其外内祝振舞延し置候処、今日一同相招表ニ而酒肴振舞遣ス、如レ左、／○役所一統拾四人、……、里村保助、吉田孫次郎、大坂屋定次郎、平野屋新兵衛、真左木理右衛門、平福村新右衛門、……。

出席者の一人に「真佐木理右衛門」の名が見える。他の者たちと同様、代官所の御用達商人のようである（「平福村新右衛門」に就いては後のⅣの⑴で触れる）。彼の名は『日記』では右に引いたのが最初で、代官所出入りは新しかったのかも知れない。この後の弘化四年一〇月一三日の条には「真佐木利右衛門・塩屋与兵衛江使遣し、利右衛門江鳥子餅・鰹節壱箱、与兵衛江鳥子餅・金百疋遣ス。」と「利右衛門」の名で見えるが、代官の直道に何か寄与するところもあったのだろうか。中でも注目されるのは、同年一一月五日の条に「真佐木江治平太遣し、頼候料紙もの及断相返し、自詠短冊二枚遣ス。」とある記事—即ち、理（利）右衛門から料紙が送られ歌を乞うてきたが、直道は送られて来た料紙は返して短冊二枚を遣ったと言う記事—で、彼が直道同様に歌に関心のあったことが知られる。それもそのはずで、長沢伴雄編『鴨川次郎集』（嘉永三年刊）に真佐木元興と言う者の作品が八首採られ、その巻末「作者姓名録」に「元興　大坂／島町　真佐木利右衛門」と見える。つまり、鴨川集作者の「真佐木元興」と代官所御用達商人「真佐木利（理）右衛門」とは同一人物で、その利右衛門が歌に関心を持つのも当然だった。

(二)　利右衛門（元興）に就き、もう少し言うべきことがある。前年の弘化三年二月に板行された『秋二百六十番歌合』（上下二巻二冊）は、その板行者に真佐木元興の名が、そしてその編者に彼の嗣子真佐木広蔭の名が記されている。歌合作者八八名から成るこの歌合集は、判者も加納諸平・中村良臣・西田直養・萩原広道・村田嘉言の五人いて、彼らがそれぞれ立秋・萩・虫・月・秋祝と言う秋題の五二番ずつを受け持ち判を寄せている。ところで、八八名の作者中に直道下僚の手代元〆の宮部潤八郎[注①]が美臣の名で見える。恐らく直道は本書に大いに関心を寄せただろう。事実、『日記』弘化四年三月一七日の条に、

甲斐庄喜右衛門ゟ文通、歌合本二冊返し、千種（有功）桜画賛差越一覧達し及二返書一短冊壱枚遣ス。

とある。ここに見える「歌合本二冊」はその『秋二百六十番歌合』に違いない（直道がこれを甲斐庄にいつ貸したのか、『日記』には見えない）。「甲斐庄喜右衛門」もまた来坂武士役人の一人。「六奉行一覧」によれば、弘化元年に旗本寄合席から「大坂船手」として嘉永二年まで赴任して来た。直道とは旧知の間柄だった。なお、有功の名が見えるが、彼と直道との関係に就いては、この後でやや詳しく見る。

注①＝『日記』天保一四年二月朔日の条に「宮部潤八郎身分之義ニ付、別御用状計今夜ニ入差立ル。」とあり、その三ヶ月近く後の同年四月二六日の条に、「宮部潤八郎家内一同、漣平家内とも道中無滞着致ス。」とある。江戸から来たらしく、翌二七日の条に次のようにある。

宮部潤八郎儀自分方江抱入、元〆加判申付、給金弐拾弐両四人扶持差遣候。席順甚蔵次席之積今朝申渡、別段逢、奥江も為逢ル。

同年九月五日の条に「潤八郎元〆取立、銃助・周次郎書役取立申渡。」とあり、同一五年九月五日の条に、

摂播州村々為㆓検見㆒、朝六ッ半時出立、供如㆑左／具足　長棒　駕籠　侍両人【漣吉・仁右衛門】　鑓源助
長柄市助　草履藤助　合羽籠一荷　竹馬壱荷　／両懸弐荷　馬壱疋召連　手代宮部潤八郎・増山正作・
六嶌清二郎・石井益太郎・森田舜助　道筋如左、（下略）。

とある。要領を得ないが、潤八郎はこれまで他の者に仕えていて、今回直道が新規に抱え入れた役人である。先（103頁、三のⅢの(4)の(二)）に見た池田寛親と同じく、「渡り」の幕府役人である。右に見える「侍」とは違って直道の私的な家来ではなくあくまでも幕臣―前掲安藤博編『徳川幕府県治要略』に従えば、準御家人―で、そのことが冒頭二月朔日の条の記事からも推察される。要するに潤八郎は手代の増山や六嶌や石井や森田らの上に立つ筆頭元〆で、上位の手付かと思われる「甚蔵」と共に代官所下僚のトップにあった。

(2) 村田嘉言・稲室足穂

(一)『日記』天保一四年五月二二日の条に、村田嘉言の名が次のように見えている。

嘉言罷越居《まかりこしおり》候段、潤八郎申聞《もうしきかす》ニ付、夜ニ入逢。門入《（ママ）》致ス。金百疋・扇三本遣ス、五ツ時比帰ル。

即ち、宮部潤八郎が、嘉言がこちら（代官所邸宅内）に来ていると言うので、夜になって彼と会い、束脩として金百疋と扇子三本を遣わして入門した、と言う記事である。天保八年版『続浪華郷友録』掲出の嘉言の居所は「船越町」とあり、谷町代官所とは近くて行き来しやすかっただろう。直道は、前年の初めから懐徳堂並河寒泉の『逸史』（「家康伝」、中井竹山著一三巻）の講釈を仲間の幕府役人と一緒に受講していたが、短冊集めが好きな彼のこと、また別に和歌の個別指導も受けようと思ったらしい（恐らく江戸でも誰かに就いていたのだろう）。これを承けて、半月ほど後の翌六月七日の条に「村田嘉言江う

た初而遣ス。」とあり、さらにその翌七月三日の条にも、次のように歌の添削を乞うている。

村田嘉言江文通、暑中見舞茶一折遣ス。豊田江歓《よろこび》（慶事）之《の》うた直しニ遣ス、直ニ返事来ル、河内集一冊到来。

「豊田」とは当時大坂西町奉行だった久須美祐明の三男で、豊田友直（通称藤之進）のこと。久須美氏から小普請組の豊田氏に入り、天保一〇年一〇月から飛騨郡代に任ぜられ、弘化二年四月に二の丸留守居として江戸に戻っている。右の「豊田江歓之うた」とは子供誕生の祝い歌だろうか（二の丸留守居への栄転祝いは早すぎるだろう）。その祝い歌の添削を嘉言へ依頼したところ、すぐに添削されて戻ってきて、その上『河内集』も一緒に到来したと言う。

『河内集』（文政二年一二月刊）は河内の村田春門社中の作品集で、河内社中代表格の喜里川村庄屋中西重孝の編になる。嘉言は恐らく直道から乞われて送ったのだろう。これは村田春門社中の歌集だが、その春門社中を承けた嘉言社中の直道にとっては、いわば同門の歌集だったと言うことになる。

来坂武士役人が嘉言に就くのは先にもあった。嘉言その人の力量・人柄もさることながら、水野忠邦の国学和歌の師であった江戸の父春門の存在が大きかったに違いない。春門は既に七年前に亡くなっているが、その後を嗣いだ嘉言の弟春野もまた江戸では知られた歌人国学者だった。

翌弘化元年六月三〇日の条の「嘉言ゟ使、嵐山高雄之図、取ニ差越ス。」という記事も注目される。この前後に関連の記事はなく事情はよくつかめないが、先（122〜123頁）にも触れているように、嘉言は画家としても知られていたので、あるいはこの「嵐山高雄之図」も嘉言の画いたものだろうか。

(二)『日記』弘化三年五月六日の条に、「甲斐庄喜右衛門江書通、菓子一折遣し、足穂短冊遣、歌人之書

貸遣。」とあり、「足穂」の名が見える。先にも触れた甲斐庄喜右衛門に、その「足穂」の「短冊」を遺り、「歌人之書」をも貸したと言う。「足穂」は村田春門の門人（従って嘉言門の）稲室足穂（明治一一年没、七八才）だろう。先に『河内集』に言及したが、そこに「足穂」の名も見えている。足穂（の短冊）のことは『日記』のこれまでの記事中には見えないが、直道は嘉言を通じてその名を知って（手に入れて）いたのだろう。但し、これに続く「歌人之書」とはゆかしいが何を指しているか不詳。

なお、『日記』嘉永元年三月一三日の条に「甲斐庄江立寄用人ニ逢、寓居哥談《ママ》貸遣ス。」とある。「寓居哥談」は近藤芳樹『寄居歌談』のことで、直道がそれを久貝正典にも貸していたのを先（129頁）に見た。ともあれ、直道は、短冊蒐集だけでなく和歌関係の新刊書にも目配りしていたようである。

(3)　香川琴橋・大熊文叔・小原千座

『日記』天保一三年三月一三日の条に「香川一郎、今朝ゟ手習稽古ニ罷越。」と、香川琴橋の名が見える（この後も何度か見える）。書家としての彼に就いて先に言及し、そこで彼の墓碑から「阪城加番米倉侯・東町奉行戸塚君、皆（琴橋を）延《ひ》きて其の郎君を教授せしむ。」とあるのを引いた。直道もまた、子の手習い稽古のために琴橋に来て貰っていたのである。

また、『日記』天保一四年一一月二〇日の条に「大熊文叔初而《はじめて》逢。」とあり、翌弘化元年一月一〇日の条に「大熊文叔罷越逢。」とある。大熊文叔（亀陰、明治二〇年没、八二才）は備中連島の医家（眼科）の生まれで京の究理堂（小石元瑞）で学んだ医者だが、天保一二年に大坂に移住している。『浪華擷芳譜』（嘉永半ば頃成立、安政三年九月刊）などの編集刊行で知られるが、この頃の消息は殆ど分かっていない。文叔の名が直道日記に見えるのは右に引く二箇所しかなく、訪問の用件は勿論、直道との関係も分からない。

『日記』弘化二年一二月四日の条に「杉浦ゟ文通、千座短尺出来来ル。」とあり、同弘化三年九月二三日の条に「杉浦大二郎江文通、千坐色紙頼遣、返書頼来ル。」とある。「杉浦」は、「六奉行一覧」によれば、大番士から昇進して天保一三年一一月以後（嘉永三年八月まで）破損奉行の任にあった杉浦重郎兵衛のこと。そして「杉浦大二郎」はその弟らしい。また「千座」とは、天保末年頃までに大坂にやって来ていた美作津山の徳守神社祠官小原千座（慶応四年没、七五才）のこと。千座と重郎兵衛・大二郎や直道らとの「関係」は不詳。但し、弘化二年の初め頃から同四年の初め頃までは千座は江戸にいた。右日記でその短冊が噂されてはいるが、その時彼は大坂にはいなかった（彼は弘化四年夏以降は大坂の天満堀川等に住んだ）。

Ⅲ　『直道日記』の京摂の文人

(1)　松田直兄・野之口隆正・八田知紀

天保一二年一〇月に賀茂季鷹が没し（享年八八才）、天保一四年三月には香川景樹が没した（享年七六才）。両巨匠の没した後の京歌壇では、上賀茂社祠官で季鷹高弟の松田直兄（安政元年没、七二才）が大御所的存在だったようで、短冊蒐集家の直道がその直兄短冊を集めようとするのは無理もない。

『日記』弘化元年八月一〇日の条に「直兄短冊出来《しゅったい》来《きた》ル。」とあるが、これでは足りなかったのか、翌弘化二年一一月一四日の条に、

岡田完一郎二条納出役、今夜船ニ而出立。右便野々口隆正・直兄江色紙短尺頼遣ス。金百疋・菓子一折ヅヽ、遣ス。

とあり、京へ出張する代官所手代完一郎に、短冊・色紙と相応のお金と手土産とを持たせ、野之口隆正と松田直兄に短冊を依頼させている。それを承けた一〇日後の同月二四日の条に「完一郎ゟ直兄短冊出来差越ス。」とある。直兄の名はこの後も『日記』に見える。翌弘化三年九月二三日の条に「松田直兄ゟ権進江文通、為及返書ル。」とあり、直兄から太田権之進宛に手紙が来たので返書させたと言う。同二五日には直兄は大坂に来ていて、代官所に直道を訪ねている。即ち『日記』同日の条に、「夜分、松田直兄初而来逢。」とある。翌二六日の条に「直兄ゟ権進江使差越、懐紙を贈ル。」とあり、翌々二八日の条に「松田直兄方江権進使ニ遣ス。直兄江金弐百疋遣し、認メ物礼。」ともあり、わざわざ権之進を京に遣ってお礼をさせている。逆に、直兄は直道をパトロン視していたのか、翌二九日の条には「直兄弟子字盈、入来不レ逢。直兄染筆もの出来差越ス。」とあり、直兄の弟子「字盈」なる者が直兄の「染筆もの」を持って直道方を訪れている（当然、対価は支払ったのだろう）。

直兄と共に短冊を乞われた隆正は、五日後の同年同月一九日の条に「野々口隆正江頼遣候色紙短尺出来、完一郎ゟ差越ス。」とあり、色紙短冊を認めて送ったらしい。隆正はここだけに見える。

なお、『日記』弘化三年六月一二日の条に「八田知紀江哥頼遣ス。」とある。香川景樹の高弟でよく知られた桂園派歌人である薩摩藩士の彼は、天保八年一〇月以後京薩摩藩邸詰となり嘉永三年二月まで在京していたので、京歌人の一人としてここに挙げておく。

(2) 中村良臣・穂井田忠友

『日記』弘化二年九月一九日の条に次のような件がある（冒頭の「良信」は「良臣」だろう）。

伊丹中村良信江色紙短冊、権之進ゟ文通ニ而為レ遣、承知之旨返書差越候由。京都穂井田忠友江同様頼遣し飛脚便を以《もって》差立ル。

「良臣」と「忠友」とに文通で色紙・短冊を依頼したと言う。両者は居所も違いその「関係」も薄いように思うが、「同様」に頼んだとあるので、ここで併せて触れる。

㈠　同年一〇月一〇日の条にも「中村良信ゟ色紙短冊出来来ル。」とある。「伊丹中村良信」とは即ち伊丹の中村良臣（嘉永三年没、五六才）のこと。元赤穂藩士で致仕後摂津伊丹に移住し、本居宣長の高弟村上潔夫（文政六年没、五五才）に従った。潔夫没後はその後を継いで塾を開いた（潔夫没後は本居大平にも就いた）。大坂にも出向くこと多く、大坂蔵屋敷詰めの赤穂藩士や大坂商人の中にも門人がいた。その良臣の色紙短冊を得るべく権之進に手紙を書かせたところ、承知したとの返事があり、実際その二〇日ばかり後に出来上がって送られてきたのである。良臣と直道あるいは権之進との「関係」は未詳。

㈡　直道は、権之進に良臣と同じく穂井田忠友（弘化四年没、五七才）にも短冊を乞うべく手紙を書かせたらしい。恐らく彼から短冊は送られて来たのだろうが、日記には見えない。この後翌三年三月一二日の条に「穂井田縹助（忠友）江書状差越ス。」とあり、色紙か何かを依頼したらしく、同月二九日の条に「穂井田縹助ゟ認メ物出来、書状差越ス。」とある。直道と忠友との関係も不詳。忠友の伝は不明部分が多い。備中の人である父の小原東作は最初は笠岡代官所の下僚で、後に宮部潤八郎らと同じ「渡り」役人として駿河や三河に移る（忠友もその父に従う）。その後、彼が奈良に移住する迄の消息は、多治比郁夫「穂井田忠友雑記」（『京阪文藝史料第二巻』）によれば、次のようである。

（上略）、文化八年駿府で平田篤胤に従学、上洛して藤林普山に西洋医学を学びまた香川景樹に入門した。文化末から大阪に移住したが、文政末再び京都に移る。（中略）、文政十一年秋から平田篤胤に学んだ同門のよしみで松浦道輔と交際し、道輔を介して、禁裏御付武家として京都在勤の梶野良材と識りあった。そして天保二年四月、梶野良材が奈良奉行となるに及んで、忠友も奈良に居を移した。

忠友の主人良材は、天保七年一二月に京都町奉行に任ぜられ、忠友もそれに従い再び帰京した。なお、良材は同九年二月に御作事奉行に転じ江戸に帰るが、忠友は京に留まり弘化四年九月に亡くなった。

(3)　加納諸平・長沢伴雄

いわゆる京摂の範囲からはみ出るが、紀伊の加納諸平や長沢伴雄らの名も見えるのでここに挙げる。『日記』弘化三年三月一六日の条に、次のように諸平の名が見える。

加納諸平、今夜潤八郎方江一宿、明朝帰国いたし候よしニ付、餞別袴地壱反遣ス。懐紙相贈ル。

諸平は、この年の正月末に若山を立ち、大坂を経て伊丹の父甕麿の墓に参り、また大坂を経て上京して三月四日の仁孝天皇葬儀を拝見し、再び大坂に戻って三月一八日に若山に帰宅している。宮部潤八郎方に泊まったのは、その二日前のことだった。ところで、この日記記事は短すぎて事情がよくつかめないが、手代元〆の潤八郎は、諸平とは恐らく旧知の間柄で、若山へ帰宅途次の諸平を代官所内の自分の屋敷に泊まらせたと言うことだろう。それは詠歌好きの主人直道も喜ぶことで、直道の詠草を添削させ種々の歌話をも披露させたのではないか。先（69頁以下）にも見た如く、鈴木町代官手付元〆の若山滋古（茱）が師の本居宣長を代官所内の自分の宿舎に泊まらせていたが、そのことを思い起させる。

諸平編の『鰒玉集第五編』は前年弘化二年六月に板行されていて、直道もそれを手にしていただろう。彼の『柿園詠草二』に「竹垣主の元服の祝に」と題された作品が見える。これも先（193頁）に見たように、直道の嗣子竜太郎の元服賀宴が持たれていて、この諸平作品はそれに寄せたものだろう。

次いで、『日記』弘化三年四月一日の条に「高橋良助方江力（侍中田主税）遣し、伴雄色紙短冊出来来ル。」とある。「伴雄」は恐らく長沢伴雄と思われるが、「高橋良助」が誰のことか分からず、伴雄短冊を手にした経緯などは不明。なお、伴雄はここ一箇所しか見えない。その伴雄編集の『鴨川集』の初編（太郎集）が出されるのは嘉永元年冬のこと、その年の一一月に大坂を立った直道はそれを知らなかっただろう。

Ⅳ　『直道日記』の播磨・備中の文人

(1)　神吉弘範

直道は天保一二年八月二一日に摂津・播磨の領地（幕府領）の「検見《けみ》」（＝坪刈りして検査し稲の出来を調べ年貢率を決めること）のために出発する。即ち『日記』同日の条に「朝六ツ半時過出立、摂播州（摂津・播磨）村々為検見廻村（検見廻村の為）、又三郎・孫八郎・……召連ル。」とあるが（なお、「又三郎」は杉浦又三郎、「孫八郎」は宮部孫八郎で共に代官手代。孫八郎に就いては後でも触れる）、その検見廻村中の同年九月二日の条に、平福村の年寄「新右衛門」の名が次のように見える。

平福【通行懸年寄新右衛門宅ニ而弁当】…、平福年寄新右衛門方泊、夕七ツ時前着、舂法《ついほう》致ス。

検見中の播州佐用郡平福で昼食を「年寄新右衛門」方で取り、夕方四時頃に再び新右衛門宅に寄って「舂法」（稲の出来を調べるべく坪刈りした稲から籾を取ること）をして、その夜はそこで泊まったと言う。また、その三年後の弘化元年九月一四日にも同様の検見廻村の途次、新右衛門方に泊まっている。即ち同日の条に、「夜五ツ時過着、庄屋新右衛門方江泊」と見えるが、新右衛門はここでは庄屋とある。

ところで、平福のこの庄屋新右衛門であるが、彼は神吉弘範（安政四年没、七四才）の名で知られ、『藤垣内門人姓名録』文政一〇年の条に「十月廿七日播磨　神吉　新右衛門　弘範」と見える本居大平門だった。加納諸平編『鰒玉集』にはその「二編」（天保四年刊）に初めて三首採られ、以下、「三編」（天保七年刊）に九首、「四編」（天保一二年刊）に八首、「五編」（弘化二年刊）に四首採られている。歌数は多くないが、播州では歌人として知られていて、播州の作者を中心に集めた秋元安民編『青藍集』（嘉永六年頃成、安政六年刊）にも一五首採られている。彼は庄屋として、領主にあたる谷町代官の居住地の大坂に所用で何度か出ることがあったようで、『日記』弘化三年四月一一日の条に「夕八ツ半時比ゟ役所一統其外江酒肴振舞遣ス。人数左之通、（中略）、外、平福駅新左《ママ》衛門参り合ニ付通酒肴振舞遣ス。」とある。直道が代官所役人たちに労をねぎらっていた時、平福の弘範も来合わせたので同じように酒肴を振る舞ったとある。さらに、先に見た『日記』弘化四年三月一六日の条に、直道の嗣子竜太郎元服の賀宴の記事が見え、その出席者の中に「平福村新右衛門」の名が、真佐木理右衛門（元興）に続いて見えていた。

共に和歌を嗜む者として、同席の元興とは歌の話に興じたことだろう。弘範は別に所用があったか、この時はしばし滞坂していたようで、その一二日後の同年三月二八日の条に「平福駅新右衛門入来。色紙短冊相贈、移り（返礼の品）ニ扇遣ス。」と見え、直道は弘範からも短冊を得ていたのである。なお、弘範の上坂は庄屋としての代官所訪問だけではなかったようである。この三年後に泊園塾の藤沢東畡（元治元年没、七一才）の綴った弘範の寿伝「神吉雲野翁伝」が、五弓雪窓編『事実文編　四』（関西大学東西学術研究所資料集）に収まり、そこに「翁少読二経史一、通二于大義一、旁渉二仏典一、中年従二南紀本居氏一、受二国学一、最長二所謂長歌及祝文者一、（中略）、今茲嘉永己酉（二年）、翁齢六十有六、歯牙完堅、聡明不レ衰、通範寄二状於余一、請レ立二之寿伝一、余与レ翁相識、不レ得二固辞一、（下略）。」とある。「余、翁と相識（知り合い）」とあるだけで両者（弘範の方が東畡より一〇才上）の関係は不明だが、「翁少《わか》きとき経史を読み、云々」ともあるので、後年、在坂儒者の藤沢東畡にも就いていたのかも知れない。

(2)　柳田美郷

『日記』弘化三年七月三日の条に「美郷江染筆もの権進ゟ頼為レ遣《たのみつかわせ》ル。」と見える。美郷（文久元年没、六二才）は「桂園入門名簿」（『国学者伝記集成第二巻』）の天保四年の条に「播州赤穂　柳田恭助　美郷」と見える香川景樹の門人である。『鰒玉集』はその「第三編」が初出で、その「作者姓名録」に「美郷　播磨加里屋柳田喬輔」と見え、同四編・五編にも柳田姓で採られている。ところが、この後、岡山藩士森寺氏に入り「森寺美郷」を称するようになり、事実、同六編（嘉永四年）では森寺美郷名で作品が採られている。右日記に見える「美郷」の姓は時期的には微妙だが、さしあたり播磨居住時代の「柳田美郷」としておく。ここでも権之進に命じて美郷の「染筆もの」を頼んだのである。なお、彼は弘範より多く『鰒玉集』に採られていて、「三編」は二五首、「四編」は三〇首、直近の「五編」は二一首の作品が見られ、有力な〈鰒玉集歌人〉の一人だった。直道は弘化三年三月半ばに諸平と会ったが、その時、『鰒玉集』に作品を寄せた近辺の有力歌人の噂を彼から聞かされ、その中に美郷も入っていて、そして権之進に命じて染筆物を乞わせたのだろうか。

(3)　藤井高雅

『日記』弘化三年二月七日の条の、次の件に見える「備中吉備津宮神主」は藤井高雅のことと考える。

藤方彦市郎ゟ書状、兼瀬《かねて》（頼カ）遣候備中吉備宮神主色紙短冊出来差越、且短冊染筆物頼差越ス。

冒頭の藤方彦市郎は備中笠岡代官所の代官（任期天保一三年～嘉永三年）で、直道とも代官仲間として親しくしていたのだろうが、特に彦市郎の嗣子が怪我の療養のため大坂に来ていたので（弘化二年五月一三日の条に見える）、この間、両者の文通は頻繁にあったらしい。そんな中で恐らく直道は彦市郎に高雅の色紙短冊を依頼していて、それが今回送られて来たのである（彦市郎はそのついでに直道の短冊・染筆物をも頼んで来たと言う）。直道が彦市郎に高雅短冊を依頼したが、彼はいつ高雅のことを知ったのか。高雅は天保一二年以後何度か大坂に出、間近では弘化二年秋に滞坂していたこともあるが。

(4)　関㒵翁

『日記』弘化三年閏五月二三日の条に、次のような記事が見える。

藤方彦市郎ゟ之壱封、大坂屋（谷町代官所御用達大坂屋定次郎）に届、■《ママ》翁染筆物出来差越ス。

「■《ママ》翁」は「鳧翁」だろう。鳧翁《ふおう》即ち関政方《まさみち》（文久元年没、七六才）は備中笠岡の医師で国学者・歌人。笠岡代官藤方彦市郎は、高雅の短冊を送ってから四ヶ月後に、今度は、文字通り地元笠岡の鳧翁の「染筆物」を直道に送ったのだった。なお、鳧翁は日本語の音韻「ン」と「ム」との区別を明らかにし義門（天保一四年没、五八才）らからも称賛された『傭字例』で知られているが、その板本（大阪府立中之島図書館蔵）の表紙裏刊記に「天保十三壬寅歳孟春新鐫／浪華　種玉堂」とあり、天保一三年初春に種玉堂（大坂書林河内屋儀助）から板行されている。序文に足代弘訓や輪池翁（屋代弘賢）の序文も付されている。直道もあるいはこれを手にし、彼の方から彦市郎に依頼して鳧翁染筆を求めたのかも知れない。

V　『直道日記』のその他の文人

(1)　足代弘訓・荒木田久守

『日記』弘化三年六月七日の条に「足代弘訓家来出坂之よしニ而、染筆もの出来《しゅつたい》差越ス。」とある。これより先、弘訓にその「染筆もの」を依頼していたはずだが、『日記』には見えない。伊勢山田の足代弘訓（安政三年没、七二才）は、御師としての活動のためもあって、大坂農人橋に（足代家の）定宿があり、何度か大坂に出てきている。直道はそんな折に依頼したのだろうか。今回はその足代家の「家来」が所用で「出坂」し、その彼から依頼していた弘訓の「染筆もの」が届けられたと言う。同年一一月五日の条に

「足代弘訓哥認メ物出来届。」とある。この方は飛脚便だったのだろう。直道と弘訓との「関係」は不明。なお、同じ伊勢の荒木田久老の二男荒木田久守（嘉永六年没、七五才）にも、どう言う伝手《つて》でか短冊を依頼していたようで、『日記』弘化三年一一月一二日の条に「久守歌出来来ル。」とある。

(2)　小林歌城・田中大秀・小谷古蔭・臼井治堅

(一)　『日記』弘化三年五月一七日の条に「山木数馬江文通、小林元雄江色紙短冊頼、更紗風呂敷添遣し為持遣ス。」とある。「歌城」の名でも知られる元雄はこれまでにも何度か言及して来ている。なお、短冊を依頼した山本数馬は『柳営補任』巻之三「大番組頭」（の第五番組頭）に掲出され、「弘化四年未九月卅日同組ヨリ／安政二年三月九日二丸御留守居」と記されている。五番組は大坂には「子」と「午」の年に来る。「子」年の天保一一年にも大坂に来ていて、まさにその同じ年に代官として来坂した直道とも交流があったのだろう、その六年後の弘化三年は「午」年で、彼はこの年の八月に来坂する。そのため直道は、まだ江戸にいる彼に文通で歌城の短冊が欲しいと頼んだのだろう。定期的に江戸と大坂を行き来する大番士は、また文人たちの交流に一役買っていたのである。なお、数馬が大番組頭になるのは弘化四年からだから、この時はまだ大番士だった。

(二)　『日記』弘化三年四月一日の条に「設楽ゟ文通、大秀短冊出来差越ス。」とあり、設楽八三郎から「大秀」の短冊を送ってきた。「大秀」は飛騨高山の田中大秀（弘化四年没、七一才）だろう。これはその日付から設楽の京都土産の一つと考えられるが、これについては、後の「四　有功・翁満論争と竹垣直道」で触れる。但し、設楽が大秀短冊を手に入れた経緯は不明。

㈢『日記』弘化三年六月晦日の条に「小谷古蔭并治堅江挨拶状、権進ら為二差立《さしたたせ》一ル。」とある。因幡の小谷古蔭と臼井治堅とに、権之進に命じて「挨拶状」を送らせたと言う。当然、短冊を依頼させたのである。彼らは『鰒玉集』に多くの作品が取られているが、その「評判」を聞いていて、今回の通信に及んだのだろう。ちなみに、「第三編」からの作者である治堅は、直近の「第五編」（弘化二年六月刊）には、六二首という最多の作品が取られ、「第四編」からの作者である古蔭もまた五〇首と多く採られていた。先に見たように、直道はこの年の三月に諸平と会っていて、彼ら二人の噂を聞いていたのだろう。

(3) 中島広足

㈠『日記』弘化三年一二月一〇日の条に「広足短冊出来来ル。」とある。中島広足は『鰒玉集』には「第二編」二五首「第三編」七二首「第四編」三八首「第五編」五六首と多くその作品が採られ、作品数では恐らくトップの鰒玉集作者だろう。そんなこともあって、直道は早くから耳にしていたかも知れないが、『日記』で彼の名の見えるのはここだけで、どう言う伝手で手に入れたのかも不明。

㈡先（134頁～135頁）に佐々木春夫の作品を松田直愛が大坂からわざわざ長崎の広足に評を乞うたのを見たが、広足の名は、大坂の地では『鰒玉集』作者としてだけで知られていたのではなかった。長崎の文人と大坂との交流は大坂銅座・俵物会所役人を取り上げた所で触れたが、実はもう一つ交わる機会がある。大坂には、先にも触れた如く、三町人以外に大坂三郷（北組・南組・天満組）の各組に置かれた総年寄がいる（元和元年一六一五の成立、人数は北組一〇人・南組六人・天満組五人）。彼らの仕事に就いては幸田成友『江戸と大阪』（一九三四年初版、一九九五年再版）に詳しいが、その一つに「糸割符年寄」役があり、「惣年寄のうち四人は糸割符年寄となり、毎年一名ずつ長崎へ下」ったとある。「糸割符（白糸割符）」と言うのは『新修大阪市史第三巻』（153頁～155頁）によると、「中国産の輸入白糸（生糸）を統制した貿易仕法のこと」で、当初、「堺・京都・長崎の三都市の裕福な町人を糸割符人に指定し、彼らに三ヵ所糸割符仲間を組織させ、その代表者を糸割符年寄（後に割符宿老）に任命」し、「輸入白糸に標準値段をつけて、独占的に一括購入し、それを国内の諸商人に時価で売却」する等の任に当たらせていたが、「糸割符仲間」は寛永八年（一六三一）以降の制度見直しの中、従来の三ヵ所から江戸と大坂が加わり五ヵ所で結成され、そんな経緯で、大坂三郷総年寄の中から毎年四人が糸割符年寄になり長崎に下ることになったと言う。

例えば天満組総年寄の今井克復は、弘化元年から翌二年まで糸割符年寄として長崎に滞在して、その間、広足に就いた。その広足は安政四年に上坂（し一旦帰国し、翌五年上坂後しばらく大坂に移住する）が、それは克復の招きによったと言う（弥富破摩雄『中島広足』）。

また、『梅園奇賞』の野里梅園に就いては先に触れたが、南組惣年寄だったその梅園もまた、文政六年から七年にかけて糸割符年寄として長崎に赴き、青木永章や近藤光輔や中島広足ら長崎文人と交流している。その内、広足は天保元年冬に師の一柳千古の病気見舞のため江戸へ赴き、その帰途の翌二年三月末に大坂に立ち寄り、長崎で親交のあった梅園宅を訪ねている（留守で会えなかったけれども）。注①このように、「長崎」と「大坂」とは、銅座・俵物会所での結びつき以外にも、糸割符仲間での結びつきがあった。大坂で広足の名が知られる可能性は（たとえ一部の者の間であっても）、必ずしも『鰒玉集』の有力作者と言うだけではなかった、と言うことである。

注①＝中島広足『東路日記下』（『中島広足全集第一編』）四月一日の条。

Ⅵ　画帖『浪華勝概帖』のこと

竹垣直道が大坂の画師に浪華の名所を画かせて成った『浪華勝概帖』（嘉永元年一二月付篠崎小竹序、大阪歴史博物館館蔵資料集８〈平成二四年三月〉）と言う画帖がある。注①直道は江戸に戻る時の浪華土産として作ったもので、先に触れた『浪華名勝帖』―香川琴橋が京橋口定番武蔵金沢藩主米倉昌寿の嗣子の手習いの手本として作って、昌寿は浪花土産になると喜んだもの―とよく似ている。本画帖制作に関わる記事も『日記』に散見する。

注①＝直道と『浪華勝概帖』とに就いては内海寧子「大坂の風景画帖と竹垣直道―『浪華勝概帖』と『竹垣直道日記』―」（『竹垣直道日記㈣』巻末所収）に詳しい。

(1)　石垣東山

『日記』天保一四年四月一二日の条に「玉造勝手江罷越、右京殿江御目ニ懸り、画師東山席上之画いたし暫く談話、（下略）。」とあり、画師石垣東山（明治九年没、七四才）の名が見える。記事冒頭の「玉造勝手」は大坂城玉造口定番屋敷で、そこで直道がお目にかかったと言う「右京殿」とは、天保一二年八月から同一四年一二月まで玉造口大坂定番を務めた越前敦賀鞠山藩一万石藩主の酒井右京亮忠毗のこと。東山はその鞠山藩お抱え画師で天保一二年藩主の大坂在番に従って大坂に転居したと言う。注①東山の画は勿論『浪華勝概帖』に収まる。

注①＝大阪市歴史博物館蔵資料集８『浪華勝概帖』の巻末「絵師略伝」参照。

(2)　藪長水

同弘化四年九月二日の条に、「坂本江文通、花月草記一冊返し、長水画頼遣ス。」と言う記事が見える。坂本鉉之助への文通に付して「花月草記」（これは寛政末前後に成立した松平定信『花月草紙』のことだろう）を返し、藪長水（慶応三年、五四才）に画を依頼して欲しいと頼んでいる。それを直接承けた記事かどうか、嘉永元年八月一日の条に「長水江次平太遣し、名所画頼候分十九人前為《も》レ持《たせ》、認メ方頼遣ス。」と言う記事も見える。長水は幕末期大坂の地でよく知られた画人で、天保八年版『続浪華郷友録』から安政三年版『浪華名流記』までの人物誌に毎回掲出されている。いま、後者の掲出記事から（書き下して）引くと、「藪長水　名良、字大造、一号朝翠、甲戌（文化一一年）を以て生る、初め熊岳に学び熊巒と曰ふ、後其の号を改む、益々精微にして能品に入る、其の父鶴堂儒を以て業と為す、長濠橋南に住す。」とある（父鶴堂も嘉永元年までの人物誌に掲出されている）。長水の画は勿論のこと『浪華勝概帖』に収まる。

VII　刀工荘司直胤のこと

荘司直胤は、京摂の文人ではなく、江戸住でその上に刀工でもある。但し、これまでも何度か上方に来ることがあったようで、今回も弘化二年～四年の間、在坂していた。ところが、その彼のもとに、大坂谷町代官竹垣直道は友人たちとわざわざ会いに行っている。これまでの者とはかなり趣は異なるが、商人の町の刀工と言うことで意外でもあるので、広義大坂仮寓文人の一人として、ここで取り上げる。

(1)　秋元侯お抱え刀工

先（157頁）に間瀬信之助を取り上げる中で、まず『日間瑣事』天保八年八月一九日の条から、旭荘が間瀬信之助方を訪ねると「鍛工種直《ママ》（直胤）」と言う者が先客にいたとの記事を引き、次いで『竹垣直道日記』弘化三年五月二三日の条から、次のような件を引いた。旭荘とは違い直道は、坂本鉉之助や設楽八五郎らと共に、「鍛冶（刀工）」のその直胤にわざわざ会い行ったのである。

　昼食後、坂（本）《ママ》入来、八ツ時過設楽も入来、一同談話、八ツ半時比ゟ両氏同行中ノ嶋大江はし秋元蔵屋敷内戸田山城守殿家（来）《ママ》間瀬信之助方江罷越逢、鍛冶直胤初而逢、刀剱地鉄金鉄調和之法一覧、夕刻相済、信之助宅ニ而酒飯出し馳走ニ成り、自分者先江退散、六ツ半時比帰宅。

さてその「直胤」とは何者か。『山形市史中巻』第五章第一節で、「山形の刀工と金工」の一人として「荘司直胤」（安政四年没、七九才）の名で掲出されている。それによると、山形城下鍛冶町で生まれ、寛政一〇年前後に江戸に出て、山形藩主秋元永朝侯の抱え刀工水心子正秀の弟子になり、以後江戸に住む。文化九年その師正秀の推薦で、同じく山形藩主秋元久朝侯の抱え刀工になった。文政二年に筑前大掾に、嘉永元年には美濃介に任ぜられたと言い、また「彼ほど全国を廻って鍛刀した刀工は、古今を通じて少なく、京都へは弘化・嘉永・安政と三回も上洛している。」ともある。彼が「弘化」に上京した（大坂にも来ていた）のは確かだが、旭荘は天保八年八月に大坂にいた彼と会っているので、恐らく「天保」にも上京していただろう。この天保八年の時にも、弘化三年の時にも、直胤は両度とも信之助方にいた。彼が信之助方にいた理由は、これも先にも触れた如く、そこが直胤の主君秋元侯の蔵屋敷内だったからである。

(2) 川路聖謨『寧府紀事』から

ところで、この「弘化」の上方滞在時、直胤は、弘化三年三月に奈良奉行として赴任して来ていた川路聖謨を訪ねていて、そのことが聖謨の奈良奉行赴任時の日記『寧府紀事』(『川路聖謨文書二〜五』)に何度か見える。そこに大坂での彼の消息も伺えるので引いてみる。

(一) その最初は、弘化三年一〇月二九日の条に次のようにある。

夕がたより直胤来る。同人去年ゟ大坂に旅宿、當六月武鑑に而奈良江参り候義承知之由に而、研師弟子其外召連来る。直胤わが此ほど之愁傷にて体をいため候而は不ㇾ宜、同人自得之按腹有ㇾ之、大坂之高僧・豪商等数人全快におよび既に鴻池善右衛門迄も彼が旅宿江来り療治を乞けるよし。其門弟も出来候由。よつて今日わが気之つかれを直し呉可ㇾ申と之事に而、夜四時過ゟ八時頃まで按腹いたす。

この記事から、直胤は実は「去年」即ち弘化二年から「大坂に旅宿」していたことが分かる。その彼が弘化三年版『武鑑』によって聖謨が奈良奉行として奈良に赴任したことを知って、門人たちを引き連れて聖謨に挨拶に来たのだった(江戸の『武鑑』が間も置かずに上方方面でも流布していたことが分かる)。直胤と聖謨とは、奈良の地ではこの日が初対面だが、右の記事から江戸の地ではこれまで相当に親しくしていたらしいことが想像される。

直胤が訪れた時、聖謨はこの一月前に、江戸の実家で二二才の長男彰常を亡くして、沈痛な日々を送っていた。右の「わが此ほど之愁傷」とはこのことを承けている。直胤は聖謨の疲れた様子を見て「自得之按腹(腹に施す按摩)」を施したらしい。刀工ではあるが彼の「按腹」はよく効くらしく、これを施された大坂の高僧や豪商ら数人全快し、それを聞きつけた鴻池善右衛門まで彼の旅宿にやってきて治療を乞うたと言い、（刀工ではなく按摩の）門弟まで出来たと言う。そんな直胤は、なんと午後一〇時から翌午前二時まで、四時間も「按腹」してくれたと言う。

(二)　翌十一月二日は聖謨の妻「おさと」にも按腹しているが、この日にやっと刀剣が話題になる。

直たね脇差をみする。貞宗などよりよきがごとし。けしからぬ上達也。同人正宗同位に老年迄には上達するといひしが、果してよく出来うらやまし。直たね・宗保いづれも二百年来壱人也。

「貞宗」は、「刀剱鍛冶叢伝」（『大日本人名辞書第五巻』）によれば、鎌倉末期から南北朝の刀工、もと近江の人で正宗の養子となるとあり、その「正宗」（文永元年一二六四―康永二年一三四三）は相模鎌倉の刀工で「本邦鍛冶中興の祖神と仰がる。」とある（「宗保」は未詳）。とにかく直胤の脇差を見せてもらうとすばらしい出来映えで、直胤がかねがね老年までに正宗の技量に達すると言っていたが、実際にそうなっていて羨ましい、とにかく直胤や宗保はこの二百年来の第一人者だ、と聖謨は絶賛している。

(三)　翌三日の条に「昨夜より大坂大火之由風聞、直たね驚て大坂江帰る。」とあり、彼は大坂大火のことを聞き慌てて大坂にもどった。なお、この日に聞いたことだろう、「直たねいふ。」として聖謨はこの記事に続けて「師匠正秀は出羽の水沢領赤生といふ所之農父に而、秋元の家来川部義左衛門といふもの〆養子に成、八王子の郡司義英といふ農具鍛冶同前のもの〆弟子になり、工夫をこらし七十六歳に而没し大に鍛冶のみちを開たり。」と書き留め、刀剣の鍛錬に就いて語ったことなども記している。

ところで、彼はこの後もなお京坂の地に滞在していたようで、一年後の弘化四年十二月九日の条に、

夜に入而《いりて》直胤来る。同人京都の弟子のかたへしばらく居て、又大坂江行とて来りし也。十歳前後の

児の足ほどなる鉄を以造れる温石をくれり。至而《いたつて》よろし。（中略）、われ刀劔のはなしは大に嫌ひに成りて大和へ来りては如レ忘とおもひしが、直胤来りて、刀剣の利鈍を論じ、往古よりの刀匠らが巧拙を議して、果てはとこ（床）の中に而《て》ねながら尚論つきずして、夜八打（八つ時＝午前二時）はきゝしが後は話くたびれて臥候也。直胤当年六十九、老而《おいて》ます〳〵壮也。

とある。いままで京都にいたが大坂に行く途次に奈良に立ち寄った、と夜になって直胤が訪ねて来たのである。聖譔はもとは刀剣談義を好んだが、飽いてしまっていつしか嫌いになり、この奈良に来てからはすっかり忘れたようになっていたのに、この直胤がやって来て彼の刀剣論議が尽きず（聖譔の方も刀剣議論好きが再燃し）遅くなり床に臥してもなお続き、夜中の二時の鐘の打つのは聞いたがそのまま寝入ってしまった。「直胤当年六十九、老而ます〳〵壮也。」とあり、聖譔はいささかあきれ顔である。

㈣　今回、彼は奈良には一泊しただけで、その翌十日の条に次のようにある。

直胤、今日九ッ時頃よりふる市のかたより境（和泉堺）へ行、夫より大坂江帰りて、主用を兼て下の関江行、備前江行、備前刀の遺風をさぐりて、来年四月より五月頃に江戸へ帰る也、又正月の末頃にはなしに来るべしといひて忽に帰れり。よほどこゝろの修行出来し翁也。

夜中まで話し続けた彼だが、正午には奈良を発ち大和古市から西に向かって堺へ出、それより北行して大坂に帰り、「主用」とでか下関まで行き、その往復時、備前に立ち寄って「備前刀の遺風」を探り、来年（嘉永元年）の四、五月頃に江戸に帰る予定だが、その前に正月末にもう一度ここに話し込みに来るとも言う。いつ江戸を出たのか、少なくとも四年に亘る大旅行である。聖譔が「よほどこゝろの修行出来し翁也。」と感嘆しているが、確かに彼より一〇才年上の大蔵永常（万延元年没、九四才）を彷彿とさせる、そんな気骨ある健脚老人である（こんな老人に接して、聖護も随分と元気づけられたことだろう）。

(3)　大坂と刀工

「町人の町」の大坂では考えにくい刀工が大坂にやって来て、しばしの間（二、三年）滞在していた。これまであまり注意されてこなかった大坂の別の側面（「刀」に関心のある者たちも住んでいると言う側面）が、このことから伺える。なお、「大坂と刀工」と言うことに関して、ここに一つ付記することがある。

先に『山形市史中巻』の記事に従って直胤の伝に言及し、その際に彼の師として水心子正秀にも触れた。実はその記事中に門人三十数名が掲出されていて、その中に直胤も見える中、注目されるのは「貞吉　谷地笹川生まれ／大坂に住す　月山弥八郎」と、大坂に移住した正秀の門人の名が見えている。大阪歴史博物館特別展の図録『生誕百年 人間国宝 刀工 月山貞一とその一門』（平成二十年一月）は、その「月山弥八郎」を祖とする大阪月山派の人間国宝月山貞一―弥八郎の直弟子貞一を嗣ぐ二代目貞一―を顕彰したものだが、その祖月山貞吉の伝を、右図録から摘記すれば、次のようである。

貞吉は出羽村山郡笹川村の生まれで、二十歳頃にあたる文政中期に江戸の刀工水心子正秀のもとで修行を積み、その後三十歳頃に上阪、天保十四年、四十四歳の時に江州犬上郡の塚本家から養子を迎えた。それが初代貞一である。(中略)。貞吉は明治三年二月に七十一歳で没するまでの約四十年間、大阪で刀を作り続けた。

直胤は若い弟弟子貞吉を知っていて、恐らく在坂中に会っていただろう。町人の町大坂に、実は月山派という刀工集団があり、繰り返すが、それを必要とする人々が大坂にいたと言うことなのである。

四　有功・翁満論争と竹垣直道

来坂武士役人の一人直道と京摂の文人との（短冊・色紙などを通しての）「交流」を、直道の「日記」を通して右に見てきたが、京の千種有功と来坂武士役人の黒沢翁満とは、「日記」に見えるものの敢えて触れなかった。実は有功と翁満との間で有功短冊を巡って論争があり、両者と交流のあった直道がその間に入ってなんとか穏やかに終わらせると言うことがあった。それをここで取り上げてみる。

I　千種短冊と翁満短冊

(1)　竹垣直道と設楽八三郎

『竹垣直道日記』（以下、単に『日記』）の弘化三年三月二八日の条に次のような件が見える。

夜ニ入、設楽入来、五ツ時過帰ル。久々ニ而面会致し、京都土産之品々呉ル。○自分江道八染付急須、千種・景樹短冊各一枚、菓子并茶、竜太郎江宇治人形・根付一、其外子供江品々贈ル。

「設楽《しだら》」がやって来て「京都土産」をたくさん呉れた中に、「千種」・「景樹」の短冊が一枚ずつあった。「景樹」はこの三年前に亡くなっていた香川景樹、「千種」は千種有功（嘉永七年没、五九才）である。直道は、景樹の短冊と共に、この時初めて有功の短冊を手にした。

「設楽」、即ち大坂鈴木町代官（任期弘化元年～嘉永六年）の設楽八三郎能潜は、有功短冊を含む沢山の京土産をもって直道方にやって来た。二人が親しかったからでもあるが、実はこういう背景もあった。

『日記』弘化三年二月二七日の条に、能潜の上京事情と直道のその助力とが次のように記されている。

大行（仁孝）天皇崩御ニ付、京都般舟院（当時は泉涌寺と共に皇室の菩提寺）御賄御用懸《おんまかないごようかかり》設楽被仰付《おおせつけられ》、人少《ずくな》ニ付、自分手代借受度段兼而《かねて》申越、森田鎗三郎・島林梶三郎貸遣し、今夕夜船ニ而《て》出立いたす。

即ち、能潜が仁孝天皇葬儀の手伝いを命ぜられたが、家来の人数が足りないと言うので、直道は配下の手代二名を貸したのである。同三月四日の条に「大行天皇御送葬、今夜被為済《すませられ》候由、市在之もの共上京多人数之よし。」とあり葬儀は無事終わったが、その後始末などで能潜はなお京に在った。同三月一〇日の条に「設楽御用先江書状差遣、手製之胡麻味噌・辛漬并《ならびに》坂本（鉉之助）ゟ到来之《の》つくし煮候而《て》相詰ニいたし、書状入壱封、留守宅江為持《もたせ》為遣《つかわせ》ル。」とあり、直道は、当座に役立つ食料品などをなお在京中の彼の所へ送るよう、その鈴木町の留守宅に依頼している。漸くその仕事も終わり、同三月二七日の条に「設楽、京地御用相済、今昼船ニ而八ツ時比帰坂いたし候よしニ付、云々」とあり、冒頭の「夜ニ入、設楽入来、云々」との記事に続く。能潜は、大坂代官先任者の直道にたいそう世話になり、その感謝の気持ちをも込めて、沢山の京土産を持参したわけで、その中に景樹の短冊と共に有功の短冊があったのである。

(2)　直道と翁満

有功短冊の見える前の、『日記』弘化三年一月一八日の条に、次のような記事が見える。

下総守家来西山源二郎江初而《はじめて》文通、同藩のもの哥頼遣し、茶箱一相贈ル。

「下総守」はここでは武蔵忍藩主松平下総守忠国のこと。その家来「西山源二郎」は忍藩大坂蔵屋敷詰役人。直道はその彼に茶箱一箱を送って、同藩の者の歌短冊を依頼した。その二日後の同二〇日の条に、

西山源二郎ゟ過日之返書差越、同庵《(ママ)》（藩カ）翁満之哥染筆出来、不レ残差越、及二返書一。

とあり、早速忍藩のものとして黒沢翁満の認めた短冊がたくさん送られて来て、直道はそれに返事を書いている。直道は翁満短冊をこの時初めて手にしたようだ。翁満に就いては先にも触れたように、弘化元年以降忍藩用人として国元武蔵忍と大坂とを半年ごとに行き来し、一〇月から翌三月までは在坂していた。直道が翁満の短冊を手にした時、翁満は大坂藩邸にいたのである。翁満の名は『日記』ではここ以外には見えないが、直道は翁満とは恐らく会っている。

(3)　翁満『播磨の家づと』

翁満の紀行文『播磨の家づと』（長谷川宏編刊『武州埼玉郡忍行田史料拾遺 四』所収）の冒頭に（ルビ引用者）、

播磨の国の加古・加西・多加などいふわたりを、との《殿》ゝ知ろしめすよしいできにければなむ、そこを治めにとて、つかさ《司》〳〵のものどもいとあまたゐ《率》てくだる。きさらぎ廿日といふ日に浪花を出たり。

とあり、その頭注に「播磨国十五ヶ村、高六千九百余石。天保元年拝領。」と記されている。要するに、翁満が忍藩用人として、多くの大坂藩邸詰役人を従えて播磨一五ヶ村七千石に及ぶ忍藩領地の視察に出かけたが、その際の紀行文がこの『播磨の家づと』なのである。「きさらぎ廿日」即ち二月二〇日に大坂を出発したとあるだけでその年次は記されていないが、紀行文末部の「布引の滝」の件に、次のような記事

が見えている（［ ］の注記は原文。強調点は引用者）。

> 布引の滝ハ、め［女］・を［男］のふたつありて、男滝ハ長うなゝめにおち、女滝はけた［桁］におちて短し。こぞの春竹垣あがたぬしより、こゝにたつる石ふミの歌とて言はれて、
>
> 露をたて［経］しずくをぬき［緯］にくりこめし五百はた［機］ものゝ布引の滝
>
> となんよめりけるを、今ハたてもやしたる、と見るニなし。石のミもてはびこりありて、いまだゑ［彫］りたらず。

滝の名の「布」に関わる縁語を連ねた機知に富んだ歌だが、これは「こぞの春竹垣あがたぬし」から、布引の滝の傍らに立てる石碑用にと依頼されて詠んだものだと言う。もう碑は立てられているかと思って来たが、石は側に横たわるもまだ彫られていない、とやや不満気である。それはともかくも、「竹垣あがたぬし（代官）」即ち竹垣直道から、「こぞ（去年）の春」に依頼されたとあるのが注目される。先に見たように、直道が翁満短冊を初めて手にした（初めて翁満を知った）のは弘化三年一月二〇日、従って、歌碑用の歌を翁満に依頼したのはそれより後のことになる。また、直道が任終えて大坂を立つのは嘉永元年末だから、「こぞの春」は「弘化三年春」か「弘化四年春」かの二通りが考えられるが、それ以上の決め手は今の所ない。ただ、翁満短冊を手にして彼の詠歌の才を知り、支配地内の布引の滝の石碑の歌を依頼したのではと思われるので、さしあたり、依頼された「こぞの春」は「弘化三年春」のこと（この時恐らく両者は会っていて）、翁満の『播磨の家づと』の旅はその翌弘化四年のことと考える。

Ⅱ　有功・翁満論争の概要

(1)　論争の時期

代官の直道が、翁満の短冊を弘化三年一月に有功の短冊を弘化三年三月に、それぞれ初めて手に入れたのを見た。ところが、それから程なく、その有功と翁満との間で論争が起こった。その経緯は不明な部分も多いが、『犬物語』（又は『於伎難草《おきなぐさ》』）と名付けられた写本に、注①その論争を仲介した直道の下僚（手代）宮部孫八郎（式臣とも称し、手代元〆宮部潤八郎の子）注②に宛てた、有功と翁満二人の書簡（各二通）が収まり、その内容のおおよそは推測される。

要するに、翁満は孫八郎を介して有功の染筆（短冊と色紙）を乞うた、しかし翁満は手にしたその染筆物（「懐紙と短尺」）に疑問に思う所があったので、その染筆礼金二百疋に添えて孫八郎を介してその旨を糺したらしい（この孫八郎宛書簡の日付は「二月三日」）。翁満はあくまでも学問上のことと考えていたらしいが、ともかくその年次不明二月三日付孫八郎宛書簡中に、次のような件がある。

懐紙と短尺と二枚御染筆被下候処、二枚ともニ少々申分有之、切格（折角）所持致候而も、疵物にてハ甚　歎敷《なげかわしき》　儀ニ奉存候。

この書簡の年次は不明だが、直道は、弘化三年一月に翁満の短冊を、弘化三年三月に有功の短冊を初めて手にしていて、直道と両者との交流はそれ以後のこと。ところで、両者の論争（書簡）を取り次いだのは直道下僚孫八郎で、最初のものが右の「二月三日」付書簡である。その年次はその日付からして弘化三年は無理で「弘化四年」だろう（事実、『日記』弘化四年の、これ以後の条に有功との頻繁な遣り取りが伺える）。

注①＝『犬物語』（又は『於伎難草《おきなぐさ》』）と名付けられた写本が二、三残っている（『国学者伝記集成第二巻』の翁満の項にも収まるが、半分近く省かれている）。目に触れた写本の一つは、(a)刈谷市中央図書館村上文庫蔵（「蓬廬雑鈔」第五十一冊）で、本文冒頭に「犬物語」とある。巻末識語（千尋正蔭）に「犬もの語といふふみを、宇治久守神主（荒木田久守）見せられて、論あらバ申べしと有けれバ、珍しのさうしやとひらき見るに、云々」とある。次いで(b)大阪府立中之島図書館蔵写本で、これはタイトルがなく仮に「有功・翁満論弁」と題されている。三つ目は、(c)名古屋市蓬左文庫蔵写本で、(a)と同じく冒頭に「犬物語」とある。

注②＝(c)の蓬左文庫本巻末に、(a)と(b)にはない次の記事が付されている（前掲『伝記集成第二巻』にもある）。

千種正三位有功卿　／武州忍藩　黒沢九蔵翁満　／大坂在御代官竹垣三右衛門手代　宮部潤八郎息宮部孫八郎

(2)　論争の経過と結着

翁満は、孫八郎を介して手にした有功の「懐紙と短尺」に、「少々申分有之」と言う。具体的には、一つは「か」文字のその書体（書法）に関すること、もう一つは助辞「に」の使用に関わることだった。前者に就いては翁満は自分の非を認めているのでそれはここでは措き、後者は「黒沢翁満がはじめて訪ければ」との詞書きをもつ「千年へむ翁草こそうれしけれわがそのふにも香ににほひつゝ」と言う有功歌の「に」の重なりを翁満は難じている。翁満の指摘の当否はよく分からないが、とにかく翁満は「懐紙と短尺」共に「疵物」と言った。孫八郎を介してこの翁満書簡を見た有功は、「疵物」呼ばわりにカチンと来たのだろう。彼は（二月）八日付孫八郎宛書簡で翁満の「申分」に反論し、最後に次のように言っている。

愚詠共疵物と先方決定之上ハ、弁解申候とも畢竟無㆑詮事歟《か》と候へ共、先々右返答書如㆑此候。此段達し可給候。但、右謝物贈給候へ共、疵物之礼ヲ取候而ハ、何とも気すゝミいたし不ㇾ申候間、是ハかへし申度候。乍二御世話一可ㇾ然《しかるべく》取斗《とりはかり》可ㇾ給《たまうべく》頼入候。以上

つまり、「疵物」に対して謝礼を受ける筋合いはないから翁満からの「謝物」を返すと言う（ここには見えないが、当然、その「疵物」たる染筆物はこちらに返せと言うことである）。こんなことになるとは思わなかったらしい翁満は、二月一一日付孫八郎宛書簡で、次のように言う。

全躰学問之筋ハ互ニ申試候本意ニ付、我々同士之心得ニ而、愚意ニ落不ㇾ申所を相伺候所、御気然ニ相障候哉、何共〳〵奉二恐入一候儀ニ御座候。何も左様之訳ニハ無ㇾ之候。分らぬ事を学問仕候迄の儀ニ御座候。

学問は互いに意見を交換し合うのが本意であり、「愚意《ぐい》ニ落不ㇾ申所《おちもうさざる》」を「相伺《あいうかが》」うのが「我々同士之心得」と思っていたが、こんなに怒っておられるとは「奉二恐入一候」と言い、「多罪今更仕方無ㇾ之候。此上少しニ而も可ㇾ然《しかるべき》やう御取斗《とりはかり》被下度《くだされたく》、呉々此段奉ㇾ願候。」と（短冊等を返すと共に）その取りなしを孫八郎に求めた。孫八郎も努力したようで、そのことは日付なし孫八郎宛有功書簡の、次の件から伺える。

然バ、翁満へ遣し候愚歌共取戻し贈越給令二落手一候。彼是御世話之義辱存候。短冊は竹垣主芳志ニ而御入手相成候旨、辱存候。宜申入可ㇾ給候。扨、此度之義は何も流しニ致候様申越給、尤ニ承候。小子も同意之義ニ候得バ、決而遺念無ㇾ之候。

翁満に送った「愚歌共」を取り戻して貰うなどお世話になった、短冊の方は「竹垣主」がそのお心遣いで受け取って下さって有り難くよろしく伝えてほしい、さてこの度の翁満とのことは水に流してとのお申

し出は尤もなことで、私も同じ思いである、決して後々までこだわるものではない、と有功は受け入れている。その「取りなし」で有功が最も有り難かったのは、「疵物」のレッテルを貼られた短冊を直道が買い取ってくれたことで、これで有功のメンツも保たれ、論争も平和裡に終えることが出来たに違いない。

Ⅲ　有功と翁満と直道

(1)　古学派歌人通弊の批判

翁満は取りなしを依頼した孫八郎宛書簡で、実は「且、此方ニ而疵物と決定仕候抔とハ、以之外《もってのほか》之儀ニ御座候。」と抗弁していた。これより先の孫八郎宛書簡で有功短冊をはっきりと「疵物」と言っていたのだから、この抗弁はどう見ても強弁で、これを孫八郎から回された書簡で読んだ有功が見過ごすはずはない。先に見たように、有功は今度の話を水に流すことには同意している。ただ、彼はこれまでにも古学派歌人らからの批判を（間接的には）何度か耳にすることがあったのだろう、それが今回の翁満の無神経な「難詰」とこの「抗弁」とによりいよいよ腹に据えかね、翁満や古学派歌人らに対し次のように難じた。

近来、古体歌読と自称候輩、著述候書ニ顕然と現存之姓名を記し、其歌などさま〴〵誹謗致候を彼是見請申候。門人抔《など》へ示し候ハまだしもの事、上木迄にいたし、驕慢なるハ疵ある歌よりも醜く名聞《みようもん》甚敷、却而《かえって》其人がらもしらるゝ者ニて、よからぬ風義と被ㇾ存候。又当時天仁遠波《てにをは》学流行候。是もあまり片詰り候ハ、其法に縛《しばら》れ、天仁遠波を先にして歌を後にするやうに相成、其よむ所のうたハ平語のやうなるをいはず、人の疵をあなぐることを専として、歌道の趣意には大に違候半歟《そうらわんか》。歌は物の哀をしるを体とす。哀をしれバ何等之道にも可叶《かなうべき》ニ而《て》候へバ、貴賤を不論《ろんぜず》可嗜《たしなむべき》事ニ候。しかし今のやうに理屈ぜめにてハ、口状（口頭陳述のさま）になりて、歌之風致なく可二相成一候。されバ、詞のしらべ第一ニ而候。調一ッにてよくもあしくも聞ゆるものなり。所謂業平の心あまりて詞たらずと云も、歌のうへにてハゆるされたる事と被存候。（中略）。尤、わからぬ事をたづぬるハ学問の常とハさることながら、夫も尋様ニもより可申歟《もうすべきか》。既《すでに》自分疵物と決着の上ハ、たづぬるにも不レ及義に候と存候。凡《およそ》祝詠或送別など、人の志したる詩歌など其主の意に叶ハぬも可有之《これあるべく》候へ共、夫を一々難問候事ハ人情にもあらず、礼義にもそむき候半歟《そうらわんか》。

有功は、「古体歌読と自称候輩」―即ち古学派歌人の通弊として、人を批判・誹謗することで自分を売り出そうとする「名聞」（名誉欲）の甚だしさ、末梢的な言葉遣いを優先して肝心の歌を後にするような本末転倒、「物の哀」をしるを第一とする歌には相反する理屈責め、と批判すると共に、歌う人それぞれに理想があり、それが己の思いと違うからと一々難詰するのは、「人情」にもとり礼を失する態度ではないかと言い、古学派歌人・国学者の往々にして取る、その党派的・排他的態度をたしなめている。

そして、例の翁満の抗弁に言及し、これより先の彼の発言を掲示しつつ「ケ様に有之候。畢竟風流なぐさみのことより、ヶ様ニ両舌の疵を出し候事、古学の弊と申者ニや。」と厳しく難じている。「両舌（二枚舌）の疵」とはおもしろい言葉だが、有功はこれに続けて次のように言って終わっている。

翁満ハ源氏百首など著しいとやさしき武夫《もののふ》と存居候処、初対面より議論をしかけられ驚入候事ニ候。しかし、又々是も以後の心得ニも可二相成一義と存候。扨々、何くれくだ〳〵しく申述候へ共、愚意一通はなし申迄ニて、必々是きりニ而、先方へ通達ハ無用ニなし可レ給候。翁丸と噛合候様ニ外へ聞え候而ハ、恥入候。早々火中可レ給候や。

「源氏百首」は翁満の『源氏百人一首』注①のことで、天保一〇年初版（橘守部序）、同一二年二版（橘守部・前田夏蔭・木村定良序）が江戸の板元から出されていた。広く流布し有功も見ていたらしい。ところが、この後に「翁丸と噛合候様ニ、云々」との言葉が見える。「翁丸」は『枕草子』の「上にさぶらふ御猫は」の段（第六段）に見える飼い犬の名で、「翁満」に掛けていて、論争を「噛合」とも言う。翁満の無骨さに比べると、なるほど王朝の文学作品を持ち出して一見風流で雅だが、その内実はやはりひどい。いわば地下侍に対する堂上公家のこのような「侮蔑的」な物言いも、しかし当時はあまり問題もなく、むしろ喝采も浴びたらしい。そう言えば、この論争を扱った写本のタイトル（の一つ）は「犬物語」とある。

注①＝余田充「『源氏百人一首』について—和歌本文の性格と注の検討—」（『凌霄』第三号）が詳しく、「物語の登場人物より一人について歌一首を選出し都合百二十三首に仕立て上げたもの」「半丁に一人ずつ当て、下欄に和歌を詠者名と詠者の肖像画とともに掲げ。上欄に詠者の小伝と歌注を記している。」などとある。

⑵「みやび心」と「さとび心」—㈠

翁満の指摘に正しい点があったとしても、しかし、論争としてはどうも翁満の方が分が悪い。先に挙げた村上文庫蔵写本『犬物語』の巻末識語（千尋正蔭筆）の最後に、「黒沢のうしとほこりし角をれて千種の園にはな白みけん」と言う狂歌が記されている。「黒沢のうし」の「大人《うし》」に「牛」が掛けられ、その「うし」の傲慢な（誇りかなる）天狗の鼻ならぬ「角」も折れて云々、と茶化しているのである。

また、写本のその同じ箇所に、転写者村上忠順筆跡の次の書き込み（頭書）がある。

ハラグロナル翁丸ナレバ、フルヒワナヽキ泪オトスヤウノヿハアラジ。ナホ、マケジダマシヒニ、ノヽシリヲルナラム。アヤニクノオキナマロヤ。アナハラグロノクロ沢ヤ。

「黒沢」と「腹黒」とが掛けられているが、さらに『村上忠順集』（昭和四四年四月村上正雄刊）に、

犬もの語をよみて／ねぢけたるはらくろさはの翁まろまろ（丸）と名のれど角こそ有りけれ

翁まろが文に、[注①]か文字は、当時世俗普通の浅き所を申上候心得の処、至而高き処明解被成下恐入、右にて氷解仕候、と云処に書入たる、

よき人のみやびもしらでなにしかもさとび心におもひとりけむ

と言うような作品も見える。嘉永二年入門の本居内遠門で三河藩医の忠順は、これより先江戸の橘守部（嘉永二年没、六九才）にも教えを乞うたりしていた篤実な国学者歌人だが、その彼にしてかかる翁満に対する厳しい非難の言がある。有功と翁満の論争が、ここで「よき人のみやび」と地下《じげ》の「さとび心」との対立として捉えられているが、恐らく多くはそういう風に見ていたのだろう。論争は右のように終わったが、仲に入って有功のメンツも立てた竹垣直道（及び宮部潤八郎・孫八郎）は、この後翁満とはどうだったか、その詳細は『日記』には見えず分からない。しかし、有功とはより親交を深めて行った。ここには逐一引かないが、この後の『日記』には有功との親交を示す記事が少なくない。

注①＝「二月十一日」付翁満書簡に「書法の儀は、少子心には、当時、世話普通の浅き処を、申上候心得の処、至つて、高き御明快成下され、恐入候。右にて氷解仕候。」（前掲「伝記集成」）とある。

⑶　「みやび心」と「さとび心」――㈡

川路聖謨は『寧府紀事』弘化三年閏五月二四日の条で、有功を評して次のように言っている。

此卿（有功）、宮家の人には珍敷豪邁不羈の生質にて、うたよむにも草案もせずおもひ出るまゝを、あり合せたるものにかゝれけるよし也。御弟子と成りしものゝ詠草は、一覧ありしまゝにて捨ありて、点はさら也、直しなどといふ事もなし、おもひのまゝの人なれば、いろ〳〵のものに歌をもかゝれけるとて、堂上にては彼是いふものもある、とのはなし也。

有功は「豪邁不羈の生質」で、歌は詠んでも詠みっぱなしで推敲もせず、門人の歌も「直しなどといふ事もなし」と、聖謨は言う。なるほど、てにをはをうるさく言う古学派（の翁満）と対立したはずである。しかし、歌をみやびな遊びと見なせば、有功のような詠歌指導は門人たちも歓迎しただろう。

なお、「豪邁不羈の生質」は有功だけでなく香川景樹も同じで、そのことは先（156頁）に中島広足宛近藤光輔書簡から「（景樹は）けしからぬ気のつよき人にて、云々」を引きやや詳しく触れた。繰り返すことになるが、彼が歌の細部等に拘らぬことに就き、義門は備中の小野務宛書簡（三木幸信編『義門研究資料集成別巻三』）で、次のように「初心の人のかな違だに直さずして、云々」と呆れている。同じ反古学派（小煩《こうるさ》く「てにをは」の穿鑿《せんさく》などしない）と言うことでか、同じ京都の有功と景樹とは似たところがあったらしい。

香川は名人なれど、人の歌をなほす事いとあらく、数々ある時はまして、こは実はよまざりけむとおぼゆばかり、初心の人のかな違いだに直さずして、しかも点引かへせるなどを、をり〳〵みて、さる直し、喜ぼひをる人も有りけり、と存候事、あはれなり。

第三部

仮寓文人の町

大坂は、もっぱら金儲けに腐心する即物的で実用第一の商人たちの跋扈する俗地であり、迂遠で実用に直結しないような文学・思想・芸術などに対しては敬意や理解を示さぬ地ではあるけれども、しかし一方、案外多くの来坂武士役人がいて、想像以上に「文化」の交流がなされていたのを右に見てきた。広道が大坂で最も親しく交わっていた文人は西田直養や黒沢翁満らであるが、彼らは共に来坂仮寓武士であった。広道が俗地大坂に居続けることの出来たのは、彼らと交流のあったことが大きい。しかし、彼らはいずれ大坂を去るわけで、事実、直養は嘉永二年に帰国している から、広道が大坂で文人として立ち続けられたのは、大坂には「来坂武士役人の町」以外に、さらにまた別の顔があったからである。それは、これまでも言及して来たように、大坂は「書肆の町」とも呼べる、もう一つの顔をも持っていた。そのことによって、武士役人が集まるのとは違う理由によって、大坂は文人たちの集まる町になっていたことである。尤も、職禄を得る機会の殆どない大坂では、彼らは永住することは出来ず、その多くは仮寓文人として滞坂し、「永住」はおろか、「半永住」の文人すら極めて少なかったのだが。

一　「書肆の町」大坂

後でも触れるが「文人」の意味に、いわゆる文人即ち「風雅をよくする人」と言うのと、「文事にたずさわる人」と言うのとがある。脱藩退去して大坂に出てきた広道が、いわゆる文人を目指していたのなら、しばらくは居たとしてもそのうちに大坂の地を離れていただろう。その長短はともかくもれ、大坂に一旦居を構えながらも立ち去った者は、歌人国学者に限り化政期以後に限っても、村上潔夫・村田春門・鶴峯戊申・垣本雪臣・野之口隆正・近藤芳樹・鈴木重胤・大隈言道・中島広足らを数えることが出来る。その事情は人によって異なり、必ずしも皆が皆、大坂の俗地・不文之地を嫌って立ち去ったわけではない。例えば、春門は水野忠邦に召されて江戸へ移住し、芳樹は長門藩藩校に出仕するため萩へ移住し、広足も一旦致仕隠居していた熊本藩から藩校へ再招聘されて帰国を余儀なくされたのだった。そんな中で広道が居続けることが出来たのは、いわゆる文人のことは知らず、大坂が少なくとも「文事」に携わる文人を排除する地ではなかった、むしろそのような文人を迎えようとした地だったからではないか。と言うのも、何度も繰り返すが、その「文事」とダイレクトに結びつく出板書肆の数は、巨大市場を控える江戸には及ばずとも、同程度の人口を擁しつつ読書人の数では大坂に二倍、三倍するだろう京にも、おさおさ引けを取らぬほど多かったからである。

Ⅰ　書肆と文人

(1)　滝沢馬琴と田宮仲宣

天明年間一七八〇代から文化年間半ば頃一八一〇頃の大坂で、戯作をはじめ種々の作品を著し板行していた田宮仲宣（文化一三年没、六四才）と言う文人がいる。彼は盧橘とも号し、もと京の呉服商で産を破って大坂に来た人らしい。冒頭第一部で言及した滝沢馬琴の『羇旅漫録』の「[百四]大坂市中の総評」の中で、その盧橘即ち仲宣は、次のように噂されている。

盧橘《ろきつ》といふ人は、筆耕と戯作をして、家内五人を養ふ。是も筆耕に作者をかねて渡世にする人、大坂に盧橘壱人なり。この人予逗留中、大に深切にもてなさる。戯作のミをもて妻子を養ふこと、広き江戸にさへなければ、大坂は書肆の富る地なること、これにてしるべし。

この引用の前の件で木村蒹葭堂の死に言及され、「人物」のいなくなった大坂だが、そんな中で仲宣は「（筆耕と）戯作」の第一人者であると、馬琴は彼を顕彰している。明治時代以前に原稿料だけで生活できたのは江戸の馬琴が最初だとよく言われるが、その馬琴が、戯作だけで妻子五人も養える仲宣（盧橘）のような者は江戸にもいないと言う。それは「事実」だったのかどうかはさておき、それに続けて馬琴が、そんなことが出来たのは大坂が「書肆の富る地」だったからだ、と指摘しているのには注目される。

確かに、仲宣は多くの著作を残していて、その随筆の『東牖子』（享和二年冬付馬田昌調序、享和三年刊。『日本随筆大成第一期第20巻』所収）や『嗚呼矣草』（文化三年刊。同上書所収）や『愚雑俎』（文化二、三年頃成立カ。同「第三期第9巻」所収）などが広く知られている。ところが、これより一〇年近く後、馬琴はその後の盧橘の「噂」を聞き、右記事の頭注欄に「追書」として、次のように記している。

盧橘が著述、度々書肆に損をさせたれバ、後にハ絶て行れず、京にうつり住ミ、又大坂ロ縄坂にて売トせしが、文化辛未（八年）、ゆくへしれずなりぬといふ。

彼が大坂から「（元の）京にうつり住」んだのは文化初年のこと。文化六年に再び大坂に来たが、文化七年末に親しい「友人」（医師であり戯作者でもあった「馬田昌調」）と喧嘩して、また大坂を出たと言う。馬琴が「文化辛未、ゆくへしれずなりぬといふ」とあるのは、馬琴も親しくしていたその「友人」からの文通で知ったようだ。しかし実際は、仲宣は京に戻っていてそこでも書き物は続けて、『和蘭文字早読伝授』などもその一つである。そして、文化一一年にはどう言う伝手でか河内八尾（弓削村）に移住し、その二年後に同所で亡くなったらしいが、その間も二つ三つの作品をものにしている。もともと京の人であるため何度も京坂の間を行き来していたが、とにかく最後まで「文人」として生きたらしい。注①

注①＝仲宣に就いては、中村幸彦「洒落本の作者」（『近世作家研究』）の「五『短華蕊葉』」や肥田晧三「盧橘庵」（『角川『鑑賞日本古典文学34』）、『日本古典文学大辞典』掲出の「田宮仲宣」記事（肥田晧三筆）が詳しい。

(2)　「書肆の富《とめ》る地」大坂

馬琴の前掲京坂紀行文中に、「大坂は書肆の富る地」だとの指摘があった。江戸に比すれば大坂は土地はごく狭い。先にも引いたように、馬琴も前掲「総評」の中で「一体大坂はちまたせまく俗地にて、みるべき所もなし。」と言っていた。逆にそのためもあるだろう、文人・物書きの少ない大坂にも関わらず、書肆の多さが目立ち、特に心斎橋筋エリアに集中していた多くの書肆の盛況ぶりはよく知られていた。

㈠　先にも触れたように、大田南畝は大坂銅座御用で前年の享和元年三月から同二年の三月までの一年間滞坂し文人たちとも交流していた。馬琴は今回の京坂旅行出立の際、その南畝に紹介状を依頼すると彼は盧橘を含む在坂文人四人宛の紹介状を書いてくれた。『馬琴書翰集成第6巻』に収まる享和二年五月六日付南畝紹介状には、その宛名に続き馬琴（「滝沢解」）が次のように紹介されている（ルビ原文）。

（上略）、此度滝沢解《トクル》上坂ニ付、一封申上候。滝沢生事ハ、小子年来存居候ものニて、（中略）、年来戯作上木多く、一々ハ覚不申候。年々絵草紙著述いたし、馬琴作と有之、近来京伝ニつぎての作者ニ御ざ候間、拙者御請ニ罷立、四君へむけ上申候。柿壺（大魯門俳人柿壺長斎）其外風雅之諸君、心斎橋辺之書肆等へ御引付奉頼上候。（下略）。

右に「心斎橋辺之書肆等へ御引付奉頼上候。」とある南畝の依頼を承け、彼らは馬琴を「心斎橋辺之書肆」に案内し、店主たちに馬琴を紹介したに違いない。それが、先に引く馬琴の「大坂は書肆の富る地なること、云々」と言う言葉につながっている。勿論、馬琴はこの時何軒かの大坂書肆と親交を結んでいる。

㈡　馬琴の嗣子琴嶺はこれより一三年後の文化一二年に、父に倣って京坂旅行に出かけ、その時の紀行文に『旅中耳底歴』（木村三四吾編校『後の為乃記』所収）があり、その文化一二年六月一三日の条に、

この日巳時、日本橋なる河内屋又六店にて支度して、心斎橋筋の書林、河内屋太助を訪ひぬ。この河太ハ家君の編述し給ふ朝夷巡嶋記の板元也。されども此度ハ山青堂（琴嶺が同行した江戸の書肆山崎平八―文政六年の八犬伝第五輯までの板元）にゆくてをいそがれて、申の下刻京都へ出船す。

とある。彼の心斎橋の書肆河太訪問は、父馬琴の指図に従っている。馬琴の読本『朝夷巡嶋記』初編五冊（文化11年11月稿）は、右にある通り、板元河太からこの年の文化一二年（正月）に板行されている。この時は河太主人とは会えなかったようで、京から再び大坂に戻った同二五日の条に次のようにあり、本人と「対面」し、宿所など便宜をはかって貰ったと言う。

心斎橋筋唐物町なる書林河内屋太助がり到着して、主人に対面す。太助、則予が為に宿を択ミて、唐物町西へ入ル客店、大和屋嘉蔵を宿所とす。

㈢ 中山美石『大坂日記』は、前述の如く、天保三年一月から五月までの在坂日記だが、例えばその二月三日の条に、次のような記事が見える。

　朝より立達を伴ひて、心斎橋の書林へ行んとて、先づ御払町ゟ北へ行き、筋違橋より直に瀬戸物町迄行きて、本願寺かけ所の裏門より入り、さて、心斎橋の書林を多く見ありき、河内屋太助にて慎思録を買て帰れり。

「立達」（大平門の吉田藩奥医師小池一庵の子息ヵ）を連れて心斎橋の書肆街を見歩いて、河太方で貝原益軒『慎思録』（全六巻）を買い、四月七日の条にも「心斎橋書林に尋ぬべき御用あれバ、所々を廻り、云々」と、この日も心斎橋の書肆に、藩の「御用」で書物を買うためにか、立ち寄っている。

(3) 心斎橋の書肆

馬琴のような江戸からの来坂者や美石のような大坂仮寓者が、心斎橋筋の書肆を訪れているが、その心斎橋の書肆をもう少し見てみる。

㈠ 心斎橋に並ぶ書肆に就いて、多治比郁夫「心斎橋の本屋さん」（『京阪文藝史料第五巻』）が詳しい。その冒頭で紹介されているように、先（132頁）にも言及した『街廼噂初編』―万松（江戸人）・千長（同）・鶴人（大坂人）の三人の会話による大坂評判記の体裁をとった戯作―の中で、心斎橋の本屋さんが次のように話題にされている。

千長が「唐物町《からものまち》の河内屋太助といふ書林《ほんや》へ、板下《はんした》をとゞけてくれろといッて、包物を頼まれ」たのだが、その「唐物町」はどこだと聞くと、鶴人が「心斎橋筋の大壮書林《たいそうほんや》のある処」だと答え、御前さんも今通って来ただろうと言うと、千長が「なるほど本屋の沢山ある処を通《とほ》ッて来《き》やした。モシ大壮《たいそう》な書林《ほんや》で厶《ござ》りヤスネ。江戸には却《かへつ》てあのやうにべたべたと本屋の軒をならべて居《ゐ》る処は厶《ござ》りヤせん。」と言うと、鶴人もまた「さやうさ。江戸では、（中略）、一町に四、五軒ともある処は厶《ござ》りヤスめい。（中略）、心斎橋筋ハ五、六町ばかりが内に、四、五十軒もありや正《しよう》。」と応じていて、江戸と比較して心斎橋筋の本屋の多さを自慢している。

作者銀鶏は、これも先述（123頁）の如く、上州七日市藩主前田大和守利和に仕えた江戸住みの藩医で、天保五年から六年にかけ藩主の大坂城加番に陪従し、一年間在坂していた。そのため、江戸と大坂の書林の比較が出来たのである。なお、琴嶺の書いた物にも美石の書いた物にもまたここにも、書肆河内屋太助（河太）の名が見える。多治比郁夫「大阪の本屋列伝」（同上書）に、その彼に就き次のようにある。

森本氏。堂号は文金堂。大阪心斎橋通唐物町南へ入ル。河内屋喜兵衛の別家で天明（一七八一―一七八九）頃創業。開板活動は寛政六年（一七九四）に始まるが、はやくも文化・文政（一八〇四―一八三〇）には吉文字屋市兵衛・藤屋弥兵衛と鼎立して大阪の出版界を覇し、吉市・藤弥の衰微後も活躍を続けて明治に及ぶ。その出版書は文芸・演劇関係が多数を占め、文学史的に意義ある仕事を残した。半紙本型読本の嚆矢となった曲亭馬琴作『月氷奇縁』を出版し〈近世物之本江戸作者部類〉、また絵入根本数十点を独占的に出版した。京都の吉野屋為八が創始した名所図会は、やがてこの書肆が版株を買収〈異聞雑稿〉、以後多くの名所図会の出版に関与した、（下略）。

(二)　気吹舎門で三河羽田八幡社神主の羽田野敬雄は、嘉永元年に神社境内に羽田文庫を設けたことでもよく知られているが、その彼が、嘉永六年の二月から四月にかけて、上方から讃岐金比羅詣でに出かけた。その時のメモ風な日記が、羽田野敬雄研究会編『幕末三河国神主記録　羽田野敬雄『萬歳書留控』』の嘉永六年の条に見える。即ち、「丑（嘉永六年）二月十九日、京・大坂・大和路・金比羅かけて参詣せんと、朝とく旅立つ。」とあり、以下、三月九日に大坂に着き「御城其外見物」し、次いでその翌一〇日の条に、河太と並ぶ有力書肆秋太が次のように見える。

道頓堀本屋へ参り秋田屋太右衛門方ニて廿一史三百六巻・十三経注疏二百巻、其外種々相求ム。

「道頓堀本屋へ参り、云々」とあるが、「秋田屋太右衛門方」は「大坂心斎橋筋安堂寺町」にある心斎橋の書肆であって、敬雄はここで大量の書籍を買い付けている。買い付けた書籍は船便で送ってもらったようで、彼が帰宅する二日前の四月一一日に自宅に届けられていた。即ち、前掲日記四月一一日の条に次のようにあり、「其外種々」とあった購入書籍もより詳しく見える。

大坂ニて求候書籍、九り半廻ニて到着。尤大坂ゟ名古や迄壱〆目ニ付一匁五分ヅヽ掛ル。
廿一史合巻三百六冊、十三経注疏二百巻、伊賀や弥八ゟ寄附之和漢三才図会八十一冊、
斎藤九郎兵衛寄附ノ五経集注五十七巻を始、其外、国々之図共、小冊物種々到着。

「九り半廻ニて到着。」とある。大坂からは、淀川を遡り山科から逢坂山を越え琵琶湖大津に至り湖上を朝妻浜（米原）に渡り、陸路は中山道を経て関ヶ原まで行き、そこから南東にそれて牧田川の川湊烏

江・舟付に至り、牧田川を経て揖斐川を下り、伊勢湾に出て尾張名古屋に向かうルートで、陸路の朝妻浜から川湊の烏江までが九里半なので「九里半（九り半）街道」と呼ばれたらしく、「九り半廻」とはその「街道」を利用して運んだと言うことだろう。水運と陸運とが生かされた最短のコースで、大量の荷物・重い荷物を運ぶのに重宝されたらしい。それにしても敬雄が秋田屋から買い付けた書籍類はかなりのものである。ちなみに、暁鐘成『摂津名所図会大成』（『浪速叢書第七、第八』）の巻之十三下に掲出の「心斎橋通書肆」に次のような件がある。「表にハ諸国へ送る本櫃《ほんびつ》の荷つくり、云々」などと見えるので、冒頭の「巨商《こしやう》」はその秋田屋かとさえ思われる（「……」引用者、原文総ルビを適宜省く）。

（上略）、就中、巨商《こしやう》の書肆多く、舗前《みせさき》にハ新古の諸書をならべ、棚箱にハ数万《すまん》の巻冊を詰たり。されバ、朝より注文を羅《せる》（せき立てる）童奴《こもの》かまびすしく、刷印匠《はんすり》、蔵《くら》に入こめバ、摺本《すりほん》背負て出る部面屋《へうしや》あり、表にハ諸国へ送る本櫃《ほんびつ》の荷つくり、内にハ注文の紙づゝミ帳合《ちやうあひ》する管家《ばんとう》、紙撰《かみより》する新隸客《しんざん》を迎へる甲幹《てだい》、（下略）。

なお、前掲日記四月一一日の条に「伊賀や弥八ゟ寄附之、云々」とか「斎藤九郎兵衛寄附ノ、云々」などとあった。このことから、敬雄が今回秋田屋から買い付けた書籍が羽田文庫への奉納書籍だったことが分かる。また、その購入書籍中、例えば「十三経注疏二百巻」には何も記されていないが、『羽田八幡宮文庫旧蔵本目録』によると、「吉田駅（三河吉田宿）五人」による奉納書籍であることが分かる。

敬雄の今回の旅行は、書籍買い付けがその大きな目的としてあったようで、大坂（の心斎橋）にはそれに十分応じることの出来る書肆があったと言うことである。

Ⅱ　書肆の仕事

多方面に渉るだろう書肆の仕事のうち、板行に直接関わるものを簡単に見てみる。その具体的な中身は三都をはじめ書肆のある場所により異なる点は少なくないだろう。あくまでも一つの例である。

(1)　草稿本・願本・中本・清書本（板下）

例えば『類題鴨川五郎集』（安政二年刊）上巻表紙裏に「長沢伴雄大人編輯／類題鴨川五郎集　二冊／絡石軒社中蔵」とあり、『類題春草集二編』（万延元年刊）上巻表紙裏には「物集高世大人選 西田惟恒大人校／類題春草集二編／豊後杵築 葎之屋社中蔵」とある。前者には「校者」はいないが、後者には豊後杵築の編者物集高世以外に、本居内遠門で紀伊若山の西田惟恒[注①]（文化一三年？—元治元年）の名が「校者」として見える。彼はもと京の地下官人堀尾氏で、若山の医家西田氏を嗣いだ。その校者としての西田惟恒にも触れた、興味深い書簡がある。

注①＝西田惟恒は中澤伸弘「本居内遠門西田惟恒の一考察」（『国学院雑誌』第百二巻第四号）が詳しい。

㈠　三河刈谷の村上忠順は、己の編集した類題集『玉藻集』を板行すべく、若山書林坂本屋喜一郎に依頼し、先に送った前半の草稿に続き今回その後半の草稿を送った。安政七年二月三〇日付村上忠順宛坂本屋喜一郎（坂喜）書簡[注①]はそれに対する返事だが、そこに次のような件がある（注記は引用者）。

玉藻集下ノ巻御遣し被成下、難レ有入手仕候。（中略）。然ル処、右ハ早速願本為レ写度《うつさせたく》奉レ存候間、中書ト申而今壱部写し度奉レ存候。右ハ中書本をもつて板下をかゝせ、御草稿本にて願本を為レ写申料

（写させるためのもの）ニ御ざ候。因レ之、右中書本、此便迄ニ写しとらせ御校合ニ奉二差上一度奉レ存候得共、都而右等之筆工人ハ内職ものニ御ざ候間、此比ハ当地武家方一向世話敷、急ニ出来かね、当便之間ニ合不レ申候。尤、当地内職人世話敷《せわしき》訳合者《訳合いは》、当閏月（閏三月）、当地殿様初御入府ニ被レ為レ《あらせられ》在候而、武家方取込がちにて、今日迄全部写し取出来不レ申候儀御ざ候故、日々気をいらち《苛ち》罷在候得共、何分内職之儀故致方も無レ之候。尤、前文奉二申上一候願本ト申ハ、公儀江上木之願本にて御ざ候。右ニ付願本ハ別段校合ニ及不レ申候得共、彼中書本ハ板下かゝせ申候料にて御ざ候付、何分校合不レ仕候而ハ不レ宜候。御同前ニ御間遠ニ御ざ候付、何分にても此便迄写しとらせ度奉レ存候儀御ざ候。右ニ付、当地西田様へ右中書之校合ハ御頼ニ相成申候而ハ、如何被レ為レ在候哉奉二伺上一候。自然（万一）、右御意ニ相叶候ハヾ、御頼御状頂戴仕度奉レ存候。左候ハヾ直ニ校合出来仕候而甚だ都合宜候、（下略）。

［大意］――編著者から書林へ送られて来た原稿（草稿本）は、一つはお上への開板願を出すために添える願本を作成するために写され、もう一つは板下（清書本）を書く前段階の中書本を作成するために写されるのである。ところで、前者の願本は必ずしも草稿本と校合する必要はないが、後者の中書本は最終の清書本（板下）を書くためのものだから、草稿本と校合することがどうしても必要となる。さて、あなたから送られて来た草稿本（『玉藻集』下之巻）のことだが、「筆工」（写字・写本）を内職にする当地のお侍さん方が、今回、殿様（家茂名で第一四代将軍に転出した紀伊第一三代藩主慶福の後を承け、支藩伊予西条藩主から紀伊藩主を嗣いだ第一四代紀伊藩主茂承）の初入府（若山入り）ということで本職の方がとても忙しく、「筆工」の仕事がなかなか進んでいない。そこでご相談だが、中書本の校合を当地（若山）の「西田様」（西田惟恒）にお頼みになってはどうか。あなたから承諾の旨の手紙を頂ければ、早速に校合を始められ万事好都合なのだが、と。

この書簡の書かれた三日後に、いわゆる桜田門外の変のため大老井伊直弼が暗殺される。その直弼暗殺の動機の一つに将軍継嗣問題があるようだが、右書簡にはその将軍継嗣に連動する新紀伊藩主の若山入府にも触れられている。

注①＝『愛知県史資料編20』所収（資料番号802）。この書簡は「安政6年か」とあるのを、「安政7年」に改める。

㈡　若山書林坂喜は、板行（印刷・製本）依頼主の村上忠順に対して、その「校者」として地元若山の西田惟恒を推薦しているが、ここで注目されるのは、その理由を述べた件で板下書きの「現場」に言及されているところである。ここで若山書林坂喜の言っていることが大坂でもそのまま同じだったかどうかは分からないが、一つの参考にはなる。

書林は編著者からの草稿をまず二種（二本）写させる。一本はお上に差し出す内容検閲用の「願本」でこれはとにかく草稿を写せばいいので問題はない。もう一本は「中本」と呼ばれる「板下」の一歩手前の写本である。これは誤写があればいけないので元の草稿と校合する仕事がある。編著者が書肆近くに住んでおれば本人自らするのが一番だが、先の豊後杵築の物集高世のように遠く離れている場合は、文通で編著者にしてもらうことになる。しかしその際は、「中本」と「草稿」とを行き来させねばならず、大層な手間も時間も取られることになる。それを避けるために、書肆がその編著者から委任を受け身近な校者に依頼すると言う方法がある。豊後杵築の『春草集』の場合は西田惟恒に依頼したわけである。三河刈谷の『玉藻集』の場合、『春草集』に比べて距離的に近いので文通での校合も可能だが、中本を作らせている紀伊藩士が今回のお殿様の国入りで忙しく遅れがちである。そこで、早く板行するため、校合をこの若山の西田惟恒にさせてはどうか、と坂喜は忠順に相談を持ちかけたのだった。

㈢　この書簡の興味深いところは、願本にしろ中本にしろ、この二種の「写本」を作るのは、若山では紀伊藩士のアルバイトだったらしいことである。紀州藩は五五万石の大藩で藩士の数も相当なものだろう。勿論、全ての藩士が若山にいた訳ではないが、大坂よりはるかに多いのは確実で、その上に常住である。中には能書の者も少なからずいただろうから、とりわけ下級藩士には有り難いアルバイトになったのではないか。書肆の数が多く出版点数の多い三都に次いで、六一万石の大藩尾張藩の名古屋と共に、紀伊藩の若山に書物屋（書林）仲間が出来たのは偶然ではない。注①

注①＝多治比郁夫「本屋仲間」（『京阪文藝史料第五巻』）に「なお、三都におくれて名古屋（寛政六年）・和歌山（幕末）などにも仲間の結成を見るが、規模が小さく、活動の詳細も不明である。」とある。ちなみに、和歌山の天保五年から文久二年に亘る「和歌山城下町の書物屋仲間」の史料の一部が「書物仲間」のタイトルの下に『和歌山県史近世史料二』（昭和五五年二月）に収まっている。若山の「仲間」結成は天保五年ということか。

⑵　板下書き

⑴に引く村上忠順宛坂喜書簡から、若山書肆は出板に至るまでの「願本」や「中本」（板下）を能書の紀伊藩士に依頼していたことが分かったが、それでは大坂は誰が板下書きをしていたのだろうか。先に見たように、大坂にも諸国・江戸からの武士・役人たちも少なくなかったから、彼らの中に引き受ける者もいただろう。しかし、彼らは常住ではなく短い者なら一年で交替するし、それ以外の者でも在坂期間が不定なので、例えば時間のかかりそうなものの板下を依頼するのは難しかっただろう。

㈠　そんな中で、例えば、大坂で漢学や国学・和歌を学ぶ者で少しでも字のきれいな者がアルバイトとして板下書きをしていたようだ。このことは多治比郁夫「近藤芳樹の板下書き」（『京坂文藝史料第一巻』）

で紹介されているが、文政六年九月に周防三田尻から大坂に出て村田春門に就いていた芳樹は、周防大道の上田堂山父子に宛てた文政七年三月晦日付書簡（『芳樹書簡』）で、次のように言っている。

私事も、中ノ嶋ニてハ書林板下書候抔之事、万事ニ付不便利故、松屋町筋【大阪上町也】本町橋之脇、奥村啓介と申医家へ寄宿仕候。是も独居故、大ニ仕合申候。少生事ハ板下を相調申候故、其方ニ真棒（辛抱）仕候へバ、衣食之事抔ニも更ニ不自由ハ不仕候へ共、（下略）。

「学生」の独り者と言うこともあるだろう、辛抱して板下書きをしていたら「衣食之事抔」には不自由はしないと言う。芳樹のようなアルバイトの板下書きは他にもいたに違いない。しかし、若山の常住藩士らとは違って、恐らくは一過性のアルバイト板下書きであり、書肆としても、勿論彼らだけに頼っている訳にはいかない。

(二)　出板書肆の多い大坂には、「筆工」をアルバイトではなく職業とする者が何人もいた。大坂書肆は、若山の書肆のように、板下書きの仕事を専ら藩士の内職に依拠することなどは到底できず、「筆工」の存在は当然と言えば当然だろう。ただ、人数を含めその詳細は不明だが、少し分かっている者もいる。

前掲『銀鶏雑記三』に著者平亭銀鶏の大坂で交わった雅友名簿が載るが、その中に「筆工家」（又は「筆工」）として次の三人が掲出されている。

心斎橋筋清水町／筆工家　山田野亭　　あづち町通心斎橋東へ入／筆工家　浦辺良斎
心斎橋南久太郎町西へ二軒目／筆工　森英三

三人ともその居所は、なるほど書林の多く集まる「心斎橋」周辺である。最後の森英三にはコメントは付されていないが、前の二人は次のようにある（ルビは引用者）。

野亭―専門のいとまにハ戯作もなせり。近頃河長にてほりたる和田軍記ハ此人の作也。前篇ハ鎌倉見聞志の侭《まま》にて少しく増補したる迄也といへども、後編ハ丸に作り物がたりにて、跡かたもなきことを綴りし書也。己が校合せし飛花落葉の筆工ハ此人の筆也。滑稽本も余ほど刻になりたるあり。浪花にて筆工に名を得たるもの四五人あり。其中の一人にして人よく知る処なり。をりにふれてハたはれうたも詠せり。いとをかしき人也。

良斎―狂哥もよめり。狂名を俵の高積といへり。其人となり滑稽にして能《よく》客を愛せり。客を好んで至て元気也。初めて交りたるときハ江戸の産とまぎるゝ程の調子よき人也。浪花中の滑稽家なるべし。然れども書林にて評判わろし。こハ何歟山《なにか》吹の花ものいはぬ出入にてもありしや、いらざるお世話なれバそこまでハきかず。此人鐘成子よりの手引にて面会せり。昼前ハ在宿なれども昼後ハ不在。

(三)　まず野亭。「浪花にて筆工に名を得たるもの四五人あり」と言うのにも注目されるが、とにかく野亭はその一人だと言う。事実、「近頃河長（河内屋長兵衛）にてほりたる和田軍記ハ此人の作也。」とある。前編後編各六冊のその『絵本和田軍記』は、巻末刊記に「天保五年甲午正月発兌」とあり、前年に出たばかり。作者等に就き「編述　速水故春暁斎遺稿／校合　山田案山子／画図　柳斎重春」とあり、その「案山子」が「野亭」のこと。彼は速水春暁斎（文政六年没、五七才）原作の本書（遺稿）の板下を書いていたのだった。出版書肆として、江戸・名古屋・大坂・堺各一書肆、最後に京の二書肆が見える。大坂書肆は銀鶏の言う河内屋長兵衛だが、書肆の最後に京都の山城屋佐兵衛が見え、その彼が板元らしい。なお、京都書林仲間の『板行御赦免書目』文政五年の条の「草紙之部」に「絵本和田軍記　作者／春暁斎十二冊」とあり書肆の名は見えないが、この時も山城屋佐兵衛だったのだろう。作者の春暁斎はこの翌年に没し、許可された文政五年には出版出来ずに、一〇年遅れの今になったらしい。

また、「己が校合せし飛花落葉の筆工ハ此人の筆也。」とある。つまり、私（銀鶏）の校合した「飛花落葉」の板下は野亭の筆だという。『街廼噂初編』巻末「銀鶏先生浪花旅宿仲著述目録」に、その「飛花落葉 全一冊」も掲出されていて、「此書ハ風来山人の狂文を蜀山人の輯め給ひし書なれど、いとふるきにて板本稀也。今古写本をえてそを校合を加て再板す。」とある（風来山人（平賀源内）作蜀山人編『飛花落葉』は天明三年一七八三に板行されている）。

なお、野亭（案山子）に就き「専門のいとまにハ戯作もなせり。……、滑稽本も余ほど刻になりたるあり。」とある。確かに『書籍目録』に、作者「山田圭蔵」の名で、『楠正行戦功図絵前編』（文政四年許可）、「同後編」（文政七年許可）、『義仲勲功図絵前編』（天保三年許可）、作者「大和田圭蔵」の名で『天保大雑書万年暦』（天保五年許可）、『国姓爺忠義伝』（天保五年許可）、『廿四孝童子鑑』（天保七年出願）などの著作が見えている。[注①]

注①＝桂有彰・小山竹翁編『嵐山百題詞』（弘化二年三月付松田直兄序文）に野亭の作品が村田嘉言及びその社中の者らと共に三首採られ、文政一二年一月板行の橘南谿『北窗瑣談』巻末刊記に「著述 橘南谿翁／校正 男芳谿／画工 一柳嘉言／筆工 山田野亭」とあり、嘉言の名と共に彼の名が「筆工」として見えている。野亭は恐らく村田社中の一人だったのだろう。

(四)　次いで良斎だが、彼についてはここに見える以外に情報はない。「書林にて評判わろし。」とあるので、筆耕の他に野亭のようには編著書はないのだろう。銀鶏はその彼とは「鐘成子よりの手引」で会ったと言う。「鐘成子」は多作の戯作者暁鐘成（万延元年没、六九才）のことで、『書籍目録』に掲出されているだけでも四十余点の作品が見える。鐘成作品の板下は良斎の手になるものが多かったのだろうか。銀鶏も特に言及していない筆工「森英三」に就いては良斎以上に分からないが、やや気になる者がいる。と言うのも、嘉永元年板行の『浪花当時人名録』に触れた嘉永二年二月八日付高鞆宛広道書簡（『広道書翰』）に、次のように「板下がきの森新蔵と申もの」が見えるからである。

是（『浪花当時人名録』）ハ、板下がきの森新蔵と申もの、矢庭ニこしらへ書林の仲間はづれの本屋塩屋長兵衛と申が売弘メたる様ニ承申候。

十数年の隔たりがあり名も違っているので同一人物である可能性は少ないが、同姓の板下書きと言うことでここに挙げる。なお、「板下がき」は書肆から依頼の板下だけを書いていたわけではなく、どうやら「作者」を兼ねる者もいたらしいことが、この森新蔵や先の野亭の例からも知られる。

㈤　これより後のものだが、『芳樹日記』文久元年三月二七日の条に「今日梅桜日記ノ板下ヲ南本町心斎橋東へ入所岡本作二郎ニアツラフ。」と見え、詳細不明ながら板下書きを生業としていたらしい岡本作二郎と言う者の名が見える。なお、後（400～401頁）でも触れるように、「梅桜日記」は、文久三年二月半ばから三月半ばまでの奈良・月ケ瀬、宇治・京都、大坂・網島等を巡る遊覧記である。

⑶　書写物（写本）作り

古い刊本で残部もなく板木も傷み、しかし新たに彫られる見込みのないものは、その刊本を写した商品としての「写本」が作られる場合がある。また写本としてのみ伝えらて刊本になる見込みの薄いものも、書肆がその営業活動の一環として（注文を受けた場合はもとより）、需要を見越してあらかじめ刊本同様の商品「写本」が作られる場合もある。勿論、板下書き同様に、能筆の者を捜して転写させるのである。

この「写本」作りに関して、嘉永二年二月一四日付高鞆宛広道書簡（『広道の消息』）に、大坂書肆の活動の一端の伺われる件がある。少し長いがコメントを挟みつつ、適宜端折《はしょ》って引く。

広道は、高鞆からどう言う内容のものか、とにかく何かの写本作りを依頼されたらしい。高鞆はその写本を必要としたからだろうが、同時に広道に少しでも経済的な手助けになればとも思ったのかも知れない。つまり、高鞆は広道に迷惑を掛けることなど全く思っていなかった。ところが、写本作りは手間の割にはお金にならない仕事で、広道にとってはその言葉通りありがた迷惑な話だった。そこで、その件の冒頭で、「写本作りはお安い御用なのだが、これればかりはお断り申し上げます（写本之事御頼被下、安キ御用ニ御坐候へども、是斗ハ御断申上度候）。」と最初にきっぱりと断っているが、しかし、さすがに広道もその依頼に「厚意」も感じられたのだろう、これより後はその断りの弁明に汗だくになっている。

㈠　「其故」―つまり断った理由として、とにかく忙しいことを挙げている。昼間は訪ね来るものが絶え間なく、門人たちからは添削を乞うつまらぬ歌を次々送って来る、それと別に生計のために板下書きもしている、と次のように言っている。

別に板行下など認候而遣し申候。物入のたしニ仕候。是又近年ハ大坂に甚不自由なる仕事故、大ニ競りかけ、日々さいそくニ困り入申候。

これは当時の大坂書肆のことを考える上で少し気になるが、やや意味が取りにくい。広道は、これは―つまり板下書きは―近年の大坂では「不自由なる仕事」なので、書肆からやいのやいのとせき立て催促してくると言う。しかし、その「不自由」さは板下書きにとってか書肆にとってかが分かりにくい。

もし前者なら、いままで板下書きの気ままに出来たのがこのごろきっちり期限が決められてうるさくなったということだろうし、もし後者なら、板下書きの出来る者が減って書肆の自由にならず（あちこちに依頼ができず）、勢い依頼の出来た板下書きにせっついてくると言うことになるだろうか。後者かと思われるが、とにかく広道は書肆がせっついてきて困っていると言いたいのだろう。

これだけでなく、「愚存之書」（恐らく主著『本教提綱』など）もひまをみては認めているし、「山陽道名所図会」編纂の方にも手を出しているし、諸方からの文通も引きやらずという具合で、「中々寸時も他事にかゝられ」ない状態だと広道は弁明しつつ、次のように結んでいる。

やう／＼夜九ツ（夜中一二時）前ニ酒二合斗呑候而休ミ候と、朝五ツ（午前八時）比迄長寝を致し候斗之歓楽ニ御坐候。

こんなことを言われては、高鞆も写本作りを広道に頼めなくなるだろう。しかし、忙しい中でも生活のために板下書きはしているのである。それならお金になる写本作りも同じではないか、と高鞆はひょっとして思うかも知れぬと広道は考えたか、さらに次のように続けている。

価御いとひハ有之まじく候へども、右板下ニ認《したため》候へバ、小キ本にても価壱枚に付壱匁より安キハ先ハ無御座候。その代りの様に而認さし出候へバ、殊の外高直《こうじき》ニ相成可申候。尤《もつとも》さまでの書《手》にハかつて無御座候。御存之悪筆ニ候へバ、かた／＼以《もつて》、御見合被下度奉希候。他事ニ而候へバ尊兄より被仰下候事故いかやうとも可仕候へども、右之次第ニ候間、よく／＼境界《きようがい》（境遇）御憐察被下候而、御恕免可被下候。

［大意］あなたは写本の代金をいとう（けちけちする）ようなことはあるまいとは存じますが、写本を書くよ

うな時間がもしあるなら板下を認めます、板下だと小さい本でも値は壱枚に付き壱匁（一両を仮に六万円とすると千円）は下りません、もしその板下と同じように美しく丁寧に写本を書くと殊の外高価なものになります、尤も私の場合は上手な字では決してなくあなたも御存じの悪筆なので、（私に依頼なさると）値段が高くつきかつ悪筆と言うことになりますから、どうぞ御見合わせ下さい、他のことならあなたのお頼みなのでどんなことでもさしていただきますが、これぱかりはどうかお許し下さい。

要するに、写本は忙しい私には時間のとられる割にはお金にならず、同じことなら板下書きの方がいいので、これぱかりはゴメン蒙りたいと言うのである。このことに就き、これよりかなり前のものだが、在坂中の近藤芳樹が周防大道の上田堂山に宛てた文政七年正月一一日付書簡（『芳樹書簡』）の、次の件が想い起こされる。

小生も例之細字の声（評判）諸方へ聞へ申候ニ付、書林抔ゟも追々書写物相頼、只今ニてハ余りニ多くこまり入候程の事ニ御座候。学文をむねと仕候間相之写物故、数多キハわろく御座候付、只今ニてハ余程利分ニ相成板下共之外ハことわり申候。

先に多治比論文に紹介されている板下書を伝えた芳樹書簡を引いたが、これはそれより二ヶ月ほど前の同じ者に宛てた書簡である。芳樹の「細字」が（読みやすい）と評判になったらしく、大坂書林から追々書写物を頼みに来るようになり、時間を取られ困っている、ただ今は「余程利分に相成板下」以外は断っている、と言う。

㈡　広道はとにかく写本は作れないと断ったが、このままでは失礼と思ったか、高鞆の要望に応えるべく、写本の出来そうな者を探してみた。しかしそれも結局ダメだったわけで、次のように言葉を継いでいる。

右ニ付てハ、拙生も写本ヲ誂《あつら》へ候もの両三人位ハ頼置候ても宜《よろしく》、折々珍書など取出し候節、認させ可申哉《もうすべきや》と存《ぞんじ》たづね候へども、惣而《すべて》大坂ハ商人斗《ばかり》の処に而《て》、隙《ひま》なる者ハ一人もなき処故、うつしものなど仕《つかまつり》候者ハおほかた奇代の悪筆ニ而、売帳之直段書《ねだんがき》もならぬ位の手ならでハ無御座候。をり〱武家やしきの内職などには善書も御座候へども、書林ゟひしと頼居《たのみおり》申候而、草本ヲざつとかゝせ候者もさし当り無御座、大ニこまり居申候。夫ニ付てハ、姫路・岡山辺旧友に頼置候而、貧士の内職ニいたさせ可申と存候へども、是又上方より廻りの商人など参り、大抵手ヲふさぎ居申候。困り果申候位の事ニ御座候。此条よく〱御深察御恕免被下《ごしんさつごじょめんくだされ》候。もし右之次第ならバ、広島か萩あたりへ御頼ニ而、さるすぢの人御尋候ハヾ、士ニハ善書の人多かるべくと奉存候。

［大意］このことに関して、私の方も、写本を誂えさせる者を二三人確保し、時々珍書などを見つけた時に認めさせようかと思って探してみますが、およそ大坂は商人ばかりの地で隙のある者など一人もいない所です、もし写本を引き受けるような者がおれば、世にも稀な悪筆で、売上帳の値段書きにもならないほどのそんな悪筆の者以外はいません。時々、武家屋敷に住む者の内職に書かれたものに能筆もありますが、そんな者は書林の方からしっかりと手が回っていて、下書きをざっと写させるような者もさしあたりいなくて、大いに困っています。ということで、姫路や岡山辺りの旧友に頼んでおいて清貧に甘んずる士の内職にさせたいと思っていましても、これも又京や大坂からの商人など先にやって来て写本を頼んでいて大抵の者は手がいっぱいで、困り果てているのが実情です。このところ、よくよくご推察の上お許し下さいますようにお願いします。なお写本をお求めと言うことでしたら、広島城下か萩城下辺の人にお頼みになり、然るべき人にお尋ねになってはどうでしょうか。武士（藩士）には能筆の人が多いだろうと思います。

例によって例の如きこの広道書簡、よく言えば濃《こま》やかで悪く言えばくどくどしいが、大坂やその周辺の「写本」（又は「板下」）制作現場の事情が伺われて興味深い。箇条書きにすると次のようになる。

一　大坂は商人の町だからひまな者は一人もおらず書写物・写本を引き受けるような者はいない。もしいたとしたら、それは「希代の悪筆」の者だ。

二　それでも「武家屋敷」（必ずしも諸藩の蔵屋敷だけではないだろう）で内職をしている者に能筆の者がいるが、そんな者にはすでに書林がしっかり手を回している。

三　大坂以外の姫路城下や岡山城下の能筆の者たちもまた、すでに（京や）大坂書林によって確保されている。

広道は最後に、大坂書林の手の届かない「広島」や「萩」の能筆の者—要するに広島藩士や萩藩士を探してはどうかと勧めている。写本作り・板下書きに必要なことは何か。水準以上の読み書きが出来、そのためにある程度学問を身につけていて、かつ能筆であることがより望ましく、かつ収入が少なく内職を求めている者だろう。これらの条件に多く叶うのは、諸藩の下級藩士たちである。今は大坂で萩原広道を称している、かつての備前岡山藩士藤原小平太も、その中で最も好ましい一人だっただろう。

⑷　板木師・摺り師

板下書き（筆工）は、物書きを兼ねる者も少なくないからか、比較的その名前も残っているが、板木師（彫刻師・彫り師）や摺り師は殆ど知られていない。『銀鶏雑記三』には次の二名の板木師の名が見える。

心斎橋南久太郎丁南三軒目／板木師　市田弥七　　　同北久太郎丁西へ五軒目／板木師　市田治郎兵衛

その居所も、当然ながら〈職住近接〉と言うことで、心斎橋の書肆に近いようである。また、『芳樹日記』天保八年九月二日の条に「延齢松集一丁、彫刻料六匁、板下一匁二分ニ決メテ、徳兵衛ニワタス。」とか、同一〇年三月一日の条に「江戸堀彫刻師徳兵衛方へユキ、云々」とかとある「徳兵衛」も彫り師で、芳樹は専ら彼に頼んでいる。居所は「江戸堀」とあるが、その周辺にも書肆は何軒かある。
摺師の名はより分かりにくい。後で『大塩平八郎一件書留』から河内屋一統に関わる「吟味伺書」と「吟味詰り之口書」に言及するが、後者の「吟味詰り之口書」に摺り師（「板摺職」）の名が次のように見える。

木兵衛（河内屋喜兵衛）より板摺職北久太郎町五丁目源兵衛、平右衛門町弥三郎下男竹松呼寄、右板木相渡、壱万枚為摺立、云々。

源兵衛の居所は板木師治郎兵衛の近くらしく、弥三郎の「平右衛門町」はそれより五本南の辻のようで、いずれも心斎橋書肆街の近隣である。なおこれより後、広道は『源氏物語評釈』を河内屋茂兵衛の助言を受け自費出版に取り組み、彫刻もほぼ済みいよいよ印刷と言うことで紙を河茂を通して大量に買った、ところがこれが粗悪紙だったので、河茂に紙問屋に掛け合ってもらうべく出した、嘉永六年十月二四日付広道書簡があり、その中に紙が粗悪で摺りも十分に出来ないことを訴えた次のような件に、摺り師が見える。

其後板摺人御越し被下、一部すりいたし候節、（中略）、能々《よくよく》見候へバ、ちりなども御座候而、細字ニかゝり難読所も御座候哉ニ存候ニ付其段申上候処、（中略）、然ル処其後喜介殿と申板摺御越し被下、御遣ひ之紙一見仕候所、一向ニうすき物交り居申、あしく申せバ墨のもり（漏り）候様之処も有之、（下略）。

最初に「其後板摺人御越し被下、云々」とある。河茂が買い付けた紙に摺らすため摺り師を広道方に寄越したのだろう。この後また「其後喜介殿と申板摺御越し被下、云々」とあり、河茂は喜介と言う摺り師を寄越した。彼もまた先の源兵衛らと同じように心斎橋筋界隈に住んでいて、河茂のような大きな書肆の系列化に置かれていたようである。

二　大坂仮寓文人たちとその著作

前掲中村論文に「(大阪は)専門家には仮寓の人が多く、彼らはしばしば出入し、云々」とあったが、その「仮寓」の「専門家」は、書肆の依頼を受けた著編書を物していることが多い。書肆からすれば、比較的短時間で出入りする「専門家」は有り難かったのではないか。時として高慢で癖の多い「専門家」との腐れ縁を断ち切り、新たな来坂者との新鮮な(恐らく経費も安く済む)「関係」を結ぶことが出来、出版ジャーナリズムの活性化の上からも歓迎されただろう。尤も、彼らは近世文学・思想史上でよく知られた者だとは必ずしも言えぬが(しかし、その「無名」は正当な評価を経た結果とは言い難いが)、むしろそうだからこそここに取り上げる意味がある。いま、彼ら「専門家」のうち国学者の何人かに限って、その著編書を確かめてみる。

Ⅰ　岡崎俊平(丘岬俊平)

先(69頁)に引いたように、本居宣長の『寛政十二年紀州行日記』の二月二四日の条に、「八ツ比大坂につく。……、岡崎青宇、橋本稲彦、堺辺まで出迎、同道して大坂に入。」とあり、宣長門人で若狭小浜の岡崎青宇(俊平)と安芸広島の橋本稲彦との名が見えていた。彼らは共にこの頃大坂に「仮寓」していたのである。ここでは、先に俊平を取り上げる。

(1)　俊平の伝

俊平に就いては稲田篤信「岡崎俊平覚書」(『国語教育研究26-上』〈一九八〇・一一〉)が詳しいが、生没年を[注①]

含め不明部分が多く「寛政享和の交の動静がわずかに知れるのみである。」とある。ここでは、主として大坂「仮寓」中の彼と大坂書林との関係に触れる。

彼がいつ大坂に来たのか、『授業門人姓名録』寛政一二年の条に「六月若狭小浜遠敷郡今大坂住　岡崎青宇　俊平」とあり、少なくとも宣長入門時は大坂にいたことは分かる。稲田前掲論文に「俊平は初め漢学に志し、また仏、道（仏教、道教）を学び諸書を渉猟して、後に国学に転じた」とあるので、来坂前は恐らく京にいたのだろう。もう一つ、稲田論文が指摘するように、彼は荒木田久老門であったことも注目される（当時、宣長門でかつ久老門だった者は京を中心に珍しくない）。なお、彼は当初は漢学を学んだと言うことだが、以下に見るように。それは京の西依成斎に就いていたのではないかと推測される。

宣長の『享和元年上京日記』（『本居宣長全集第一六巻』）享和元年四月二四日の条に、「興田十左衛門吉従若狭小浜人　堺修理大夫殿内西依氏門弟入来。」と言う記事が見える。即ち、京の宿舎に若狭小浜藩の儒者で「西依氏」（「全集」補注によれば「西依氏」は崎門学派の西依成斎〈寛政九年没〉のこと）の門人興田吉従が訪ねて来たと言う。また「交通諸子居住処并転達所姓名所書」（『本居宣長全集第二〇巻』）に、吉従に就いて「（寛政一二年）六月（滞京中の）衣川舎人（長秋）より申（し）来《きた》」った情報として次のようなメモが見える。

　西依儀兵衛高弟奥田（興田）十左衛門吉従ト云ハ、若狭ノ儒者ニテ、当時西依ガ京ノ宅ニアリテ、カノ家ノ学ヲ伝フ、コレモ垂加流ナリシガ、後尺（宣長「大祓詞後釈」〈寛政八年刊〉）ヲ見テソノ非ヲサトリ、当時モツハラ古学ニナレル由也。

若狭の吉従は西依成斎門人で後に宣長に親しむようになったとある。同じ若狭の俊平が京で儒者に就くとすれば成斎が自然であり、ましてや、俊平はこの後宣長にも就いているのである。俊平と吉従との直接の関係は未詳だが、吉従は同藩の伴信友とは親しく、信友はすぐ後で見るように俊平とも親しかった。もう一つ、この後でも触れるが、俊平と親しかった陸可彦と言う儒者もまた成斎門人だったと言うことがある。恐らく同時期の同門で、両者は在京時から親しくしていたと思われる。

注①＝没年に就いては、大鹿久義「交友名列（抄）」（『信友来翰集』付載）掲出の「岡崎俊平」に、「文政九年四月歿」とある（生年は不明）。

⑵　俊平の著作

㈠　俊平の著作としてよく知られているのは、『日本歌学大系第七巻』にも収まる歌論書『百千鳥』だろう。これは案外と流布していたようで、「古典籍データベース」にはその板本の所蔵先が八箇所挙がり、その内「祐徳稲荷中川」蔵板本と「バークレー三井」蔵板本とはその画像も公開されている。共に刊記はなく刊年をはじめ板行の詳細は知り得ないが、とにかく全き個人蔵板らしい。冒頭に「長橋眉見」なる者の享和四（文化元）年正月付序文があり、その文末に「……、そのよし由《よし》はじめにかきしるせよと、うし（俊平）のおほせごとかゞふりて、かくしるすは長橋眉見」とあるので、彼は俊平の大坂の門人らしい。次いで自序（「享和甲子（享和四年）の春」付）があるが、その中に「……、ひなびごと（鄙び言）もてかきつらねしに、松山貞主、長橋眉見こゝろざしをたすけて、すりまきになせしは、云々」ともある。さらに、巻末には「桃李園のあろじ此書を木に彫せしは、いとよき事にぞあなる、云々」で始まる短い跋文が付されその終わりに「きのえ子《ね》のとしむ月　蘭堂貞ぬしがいふ」とある。すぐ後に見える通り、「桃李園のあろじ」は長橋眉見のこと。「蘭堂貞ぬし」とは松山貞主のことだろう。

貞主のことは後㈢で触れる。眉見のことは『大阪人物誌続編』に「長橋眉元」で掲出され次のようにある。商人なのか何者なのかはなお分からないが、「上代様を善くし」とある点には留意される。

> 長橋氏、名は眉元、字は武民、通称間右衛門、桃李園又は遠々庵と号す、浪華の人、江戸堀に住せり。書法に通じて殊に上代様を善くし其名世に聞ゆ。文政頃の人なるべし。

本書は享和四（文化元）年正月に成り、板行の詳細は分からないが、大坂の地であまり間もあかずに板行されたのだろう。なお、憶測ながら、この『浜千鳥』の板行後まもなく、俊平は若狭に帰国したのではないか。と言うのも、大鹿久義編『稿本伴信友序跋識語集第一輯』（平成一一年八月）に『日本紀私記』識語も収まるが、その冒頭に「右一編、丘岬俊平所蔵也。」とあり、その末に「文化二年正月　於若狭国小浜旅舎書　伴信友」と記されている。つまり、当時小浜藩江戸藩邸詰で所用で一時帰国していた信友が、俊平所蔵の『日本紀私記』を借覧している。と言うことで、俊平もそれまでに小浜に帰国していたのでは、と考えられるからである。

㈡　「古典籍データベース」には板行された俊平著作として、もう一点、その刊年から『浜千鳥』より先に成った『新撰字鏡考異』が挙がる。その画像データーによれば、その巻末に刊年は「享和三年癸亥正月」とあり「書林」として「京　額田正三郎　大坂　渋川清右衛門・葛城長兵衛」と見え、「葛城長兵衛」が板元らしい。この「考異」は享和三年版『新撰字鏡』の後に付されたもので、これに寄せた陸可彦《くがよしひこ》の序文（漢文）が多治比郁夫「『唐土名勝図会』と陸可彦」（『京阪文藝史料第五巻』）に写されている。その序文で可彦は、私もかつてこの「新撰字鏡」の対校を試みたが果たせず丘岬（岡崎）氏に託した、と次のように言っている（書き下して引く）。

(上略)、終に之を丘岬氏に託す。丘岬氏も亦た善本を両三家に得、彼此《ひし》対校し、反覆精覈《せいかく》し、始めて一本に定め、別に考異一巻を付し、以て攻索に備ふ。勤《つとめ》たりと謂ふべし。是に於いて。美玉再び光り、宝鏡復た明なり。而して幾《ほと》んど昌泰の旧に復す。遂に上木し以て世に行《おこなは》る、(下略)。

ところで、「考異」の後に「新撰字鏡対校十二本」が挙げられている。その中に見える「本居氏校本」とは師家本居家所蔵校本のこと、そして「宇治氏校本」とは師荒木田久老所蔵校本のことと推察されるが、「伴氏古本」は同郷の伴信友所持の古本のことだろう。特に注目されるのは「橋本氏本」の挙がることで、これは恐らく橋本稲彦の所持本かと考えられる。

なお、陸可彦のことだが、前掲多治比論文によれば「可彦は長門大津郡の人で字は士彦、柳窓と号した。(中略)。京都に上り、儒を西依成斎に、医を賀川玄吾に学ぶ。」とある。大坂に転居した時期は明らかでないようだが、『蒹葭堂日記』には、初出の享和元年三月二八日以下翌二年正月までその名が頻繁に見えると言う。あるいは寛政末年頃に来坂したか。

(三)『書籍目録』の享和二年の件に、俊平の著作『掌中冠辞例』が次のように挙がる。

掌中冠辞例 丁数六十二丁　一冊/作者　丘崎青雨(かいや町)/板元　奈良屋長兵衛(博労町)/出願　享和二年十月/許可　享和二年十一月

『掌中冠辞例』は「冠辞」(枕詞)を集めたコンパクトな歌学書で、これも彼の在坂中の(恐らく板元の依頼によってなされた)著作である。「かいや町」と付記されているように、彼はこの時大坂の櫂屋《かいや》町(江戸堀阿波殿橋南詰)に住んでいたらしい。板元の奈良屋長兵衛はこの後でも触れるが、井上和雄編坂本宗子増訂『増訂　慶長以来書賈集覧』に「奈良屋長兵衛」で掲出され「葛城氏　宣英堂　寛政—弘化　名は基成　大阪本町通り二丁目」とあり、先の『新撰字鏡考異』の板元「葛城長兵衛」と同じ人物である。注①

ところで、この書は前掲稲田論文には言及はないが、「古典籍データベース」では著者は丘岬（丘崎・岡崎）俊平の名ではなく、不思議なことに松山貞主の名で掲出されている。天保五年版の画像データーによれば、その文末に「文政のとゝせ文月のはじめ／青黎館主人謹誌[注②]」とある冒頭の序文に、「享和の二とせといふ年松山何がしが物したる冠辞例は、うひ学びのうひかうむりにたよりよしとて、云々」とあり、次いで文末に「享和二とせちふとしのみな月／松山貞主誌」とある、その「松山何がし」の序文が続く。巻末にも識語めいた「享和二とせといふとしのは月」付の序文が付されているが、その筆者はなんと「をかさきとしひら」とある。

巻末刊記には「天保五年甲午五月／新増補改刻」とあり、「三都書林」として江戸・京各一書林と大坂六書林が並ぶがその中に今津屋辰三郎（「青黎館主人」）も見える。「古典籍データベース」には享和二年版が何本か挙がるが残念ながら画像がなく確かめていなくて実際の板行に就き分からぬことが多い。また、肝心の松山貞主と俊平との関係も分からぬままだが、とにかく俊平の『掌中冠辞例』は松山貞主の名で板行されていたことは確かである。

注①＝奈良屋長兵衛は葛城長兵衛とも葛城基成とも言う。彼に就いては中澤伸弘「近世後期出版書肆の一側面―宣英堂葛城基成伝記傍証―」（『国学院雑誌第九八巻第四号』）が詳しい。

注②＝『改訂増補近世書林板元総覧』掲出の「今津屋辰三郎」に「青黎館　鷲頭（津）氏」とあり、「青黎館」とは書肆今津屋辰三郎のこと。

II　橋本稲彦

(1)　稲彦の伝

稲彦に就いては生没年（文化六年没、二九才）などを含め、俊平よりはかなり分かっている。

前述の如く『宣長門人録』寛政一〇年の条に「安芸広島　橋本中台　源稲彦　初保次郎又稲蔵 正月廿三日入門」とあり、彼は「安芸」の鈴門と言うべきだが、「仮寓」の大坂との縁も深い。『広島県史近世資料編VI』には、彼の著作「非時文摘紕」と「弁読国意考」が収まり、その〈解題〉に彼の小伝が次のように見える（注記原文）。

橋本稲彦。天明元年（一七八一）広島胡町（東引御堂町とする説もあり）の商家に生まれる。通称を保次郎また中台といい、琴廼舎と号した。寛政十年（一七九八）一八歳の時本居宣長の門に入り、逸材をうたわれた。宣長の没後、大坂において塾を開き多くの門生を養ったが、文化六年（一八〇九）六月十五日二九歳で早世した。折にふれて広島へ帰省しているが、頼山陽とも交友のあったことが知られている。

稲彦は宣長没（享和元年一一月）後に大坂で開塾したとある。「開塾」の時期はそうなのだろうが、彼の来坂はこの時が初めてではなく、『本居宣長稿本全集第二輯』に見える彼の小伝中に、

寛政十年正月鈴屋ヲ訪ヒテ其ノ門ニ入リ留ルコト数月ニ及ブ。時ニ十八歳。稲彦少時ヨリ大阪ニアリシガ、寛政十一二年ノ頃ハ、大阪布屋町陸《クガ》柳窓トイヘル儒者ノ家ニ寓セシコト『本居文書』ニ見ユ。

とあり、「少時ヨリ」在坂していたと言う。寛政一〇年正月に鈴屋に入門し数ヶ月間の留学後、一旦広島に帰ったが、再び大坂に戻って寛政一二年頃は「大坂布屋町陸柳窓トイヘル儒者」の家に寄寓していて

（陸柳窓即ち陸可彦に就いては先に触れている）、その翌享和元年には、若山から来た宣長を岡崎俊平と共に大坂に出迎えたことも先に見た。前掲〈解題〉中に「折にふれて広島へ帰省している」とあり、彼はこの間大坂に居続けたわけではないが、没したのも大坂であり、大坂での「仮寓」は俊平よりは長かった。

(2)「弁読国意考」と「非時文摘紕」

在坂期間が俊平より長かったので、稲彦と大坂書肆との繫がりも俊平より密だったことは容易に想像される。彼の著書として、前掲の「弁読国意考」と「非時文摘紕」とからまず見てみる。

㈠「弁読国意考」だが、〈解題〉によれば「国意考」・「読加茂真淵国意考」（天明元年淡海野公台著）とを合冊し、琴屋社中蔵板」として、文化三年一一月に大坂の河内屋儀助方から板行（製本・発売）されたとある。「古典籍データベース」には七本の刊本が挙がる。マイナーと思われる本書だが案外と流布していたらしい。ところで、そこに掲出されている「東大宗教」蔵本は（その画像によれば）、「読加茂真淵国意考」との合冊本で（「国意考」はなく）、巻末識語に「文化三年九月廿三日夜これをかく／ミなもとの稲彦」とあり、巻末刊記には「文化三年丙寅冬霜月／浪華書肆心斎橋通南本町　河内屋儀助　尾陽書肆名護屋玉屋町　永楽屋東四郎」とあり、「琴屋社中蔵板」の文字はない（この「琴屋社」は大坂における稲彦塾の名だろうか）。

㈡「非時文摘紕」は、村田春海の「時文摘紕」（寛政七年成）を批判したもので、〈解題〉が指摘するように、「弁読国意考」中に本書への言及があるので、文化三年九月までには成立していたらしい。前掲「弁読国意考」巻末の著者識語の後の余白に「非時文摘紕　嗣出」とあり、板行が予定されていたらしいが、前掲データベースには写本以外は挙がらない。

(3) 稲彦の著編書

前掲〈解題〉には、稲彦著編書として二〇種近く六〇余冊が挙がる。いま、その冊数や注記などを省いてタイトルだけを引くと次のようである（「非時文摘紕」と「弁読国意考」は除いている）。二九才と言う若さで亡くなっているのにこの多作、まさに鈴門の「逸材」と呼ばれるにふさわしい（傍線は『書籍目録』に掲出されているもの）。

古学楷梯・古今仮名遣・古辞解玉釧・紫文消息・紫文蚕の囀・訂正新撰姓氏録・紫文製錦・神代巻正訓・難宇気良賀華[注①]・将門記校本・万葉訓例・万葉品物図解・万葉集説・万葉対句抄・万葉梯・和訓部類・和名抄校本

これらの著作中、実際にどの程度稿が成っていたのかは分からないが、さしあたり『書籍目録』に掲出のものは、それが実際に板行されたかどうかはともかく、書肆の方から稲彦作品として板行願の出されたものだろうから、さしあたり草稿は成っていたのだろうが、万葉研究の著作が目立つ。ちなみに、『春門日記』文政一〇年正月一七日の条に「稲彦手入万葉集正名秘蔵書也、蓮和（不詳）より伝借、一二ノ巻両冊、珍書也。」と言う記事が見える。「万葉集正名」とはいかなるものか分からないが、稲彦の手の入ったそれを秘蔵している蓮和から借りたと言う。稲彦の万葉研究は知られていたようなのである。

注①＝橋本稲彦に加藤千蔭『うけらが花』（の何点かの作品）を批判した『難宇気良賀華』と言う著作があり、田中康二『村田春海の研究』に翻刻されている。巻末識語末部に「何卒御手すき御一覧被下、あしき処御正言被下候様奉頼上候。猶又御社中の御評も承度候。頓首。／文化元年七月八日　橋本稲彦　／本居三四右衛門様」

とあり、大平の批正を乞うたものだが、その日付から一旦帰省して再び大坂に出て来た時に書かれたものか。

(4) 稲彦在世中の板行許可願

彼の在世中に板行願が出され（許可された）ものは、次の三種である（「願」は出願日、「許」は許可日）。

紫文消息（一名小萩が本）　一冊　作者　橋本稲彦（芸州広島）　板元　奈良屋長兵衛（本町四丁目）　願　文化4年11月　許　文化5年閏6月

新撰和訓部類鈔　一冊　作者　橋本稲彦（芸州広島）　板元　奈良屋長兵衛（本町四丁目）　願　文化4年11月　許　文化5年閏6月

紫文製錦（一二之巻）　初編二冊　作者　橋本稲彦（芸州広島）　板元　奈良屋長兵衛（本町四丁目）　願　文化4年11月　許　文化5年閏6月

同じ板元（奈良屋長兵衛）で出願日・許可日も全て同じである。なお、俊平の前掲「掌中冠辞例」も同じく奈良屋長兵衛が板元だったが、そこでは俊平は「かいや町（大坂）」と付記されていた。しかし、稲彦はここでは全て「安芸広島」とある（稲彦にとって、大坂はあくまでも仮寓の地だったのだろう）。以下、右の著作が実際に板行されたか、どういう風に板行されたかに就いて触れる。

(一)『紫文消息』は「一名小萩が本《もと》」とある。国文研所蔵本巻末刊記に、刊年は「文化四年丁卯七月」とあり（許可年月はおろか出願年月よりも早い）、書林として京一書肆、江戸三書肆、最後に「大坂　葛城長兵衛」と見える。また、この直前に見える書籍広告中に本書も「紫文消息　小本全一冊」と見え、「源氏ものがたりの消息文をぬきいだして、傍注をくはへ、消息をかく助とす。」と案内されている。

(二)『新撰和訓部類鈔』は一冊とあるが、上下二巻二冊で板行されたようである。上下二書併せた一冊本（後刷り）の「八戸図」蔵本の画像が、「古典籍データベース」上で公開されている。その巻末刊記に

「文化七年庚午三月」とあり、書林としては京一書肆と江戸三書肆、その最後に「大阪宣英堂奈良屋　葛城長兵衛」と見える。稲彦の生前に板行許可を得ていたが、実際の板行は没後である。

㈢『紫文製錦』の初編二冊の板行も同様に許可されている。「古典籍データベース」に掲出されている「金沢図藤本」蔵本は、二冊本で、「文化四序」とあり、刊年は「文化五年」であり、書肆は京の一書肆と江戸の三書肆の後に、大坂の「葛城長兵衛」の名が挙がる。恐らくこれがその初編二冊本なのだろう。なお、「文化四序」は後で触れる八冊本の初編第一冊目冒頭に「文化四年春」付の本居大平の序が付されているので、それを承けた記載なのだろう。

(5)　稲彦没後の板行許可願

『書籍目録』によれば、稲彦の著編書・校合書は、彼の没後も「作者（又は校合者）」の「橋本稲彦」に「故人」と付記され、板元から次のように板行願が出されている。

紫文製錦 三四之巻　二編二冊　作者　橋本稲彦（故人）　板元　奈良屋長兵衛（本町二丁目）　出願　文化9年11月　許可　文化10年7月
紫文製錦 五六之巻　三編二冊　作者　橋本稲彦（故人）（芸洲広島）　板元　奈良屋長兵衛（本町二丁目）　出願　文化10年5月　許可　文化10年7月
紫文製錦 七八之巻　四編二冊　作者　橋本稲彦（故人）（芸洲広島）　板元　奈良屋長兵衛（本町二丁目）　出願　文化10年5月　許可　文化10年7月
古今仮名遣　二冊　作者　橋本稲彦（故人）　板元　奈良屋長兵衛（本町五丁目）　出願　文化10年4月　許可　文化10年7月
*正訓神代巻　二冊　作者　源稲彦（故人）（芸洲広島）　板元　河内屋太助（唐物町四丁目）　出願　文化10年2月　許可　文化10年8月
新撰姓氏録　四冊　校合者　橋本稲彦（故人）　板元　海部屋勘兵衛（小浜町）　出願　文化10年12月　許可　文化13年4月

*本書は一旦文化八年7月に願い出たが文化九年正月に取消していて、再出願したもの。

歌文用例　二冊　作者　橋本稲彦（故人）　板元　奈良屋長兵衛（本町二丁目）　出願　文化14年8月　許可　文化14年11月
万葉梯　二冊　作者　橋本稲彦　板元　奈良屋長兵衛（本町二丁目）　出願　文政3年12月　許可　文政4年5月
＊本朝編年小史　七冊　校合者　橋本稲彦（故人）　板元　奈良屋長兵衛（本町二丁目）　出願　文政12年正月　（許可の年月の記載なし）

＊本書に就き次のような［付記］が付されている。／［付記］本書の増補再板願出に対し、右板木求板の年月申出でよとあり、依て寛政三年七月京都書林唐本屋吉左衛門方より求板せし旨を回答したり。

これら全てが、寛政末年から文化六年までの一〇年足らずの在坂中に、稲彦のものした著編書類と言うことだから、その文人としての多彩な活動に改めて驚かされる。書肆もまたこの有能な文人を得て、次々と企画—編纂もの・辞書的なもの・ハウツーものの企画—を持ち込んだのだろう。

板元は、先にも少し触れた奈良屋長兵衛が多い。「大阪の出版」に掲載されている「享保以降の開版出願状況」によれば、天明期から見える大坂では後発の本屋で寛政・文化期に出願点数が多く、文政・天保がこれに次いでいる。奈良屋長兵衛よりさらに後発の河内屋太助（河太）も見えるが、河太に就いてはこれまでにも言及している。

海部屋勘兵衛の名がみえるが、河太とは勿論、奈良屋長兵衛と比較してもマイナーらしく、『書籍目録』にもその名はあまり見えない。井上隆明『改訂増補近世書林板元総覧』には「海部屋勘兵衛　定学堂　多田氏　名直洪／大坂新町西口小町浜角、砂場小浜町（文化三年本）／……」などとある。

ちなみに、これより後、海部屋勘兵衛の子の安曇喜一郎は文化一二年に平田篤胤に入門していて（『誓詞帳』（『新修平田篤胤全集別巻』）に73番目の門人としてその名が見え）、大坂では最初の気吹舎門である。次いでこの五年後の文政三年に、書肆と思しき前川六左衛門の紹介で「大坂道頓堀幸町一丁目／丸屋」の松村完平が入門している（後で見るように、彼は他の大坂書肆たちと一緒に、戊申の聴講者もしくは門人としてその『戊申日録』に見える)。完平に続く気吹舎門は、和泉や摂津はともかくも、大坂三郷内にはいないようだ。

⑹　稲彦と石津亮澄

稲彦著作に就きもう一点補足する。[注①] 稲彦没後出願の前掲書籍一覧の中に、文化一〇年七月許可の『古今仮名遣』が見える。これは実際に板行されていて、「古典籍データベース」にはその所蔵先が一五点も挙がり広く流布していた。画像併載の「富山図山田孝雄」蔵本は、表紙裏に「源稲彦編／古今かなづかひ／浪華　書林合刻」、巻末刊記に「文化十酉年八月刻成」、出板の「大阪書林」として「本町通弐丁目奈良屋長兵衛」等五書肆が並び、冒頭に次のような文化九年九月九日付の石津亮澄の序文が付されている。

橋本稲彦姓ハ源琴の屋といふ。安芸国広島の人。いとけなきより皇国の書を好ミ、山崎垂加のながれをくめる某にしたがひて神の道をきくに、心にかなハずとしてつひに伊勢国松坂にいたり本居翁の教をうく。時に十六、かしこにとゞまりて物学ぶこと久しくして、後大坂にいでゝしきりに皇国の学を唱へしが、幸なくしてミそぢにみたずしてミまかりぬ。此ふみはその病などするをりふし、書肆のもとめによりてあつめしなり、といふ事をそのかみのとも石津亮澄がしるす。時に文化九年秋九月九日の日

この序文で注目されるのは、「山崎垂加のながれをくめる某にしたがひて、云々」とある件である。この「某」は恐らく崎門学派の西依成斎だろう。先に稲彦が寛政一二年頃に大坂布屋町の陸柳窓方に寄寓していたのに言及したが、その柳窓は成斎の門人だったので、稲彦は柳窓と同門と言うことになり、彼の柳窓方寄寓がたいそう分かり易い。さらにまた、岡崎俊平も成斎門ではないかと先に推測した。そうすると、三人はみな同門であり共に古学への関心を深め、稲彦・俊平の二人は宣長に入門し、また三人はほぼ同じ

頃、他ならぬ大坂の地に移り住んだと言うことになる。こういう「交友」は、もっと注目されて然るべきではないだろうか。

もう一つ、尾崎雅嘉門で「大坂根生い」の国学者橋本稲彦の「とも」として序文を寄せているのにも注目される。親交に至る経緯などはよく分からないが、稲彦以外の仮寓文人の場合、亮澄のような「大坂根生い」の文人との交友の例は、案外と聞かないので興味深い。注②

注①＝稲彦及びその著作については中澤伸弘「宣長門人橋本稲彦の一考察」（『鈴屋学会報第十五号』〈平成十年十二月〉）や、遺稿故に未完ながら稲賀啓二『紫文消息』と『紫文製錦』―稲彦と出版書肆との交渉―」（『王朝細流抄第６集』〈平成１５年３月〉）に詳しい。

注②＝亮澄との交友に就いても前掲中澤論文や同氏の「近世後期浪花国学者石津亮澄の一考察」（『国学院雑誌第一〇〇巻第九号』〈一九九九・九〉）に詳しい。

(7)　国学者の漢学修得

国学者稲彦と漢学とは違和感がありそうだが、文化二年かと推測される「正月十四日付」大平宛稲彦書簡が『本居宣長稿本全集第二輯』に「本居大平ニ贈レル稲彦ノ書簡」として収まるが（233頁～234頁）、その末尾に次のようにあり、早く漢学を学んでいた彼が、この頃もまた「漢学」に取り組んでいたらしい。

何分不遠内浪華迄罷出（何分遠からざる内に浪華迄罷り出で）、委曲可申上候（委曲申し上ぐべく候）。此節は漢学をのみ専仕候。先は御見舞方々、早々如此御座候。

「此節は漢学をのみ専仕候。」とあることから思い起こすことがある。先（153頁）にもその一部を引いたが、文政七年正月一一日付上田堂山父子宛書簡（『芳樹書簡』で、近藤芳樹も次のように言っていたのだった。

国学の何のかのと力見候而も、小生ハ元来漢学ニうとく候故、只今ハ篠崎氏へも参り申候。彼駟馬《しば》の車に何とかや申から言（「駟馬も追う能わず」？）の御座候を、明暮胸裏ニ含ミ居申候。

芳樹は、「漢学」に疎いのでただ今は篠崎小竹塾に参って勉強していると言う。彼は、この後大病を患って帰国するが、しばらくしてすっかり良くなって再び留学の意思を伝えた文政七年十月廿九日付上田堂山父子宛書簡（同上）の中にも、次のような件が見える。

田舎ニ居候而ハ学文出来不レ申、何卒御世話を蒙りて、萩表へでも罷出、館（藩校明倫館カ）中之古書を借てなりとも、学文仕度奉レ存候。漢学之方独学ニて未熟ニ御座候故、萩ニてハ、四五年左様之事学文可レ仕哉。亦ハ広嶋・九州辺へでも学文ニ可レ参哉、と奉存候。

ここでも「漢学之方独学ニて未熟ニ御座候故、云々」と言っている。謙虚と言えば謙虚ではあるが、稲彦の「漢学」への取り組みは、恐らく芳樹がそうであったように、ひょっとして藩（藩校）への仕官を考えていたのではないだろうか。国学だけで仕官出来るような藩は、少なくとも当時はなかったようである。稲彦は若くして亡くなり藩に仕えるまでに至らなかったが、先にも触れたように、芳樹は最終的には長門藩へ就職している。とすれば、安芸広島の稲彦が大坂で文人として過ごしていたのは、安芸広島藩に抱えられるまでの仮の姿であったかも知れず、そう言う意味では大坂は、ますます仮寓の地である。

なお、前掲藤井隆「中山美石年譜考証」によれば、美石は文化一四年四三才の時に藩校時習館講釈方に任ぜられ、同時に「国学唯今迄之通可心掛（国学は唯今迄の通り心掛くべし）」との特命があった。このことに就き、「美石の時習館講釈方というのは、同年三月六日没した西岡天津の後任なので、儒学の教授であり、当時藩校には国学教授はなかった。従って特命がないままでは、却って国学的研究ができなくなるのである。」との編者のコメントが付されている。国学者の美石は藩校では儒学教授だったのである。文化一四年六月二九日の条に「これより四、九の日、時習館にて「大学解約覧」講釈」とあり、文政二年七月からは、「時習館講釈方」に任ぜられた太田錦城（文政八年没、六一才）と共に、交互に論語（四の日、美石）と孟子（九の日、錦城）を講じてもいる。ちなみに、先（235頁）に見たように、来坂仮寓中の美石は、心斎橋の書肆河内屋太助方で買ったのは貝原益軒の『慎思録』だった。

Ⅲ　村上潔夫

橋本稲彦が文化六年に亡くなった後に来坂し、しばし仮寓していた者に、同じ宣長門の村上潔夫がいる。彼の在坂中の消息も殆ど分かっていないが、京摂の地では鈴門としての小さくない足跡は残している。

(1)　潔夫の伝

先に、文化二年かと推測される「正月十四日付」大平宛稲彦書簡（『本居宣長稿本全集第二輯』に収まる「本居大平ニ贈レル稲彦ノ書簡」）に言及した。そこでは引かなかったが、冒頭に「去春京都ゟ帰国之後は、音信絶申候所、云々」とあり、書簡半ばに「松坂に而私事、とやかく申人御座候よし、圓方【◎村上氏】申候。」（注記原文）と言う件が見える。村上円方は村上潔夫（文政六年没、五五才）、通称三助（三介）、伊勢松坂の人で天明五年一七才の時宣長に入門、服部中庸（文政七年、六八才）らと同期である。享和末年か文化初年かに上京して開塾した。橋本稲彦とは彼の在京中、親しくしていたらしい（また、すぐ後でも触れるように、豊後から上京してきた鶴峯戊申が潔夫に入門している）。

稲彦没後の文化七、八年頃に京から大坂に移住し、国学和歌の塾を開いた。文化一〇年前後の成立かと推測される人物誌「浪華人物録」の［国学并和歌］の部に、大坂根生いの国学者歌人の尾崎雅嘉・石津亮澄や有賀長収（文政元年没、六九才）・有賀長基（天保四年、五七才）らと共に、「平の町　村上三介」の名で、彼も掲出されている。その潔夫は、少なくとも文化一三年の前半頃までは大坂に居住していたかと推測されるが、とにかく文化末年には摂津伊丹に移住して塾を開いて、赤穂藩の中村良臣らが入門している。

(2)　潔夫の編著

ところで、潔夫は大坂には数年間は仮寓していたけれども、その間の消息はほとんど知られていない。著作については、『書籍目録』の文化八年の件に「万葉類葉抄丁数九十四丁　一冊」が見え、

作者　村上三助（京都）　板元　奈良屋長兵衛（本町二丁目）　出願　文化八年七月　許可　文化八年十月

と記されている。この頃大坂に来たばかりだからだろうか、居所は「京都」となっている。但しこれは実際には板行されなかったか、「古典籍データベース」等には見えない。尤も、同じタイトルの「万葉類葉抄」は、延徳三年一四九一成立の中御門宣胤撰『万葉類葉抄』全一八巻が知られているが、この潔夫著作はそれと関係あるのか（その抄録だったのか）、両者の関係はよく分からない。

Ⅳ　鶴峯戊申

文化末年に村上潔夫は摂津伊丹に移住するが、入れ替わるように鶴峯戊申（と次のⅤで触れる村田春門と）が大坂に移住して来た。戊申はずっと大坂の地に留まっていたわけではないにしても、「在坂」の期間は一七年にも及び、大坂仮寓文人としては最長である。その間の著作も多く中には彼の代表作もいくつかあり、さらに彼の大坂（及びその周辺）の門人も少なくない。大坂（上方）の国学は振るわなかったとされているからだろう、その出来不出来はともかくも、大坂での彼の仕事が（大坂の地でなされたとして）注目されることはない。

(1)　戊申の伝

㈠　『国学者伝記集成第二巻』掲出の〈戊申伝〉の「総叙」及び「戊申年譜」によれば、天明八年に豊後臼杵八坂神社神主の子として生まれた戊申は、文化元年一七才の時に上京し、和歌を綾小路俊資に学ぶとあり、次いで翌二年の夏に「村上円方に学ぶ。又山田以文の門にも入る。」とある。続いて「冬帰省。」とあるので、僅か半年程だが戊申は潔夫に就いていた。このことは本人自らが言っているようで、藤原暹『鶴峯戊申の基礎的研究』の「戊申の生涯」（第一章第二節）文化元年の件（22頁）に、

> 京都に上った彼は綾小路中納言俊資卿に和歌を学び、翌年夏には村上円方、山田以文に国学を学んだ。『稿本八』には「山田以文、鈴屋門人に村上三介などあり《ママ》……山田・村上先生にはことに志《ママ》たしく教を受けたり」と記している。

とあり、（「山田先生」と共に）「村上先生」には殊に親しく教えを受けたと言っているが、潔夫の方に戊申に言及したものはなく、戊申の方にもこれ以外に言及はない。但しこんなことはある。前掲「戊申

年譜」文政四年の条に「冬、伊丹に遊び越年。」とあり、翌五年の条に「居を伊丹に移し帷を垂れて講業。」とある。先に見たようにこの時は旧師潔夫も伊丹で「帷を垂れて」いたはず。さらにその潔夫が翌六年九月に亡くなると、同じく前掲「年譜」文政六年の条に「秋、大坂に出、云々」とあり、戊申も伊丹を去っている。この間の戊申の行動が潔夫と無関係とは考えにくい（が、その詳細は不明である）。

(二)　戊申は、文化二年冬に一旦は帰省するが、文化五年に再び上京する。以下「戊申年譜」から大坂に仮寓する文化一四年までを摘記すると、次のようである。

同五年　再上京、橋本経亮（藤井貞幹門人）、尾崎雅嘉（大坂書肆、時年五十四）と交を結ぶ。
同六年　陰陽頭安倍晴親家塾に入る。／同七年　冬より（摂津）住吉で越年。
同八年　四月から翌九年にかけて甲州に赴き溝説。／同九年　六月帰省。
同一二年　八月弟宣定と共に上京し、再び安倍塾に入る。『本教異聞』三巻を著す。
同一三年　三月安倍晴親に従って江戸に下り、『本教異聞』を幕府に献上。冬、大坂に下る。
同一四年　居を（大坂）立売堀一町目にトす。

戊申の「再上京」を伝える文化五年の条に（「大坂書肆」と付記された）「尾崎雅嘉」の名が見え「交を結ぶ」とあるが、唐突の感は否めない。藤原前掲書の「戊申の生涯」文化5年の件に、「上京」や「橋本経亮」への言及はあるが、雅嘉の名は見えない。但し文化一三年の件にはその名が次のように見える。

その年の冬、大坂に下った。居を立売堀一町目に定め、沖野氏女と再婚したようである。書肆の尾崎雅嘉、塩屋長兵衛等の需に応じて雑著を著わし、一方講説生活を続けた。

前掲年譜記事を含めて、戊申と雅嘉とはライターと書肆との関係で、先に見た稲彦と亮澄とのように国学者同士の交友関係とは違うのだろう。注①「総叙」に「廿九歳の冬、大坂に下り、四十五歳、江戸に出づ。其間十七年間帷を垂れて諸生に教授し、云々」とある。戊申は、その「廿九歳の冬」つまり文化一三年の冬から文政四年冬ごろまでは、ほぼ大坂にいたらしい。その後は摂津伊丹に居を移したり、摂津西宮や奈良や泉州や和歌山や近江彦根に遊んでいるが、その間もまた、本拠地はさしあたりは大坂だったようだ。しかし、四三才の天保元年末にいよいよ大坂を離れた。再び和歌山に赴いて越年し紀伊を巡った後、同二年末に名古屋に至り越年し、三河での講説等を経て、天保三年七月に江戸に出たのだった。

注①＝管宗次編『尾崎雅嘉著述三種』に尾崎雅嘉の蘿月庵社中歌集『いれ紐』が影印収録されている。その「十月初九夜（一〇月九日夜）」の記録に、戊申の名がその作品と共に見える（彼の名はこの日だけ）。問題はこの歌会の時期だが、『いれ紐』の［解題］には「鶴峯戊申在坂の時、おそらく文化五年頃のことであろう。」とある。しかしその「戊申在坂の時」が「文化五年の頃」だと言う（「戊申年譜」の記事以外に）何か別に資料があれば別だが、戊申が雅嘉と交わるのは「冬、大坂に下る」とある文化一三年冬以後の方が妥当か。なお、藤原前掲書中に「書肆の尾崎雅嘉、塩屋長兵衛等の需に応じて雑著を著し、云々」とある。後者塩屋長兵衛（山本春樹）と戊申との関係は、先（145頁）にも見た如く、またこの後直ぐに見るように、よく知られている。しかし、雅嘉との関係は、右『いれ紐』に戊申の名が見える以外には知らない。

(2)　戊申の大坂門人

戊申の大坂及びその周辺にいた期間は、他の大坂仮寓者に比して長くて、十余年に及ぶ。その間の門人も多い。『戊申日録』の中の、「文化一四年時分ヨリ文政中於大坂所々束脩人」とのタイトルの下に、二百人近くの者の名が並んでいるが、比較的知られた者もいる。その中から何人か選んでみる。

㈠その冒頭部に「山本長兵衛春樹心才橋筋」（「文政元年」との頭書あり）が見え、これより少し後で「文政六年時分」とある前の、書肆と思しき者の並ぶ中に「藤木定七郎心才橋筋」「松村平作完平／九郎左衛門町」「京屋庄兵衛心斎橋筋」「河内屋儀助心才橋筋」「河内屋茂兵衛久則／心斎ハシ筋」「播磨屋九兵衛心才橋筋」らの名が見える。この内、松村平作（完平）は、篤胤の数少ない大坂門人の一人として先にも言及した。この並びから、彼も書肆の可能性が高いが、その詳細は不明である。さてこの中で、戊申と最も親交のあったのは、これまでにも言及したごとく、山本長兵衛（山本春樹）こと塩屋長兵衛で、「雑記三」（『戊申「雑録」稿』）に、彼の主著『天柱』に言及した件の中で、その彼に触れて次のようにある。

　天柱を板にせしは、文政元年也。大坂書林塩屋長兵衛より売弘致し度候《ママ》公儀へ願出ル。二年三年に及べども御さたなし。塩長云、天柱はとても願ずみ（願済み）なかるべくこそ候へ。このほど仏国暦象編（円通著、文化七年序）も書林にて売買不相成やうに成たり。ことに天柱には地動の説とやら有之よし。さやうな奇説は御免なりがたかるべし、と云て力落せり。戊申とさて〳〵本意なき世界也と歎息して有けり。四年に及びて売買勝手次第に被仰付発兌したり。

「四年に及びて、云々」とあり、「天柱」は文政四年五月に「売弘」許可が下りた（後の⑶の(i)参照）。

㈡医家として、「文政六年時分」のタイトルの下に、斎藤良《ママ》（方）策大坂籠屋町・仲環大目橋筋籠屋町南入らの名が見える。このことに就き、「雑記二」（『戊申「雑録」稿』）に次のようにある。

　大坂にてひろくまじはりたる友がきの中に仲環こそ益ある友がき也けれ。この人は京人にて藤林氏の語法解（未詳、「訳鍵」カ）の校合をしたる人也。文政七年のころ戊申伊丹より大坂に出、斎藤方策翁にとゞめられ、韻鏡などときける時、仲氏、垣本雪臣同道にて出席したり。是より二なく交はりたる也。垣本氏は韻鏡の出席遂ず、仲氏は遂たり。徴古新説も仲氏のうべなへる事はしるし、うべなはざる事ははぶきすてたり。但シ其後度々刪定して今は其時よりはやゝくはしく也たり。

中環に就いては先に触れた。「藤林氏」とは、海上随鴎門で天遊のやや先輩の藤林普山（天保七年没、五六才）のことだろうか。環より一二才年上の斎藤方策（嘉永二年没、七九才）は周防の人で、中野操『大坂蘭学史話』によれば、京都大火のため大坂に移住していた蘭医小石元俊の門に入り、蘭漢折衷の医学を修めた後大坂で開業。文政五年頃は「大坂医師番付」で東の大関に擬せられ、当時は最も有名な医師だった。賀茂季鷹門の垣本雪臣（天保一〇年没、六三才）は京の人だが文政六年前後に大坂に来たようで、文政七年版『新刻浪華人物誌』［和学国学］欄に「菅原雪臣号荘町／江戸堀垣本雪臣」と見える。なお、文中の「徴古新説」二巻二冊は『徴古究理説』とも言い、写本で伝わる。その一部が藤原前掲書に翻刻されている。その巻頭識語の終わりに「文政乃八年といふとしのしはす、つるみねのしげのぶしるす」とあり、草稿は文政八年一二月に成ったようである。

(三)　「文政八年時分」とある条の中に、来坂武士役人として「伴藤五郎大伴直方／御具足奉行　朝倉次郎左衛門日下部尊定／御金奉行　岸本武太夫源荘美／御代官」の三人の名が並んで見える。本来なら先の「仮寓」武士役人の中で取り上げるべきだが、直方以外は在坂中の情報が乏しくここで各人に就き簡単に触れる。

(一)　伴直方に就いてはこれまでに何度も触れている。ただ、彼は天保二年に任終え江戸へ戻ったが、その彼を戊申は訪ねていて、それが「雑記三」（『戊申「雑録」稿』）の『語学新書』に言及した件に、

伴藤五郎ぬし屋敷へ参りけるに、伴君話。此比、番町窪田氏（未詳、清音カ）に逢たるに、語学

新書は誤のみ也、と窪田氏いはるゝゆゑ、夫は何の条何の誤にや、吾等などはその誤は見出さぬ事也、其中にも証歌出所のちがひ、或はかなちがひなどはあるべき事也、しかれども言語の品助辞の格の大綱に於て誤りなくば、うちまかせて誤とはいひがたかるべし、と申たるに、窪田氏なほとけやらで、此間小林元緒（歌城）先生見せよとこはるゝゆゑ、余が所持の本を見せたるに、先生見てはじめより終まで誤だらけ也と被ㇾ申き、まことの事也。いかゞしたる見やうにや、いとまこ（と脱カ）あやしき事也、新書はこれまでのてにをは書と、おもむきのかはりたるをこそむねとしたれ、これまでのてにをは書と同じくば、などか新書と題すべき、そのおもむきのかはりたるを誤とはすべきにあらず、と申てわかれたり、とかたり給へり。

とある。『語学新書』（福井久蔵編「国語学大系」第一巻所収）の自序は天保二年一二月一五日付で「をはりのたびやどりになむ　つるみねのしげのぶ」とあり、稿の成ったのは江戸への途次の名古屋の旅宿だったと言う。江戸の地において、天保四年二月付島田易清の序、同年上元日（一月一五日）付小山田与清序が付されて、天保四年中には板行されたらしい。戊申が直方を訪ねたのは天保四年以後のことになるが、江戸で「窪田氏」や小林歌城などの厳しい批判を受ける中、在坂時に戊申の講席に出ていたからでもあろうか、戊申の著作『語学新書』を直方はいろいろ擁護してくれていたらしい。

㈡　朝倉尊定は「六奉行一覧」に「金奉行」として「朝倉次郎右衛門」で掲出され、文政四年七月から天保三年一月まで在任、在坂は一〇年に及んでいる。その間、在坂文人・来坂文人・武士役人たちとの「交流」はあっただろうが、殆ど知られていない。ただ、『春門日記』文政七年三月二八日の条に、彼の自宅（金奉行所内邸宅）で歌会が持たれた、と次のようにある。

朝倉次郎右衛門殿におゐて会有之。今日極内会にて、岡田伊賀（岡田元凱、浜田藩家老）・村上真澄（浜田藩士）・安田玄筑（大坂町医）也、外ニ千入（不詳）出席。

浜田藩主松平康任は文政五年七月から同八年五月まで大坂城代に任ぜられ（その後続けて京都所司代）、少なからずの浜田藩士が在坂していた。右に浜田藩の二人が見えるのはそのためだが、康任の養父康定が宣長に師事したこともあり、康任も宣長の高弟春門に師事して浜田藩士たちも主君に倣って春門に就いたのだろう。右の伊賀（元凱）や真澄らは春門の門人で、日記の他の件にも何度か見える。そう考えると、尊定もまた春門の門人だった可能性が高い。なお、安田玄筑は『大坂医師番付』天保三年版以後の版に続けて見えるが、それ以前の版には父と思しき安田玄春が掲出されている（居所は同じ）。大坂の累代の医家らしく、当然、彼も春門の門人だろう。

ちなみに、これより後同上日記文政一〇年一〇月一六日の条に、春門方での歌会記事が見えるが、その中に「地役（地役人）朝倉治《ママ》郎左衛門・伴直方、外ニ正嗣（未詳）といふ人出席。」とあり、尊定と共に直方の名が見える。直方はこの日が初めてのようで、これ以後は何度か見える。例えば同年一一月二日の条に「谷川士清真蹟和訓栞、伴氏（直方）へかし遣ス。」とあり、翌一一年正月二〇日の条に、「伴藤五郎殿より使差越候ニ付、栄花物語十五冊かし遣す。」などとある。直方は、尊定とは違って、春門とは古典研究者同士の付き合いのようである。

㈢　岸本荘美は「御代官」とある。前掲『江戸幕府代官履歴辞典』によれば、文化一三年から天保二年までの一五年間、大坂鈴木町代官を務めていた。先に見た大坂谷町代官竹垣直道の実父である。

㈣　「文政八年時分」の条に、右の来坂武士たちに続いて、医師たち三人がさらに次のように見える。

牧敬甫　名敬字甫／御他通讃岐人　嶋村有慶　衡字子興／土佐安喜浦人　明石天民　世章字天民／上塩町

㈠　牧敬甫は『日暦』文政一二年九月七日の条に「牧敬甫来り、書を求む。」と見え、同九月九日の条の、慊堂の送別の宴を兼ねた斎藤鑾江（世教）主催の船遊び記事中にも、「牧敬甫〔字は其徳、号は均斎、医師、讃の人〕」と見え、讃岐出身の医師とある。事実、『大坂医師番付』の天保一一年から嘉永元年の各版にその名は見える。天保五年から同一〇年までの「番付」は残っていないようで詳細不明だ。少なくとも天保四年版には見えず、文政一二年のこの時点では讃岐から出て来て間もない、ほとんど無名の医師だったのか。

㈡　嶋村有慶は土佐人とあり、あるいは医師かと思われるが不詳。

㈢　明石天民もまた医師で、文化末~文政初版と推測されている『大坂医師番付』に「蘭方　ホリヱ　明石天民」と掲出されていて、先の中環と同じく「蘭方」だが、中野操『医家名鑑』（の「解説編」）に「その学統については不詳」とある。なお、そこでも指摘されているが、彼は嘉永年間の緒方洪庵の種痘事業に協力していたことが知られている（天民の名は「医師番付」安政五年版まで見える）。

㈤　「文政十二年時分」の条に、「坂本紘《ママ》之助　玉造六軒屋敷」即ち坂本鉉之助の名が見え、さらにこの後に「玉造」と付記された一〇名が並ぶ。恐らく鉉之助と同じ定番与力か又はその配下の同心だろう。また、これに続く「文政十三年時分」の条に「後、大塩平八郎ニ従ヒ自滅」と付記された大坂東町奉行所同心の「庄司嘉《ママ》（義）左衛門」の名も見えるのにも目が留まる。年度は異なるとは言え、大塩の乱鎮圧に功あったと言う鉉之助の名と共に同じ「日録」にその名が見えるのは、何とも皮肉である。

⑶　在坂中の戊申編著書

戊申は、著作を競い合う国学者連中の中でもその数が突出している。ここでは彼の大坂仮寓中の著作を知るべく、『書籍目録』からその間に出願され（許可され）た編著書名と「売弘」又は「板元」書肆とを挙げる。大坂仮寓中に限定しても、その数は次のように一三点にも及ぶ。なお、一つ一つ写さなかったが、戊申の名には「豊後臼杵」とその本貫の地が付記されている。

(a)　『本教論』一冊　丁数18丁　作者鶴峯左京　板元海部屋勘兵衛　文化12年五月出願　同13年四月許可

(b)　『救貧竈卦選要』二冊　作者鶴峯彦一良　板元藤屋弥兵衛　文政元年11月出願　文政二年四月許可

(c)　『中将棊絹篩』『大将棊絹篩』合冊三冊　丁数88丁　作者鶴峯戊申　板元塩屋季助　文政三年五月出願、同年七月許可

(d)　『増補再板和漢書画一覧　高蘆屋編補』一冊　墨付71丁　増補再版願出　作者高芦屋（故人）　増補人鶴峯戊申　板元加賀屋善蔵　文政三年十月出願　文政四年五月許可／［付記］本書は京都書林仲間額田正三郎方に於て天明六年開板したるものなるが、此度大坂北久太郎町五丁目加賀屋善蔵方に右板木を買取り増補再板の義を出願して許可を得たるなり

(e)　『頭書釈氏要覧』一冊　墨付85丁　作者宋・道誠　校者鶴峯戊申　板元奈良屋長兵衛　文政三年11月出願　同四年五年許可

(f)　『大成無双節用集』中本一冊　墨付323丁　集者鶴峯戊申　板元河内屋源七　文政三年11月出願　文政四年五月許可

［付記］原本此の所に左の付箋あり。

「此願写本字引之処他板株に差構候ニ付何分此侭ニ而は彫刻不相成候趣、願人へ申聞置有之候、以後元株通り字引之所替願出候はゞ其旨早速追願いたし可遣候事、先夫迄は此願写本当組へ預り置候也。」

(g)『古調梯』一冊　墨付六三丁　作者鶴峯戊申　板元奈良屋長兵衛　文政三年12月出願　文政四年五月許可

(h)『歌文類葉初篇』二冊　墨付五八丁　作者鶴峯戊申　板元奈良屋長兵衛　文政三年12月出願　同四年五月許可

(i)『天のみはしら（天柱）』一冊　墨付43丁　作者鶴峯戊申　蔵版主右同人　売弘河内屋茂兵衛　出願文政四年二月許可文政四年五月

(j)『古義神代考』三冊　作者鶴峯戊申　蔵版主右同人　売弘河内屋儀助　文政四年七月出願　文政五年七月許可

(k)『増補永暦小筌』折本一冊　輯者鶴峯戊申　板元塩屋季助　文政五年三月出願　文政五年七月許可

(l)『天柱考証』一冊　作者鶴峯戊申　蔵版主右同人　売弘塩屋長兵衛　文政七年正月出願　同年九月許可

(m)『文政／重訂増補広益好文節用集校』一冊　丁数102丁　今回従来のものに世話字尽二十四丁増補発行願出　校合者鶴峯戊申　板元加賀屋善蔵　文政八年九月出願　文政九年六月許可

(4)　戊申編著書解題

右に挙げた在坂中の戊申の編著書を眺めていると、そのタイトルから、節用集またはそれに類する実用的な書物の多いことに気づく。これらの著編書は戊申もその生計の一助としたのだろうが、多治比郁夫「大阪の出版」の、元禄の出版界に触れた件に次のようにある。

元禄時代の重宝記の大部分に大坂の本屋が関係している。（中略）。そして、こうした日常生活の必要知識をもり込んだ啓蒙書（簡易百科事典式のものもある）は、これ以後も大坂出版の大きな特徴となるのである。そのことは『享保以後大阪出版書籍目録』によって確かめられる。

稲彦の著作中にも少し見えたが、戊申著作の多くに多治比論文の指摘するような「大坂出版の大きな特徴」が、確かによく伺える。しかし、ここでは国学者戊申の著作の何点かを取り上げてみる。

㈠ (i)の『天のみはしら（天柱）』は〈古典籍データベース〉掲出の画像の付された「北大図」蔵板本の巻末刊記に「文政四年辛巳夏《ママ》三月」とあり、売弘書林として「京蛭子屋市右衛門・江戸前川六左衛門・大坂河内屋儀助・大坂河内屋茂兵衛・大坂塩屋長兵衛」の五書肆が並んでいる（なお、「東北大和算」蔵板本の巻末刊記は「文政四年辛巳春三月」とあり、書林は江戸書林が抜けてそこが空白になっている）。

本文末に「文政改元の秋かむが《(考)》へ畢つ」とあり、本書の成ったのは文政元年秋と言うことになるが、先(273頁)にも見たように、戊申は、本書の成ったその文政元年に、塩屋長兵衛即ち山本春樹を通して「売弘」を願い出たがすぐには許されず、文政四年に「売買勝手次第」となって許可されたと言う。

㈡ (1)の『天柱考証』も板行されていて、同じく「北大図」蔵板本に徴すれば、刊記はなく、伊丹の門人八尾寛満序文（「天柱考証序」―日付は「文政五年壬午八月十八日」）の終わりに、「遂に請て以て之を家に刻すと云う」とあり、門人八尾蔵板であるらしい。その冒頭が「吾皐屋《タカノヤ》の鶴ミねの大人はや」で始まる跋文は、その最後は「文政六年春　難波人山本春樹謹書」とあって、門人で書肆の山本春樹が書いた。その冒頭部を引けば、次のようである。

> 吾皐屋《タカノヤ》の鶴ミねの大人はや、さきに天の美はしらをあらはしまして、よの中にいひしれぬまで高くひろき言挙し給ひぬるハ、皇大御国の古伝説ハ谷蟆《タニグヽ》のさわたるきハミ、千万国におしわたしてたがふことなく、月日の来経《キヘ》のかぎり千万世を経てもかはらざることを、さとし給へるなりけり。今はた、さきの論ひぶみをうたがふ人もありなむをとて、そのかうがへのあかしぶミをさへものし給へり。

刊年不明なまま、板行はさしあたりこの跋文年次（「文政六年」）に従う。なお、本文の終わりに「文政四年十一月二十八日」とあり、本書は『天の真はしら』が板行された年に成っている。
ところで、序文を書いた八尾寛満と言う者だが、『日録』の「文政五年時分摂州伊丹ニテ」の条に、「八尾与作　名寛海　亀次郎父」とある。「寛海」は恐らく「寛満」のことだろう。子息の「亀次郎」も、『日録』同条中の「与作」の少し前に、「八尾亀次介　満敬菊一」と見えて、同じく戊申の門人である。なお、『川辺郡誌』の「伊丹町」の〈古今の名士〉の件に、「八尾寛満」も掲出されていて、「通称を八左衛門と称し伊丹町の閭胥たり。文墨に親しみ和漢の学に通ず。伊丹地方の事蹟を裒録せる遺稿あり。題して「孔方私記」といふ。」とある。「伊丹町の閭胥《りよしよ》」とは町年寄のことだろうか。
なお、『春門日記』文政七年二月二日の条に、次のような記事が見える。

　鶴峰来、天躰実動図といふもの一冊著述、携来ておくる。例の異説也。

この「天躰実動図」は板行されたもので、「古典籍データベース」にも掲出され、刊年は文政七年、刊本は「三井本居」蔵とある。未見ながら、刊年やそのタイトルから、「天のみはしら」や「天柱考証」に連なる著作のようであるが、春門は「例の異説也。」と全く認めていない。「例の」とは戊申のこれまでの著作を承けているだろうが、恐らく平田篤胤『霊の真柱』なども脳裏にあったに違いない。

㈢　(j)の『古義神代考』に就いては、少し煩わしいことがある。

㈠　「古典籍データベース」掲出の画像の付された「東大宗教」蔵板本（三巻三冊）の巻末刊記によれば、蔵版（「須天廼屋蔵版」）で、刊年は「文政五歳壬午秋七月発梓」とあり、「発行書房」として、江戸は「崇文堂前川六左衛門」、京都は「明学堂城戸市右衛門」、大坂は「群玉堂岡田茂兵衛」と「泰文堂山本長兵衛」の四書肆が、この順で記されている。なお、岡田茂兵衛は河内屋茂兵衛のこと、本書の板行を仕切ったと思しい山本長兵衛は勿論塩屋長兵衛のこと、但し、『書籍目録』に見えた書肆河内屋儀助の名は何故か見えない。

㈡本書『古義神代考』と、これより前に板行された『本教異聞』とが紛らわしい。後者は前掲「戊申年譜」文化一三年の条に「三月安倍晴親に従って江戸に下り、『本教異聞』を幕府に献上。冬、大坂に下る。」と見えたが、実際に『本教異聞』（三巻三冊）の上巻表紙見返に「文化丙子（一三年）新鐫」とあり、その文化一三年に板行されたものだった。自序（「後学南豊烏四鶏《ウスキ》赤頬氏謹識」）の日付は「文化十二年歳次の亥孟夏朔日」とあり、本書成立は前年の文化一二年四月だった。本書の概要は、上巻見開きの本書案内文句を写せば次のようである（ルビは原文）。

　此書ハ、神世伝来の真義を略述し、漢土・天竺・和蘭諸国の伝説を引合せ、天地日月万事万物の理をきハめ、万国一統の教法の事までも委く論じ、総仮名付にして初心の輩にも読やすからしむ。日本魂《まごゝろ》の人ハ、必よまで叶ハぬ書也。実に神代新説《じんだいしんせつ》と云つべし。

㈢さて、『古義神代考』である。実はこの『本教異聞』と比較すると、序跋（前掲上巻自序や下巻末の「文化十一年夏六月武藤吉紀成績於高聴舎中」とある識語や「乙亥之冬」付の「稲葉秀長」の跋）などは全て削られ、新たに序文が付されているが、本文はほぼ同じの改題本である。その序文末に次のようにあり、文政三年秋に成ったことが分かる（ルビは引用者）。

もむじやう《（文政）》ミとせといふとしのあき、萩の下葉のいろづくころ、このふみをふたゝびかうがへ《（考へ）》たゞすついでに。とよくにのミちのしり《（豊後）》なるひなぐもり《（日な曇り＝枕詞）》うすき人　つるみねのしげのぶ《（戊申）》いふ右の「このふみをふたゝびかうがへたゞすついでに、云々」とある所に、本書の改題がほのめかされているのかも知れぬが、とにかく本書の序文等には改題本であるのが直接わかる記述はない。

㈣ 村岡典嗣「鶴峯戊申の開国思想」（『続日本思想史研究』所収）に、戊申の「はりまぜの記」が引かれているが、その「天保四年正月十四日。湯島天神前平田氏をとひ《訪ひ》たりしに、…」と始まる段の中に、ゆくりなくも『古義神代考』は『本教異聞』の改題本だと本人の記している件がある。

天保四年に篤胤と会った時、彼から、貴公は「天柱記」（『天のみはしら』）に地動説を出しているがそれは拙者の「霊の御はしら」（『霊の真柱』文化一〇年刊）が最初に書いたことで、そのことを記さないのは拙者の説を「盗襲する」ものだ、「已来人の説をかすむる事はやめよ」と難じられたと言う。戊申は「なるほど天柱に、君の名を記し出さゞることは戊申が過ち也。されども、地動説翻訳の主は志筑氏なるが故に、明らかに其名を出し置たり。」と、地動説は志筑忠雄が紹介したのだと抗弁しつつもその非は認めたので、「それより打解けて物語などしてもてなし有て帰りぬ。」とあり、さしあたり和解はしたのだった。しかし、篤胤からの盗説非難は、彼としてはそのまま承服しがたく、この後でさらに次のように続けている。そこに、『古義神代考』は『本教異聞』を改題したものだ、とある（傍点・注記は引用者）。

平田氏のこと、理なきに非ず、然れども地動説の本教に近きよしの説は、文化十二年に戊申の著はせる本教異聞、今題号を改めて古義神代考といふ書の上巻七丁目に、「近世西人嘗作二惑星地動之説一。其意蓋亦近二于本教一也。」と記して、この書同十三年に上木せり。くはしくいへば、星は世界にして、其中に神人ありて住すると云は、戊申が本説、地は漂ひ旋るといふは平田氏の本説にて、論じ来れば彼も是も同説也。されば、右の本教異聞上木の年江戸に下り、始めて平田氏を訪ひて対面したるに、平田氏本教異聞を見て大に驚き、東西はるかに隔りたれども、我説と符を合せたるがあるは、神明の御仕業にやあらんと、いたく喜び、即ちわが持たる本教異聞を所望につき、二部迄ゆづりたり。其時までは、我未だ玉の御柱（「霊の真柱」）といふもの、世にある事を知らず、もとより古史成文（文政元年刊）などといふ書は未刻の時分也。我いかで人の説をかすむべきや。

㈣　(g)の『古調梯』に就いては、それに序を寄せた者（藤井高尚と村田春門）たちの消息にも注目される。

㈠　「古典籍データベース」掲出の画像の付された「弘前市弘前図」蔵板本の巻末刊記によれば、刊年は「文政六癸未年七月」で、「書林」として、

京都　額田正三郎　江戸　須原屋茂兵衛・前川六左衛門　大坂　奈良屋長兵衛

とあり、前掲『書籍目録』にあったように、奈良屋長兵衛が板元である。本書が刊年通りに板行されていたことは、『春門日記』文政六年七月二十六日の条に、

古調梯刻成。奈良長（奈良屋長兵衛）ヨリさし越、序かきてやりたれば也。

とあることから知られる。「古典籍データベース」や『国書総目録』によれば、別名を『歌鏡』（弘化四年版）とも称す。事実、刈谷市中央図書館蔵の板本は『歌鏡』とあり、巻末刊記に「弘化四丁未年三月」とある（『歌鏡』は文政六年刊『古調梯』の改題本）。なお、序に続く著者識語冒頭に「この巻は、万葉集のことばよせにして、古調を学ぶともがらのはしだて（梯）に、とてつくれるなり。」と

ある。「戊申年譜」文政二年の条に「万葉古調梯を刻す。」とあるが、そういう名称もあったのか。

㈡　本書巻頭に「文政六年二月八日」付藤井高尚（天保一一年没、七七才）の序文が付されている。備中宮内の高尚だが、この頃上京途次の滞坂中で、しかもその板元の奈良屋長兵衛方に逗留していた。そのことは次の序文から知られる。

ことしきさらぎばかり都にまゐる道の中やどに、なにはわたりのはるのけしきも見がてら、そこのもとまちの二のまちの書あき人、ならの葉の名におふやどのあるじをあるじとして、しばしありつる比《ころ》、古調梯といふ此書を見たりき。

とあることから知られる。「もとまちの二のまちの書あき人、ならの葉の名におふやど」とは「本町二丁目」の「書肆奈良屋長兵衛宅」に他ならない。高尚はその奈良長宅に「しばしありつる比」に本書を見て、「あるじのかつらぎの翁」が、「おのれに一言を」と乞うたので、序文を認めたと言う。

高尚序文の後に春門の序文（日付無し）が続くが、『春門日記』からの先の引用文中に「序かきてやりたれば也。」とあるので、これも奈良長に頼まれたことは分かるが、実際、春門序文の最後に「葛城基成がこのはしふミこふまゝに、かきてあたふ。」とある。先にも記したように、「葛城基成」は奈良屋長兵衛のことである。

㈢　序文に就いては必ずしもその著者の意向に関わらず、板元が仕切ることが少なくない。今回もその例のようで、序文依頼は奈良屋長兵衛がやって、戊申はあずかり知らなかったかも知れない。この後、春門が戊申と会っていたことは『春門日記』から確かめられるが、高尚と戊申とはどうだったか、詳細は不明である。一方、春門と高尚とはこの書に序文を書いた頃に会っている。即ち、『春門日記』

文政六年二月朔日の条に、まず次のように見える。

留守中藤井高尚来訪、京都四五年寓居の積にて参掛也、奈良長宅逗留、雨夜物語（源氏「帚木巻」）可講心ガマヘノヨシ被申、云々。

この時は留守で対面できず、その五日後に春門の方から高尚を訪ねるが、この時は高尚の方が留守で、即ち同月六日の条に「訪藤井高尚於奈良長亭、留守にて不逢。」とある。さらにその一〇日後の一六日の条に「月次会、人々出席、長門守高尚出席、始対面、云々」とあって、両者はやっと対面することが出来たのだった（その日付から、高尚は奈良長寄寓中に序文を認めたことがわかる）。なお、高尚の奈良長宅滞在は、源氏や古今の講釈のためもあったらしい。先の『春門日記』に「雨夜物語可講心ガマヘノヨシ被レ申」とあった通り、高尚は奈良長宅で源氏（雨夜物語）を講じていて、同月三日の条に「昌斎老人（未詳）云、高尚、雨夜物語及古今集、於二奈良長亭一講釈開口、云々。」とある。

㈣　春門と奈良長との親交は同じ大坂と言うことで特に異としないが、高尚と奈良長との親しさも昨日今日のことではなさそうだが、よく分からない。強いて言えば、高尚のよく知られた著作『消息文例』の板行に奈良長らが関わっていたと言うことがある。当初は享和二年に私家版として板行された本書だが、広く流布するのはその巻末刊記に刊年として「文化二乙丑夏」とある文化二年版が出てからである。その売弘「書林」は、京の「蛭子屋市右衛門」大坂の「奈良屋長兵衛」・「河内屋儀助」の三書肆である。ここに奈良長の名が見えるが、実は『書籍目録』文化二年の件に「消息文例　二冊／作者　藤井長門守／蔵板主　右同人／売弘　奈良屋長兵衛／出願　文化二年二月」とあり、その出願も奈良屋長兵衛である。また、『松屋文集』は京都書林仲間に板行を願い出たようで、『板行御赦免書目』

の文化八年の条に見えるけれども、「古典籍データベース」掲出の画像の付された「国文研」蔵板本は、その巻末刊記に「文化十一年春発行」とあり、「書坊」として「京」は蛭子屋市右衛門と林安五郎、「大阪」は河内屋儀助と奈良屋長兵衛の名が見え、板元は奈良長のようである。恐らく両者の接点はこんなところにあったのだろう。

㈤ ⒣の『歌文類葉初篇』は、同じ奈良長から『古調梯』よりも早く願い出たものだが、「古典籍データベース」によれば、「東大国語」蔵写本四巻一冊として残るものの、板行はされなかったようだ。なお、⒜の『本教論』は、そのタイトルからして、板行されないまでも写本として残っていそうなものだが、「古典籍データベース」には見えない。また、明らかに書肆の求めに応じた節用集類の校訂・編纂物のうち、「古典籍データベース」によれば、⒨の『文政／重訂増補広益好文節用集校』は「竹田図熊田」蔵の天保三年刊板本一冊があるが、その他に就いては板行の有無をも含めて詳細不明である。

(5) 戊申と塩屋長兵衛（山本春樹）

先の(4)の㈡で『天柱考証』に触れた。その売弘書肆は塩屋長兵衛（山本春樹）であり、巻末の跋文も彼が寄せていて「文政六年春　難波人山本春樹謹書」とあった。ところで、その山本春樹（生没年不明、嘉永六年頃まで存命ヵ）は戊申に相当心酔していたようで、彼は、嘉永元年八月に『浪花当時人名録』を板行するが、これより二〇年近くも前に江戸へ移住した旧師戊申を、なんとここに掲出しているのである。それも「国学及和歌」部ではなく「文雅」部でもなく、冒頭の「儒家」部・「詩家」部の後にわざわざ「博識」部を特設し、そこに「鶴峰彦一郎　今游東都。名戊申、字世霊、号皐屋。」と、彼一人だけを掲出し、のみならず、「著述」として次の一三点も挙げ、その「博識」ぶりを称揚している。

本教異聞・天柱・同考証・三才窮理頌・詞鏡・語学新書・襲国偽僭考・史伝摘抄・名判集成・救貧竈卦選・要墨色小筌・日本蒙求・蘭字通

戊申の名は文政六年版『浪華金襴集』には見えていたが、その後の天保八年版や弘化二年版の人物誌には、彼の江戸移住のため当然だが、見えない。それが今回二〇数年ぶりの登場で、春樹は「今游東都」と付記して繕おうとしているが、誰しもその唐突さに驚いただろう。彼を顕彰することが、その著作の売り上げを通して利益に繋がるとも思われず、彼の思惑が那辺にあったのか、ちょっと想像出来ない。

なお、掲出された一三点の著作中、前掲『書籍目録』に見えた作品と重なるものは少ない。その一つの「襲国偽僭考」は先（145〜146頁）に言及したがここでも少し触れる。本書は養徳会刊『やまと叢雑』（国立国会図書館蔵）第三冊に収まり、その巻末に「明治二十二年二月五日印刷　養徳会」とある。次に引く戊申の序文に本書の要旨が記されると共に、文政三年春に成ったことも記されている。

此書は、古昔呉の支庶、我西鄙に逃来り。其子孫強大にして、錦繍をよそほひ、城郭をきづき、そのかみより漢の文字を取あつかひ、みづから王と称して国号を建て、漢土と通じ、或は新羅と婚し、もし意に合ざれば、文を移して侵掠し、暦を作り、年を記し、寺をたて、銭を鋳す。すべて漢土の僭偽の国に異ならざりし、といふ考なり。是を書紀には熊襲といふ。また今来隼人といへるも是なるべし。かくてしば〳〵征伐ありしかども、千有余年を経て、なほ亡びず。元正帝の養老四年の西征に至て、遂に亡びたるおもむきなり。其事蹟及年号等、みな証拠の的実なるにつきて論へりといへども、戊申、聞見にともしければ、其説いまだくはしからず。しかれども、その関係するところハ大なり。覧者たゞしかんがへてよ。　／文政三年春　つるみねのしげのぶ　あしがちる難波なる久太郎街の僑居にしるす。

本書の板行を春樹が手がけようとしていたことは、先(145頁)に引く『海西漫録』の「武王上表」文末に、「偽僣考には、綾瀬先生ために序を作り、浪華の書林山本春樹上木を謀ていまだはたさず。」とあったことから知られる。この「武王上表」は戊申が江戸へ出てから書いたのだろう、「綾瀬先生」は江戸の儒者亀田鵬斎（文政九年没、七五才）の子で、やはり知られた儒者で本書の序文を作っていたらしい。春樹は本書の板行を企てていたが、この時点で成らなかった。それが、天保七年になって板行された。そのことが次に引く「山本昇」による跋文に見える（これまで見ないが、「昇」が「春樹」なのは明らかだろう）。

襲国偽僣考一巻、吾師海西鶴峰先生、文政中、浪華にてものせられたるなり。今或人の請にしたがひ、かくうつせるものから、浅学のそれがし、きはめて写誤おほかるべし。唯とり見む人のたゞし給ハんことをねがふにこそ。　／天保七年の夏　浪華　山本昇識

(6)　「いさゝかたがひざまにみゆる」説

戊申著作の特徴の伺えるような記事が、『春門日記』文政七年一〇月四日の条に次のように見えている。

鶴峰戊申来、言霊抄トイフ著述書持参、コハ正雅ノ詞七十音ニ、また俗音・濁音・タツチ音ナドヤウノ音ヲ加ヘ百五音トシ、一字ヅヽヲ論ジタルモノ也、鶴峰いふ、此書の前後に、大平と春門に一首づゝ、よしともあしとも何事なりとも認くれよとのぞめり、(下略)。

戊申に、文政七年の時点で「言霊抄」と言う著作があったらしいが、この名の作品は現在知られていな

い。とにかくその著作は、日本語の音韻の清音・濁音・半濁音・長音・拗音・撥音・促音など「百五音」のそれぞれの音（字）が論じられているようで、彼はその著作を持参して春門（と大平）に序文（題歌）を求めてきたのである。先に引いた『春門日記』文政七年一二月一二日の条に「鶴峰（戊申）来、天躰実動図といふもの一冊著述、携来ておくる。例の異説也。」とあった。ここには特にコメントはないが、春門は同じ思いで戊申の説明を聞いていて、少々返事をためらっていたのではないか。戊申の方もその春門の表情を察してか、右引用に続けて次のように言ったらしい。

　鶴峰があらはす所の書は、皆契沖・真淵をはじめ鈴屋大人の説を、殊にいひひろめたるなれば、必大人説をもどきたるにあらず、いさゝかたがひざまにみゆるは、かくもやとおもひよりたるをいふのみ、古事記伝に三大考をそへられたるごとく、一説にそなへたまはんも害あらじと、いとほこりがにいへり、

　要するに、私の著したものはみな、契沖や真淵の説をはじめ宣長大人の説を承けそれを言い広めたもので、決して大人の説を批判するものではない、中には大人説と「いさゝかたがひざまにみゆる」ものがあるかも知れないが、それはこのようにも考えられる、と思い付いたことを言ったにすぎない、宣長大人が『古事記伝』に服部中庸の「三大考」を添えられたように、私のこれも「一説」として備えくださっても害はありますまい、とほこらしげに言った、と。春門はこれをどんな気持ちで聞いていただろうか。

　ただ、広道ならこんな風に思ったかも知れない。学問と言うものは先行する学説の上に立って、新たな説が一つずつ積み重ねられて発展して行くものだ、しかしこんな考え方とは別に（右に引く戊申の言葉を借用すると）、特に「（宣長が）古事記伝に三大考をそへられ」て以降は、「いさゝかたがひざまにみゆる」ような新説・奇説が次々披露されるような風潮――いわばオリジナルなるもの（人とは違った意匠を凝らした説）

を競うような風潮（それと並行しての盗説・剽窃騒動）が支配的で、戊申もまたその一人なのだろうと。ちなみに、先（273頁）に見たように、戊申自身が自著『天柱』に言及しつつ、門人山本春樹が「ことに天柱には地動の説とやら有レ之よし。さやうな奇説は（売弘の）御免なりがたかるべし。」と言い、力を落していたと伝えていた。戊申やその門人たちは、戊申の説が「（世の常の説と）いさゝかたがひざまにみゆる」説であり「奇説」であることは十分承知していたのである。

Ｖ　村田春門

仮寓文人としての春門の在坂期間は十余年にも及び、その上『春門日記』に見られる、在坂文人・来坂武士役人・来坂文人との交流は驚くほど多彩である。ただ、残念ながら彼の著作は殆ど知られておらず、従って在坂の仮寓文人の著作を主として取り上げる本章では、言及すべきことは少ない。

(1)　春門の伝

村田春門（天保七年没、七二才）の伝は、その名前の割には不思議なほど分かっていない。そんな中で、『春門日記』文政六年正月四日の条に、春帖『多豆の毛衣』所載の春門作品の詞書に付された、編著者（渡辺刀水）の、春門の履歴に関わるコメントが見える。それを摘記・要約すると、次のようである。

春門は伊勢国御園（白子の正西約二里）で明和二年二月に生れ、白子の本居宣長の門人村田橋彦の養子になった。春門は二十歳の天明四年に宣長に入門した。三十歳に近い寛政四、五年頃に江戸へ下り、そこで二十年計り在り、此の間旗本小笠原家に仕えた。五十歳の頃大阪へ移り十年を経過して、文政七年には五十九歳となった。江戸から大坂に移住して来た年もかなり微妙だが、文化一三年夏頃かと推測される。注①水野忠邦に招聘され再び江戸に移住したのは、先（95頁の注①）にも触れたように、文政一二年四月頃のことなので、春門の在坂期間は一三、四年にも及ぶ。これは戊申のそれに近いが、戊申のように諸方に出向くことも（何度かの上京や若山行以外には）殆どなく、ましてや他所に移住することもなかった。その点では、大坂仮寓の文人中、最も長期の滞在者と言えるだろう。その上、これまでしばしば引用・言及して来たように、彼には文政六年から天保五年までの日記（『春門日記』）が残り、同時代の在坂国学者の中では、（限定された期間ではあるが）その消息の最もよく分かる人物である。

注①＝次に引く文化一四年五月二〇日付殿村安守宛本居大平書簡（『藤垣内消息』〈『日本芸林叢書第九巻』〉）に付せられた別紙（本居春庭・殿村安守宛）から、文化一四年三月に春門が若山に大平方をも訪ねたことが分かる。

そも〳〵大阪住ノ一柳春門、当三月わか山父不幸にてわか山へ来り。ある日拙宅へ立より来り。立ながら面会せり。けがれあれば床へ登らず。立ながら久しく談じ申候。其節頼ノ事、故翁十七年忌に付江戸京大阪へ申遣、歌よませ申度候間、いせ・わか山九月の会の兼題をしらせくれと申候。

大坂住の春門は、この時に翌年の宣長一七年忌兼題を訪ねたらしく、この後で大平からそれを聞いたらしい。それを承けて成ったのが、文化一四年八月晦日付宣長十七年忌追悼歌集「一柳春門社中追悼会集」で、それは出丸麦村『宣長の没後―その鎮魂歌―』に収まる。春門の大坂移住は、当然にも若山の大平を訪問した文化一四年三月以前だろうが、その上限はどうか。大平は、前年の文化一三年一月、若山から大坂を経て上京、二ヶ月ほど滞京し（この後伊勢に赴き）五月十日に若山に戻るが、その間の京での日記『春の錦』（『蒐第24号』）がある。もしその時までに春門が大坂にいたのなら、大平は上京途次大坂に立ち寄った時会っていただろう、仮に何かの都合で会えなかっても、二ヶ月の在京中に春門消息に全く触れられていないのは不自然。従って、春門の大坂移住は文化一三年の夏かそれより後と考えられる。また、このすぐ後で触れるように、『牽牛花百首』（文政七年七月刊）春門自序の日付は文化十三年七月（初秋）なので上坂は勿論それ以前。従って、春門の上坂は文化十三年夏（五月ヵ六月ヵ）とするのが妥当ではないか。

(2) 春門の著作

大坂仮寓文人の著作活動と書肆との関係と言う観点から眺めると、繰り返すが、在坂期間の長さにもかかわらずその著作の少なさに驚く。『書籍目録』には、彼の長子村田嘉言の著作でさえ「新紅塵類題集」（板元加賀屋弥助出願文政一二年一二月・許可同一三年閏四月）など六点挙がるのに、春門の著作は見えない。但し、「古典籍データベース」には春門の作品として二九点挙がる。但し、その多くは写本として伝わるもので、中には「大阪名家著述目録」のみに見えるものもあり、板本として流布するものは少ない。注①

注①＝(1)の冒頭でも言及した『多豆の毛衣』は刊本である。しかし「古典籍データベース」掲出の春門作品中の『多豆の毛衣』は、何故か「写本」で「随筆」と記されている。国井邦子「村田春門の『多豆の毛衣』」（『混沌第8号』〈昭和57年12月〉）も指摘するように、これは「村田春門が初春の料にと、年々社中の出詠をあつめ、刊に付して、人に頒けることを例とした歌集」である。本書に就いては『春門日記』文政六年一月と文政七年一月に板行の記事が見えるが、国井論文で取り上げられている文政七年版（無窮会神習文庫蔵）は、前年九月に上坂し春門に入門した近藤芳樹（「周防人田中稔彦」名）が序文を寄せている。

(一)　数少ない春門著作の中で、『牽牛花百首（朝顔百首）』は貴重な例外である。「古典籍データベース」の画像も付された「酒田光丘」蔵板本によれば、墨付き一四丁の小冊子で、巻末刊記に「文政七申七月吉日／多豆舎蔵」とあり、私家版だったことが分かる。冒頭序文終わりに「文化と〻せあまり三とせというとしの七月　一柳春門」とあり、恐らく大坂移住まもなくの頃に成ったようである。

この著作の板行に就いては、前掲『春門日記』にもいくつか記事が見える。著作の成った八年後の文政七年六月二七日の条に、「朝顔百首　弥《いよいよ》出板可ㇾ致旨、書林申ニ付、相改、草案渡ス。」とあり、同年七月二日の条に「朝顔百首板下認、河内屋儀兵衛へ渡。」とある。なお、その二ヶ月近く後の同閏八月二六日の条には「朝皃《顔》百首追ずり百部、河儀よりさし越。」とあり、「追ずり」に言及されているのでこれまでに初刷りは成っていただろう。刊記の「七月吉日」はほぼ実際に即している。なお、刊記に書肆の名はなかったが、本書の彫刻・印刷は河内屋儀兵衛だったことも分かる。

(二)　著作の少ないと言われる春門だが、実は源氏の注釈書を作っていたらしく、そのことに就いてここで取り上げてみる。まず、清水宣昭（明治元年没、七六才）に宛てた文政七年三月一九日付藤井高尚書簡（『高尚書簡』）に、次のような件が見える（この時高尚は春から大坂を経て在京中）。

> 浪華春門が『源氏』之注釈など〻申は、虚言と存候。同人一向之不学、いかでかもの〻注釈ヲ可㆓書出㆒、うはべヲかざり候男故、口ニは左様之事も申なるべし。利口ものニ而御座候へば、注釈を書出候て、人ニ被ㇾ笑候事はいたし申間敷、唯口先ニて学者めける事申耳《のみ》也。浪華ニ而は、尾崎春蔵（雅嘉）殿も学問も抜群ニ御ざ候。

尾張の門人清水宣昭（彼はこれより後天保五年に『紫式部日記釈』を板行する）から、大坂の春門の源氏注釈書に就き上方滞在中の高尚に問い合わせがあったのだろう、これはその返書と思われ、高尚はそれは「虚言と存候」と断言し、「(春門のような)一向之不学」なる者が「ものゝ注釈」など書けるはずはないと極めて手厳しく、そんな春門に比べたら大坂根生いの尾崎雅嘉の方がずっと学問もあると褒めている。在坂の機会の多い高尚が雅嘉と親しくしていても不思議でないが、高尚が雅嘉に言及しているのはここ以外には聞かない。雅嘉の評価はさることながら、しかし、春門が源氏注釈書を書いていたのは決して「虚言」ではなかった。

『春門日記』には、数は少ないがその源氏注釈書―即ち「源氏物語私抄」―への言及がある。文政十一年十月の条に「松田怜太郎(岡部春平のこと。当時は石見浜田藩士)来、種々物語、源氏物語私抄紅賀巻、葵巻両巻かし遣ス。」とあるし、江戸へ出てからの天保二年五月一三日の条に「村上真澄来(浜田侯臣)、源氏私抄取かへ遣ス。」ともある。就中、天保三年六月二日の条に次のような記事が見える。

竹川巻(源氏第四四巻―引用者)書畢、源氏物語私抄享和二年起筆、漸々この巻また書をへり。今年迄凡三十年におよべり。其中間飛蓬のごとく、伊勢・紀伊・浪華とうろたへありき、心落居ず、紙筆ともしき事数年をへたり、う治十帖も今はいくほどなく書をへんとおもふぞたのしき。

宇治十帖直前の竹河巻の注釈をいま書き終えた、享和二年から三〇年かかってようやくこの巻までの注釈を書き終えた、この調子で行くと「う治十帖」もいくほどもなく書き終えるだろう、そう思うとほんとに楽しいことよ、と言う。そして、『春門日記』天保五年八月一四日の条に「源氏物語夢浮橋畢、京都御勤役中相始、今年迄八ヶ年也。卒功珍重々々。」とあり、水野忠邦への源氏講釈を彼の京都所司代の時から始めて八年にして夢浮橋の講釈を終えることが出来たとある。注釈書を書き終えたと言うのではないが、講釈をし終えたと言うことでその講釈用の粗稿もあっただろうから、「いくほどなく書をへん」と言うのもウソではなく、恐らく未定稿の形であっても残されていたのではないか。

(三) なお、「古典籍データベース」掲出の村田春門著作の一つに「東海大桃園」蔵写本として「源氏物語私抄」五巻九冊が挙がり、「書誌注記」として、次のようにある。

〈写〉自筆。〈形〉紙表紙　7行　外題中央。〈奥〉（識語）見返「この書は田鶴迺舎村田春門自筆稿本ならんと思はる源氏新抄とはこの書のことをいふ也蓋し珍本といふべし　昭和五年十月廿三日角野文庫主人識　無窮會文庫に村田春門の自筆の日記あり文字の筆勢この本と全く同一なれば春門自筆たること疑ひなし」。〈般〉桐壺から若紫までの頭注・傍注。

春門は少なくとも竹河巻まで書き終えたと先に言っていた。現在は若紫までが残されているらしい。ところで、もう一つ興味深いのは前掲天保三年六月二日に続く、三日の条の「大坂へ竹川巻為レ登、う治十帖取に遣ス。」と言う記事である。

これは、注釈を書き終えた「竹河巻」（の写し？）を大坂の嘉言方に送ったと言うことなのだろう。と言うことは、これまでにも書き終えたものは嘉言方に（その写しとかを）送っていた可能性がある。先に嘉言が加番大名らに乞われて源氏講釈をしていたのを見た。その際に嘉言は、父春門から送られて来た注釈書を側において講釈に臨んでいた、そんなことが想像される（嘉言に源氏研究の著作のあるのは知らない）。なお、右記事後半の「う治十帖取に遣ス。」とは、大坂に残して来た「う治十帖」を江戸へ送るようにさせたと言うのか、ちょっとその意味が分かりにくい（「う治十帖」の注釈はこれからと言うことだったから、注釈済の「う治十帖」ではまさかあるまい）。

Ⅵ　藤井高尚

備中吉備津宮社司の高尚を春門らと同列に大坂仮寓文人とするのにはかなりの無理がある。しかし、高尚にとっての大坂は京に次ぐゆかりの地だったのは確かで、文政六年版『浪華金襴集』の巻末［補遺］欄に、「松屋　名高尚備中吉備／神司今遊浪華　藤井長門守」と見え（この後に「江戸堀《》　鶴峰戊申」らの名も見える）、また同年版『続浪華郷友録』巻末［附録］欄にも、「松之屋　和学和歌名高尚備中／吉備神主毎遊浪華　藤井長門守」とあり、文政七年版『新刻浪華人物志』にも彼の名が掲出されている（ここには鶴峰戊申の名はない）。

(1)　高尚と大坂書肆

天保五年八月に来坂した平亭銀鶏の『銀鶏雑記三』の中に、彼が翌天保六年八月に江戸へ帰るまでに交流した在坂文人たちが取り上げられているが、その一人に高尚も次のように掲出されている。

浪花旅宿所々ニ有／国学　松迺屋《まつのや》高尚

藤井長門守といふ。備中吉備の神司《しんし》、をり〳〵大坂に遊ぶ。著述くさ〴〵あり。そが中に松迺《の》落葉といへる随筆あり。いと面白《おもしろき》ものにして、書林にて夥敷《おびただしく》うれるよしいへり。己が高尚大人をたづねしときハ、堀江二町目の稲荷の御旅所《おたびしよ》に旅宿をされたり、日々講釈ありて、浪花の社中みな〳〵集り聴問せり。四月下旬にハ帰国のよしにて、来春ハまた〳〵出阪《ママ》のよし、大人性質芝居をこのまれ、わざ〳〵年ニ一度ヅヽハ大坂迄見物にこらるゝよし、嗚呼《ああ》奇なる大先生がたの戯場《ぎじよう》（芝居小屋）を好ことを。

銀鶏は高尚を紹介する中で、期せずして高尚と大坂の地との繋がりを指摘している。

(一)　文政六年に、先に戊申門人としても触れた蘭医中環や山本春樹ら、注① 大坂の高尚門人たちによって国学塾小柴舎が設けられ、高尚はそこにしばしば出張し講釈をしていた。そのためだろう、文政七年版『新刻浪華人物志』の［和歌国学］部には、大坂根生いの石津亮澄や文化一三年頃の江戸からの移住者村田春門らと共に高尚も掲出され、「浪華人物」の一人に擬せられていた。小柴舎がいつまで続いたのか分からないが、右に指摘されている如く、この天保五年の頃でも、小柴舎社中を引き継いだ「浪花の社中」はなお存続していて、彼らを集めての講釈が日々行われていたと言う。常設の小柴舎は無くなったのか、彼の旅宿が講釈の場所で、今回は「堀江二町目の稲荷の御旅所」だったらしい。

注①＝中環や山本春樹らは、ほぼ同じ頃に、鶴峰戊申の門人であると共に、藤井高尚の門人でもあった。ところが、戊申と高尚とは同時期に在坂することが多かったのに、両者の「関係」は先（285頁）にも指摘したように、戊申の著作『古調梯（歌鏡）』に高尚が書肆の依頼で序文を寄せているのを知るだけでよく分からない。ただ、彼ら門人たちは両者に同質なものを見いだしていたのだろう。その証拠？に、春門は、戊申説を「例の異説也。」と難じたように、高尚に対しても「篤胤の意」をうけた「異説家」だと大平に伝えている。即ち、文政六年九月廿七日付大平宛春門書簡（『毀誉相半書下』『新修平田篤胤全集補遺五』）に次のようにある。

　藤井高尚、先頃ゟ当地出張講釈御座候。雨夜物語神道名目何十ケ条とやらん申はなしも仕候由。所々へはり紙を出し且家々へ札を配リ申候。実ニ売講之趣ニ落申候。甚歎かハしく奉レ存候故、少々ハ風諌も仕候へ共、用不レ申候。是も神の意と無二是非一奉レ存候。此人もたゞ異説家ニ相成被レ申候。篤胤の意をうけぬ趣ニ被レ申候へ共、大ニそれニなづまれ候事相聞え申候。

(二)　大坂書林との密な繋がりも指摘されている。「著述くさ〴〵あり。」とある高尚著作の多くは大坂で板行されていた。この二年ほど前に板行されたその随筆集『松の落葉』（文政一二年春付高尚門人中村寛序、天保三年刊）に就いても、銀鶏は、面白い本で大坂書林でもたいそうよく売れていると言う。また、この頃に出された暁鐘成『天保山名所図会』（天保六年五月刊）の序文は高尚が書いている。高尚は板元から頼まれて店先（「かのあき人のたなのあたり」）で認めたと、序文末部に次のようにある（ルビは引用者）。

（上略）、目標山《天保山》のなれる《成れる》事のよし《由》に、その山の事どもけしき《景色》どもとりそへて、かきあつめたるこの書を、ふみあき人のとり出て、はしがきをとこふ。かたはしより見るに、いとこまやかにて、こたみ《此度》の事ども千とせ《千歳》ののち《後》までもつたふべく、あなめでたとおもふこころを、かのあき人のたな《店》のあたりにて、筆とりかきしるせるになん。／吉備《備》之道乃中《中》乃大中臣藤井大人　松乃屋主人

本書の板元は塩屋喜助なので文中の「ふみあき人」は彼だろうか。高尚は、自著の板行で大坂書林に世話になるとともに、大坂書林もまた彼を重宝にしたらしい。『書籍目録』に掲出されている彼の著作を抜き出すと、次のようである（書肆の居所は略す）。

○消息文例　二冊　作者　藤井長門守（備中国吉備津宮神主）　蔵板主　右同人　売弘　奈良屋長兵衛　出願　文化二年二月

○さき草　二冊　作者　藤井長門守（備中国吉備津宮神主）　板元　河内屋儀助　出願　文化二年五月　許可　文化二年八月

○浅瀬のしるべ　一冊（丁数四十丁）　作者　藤井長門守（備中宮内）　蔵板主　奴弖能舎（京都）　売弘　河内屋武松／代判　茂兵衛　出願　文政二年閏四月　許可　文政二年七月

○三つのしるべ　一冊　作者　藤井長門守（備中宮内）　板元　塩屋長兵衛　出願　文政十一年八月　許可　文政十一年九月

○出雲路日記　一冊　作者　藤井松斎（備中宮内）　板元　塩屋長兵衛　出願　文政十二年十月　許可　文政十三年二月

○松の落葉　五冊　作者　藤井松斎（備中宮内）　蔵板主　右同人　売弘　塩屋吉兵衛　出願　天保二年十一月　再願　天保三年六月　許可　天保三年十二月

○神の御陰の日記　二冊　作者　藤井高尚（備中宮内）　板元　河内屋儀助　出願　天保十一年三月

㈢　銀鶏は、高尚は芝居好きで、芝居小屋の多く盛んな大坂には「年ニ一度ヅヽ」は来ていると言う。実際にその言葉通りかどうか分からないが、高尚の芝居好きは「藤井高尚問／中村歌右衛門答　落葉の下草」（『続日本随筆大成9』所収）からも知られる。これは、この時（天保六年）より七、八年前に成ったものだが、その〈解題〉に「文政十年の冬、中国地方へ到った浪華の名優三代目中村歌右衛門を、備中賀陽郡宮内の吉備津宮の社家頭藤井長門守高尚がその別荘鶏頭樹園《かえでぞの》に招いて、芸道に関することを何くれとなく問うところがあった。その二人の談話の席に橋本信古という人がいて、対話を記録したものがすなわち本書である。」とある。

(2)　天保七年・八年の在坂

㈠　『銀鶏雑記三』によって、高尚が天保六年に来坂し「浪花の社中」相手に講釈していたのを知った。実はこの年の高尚の在坂期間は短くて、二月頃に上坂し五月には帰国している。

即ち、天保六年二月廿七日付清水宣昭宛藤井高尚書簡（『高尚書簡』）に、「十二月八日之御状城戸方に預り居申候而、本月上坂後ニ浪華に下り来候而拝見、云々」とあり、天保六年八月二日付伴信友宛高尚書簡（『信友来翰集』）に、「去年冬二冊御越之処、其頃より此正月に懸、殊之外多忙手不及、上方江出候而は又彼地之事無寸暇、五月ニ帰候而、一冊は御返し申候。」とある。

帰国して三ヶ月後の八月下旬に、参府途次の西田直養が備中宮内にその高尚を訪ねている。即ち、『筱舎漫筆』（『日本随筆大成第二期3』）巻之十四の「藤井高尚をとぶらふ」の条のはじめに「藤井高尚ぬしに兼て面謁を欲す。……、別業の紅葉園にて逢。」とある。日付がないが、この三つ前の条の「古画巻」の冒頭部に見える「天保六年乙未八月十五日小倉を発し、夕下関に着く。」に続く一連の記事の一つで、「廿日厳島に参る。」の記事に次いで「吉備津宮」の条があり、「藤井高尚をとぶらふ」はその後。その次の「過岡山」は二十四日の記事で、高尚に会ったのは八月二十二、三日頃かと推定され、この時、昼時二時間ほど「雅談」している。この時二人は初対面で、以後の親交を約束して別れた。即ち、「翁も先約にて一会あり。おのれは道をいそぐとて、急にわかれを告て帰る。以来文通を以て音信を通ぜむとて、翁への書通は、心斎橋の奈田《(ママ)》屋（奈良屋ヵ）佐七といふ者へ、予へは柊園[注①]へと相約す。」とある。面白いことに、小倉（この頃江戸住）の直養と備中の高尚は互いの文通の中継地を大坂にしている。

注①＝「柊園」は『西田直養』の著者玄海生によれば、「大阪の平野屋の手代」で「百武安輔」という人らしい。

(二)　天保七年かと推定される（『中西文庫』では天保八年ヵとあり）二月九日付中西多豆伎宛高尚書簡（『中西文庫』）に、次のような件が見え（ルビは引用者）、翌天保七年春にも上坂していたことが分かる。

（上略）、右之通被贈下、不浅不薄奉感謝候、猶拝顔御礼可申上候。扨《さて》、乍序《ついでながら》申上候。大坂江御出遊ニ而《て》御尋問被下候思召《おぼしめし》御座候時ば、兼而《かねて》御日限御定メ被下候而、両三日已然《いぜん》ニ飛脚ヲ以御知らせ可被下候、但、はん《半》の日は講釈日ニ而朝ゟ晩迄在宿、ちやう《丁》日は遊行《ゆぎよう》と定メ御座候、頓首。

中西多豆伎は大坂東郊河内喜里川の庄屋で、いつ頃から高尚に就いたか（あるいはこの頃からか）、同国今米の庄屋川中常亮らと共に、この後しばらくし高尚を招いて講釈を受け、天保八年一月には一緒に生駒山にも登っている。右書簡は、多豆伎が高尚の着坂後に常亮を通して（入門の束脩としてか）贈物を送ったようで、これはそれに対する礼状である。「乍序……」以下の件は、「私を訪ねて来坂なさろうとお思いなら、あらかじめ日限を決めて、その二三日以前に飛脚便で知らせて欲しい、但し私は「はんの日（奇数日）」は講釈のため一日中在宿していますが、「ちやう日（偶数日）」は外出日と決めています（のでそのつもりでよろしく）。」と言うことになるだろうか。とにかくこの書簡からも、高尚が相変わらず大坂で講釈を続けるだけでなく、さらに大坂三郷以外の周辺の地まで足を伸ばしていたことが分かる。

㈢　先の㈠で見たように、直養は天保六年に参府する。在府は一年で翌七年に小倉に帰るが、『西田直養』によれば、直養にこの帰国時の紀行文『大和めぐり』があり、それは「天保七年三月九日に江戸を発して、四月十六日に小倉に着いて居る。（中略）、名目は大和めぐりで有るが、東海道も伊勢路も瀬戸内海も有つて、畢竟江戸を発して小倉に帰りつくまでの日記である。」と言う。そして、大坂での三月二十九日の条が次のように引かれている（京の「（城戸）千楯」の名が見えるが詳細は不明）。

　廿九日、藤井大人旅舎に来る。何やかやと物語してわかる。……（ママ）千楯より文来る。

なお、天保八年春に高尚の『源平拾遺』が板元河儀から板行されるが注①（巻末刊記には「天保七年丙申十月新刻」とある）、高尚はその跋文を篠崎小竹に乞うている。即ち、篠崎小竹の「天保丙申（七年）春三月」付跋文の初めに、「藤井翁、此冊を齎示《せいじ》し予に謂ひて曰く、評論する所、凡そ四五十条、皆、平語（平家物語）・盛衰記（源平盛衰記）に載せざる所、故に名づけて源平拾遺と曰ふ。拠る所の書、故有りて其の名を秘すなり。」（原漢文）とある。高尚は大坂文壇の総帥篠崎小竹とも交流のあったことが分かる。本書は先の『書籍目録』に見えないが、江戸で板行願が出されたのか。書林として六書林挙がり、江戸書林北沢伊八が最後に見える。京は二書林（城戸市右衛門・前川市兵衛）で、大坂は「浅井（河内屋）吉兵衛」「鷲頭（今津屋）辰三郎」「岡田（河内屋）儀助」の三書林が見える。

注①＝天保八年一二月八日付清水宣昭宛高尚書簡（『高尚書簡』）に「先般申上候拙子作、此春新板ノ『源平拾遺』など、板元之書林のミ摺、云々」とある。ちなみに、この「板元之書林」は河内屋儀助で、同年四月廿四日付同上書簡に本書に就き「大坂ハ河義板元ニ而、京ノ城戸ハ加入無之候。」とある。

㈣

㈠ 大阪府立中之島図書館中西文庫蔵史料で天保七年から八年にかけての河内での高尚消息が知られる。北村季吟『土佐日記抄』上下二巻二冊には、本居宣長説・藤井高尚説が書き入れられていて、下巻巻末に中西多豆伎による識語がある。それが『中西文庫目録』に次のように翻刻されていて、高尚説の書き入れられた時期―高尚が講釈した時が天保七年九月だったことが分かる。なお、「今米」とは先に触れた川中常亮宅である。

天保七年九月七日より十四日まて、今米にて松の屋藤井翁の講釈有けり、松云ト書入けるハその時たゞうちきゝニかひつけおける□□（ママ）きゝひがめもあるべし、猶考□□（ママ）べきもの也。　中西多豆伎

㈡『櫃屋雑記三』に、藤井高尚の「雪をミたる詞」という、次のような文章が載る（ルビは原文通り）。十二月十一日に川中宅にやって来たこと、一月末まで滞在せよと言われたことなどが記されている。なお、「しはすの十日あまり」を「十一日」としたのは、次の「美杼里乃屋の詞」に、「しはすの十一日より来りをるに、云々」とあるのによる。

しはすの十日あまり、なにはより河内国今米の里にきて、川中常亮主の家のはなれたるかたに屋どりをりけるに、十五日の朝、雪ふりぬ《ヌ》とてあるじきておどろかさる。そそやとておきてとひにゆきつゝ見るに、庭の木どもにふりつもれるけしき、いはんかたなし。（中略）。あるじの君なさけ

ありて、こん年のむ月の末までもこゝにといはるれバ、かくなん。／天保七年十二月十五日　高尚

㊂『櫨屋雑記三』に、「美杼里乃屋《（みどりのや）》の詞」と題された、高尚の次のような文章も載る。翌八年の一月七日に認められたもので、川中邸に「みどりのや」と名づけた由縁を記している。

河内の国今米の里に川中常亮といふ人あり。高尚が弟子にて哥つくりものまなびするみやび人なるからに、おのれなにはにある比ハ此いへにをりをり来《キ》かよふ。こぞの冬はさるやうありて、しはすの十一日より来りをるに、ひと日あるじのいひけらく、屋どの名をつけ詞をもといひて、いかで〳〵とこはるゝ《コハル》にえいなみ《（否み）》ずて、（中略）、此みどりの屋の詞をばものしつるになん。時は天保八とセといふとしのむ月、若菜もてはやす七日の日、かくいふハ七十四の翁松斎大中臣藤井宿祢高尚。

㊃『櫨屋雑記三』に「伊駒山にのぼりける詞　松の屋」という、次のような文章が載る。これには「正月廿二日」とあるだけだが天保八年なのは明らか。また正月の二二日に登山しているので、高尚は川中常亮主の勧めに従い、少なくとも正月一杯は川中宅に滞在していたと考えられる。

正月廿二日、後の子日なれば、小松ひきがてら、これかれいこま山にのぼりぬ。さるハ、いミじうたかき山にて、よもの見わたしもひろく、けしきよからんと思ひてなりけり。（中略）、しばしやすらひ、かれいひくひ、酒のミなどして、いこまねにのぼるみちハ、いミじうさがしくて、みる人のあえぎつゝぞゆく。おのれハものにのりてのぼれど、（中略）、さてのぼりはて見めぐらす。よものけしきいはんかたなし。／いこまねにのぼりてミれば西の海もミわも春日も庭の山水

⑶ 〈大塩の乱〉と大坂書肆

㈠ 天保八年[注①]四月廿四日付清水宣昭宛高尚書簡（『高尚書簡』）に「拙子義無恙去月晦日ニ帰郷、御降念可被下候。」とあり、高尚は天保八年の三月晦日に帰国したが、二月一九日の〈大塩平八郎の乱〉の際、高尚は大坂にいたのだった。同年七月八日付同上書簡に、次のような件がある。

　河内屋一等《ママ》も、大変後取込多様ニ相聞え申候。（中略）大坂御留《ママ》中大変ニ付、御案じ被下候由、御深情奉感謝候。御聞之通無難ニ帰郷、大分こりもいたし候。且老衰遠遊は思絶申候。

「大変」は〈大塩の乱〉のこと。また「河内屋一等」は河内屋喜兵衛家を本家とする大坂書林河内屋一統のことで、彼らは「大変」直後にそれこそタイヘンな目に遭ったが（次の㈢で触れる）、その噂をも高尚は伝えている。また「大坂御留《ママ》中大変ニ付、……、御聞之通無難ニ帰郷、大分こりもいたし候。」とある件に就き、書簡編者（飯田正一）の［解説］は「高尚らも、とにかく一応の取調べを受けたのだろう。」と言う。なお、高尚は「老衰」のため「遠遊」（上方行）はもう止めると言う。確かに、彼はこの時七四才で当時としては相当な高齢であっただろう。それと共に、〈乱〉を目の当たりにすると共に「一応の取調べを受けた」とすると、もう懲り懲りだったに違いない。この後、天保一一年八月に没するまでの三年余、近場は知らず、高尚は「遠遊」することはなかった。

　注①＝『高尚書簡』には「［天保七年］四月廿四日付」とあり、天保七年のものと推測されている。しかし、もしそうならその冒頭部の「去月晦日ニ帰郷」が天保七年三月晦日に帰国したことになり、先（302頁）に見た如く、西田直養と天保七年三月二九日に大坂で会ったことと齟齬する。また、書簡のこの後の件に『源平拾遺』と申書二冊、拙作□（ママ）頃出板いたし申候。」とあるが、先に注記したように天保八年一二月の宣昭宛書簡でも、この春『源平拾遺』を板行したと伝えているので、天保八年の書簡であることが分かる（□部分は「春」カ）。

(二) 高尚はこの頃『松乃屋文後々集』を板行しようとしていた。前掲四月廿四日付同上書簡に、

『松の屋文後々集』三冊、此節京ニ而板下かき居申候。御序文御作リ被レ下候ハヾ、御草稿御見せ可レ被レ下候。……御板下御清書之系紙、板元大坂河内屋義助ゟさし上可レ申候。此文集は、京の城戸も板元ニ加リ申候。

とあり、『源平拾遺』と同じく板元は河儀でその準備が進められていた。宣昭は師高尚の依頼に応じて序文を認めていて、同七月六日付同上書簡に「『松の屋文後々集』御序文御書被レ下、云々」とあり、同十一月廿六日付同上書簡によれば、宣昭はその序文は清書して千楯方に送ったようで、「『文後々集』序文、御清書被レ下候而、千楯方迄被レ遣候由、忝《かたじけなく》安堵仕候。」とある。しかし、本書は結局板行されないまま終わった（工藤進思郎『藤井高尚と松屋派』によれば、その上巻を欠いて中・下巻二冊が写本で残っている由）。その理由も、右引用（「忝安堵仕候。」）に続く次のような件から、いくらか推察される。

近来米穀高価ニ付、京摂書林共大ニ窮迫、右彫刻様之事共、怠候趣ニ相聞え申候故、拙子ゟ申聞候は、（中略）、出板は少々遅く成可レ申候間、左様御聞置可レ被レ下候。城戸抔は、此度は板元退キ候様之不景気ニ御座候。

大塩の乱の後遺症も大きかったと思われるが、その乱の直接的な引き金になったと言う、全国的な大凶作と「米穀高価」、そのため書籍など殆ど売れないことで「京摂書林」が「窮迫」し、開版から次々と手を引くことになった。「城戸抔は、此度は板元退キ候様之不景気」とあるが、「不景気」は城戸千

栖方だけではなかっただろう。ちなみに、すぐ後で見るように、大坂書肆の「河内屋一統」は〈乱〉後に取り調べを受けたが（結果的には「急度叱」の軽い刑で済んだが）、河儀は「河内屋一統」からもれていて、〈乱〉の直後からも高尚著作の板行に携われたのだろう。

㈢　前掲天保八年七月八日付宣昭宛高尚同上書簡に「河内屋一等も、大変後取込多様ニ相聞え申候」とあるが、書簡編者［解説］に、彼らは『洗心洞箚記』以下の出版物を通しての平八郎との関係を調べられたとあるが、それ（だけ）ではない。大塩平八郎は窮民救済と称して自らの蔵書を売り払ってこれに充てたが、その際河内屋一統がこれに協力したため、大塩の陰謀に荷担したとの嫌疑をかけられたらしい。その詳細は『大塩平八郎一件書留』（国立史料館編刊）の「吟味伺書」等に伺う事が出来る。それには河内屋一統の本家木兵衛即ち喜兵衛以下四人の名と共に、「罪状」が次のように記されている。

北久太郎町五丁目　家持　木兵衛　戌弐拾七歳　／同　町四丁目　同　新次郎　戌四拾弐歳
南本町五丁目　季知兵衛借家　記一兵衛　戌弐拾九歳　／博労町　家持　茂兵衛　戌四拾七歳

此木兵衛・新次郎・記一兵衛・茂兵衛儀、大塩平八郎不容易《よういならざる》企いたし人気《にんき》を為靡《なびかせ》候謀計を以仕成《もってしなし》候儀とは不存候とも、米価高直ニ而諸民及難渋《なんじゅうにおよび》候ニ付、平八郎所持之書籍売払、右代金窮民壱万江施行いたし度《たき》由を以、世話相頼候節、同人相渡候施行札、専ラ名聞を好候文段認有之《したためこれあり》候ニも不心附、併《しかし》格外之取計《とりはかり》と心得候上ハ其筋江も可申立処《もうしたつべきところ》、一応同人江打合候迄ニ而、右書籍買取候上、施行《せぎょう》之世話いたし遣《つかわし》候始末、一同不埒《ふらち》ニ付、急度叱置《きっとしかりおき》可申候哉。

大塩からの依頼が「格外之取計（尋常でない企て）」と思いながらも「其の筋」へ申し出ることもせずに、平八郎の売名行為に協力したとの罪が問われたのである。この後、「吟味詰り之口書」―被疑者の供述に基づく取り調べ調書―の中に、おおよそ次のように記されている。

乱の三週間ほど前のこと、平八郎に呼ばれたので、みんなで伺ったところ、平八郎の言うのには、うち続く凶作で米価が高騰して、人々が困っている、そこで自分の「書籍類唐和本取交千弐百四拾壱部」を売り払い、金にして「六百六拾八両余」（一両を仮に六万円とすると四千万円強）を得て、それを一万軒の難渋している者に一朱（同、四千円強）ずつ施行したい、就いては、このことを書き記したチラシ（施行引札）を印刷し配布してほしい、またそのチラシと交換に本屋仲間の会所で一朱ずつ渡して欲しい（「安堂寺町五丁目本屋仲間会所ニ而取計候様、云々」）ということであった、奉行所に届けなくともいいのかと言うと、それは大丈夫だ、こちらから申し立ててしてある、ということなので、二月の六日に施行を始めた、人数が多いので七日八日と都合三日間行った、九日にはすべて終わったので引き替えたチラシを持って平八郎宅へ赴き、そのチラシの印刷代金「銀三百四拾壱匁」（約三六万円）を受け取った、その時は「慈善之取計」と大いに感心したが、その後平八郎が乱を起こしたので驚いた、と。

彼らは〈乱〉に直接関わっていた訳ではないので、お仕置きは「急度叱」と言う最も軽い刑で済んだ。

Ⅶ　近藤芳樹

(1)　芳樹の伝

近藤芳樹（明治一三年没、八〇才）は、『増補近世防長人名辞典』によれば、享和元年に周防岩淵の田中源吉の長子に生まれ、初め同国宮市の鈴木直道、即ち鈴木高鞆の父に就いて国典を学んでいる。以下、これまでに触れたのを繰り返すことになるが、文政六年九月に上坂し村田春門に就いた、この時、漢学をも学ぶべく篠崎小竹にも就いた（「門人帳」には見えない）、在坂一年で文政七年五月には若山の本居大平に入門する（この時、一年前に入門した遠江の加納諸平が大平の側にたまたまいて、以後親交を結ぶ）、次いで文政八年一月に一旦大坂に戻り、さらに上京して有職故実を学ぶべく山田以文の門に入った、四月に大病して一旦周防に帰るも、一一月再び上京して以文に就く、翌九年二月に山田塾を辞して周防に帰る、同一二年に再々上京して以文に就くと共に猪飼敬所にも就く、在京中の翌一三（天保元）年七月に大地震に遭い帰国する、天保二年四月広島に出てしばらくの間塾を開く、天保八年五月に京坂の地に出て四ヶ月滞在、天保一〇年二月大坂に出て塾を開く（但し六月に一旦帰国し一二月に再び来坂）、天保一一年一〇月に長門藩士近藤氏を継ぎこれまでの田中姓を近藤に改め、藩校明倫館に出仕して以後長門萩に定住する。

大坂での「仮寓」は何度もあるが、最短で数ヶ月最長で一年余、仮寓文人としてもどうも慌ただしい。

(2)　芳樹の関わった著編書

先（243頁）に文政七年の在坂中の彼の板下書きアルバイトのことや書写物のことに触れた。出板点数は戊申などにはとても及ばないが、大坂書肆とは早くから親しい。

㈠『書籍目録』には見えないが、「古典籍データベース」で近藤芳樹著作として掲出されている板本に『類題阿武の杣板』（山口県立図書館蔵）がある。その奥付に「霸城（萩）今宮文庫蔵梓／文政十三年初夏新発／製本所　心斎橋通南久太郎町　浪速　山本長兵衛」とあり、山本長兵衛（大坂書林塩屋長兵衛）

方で彫刻印刷された芳樹編の類題集で、その作者は芳樹以外に、勝間田盛稔や静間三積ら地元長門・周防の者百人ほどである。本書巻頭には、小さくてローカルな私撰集には不釣り合いに思われるような、京都の公卿日野資愛の序歌（「ながと《長門》なるあぶの郡のそま板はもろこし人もすさ《避け》めざりけり」）と若山の本居大平の序歌（歌略）とが掲示されている。大平は芳樹の師と言うことでその序歌はさほど不自然ではないが、資愛の序歌にはちょっと注記がいるだろう。前述の如く、有職故実勉強のため山田以文に就き、その師の供として堂上家に出入りする。その中に「日野殿」も含まれていたことが、書簡末に「大坂ニて認」とある、次の文政七年一〇月三日付上田堂山父子宛芳樹書簡（『芳樹書簡』）から伺える。

在京中師（以文）の供にて、一条殿・花山殿・日野殿・芝山殿・富小路殿へ参候。日野殿・富小路殿にてハ小生をも御召出し被成、ミづから御菓子を下され、御膳頂戴被仰付、打解たる御はなし被遊候。面目を施し申候。（中略）。〇日野様へ参候所、日野様ニても小生をも御召出し被成、従来日野・富小路両卿ハ、故本居先生（宣長）の門人ニ付、猶以厚く御詞抔蒙り申候、（下略）。

さらに芳樹は、これら本居大平や日野資愛の序歌に続いて、「この集板にゑらしめしときよめる」との詞書の付された「ことの音にかよふのミかはをさまれる世のしらべにもあふのまつ風」と言う己の歌を「芳樹暦」名で堂々と掲げている。

ちなみに、「田中（近藤）芳樹、二十日ばかり昨冬滞留仕候。大天狗、先年よりも甚敷候、云々。」とある若山の加納諸平書簡が『春門日記』文政一三年五月五日の条に引かれているが、時期的にこの『阿武の杣板』板行の頃に重なるので、なんとも可笑しい。また先にも言及した如く、これより一〇年後の前掲天保一一年二月晦日付中島広足宛書簡で、近藤光輔が「芳樹はあまり高慢ナ人にて、近藤翁 芳樹などと書ク人故つらがにく〻御座候。」と言っていたことが思い起こされる。

(二)　芳樹の著作として比較的知られているものに『古風三体考』(一巻一冊)があり、『日本歌学大系別巻九』にも収まる。佐佐木信綱『日本歌学史』にも取り上げられていて、「その名のごとく、長歌、短歌、旋頭歌の三体に就きて、古への正格を明かにしたもの」で、「彼によれば、また(橘)守部と同じく、五七の二句連続を以て、歌格の根本となすものにて、此点より、短歌の句法は、根本に於いて、長歌の句法と同じく、短歌は長歌の短きもの、長歌は短歌の長きもの、いずれも五七二句を連続せしめて、七の句にとゞむる格なりとし、即ち、短歌長歌一体説を唱へたり」と指摘している。

その『古風三体考』は『書籍目録』の天保一〇年の件に、次のように見えている。

古風三体考　作者　田中晋一郎(長州萩)　蔵版主　右同人　売弘　河内屋儀助　板行売弘申出　／右売弘人より申出でを本屋行司明君にて聞届け板行　／　申出年月　天保十年四月廿日

本書は、右に記された「売弘」申出の日付より二年も前に板行されていたようで、「古典籍データベース」掲出の画像付「お茶大図」蔵板本によれば、本書冒頭に「天保丁酉(八年)七月付」の篠崎小竹の漢文序と「天保八年六月十七日付」の加納諸平の序文があり、巻末に「天保八年三月付」穂井田忠友と「天保六年三月五日付」静間三積の跋文が付されていて、巻末刊記に「天保八年七月　製本所　大坂西横堀淡路町長門屋新兵衛　／売弘所　同心斎橋筋安土町角河内屋儀助」とある。

先の『阿武の杣板』もそうだったが、ここでは、序・跋を京・大坂・和歌山・長門のそれぞれの知名の人に書かせていて、社交的な(派手好きな?)芳樹の付き合いの広さを感じさせる。なお、本文末に「天保第六之暦、夾鐘念七之日」付の識語があり、本書は天保六年二月二十七日に成っている。なお、

『芳樹日記』天保八年九月二日の条に、「三躰考三百冊令レ調レ之。一冊ニ付板賃トモ二匁六七分位ナリ。ソノ内百冊持下リ、残リ二百冊ノ内、五冊河儀、二十冊若山行、（下略）。」とあり、実際の刊行は天保八年九月のことらしく、初版三百部を刷っている。

㈢　前述のように、彼は天保八年五月に上坂するが、『芳樹日記』五月六日の条に、「書林河儀へ行。令義解上木ノヿ、及二厳島図会ノヿ相談一。」とあり、同九月二日の条にも、先にも引いたが、「延齢松集、一丁彫刻料六匁板下一匁二分ニ決メテ徳兵衛ニワタス。」とあり、要するに『芳樹日記』天保八年記事中に、芳樹の関わった書籍が三点（令義解・厳島図会・延齢松集）見える。

㈠　一つは「令義解」である。これは『標注令義解校本』のことだが、これに就き「上木ノヿ」で相談とあるので、この時点で草稿はある程度出来上がっていたのだろうか。しかし、実際に板行されたのは、「浪花書肆」の秋田屋太右衛門・河内屋茂兵衛の相板で、三〇年近くも後の元治元年のこと。注① 但し、そこに河儀の名は見えないが、早く嘉永三年一二月に彼が亡くなっていたからである。即ち、嘉永四年正月二十三日付藤井高雅宛書簡（『広道消息』）で、「御聞及も御座候哉、河儀事、旧臘末、讃岐にて死亡仕候よし。」と、萩原広道はその死を伝えている。

注①＝本書板行の様子は多治比郁夫「秋田屋太右衛門来翰集」（『京阪文藝史料第四巻』）に収まる近藤芳樹書簡とそれに付された注記に詳しい。

㈡　二つは「厳島図会」である。「古典籍データベース」掲出の画像の付された「国文研鵜飼」蔵板本の巻頭に「天保乙未（六年）孟春」付久我前内大臣源通明と天保七年霜月付田中（近藤）芳樹及び、天保八年一月付の広島藩士で国学者岡田清の三人の序文が付され、巻之十の末に「編述　岡田清大人

／校正　田中芳樹大人／再訂　頼杏平先生・加藤棕廬先生」と本書成立に関わった者の名が挙がり、芳樹は序文だけでなく「校正」にも加わっていた。巻末刊記に次の如くあり、天保一三年の板行である。

文政十丁亥年起業　／天保十三年壬寅年正月発兌
製本書肆　広島播磨屋町　樽屋惣左衛門／同中島本町　世並屋伊兵衛
大阪書肆　心斎橋通安土町　河内屋儀助　蔵版主　広島銀山町　宮崎小十郎

これで見ると、広島の二書肆は「製本書肆」ということだが、「大坂書肆」の河儀はどういう役目だったのか。芳樹の河儀訪問の用件に「及厳島図会ノ⌐相談」ともあり、単に売弘書林と言うこと以上に本書の出板に深く関わっていたのだろうか。

㊂　九月二日の条の「延齢松集」は『延齢松詩歌前集』のこと。板下料や彫刻料を決めて渡したと言う「徳兵衛」は先にも触れた大坂の彫刻師である。「古典籍データベース」掲出で画像の付された「鹿児島大玉里」蔵板本によれば、巻末の刊記には「天保十年己亥春三月／周防台道　不昧居蔵版」とあるが、表紙裏に「天保庚子（一一年）新鐫／延齢松詩歌前集／周南　不昧居蔵」とあるので、さしあたり天保一一年の板行ということだろう。「不昧居」は周防台道の素封家上田堂山のことで、勉学修業時代から芳樹のパトロンでもあった。かつて薩摩藩の若君が江戸参府の途次堂山方に立ち寄った際その庭に松の苗を植えたがそれが大きくなったのを祝い、堂山は、各地の文人名士たちから詩歌を乞うた。その詩歌蒐集の実際に当たったのが芳樹で、彼は本書に「天保十とせの弥生」付の跋文を寄せ、実質的な編者でその板行も任されていた。河儀に相談し製本その他板行業務は河儀が行ったのだろう。

Ⅷ　鈴木重胤

⑴　重胤の伝

重胤も国元と大坂（や摂津神戸）の間を何度か行き来している。「鈴木重胤略年譜」（谷省吾『鈴木重胤の研究』付載）によれば、文化九年に淡路国津名郡仁井村で生まれた重胤は、文政八年一四才の頃に大坂鴻池家に商業見習に行き、天保三年に平田篤胤に入門名簿を送り、天保五年に大坂に移住して来た野之口隆正にこの年か翌年に入門。この頃より神戸の豪商橋本藤左衛門方に寄寓し、天保七年、師隆正に乞うて書いて貰った『憐駁者』（後の332頁以下参照）に序文を記す。天保八年に橋本家を去って淡路にもどり、二八才の天保一〇年九月に大坂に移住。彼が大坂で開塾するのは翌一一年九月頃で、同一四年八月に出羽秋田の平田篤胤に会うべく出立するまでの三年間（その間周辺の地にも出向くが）大坂に「仮寓」していた。

⑵　重胤の関わった著編書

重胤在坂中の著編書に『三代集類題』がある。「古典籍データベース」掲出の画像付「新潟大佐野」蔵版本（の内の一本）の巻末刊記に「天保十年亥冬御免新刻」とあり、「三都書肆」として「江戸」の「岡田屋嘉七」以下八書肆が並び、最後は板元と思しき「京」の「近江屋佐太郎」である。本書は谷前掲書巻末「重胤著述目録」掲出の「三代集類題　五巻」の解題に「古今・後撰・拾遺の、いはゆる三代集を、題によつて分類したもの。もと本居大平の門人佐伯正臣が文政三・四年ごろ編集したのをもとにして、重胤が編みなほした。内題の下に「本居大平・野之口隆正鑒、佐伯正臣編次、鈴木重胤校正」とある。」とある。

重胤「跋文」に「なほいかにぞやおぼゆるをぢ〳〵ハ、わが師大人にとひこゝろミてえりとゝのへたる、此ふみになん有りける。」とあり、隆正の「指導」の下になされたらしい。本書が「近江屋佐太郎（弘文堂）」が板元だったのは、まだ隆正は京住ではなかったが、その彼の意向が働いていたのかもしれない。

次いで全七巻から成る『近世名家歌集類題』は前半四巻と後半三巻とは間を置いて板行され、前半を収める「古典籍データベース」掲出で画像付の「新潟大佐野」蔵板本（四冊）は、巻四の巻末刊記に「天保一四年三月御免新刻」と記されている。重胤の大坂「仮寓」中の板行だが、「三都書肆」として挙がる三都七書肆の最後にやはり「近江屋佐太郎」が見える。前掲「重胤著述目録」掲出の「近世名家歌集 七巻」の解題を引くと「巻一―四天保十四年版・巻五―七弘化年間版。京都の弘文堂の委嘱で天保十二年ごろからはじめて、同十三年八月脱稿、春夏秋冬恋各一巻・雑二巻、（下略）。」とある。

大坂「仮寓」時代の重胤になお『詞捷径』があり、「重胤著述目録」掲出の「詞捷径」の解題に、「天保十三年起稿、同十四年脱稿、すなはち大阪在住時代のものである。初学者のための国語の文法書。楫取魚彦・本居宣長・富士谷御杖・本居春庭・鈴木朗・市岡猛彦・橋本稲彦・野之口隆正などの先学の説を集成し、あはせて自説を加へてゐる。大阪の学友佐々木春夫の序があるが、野之口隆正の序を付してゐる本もある。」とある。早稲田大学「古典籍総合データベース」掲出の『詞捷径』（上中下三巻五冊）上巻冒頭に佐々木春夫の序文が付され、本文の初めに「源重胤著／源春夫校」と記され、その巻末刊記に「浪華多豆室塾蔵／弘化二巳年十月発兊」とある。売弘書肆は「三都書肆」として江戸須原屋茂兵衛以下六書肆が挙がり最後に河内屋茂兵衛がある。「多豆室」は春夫の室号で、本書はその春夫の蔵版として板行された。重胤と大坂書肆との繋がりの伺えるのは本書のみである。

三　野之口隆正のこと

野之口隆正もまた大坂仮寓文人の一人である。本来は「二　大坂仮寓の文人たちとその著作」で取り上げるべきだが、萩原広道の師と言うことでもあり、来坂するまでのことも含めて、ここで改めて取り上げる。

I　大坂仮寓まで

(1)　江戸の隆正

隆正の伝は、その基本史料として『維新／前後津和野藩士奉公事蹟上』（旧津和野町郷土館蔵、以下単に『奉公事蹟』と略）がある。ただ、これはその角《つの》書き通り、維新前後の（「野之口隆正」でなく）「大国隆正」の視点から書かれたもので、天保から幕末にかけての「野之口隆正」の消息は乏しい（少なくとも二、三年はいたはずの大坂での消息など皆無に近い）が、その『奉公事蹟』に従い大坂に移住するまでを見てみる。

彼は寛政四年に津和野藩士今井秀馨の子として江戸藩邸で生まれ、通称仲（又は中）、又正作と言い、「文化三年丙寅隆正【年十五歳】田河利器の紹介を以て平田篤胤の門に入り古道学を修む」とある。事実、年次は一年ずれるが、篤胤「門人姓名録」（『新修平田篤胤全集別巻』）の文化四年（隆正一六才）の条に「今井一造」の名で彼の名が見える（「田河利器紹介」と付記されている）。[注①] またこの頃昌平黌に入り古賀精里に習い、文化六年にはその昌平黌舎長となり、翌年辞して藩邸に帰った。この後「本居宣長翁の音韻学に精通なりしよしを聞きて、大に之を欽慕し竟に名簿を其門人村田春門に贈りて音韻学を受く。」とあり、村田春門に就いた。注②春門に就いたのは確かなことで、後（⑵の㈣）でも見るように春門自身もそう言っている。彼はまた書画を好み、伊勢長島藩主増山雪斎に画法を受け名を戴雪と号したとも言う。文化一四年家督を嗣ぎ、翌文政元年長崎に五ヶ月間遊学した。文政八年には『矮屋一家言』を板行し、文政一二年に同僚との確執があり脱藩し「野之口」と改姓する。天保五年二月に火災に遭って妻の兄で岡山藩儒井上忠民方に避難するが、妻子をその義兄に託して単身大坂に赴いたが、それは後でも触れるが五月半ば頃だった。

注①＝野之口隆正自身は、後年の『学統弁論』（安政四年序、『大国隆正全集第四巻』）の中で、安政四年に三河の羽田野敬雄方で、初めて篤胤「門人姓名録」に自分の名のあるのを見て、自分が篤胤門人にされているのを知ったと言う。なお、この件に就き南啓治『近世国学とその周辺』及び松浦光修『大国隆正の研究』に詳しい。

注②＝隆正は己の春門入門に就きその『学統弁論』の中では、もの問いに篤胤方を訪れたところ医者稼業が忙しいからと春門方に連れて行き入門させた、つまり春門入門は篤胤の斡旋に依ったと言っている。

⑵　江戸での著作――『矮屋一家言得経談一』

文人隆正の在府中の消息は、前掲『奉公事蹟』に見える記事以外に殆ど分からないが、その著作として「今井中」の署名による『矮屋一家言得経談一』がある。注①成立はその自序日付によれば文政八年五月で、その文政八年中に板行された。そのことは、後の㈣に引く『春門日記』の記事に明らかである。

注①＝大阪市立大学図書館森文庫蔵板本による。その巻末刊記に「帰正館蔵板」（「帰正館」は彼の塾名―個人蔵版）とあり、その「発行（売弘）書林」として「江戸須原屋茂兵衛」の名などが挙がる。刊年の記載はない。

㈠　本書序文は次の通り。いわゆる五十音図を用い「言霊《ことだま》のみち」を興《おこ》すのだと言う（ルビ原文）。

あいうえお／かきくけこ／さしすせそ／たちつてと／わゐうゑを／
はひふへほ／まみむめも／なにぬねの／らりるれろ／やいゆえよ

この図（五十音図）、ありきたりの図にくらぶれバ、わ‖な‖や‖三行ところをかへたり（割注略）、この図《かた》、神代《かみよ》よりこのくにゝつたふるところにして、つゞむれば一枚《ひとひら》のかみにたらずといへども、のぶれバしきてあめつちのほかにわたる。中（隆正）、この図に心をつくすこと、としをかさねて、このごろそのむねをえたるこゝちのするにより、此邦《このくに》をたすくといへる言霊《ことだま》のみちをおこすになん。

文政八年五月　今井中

㈡

その「跋文」は次のようで、なんとも自信満々で挑発的ですらある（ルビ原文）。

この書もと十巻あり。のこり九巻はいまだ稿《したがき》をはたさず。まづこの一巻よりゑりかゝりぬ。

この書わが一家言なり。難ずるものにハこたへず。信じて猶こゝろえがたきふしあらバ、吾門にいりてとへ。

これらのこと、中がはじめていひいづることなれば、世のひとのみゝになれぬゆゑ、めをいやしむるならずにて、牽強付会《ひきつけごと》とやいひおとすらんかし。さりとも造化之秘《かみごと》にしてうごくべからぬことわりあれば、百世《のちのよ》のひとはみなうけひきて、なにのめづらしげなきつねの理《ことわり》とおもふにいたるべし。

今井　中　しるす。

わが言うことを「牽強付会《ひきつけごと》」と言い落とす者もいようが、「百世《のちのよ》のひとはみなうけひきて、なにのめづらしげなきつねの理《ことわり》とおもふにいたるべし」と言う。まさにカリスマ的予言者・教祖然とした言葉で、「難ずるものにハこたへず。信じて猶こゝろえがたきふしあらバ、吾門にいりてとへ。」とも言っている。『矮屋一家言』は、十巻を予定していて、今回の「得経談」はその第一巻目である。

㈢　「得経談」は文字通り「得《う》」「経《ふ》」を論じたものだが、本文冒頭に、「うる（得る）によりてへ（経）、ふる（経る）によりてう（得）」（二重傍線原文）という、呪文のようなテーゼがまず掲げられ、これに「ひとのよにあるみちこれにもれず」と念が押されている。そして、そのテーゼの正しさを「ひとミなうまれえたるによりてよにへ、よにふるによりてなにごとをもうるなり」といった風に例証？されている。以下、「ものをえざれバ、よをへがたし。」「事情をえざれバことにへがたし。」といった調子で、「得《う》」「経《ふ》」という言葉とその活用の摩訶不思議さ？を人々に気付かせ、「言霊《ことだま》のみち」を興して広めようという。人が「牽強付会」だとそしることを百も承知しながら。

㈣　『春門日記』の文政八年（在大坂）一二月二三日の条において、次のように本書に言及されている。

亀井大隅守殿内今井仲より書状差越。江戸にて歌のをしへ子なりしが、今は髭黒き男にて、子二人もてりといひこす。今は言霊学をことゝして、矮屋一家言といふ書梓行、一冊さし越、十冊つぎ〳〵梓行のつもりのよし。皆異説なり。追て返答すべし。

春門は隆正のことを「江戸にて歌のをしへ子」と言っている。その「をしへ子」が今は二人の子持ちの「髭黒き男」となって、「言霊学をことゝし」たと言う著書をわざわざ江戸から送って来たのである。これは、隆正の旧師に対する「律義さ」を示すものなのか、もしくは、春門の京摂における名声・権勢が、江戸までほの聞こえていたため、いわばその「挨拶」のつもりだったのだろうか。それにしても、鈴門国学者として「古道」方面には興味を示さず「歌文」に専念し、それ故？権門勢家のおぼえよろしいとイヤミを言われる春門が、隆正のせっかくの「力作」を、当然のごとく、言下に「皆異説なり。」とはねのけているのがおかしい。「追て返答すべし。」とあるが、どんな「返答」をしたのだろうか。

㈤「小説家主人《コヾトノヤ》」を称する者の著した『しりうごと』[注①]（内題「皇朝学者妙々奇談しりうごと」）と言う人物評判記があり、その上巻刊記に「天保三年壬辰新刻」と記されている。天保三年に板行されたことは『春門日記』天保三年四月二二日の条に「川北常美より、しりうごと三、一見せよとてもて来れり。一名、国学妙々奇談ともいふ。学者のわる口なり。」と、本書の名が見えることから知られる。

ここで「しりうごと（後《しり》う言＝陰口）」を言われているのは、平田篤胤・海野幸典・小山田與清・石川雅望・岸本由豆流・屋代輪池の六名である。その内、上之巻の「第二　本居宣長、海野幸典子を詰《なじ》る」の章において、「これら足下（幸典）に預らざることながら、てにをは家の事故、ついでに申し達しおくなり」と言うことで、「てにをは家」の義門（天保一四年没、五八才）や殿村常久（文政一三年没、五二才。伊勢松阪の人、篠斎義弟、宣長後春庭門人）らに言及し、さらに加藤重春[注②]を取り上げて、

加藤重春といふものが、五十聯韻《ごじふれんゐん》の図を五行《ごぎやう》をもて論じ、いろ〳〵古事附《こじつけ》の注を加へたるなどは、殊更笑ふに堪《た》へたる事なり。

と批判し、その「五十聯韻《ごじふれんゐん》の図」にちなみ、隆正の「矮屋一家言」を取り上げて次の如く詰《なじ》っている。

又、今井中が、得《う》るによりて経《へ》、経《ふ》るによりて得《う》、とかいふ説を立、エヘ、ウフといひつのりて、西洋人《おらんだじん》の名のやうに、ウルトフル、といふことばかりいふなどハ、抱腹にもたへざることにて、しかも書名を矮屋一家言《わいおくいつかげん》と題したるハ、いふにも足らぬ愚名なり。松岡玄達（本草学者）が本草一家言や、そのほか一家言と名づけたる例によりしならんが、わざ〳〵矮屋と冠したるはいかなる故ぞ。矮《ちび》たる家の

中限《なかぎり》でいふことならば、無用の桜木を費して世に行はずともあるべきことなり。しかもかれハ、諸侯の臣にてありながら、君より賜ハれる家を、矮屋などゝいふこと、失敬いふばかりもなし。もつとも己が住む家なれバ、高屋大厦《かうおくたいか》とこそいふべからね。賜はれる家、さほどに不足ならバ、浪人して一家をなすがよきなり、（下略）。

隆正は「言霊のみち」を興《おこ》すために、「得《う》」「経《ふ》」の活用の霊妙さをその例証として挙げたのだったが、小説家主人《コヾトノヤ》からは「抱腹にもたへざること」と一蹴され、タイトルの「矮屋」にまで難癖を付けられる始末。しかし隆正は「難ずるものにハこたへず」と全く気にも留めなかったのだろうが。なお、本書を書いた時は隆正は津和野藩士だったが、この「しりうごと」の書かれる三年前に脱藩し浪人していた。そのことを「小説家主人」は知らなかったようで、「君より賜ハれる家を、矮屋などゝいふこと、失敬いふばかりもなし。」と難じ、「さほどに不足ならバ、浪人して一家をなすがよきなり」とイヤミを言っている。勿論、隆正はそんな「見当違い」にいっそう何の痛痒も感じなかっただろう。

注①＝三巻三冊。『日本随筆大成第三期第11巻』所収。
注②＝加藤重春は何者か詳細不明。北大図書館蔵の『神道麓之立石（別名―「眼前神道案内大全」）』（文政七年八月刊）がインターネット上で公開されていて、巻末刊記に「神祇管領二位殿学士／加藤九十九藤原重春撰」とある。「神祇管領」は京神祇大副吉田家のことらしく、重春は吉田家に繋がる神道者だったらしい。

㈥　彼は、この二年後に「一家をなす」ために大坂に赴く。そして、篤胤の居住する江戸では（恐らく両者が同質故に―春門の言を用いれば共に「異説」を唱える者たち故に[注①]）力を発揮できなかった彼だが、大坂に出てから後は、京摂の地をはじめ播磨や備前・備中・備後の地で少なからずの門人・パトロンを獲得し勢力を拡大することが出来た、つまり「一家をなす」ことに成功したのだった。これより後のものだけれども、天保一三年四月四日付平田銕胤宛篤胤書簡に、次のような件が見える。

　松田・野々口ノ隠名化物ドモガバツコスルヤウデハ、上方モ思ヒヤラレ候。乍去、此二人サシモ予ヲバ、ワロク云ジトゾ思フ。

「松田」は先（295頁）に見えた松田怜太郎でこの頃は既に「岡部（春平）」を称していた。「野之口」は先にも見たように以前は「今井」だった。虫の居所がわるかったのか、篤胤は改姓している彼らを「隠名化物」と罵っている。ところで、そんな「隠名化物」が「バツコ（跋扈）」するようでは上方も思いやられると言うが、[注②]そんな悪態をつくほどに、隆正や春平らが上方方面では活躍していて、「一家」をなしていたことを、篤胤が証言しているとも言える。ちなみに、筑前の春平は宣長門の青柳種信門で平田門ではないし、隆正もまた彼自身も篤胤門でなかったと言っている。と言うことで、彼らは篤胤門ではないが、特に隆正は少なくとも春門から見れば「異説」を唱えがちで、篤胤には極めて近い。恐らくその己と近いことを篤胤自身も承知していて、「予ヲバ、ワロク云ジトゾ思フ。」と言うだろう。

注①＝春門は篤胤説を認めていない（当然篤胤側も春門を認めていなかったことは先にも見た）。例えば、『春門日記』文政六年八月一八日の条に「城戸千楯来、（中略）、又平田篤胤上京、暫時京都逗留、無レ程可レ尋よし申候よし、勝五郎といふもの再生奇談有レ之、追て記可レ置、古学弊可レ恐々々。」とある。訪ねて来た京の千楯から篤胤上京の噂を聞き、彼の「勝五郎再生記聞」に就き「古学の弊恐るべし」を繰り返している。

注②＝篤胤は、春平や隆正が上方で「バツコ」していると言うが、彼らのどういう噂を聞いていての言なのか。天保一二年四月に京で西田直養・岡部東平・大橋長広・野之口隆正・義門・長沢伴雄らが温古会と言う研究会を始めるが、そういう活動を伝え聞いてのことなのか。但し、研究会の紀要『嚶々筆語』は翌一三年六月に、『嚶々筆話』は同九月に板行されるので、この篤胤書簡の時点ではまだ出ていない。

(3)　江戸から大坂へ

(一)　『奉公事蹟』によれば、隆正が江戸を離れて大坂に来たのは火事で焼け出されたからと言うことだが（すぐ後で見るように隆正もそう記しているが）、火事の多い江戸で焼け出された文人も少なくなかっただろうに、そのため大坂に移住して来たと言うのは他には聞かない。当時、脱藩浪人中だったはずの彼が江戸でどのように生計を立てていたのか、当時はそれほど名の知られた者とも聞かず、塾を開いていたとしても生活は決して楽ではなかっただろう。そのため、火災に遭ったのを一つのきっかけに、活路を開くため大坂に出たのだろうが、繰り返すがなぜ大坂だったかと言うことになる。このあたりの事情は全く不明である。ただ全くの憶測になるが、大坂には出版書肆が多いのにも関わらず、物書き・ライター―の数が江戸や京に比べて少なかったこと、そのため「文人」として筆一本で生きていく可能性が―あくまでも可能性だが―そこにはあるように思えたのかも知れない。事実、先にも触れたけれども、隆正より少し遅れて天保五年の秋に主君に陪従して江戸から大坂にやって来た畑（平亭）銀鶏は、僅か一年の間に、二つも三つもの著作をものにしていたのである。

(二)　隆正の大坂移住は天保五年のことだが、そのことに就き、『春門日記』天保五年四月二〇日の条（春門在江戸）に、次のように見えている。

今井維清来。此度上方遊歴存立《ぞんじたち》、一柳土佐守殿共（供）にて、浪華迄登候よし、為二暇乞一《いとまごいのために》来。改名いたし野々口正作隆正といふ。旅宿大坂天満市之側太平橋西入、鶴屋嘉兵衛方に居候旨申聞候。

『奉公事蹟』の「文化七年庚午」に続く記事中に「名簿を其（宣長）門人村田春門に贈りて、音韻学を受く。」とあり、春門は隆正が一九才の文化七年頃に就いた師である。天保五年四月二〇日に、隆正は大坂に行くとて、その暇乞いの為に春門方に来たのだった。「一柳土佐守」は、播磨小野藩主一柳土佐守末延のことで、国元播州小野に帰るその藩主一行に同行すると言う。南啓治「大国隆正伝補遺」（同『近世国学とその周辺』所収）によれば、隆正が出入りしていた播磨加東郡市場村の豪商近藤家に伝わる文書に「火の事にあひて江戸をはなれ、一柳土佐のかみのとのに江戸にてものをしへまゐらせしちなみにより、はりまの小野にさすらへ来たりしとき…。」とあると言う。隆正は、江戸居住時に小野藩主一柳末延に「ものをしへまゐらせ」ていた師だったので、その誼で国元に帰る藩主に同行できたらしい。

ところで、隆正の大坂での旅宿の主「鶴屋嘉兵衛」は、あるいは書肆かとも思われるがよく分からない。彼は大坂には（播磨小野に移住する迄の少なくとも）二、三年は住み、かつ塾も開いていただろうに、訝しく思うほどその痕跡が残されていない。例えば、鈴木重胤は大坂で隆正に入門したと言われているが、それもそう推察されるだけで、具体的には何も分かっていないようだ。そんな中で、彼の在坂の分かるのは、次のⅡに見るように、辛うじてその著作中の識語などを通じてである。

Ⅱ　大坂仮寓中の著作

隆正在坂中の著作活動を見てみる。『書籍目録』には、隆正著作として「歌日記」と「兼好法師伝記考証」と

「憐駁者」の三点が挙がるが、『書籍目録』に見えない著作が、「通略延約弁」など、なお何点かある。

(1)『通略延約弁』

隆正『通略延約弁』(『大国隆正全集第四巻』)の巻末に「天保五年五月三十日／大坂のたびやどりにて 野之口隆正書之」とある。隆正は、先に見たように、四月二〇日に江戸で春門に暇乞いをしている。程なく江戸を立ち、大坂には五月の半ば頃に着いただろうか。そしてその巻末識語の日付から、僅か二〇日足らずで本書を著した。また「大坂のたびやどり」とあるのは、前掲春門日記に見えた「天満市之側太平橋西入、鶴屋嘉兵衛方」なのだろう。本書の巻頭〈付言〉を抜粋引用すると次のようである(ルビは原文)。

上つ代はことばに今古の別ちなかりしにより、古言をとく学業とてはなかりしを、時代のうつりゆくにしたがひ、音便《おんべん》によこなまり、外国の言語をまじへなどして、つひに今古のわかちいできたるにより、おのづから古言をとく学業はおこれるなり、(中略)、近き世にいたりて、契沖法師・岡部真淵・北辺成章・本居宣長・本居春庭、この人々ぞよく古言をばときける、(中略)、この五人の功、今古に比類なくまことにたふとし。世の人、今にして古言をしり、これをときこれをつかふは、この五人のかげになんよりける。しかはあれど、古言の宗《むね》これにてことつきたり、とおもふはたがへり。いといひにくきことにはあれど、この五人の説は、このみちのはじめをなせるまでにて、隆正が眼よりみれば、いまだしきことおほかり、(中略)、隆正この五人の功績《こうせき》につぎ、五十音にいたく心をつくして、つひにことばづかひの真理を見ひらきり。見ひらきたりとわれはおもへど、猶伯楽《よきひと》のさだめをまつ。

火事で焼け出され妻子を江戸に残したまま、単身大坂へやって来た者とはとても思えない口調で、「つひにことばづかひの真理を見ひらきり。」と言い、いかにも隆正らしく「自信」に満ち満ちている。

(2)『うた日記』

来坂直後の著作『通略延約弁』に続いて、隆正は『うた日記』（『同上第五巻』）を著している。その冒頭の自序末に「天保五年十月」とあるが刊記はない。幸いなことに、『書籍目録』天保六年の件に、本書が次のように見えている（彼の居所は「江戸」とある）。

歌日記　一冊　作者　野々口正作（江戸）　蔵板主　右同人　売弘　藤屋善七（高麗橋一丁目）　出願　天保六年三月　許可　天保六年六月

実際の出板がその許可年に連動しているとは必ずしも言えないが、天保五年一〇月に成り（板下も隆正）、さしあたり翌六年の秋か冬に板行されたのだろう。冒頭の自序は次のようである。

天保五年二月江戸の火に、いへゐもなにもうしなひて、大坂までさまよひ来《き》ぬるたびやどりにて、歌によれること、日ごとに一《ひと》くだりしるしてみんと、おもひ起《おこ》してかきそめたるが、ほどもなくつもりて、一《ひと》まきのふみとなりぬ。こは皆《みな》かねておもひ得《え》たることどもにて、己がつねのかたりぐさなるを、ただ日《ひ》ごとにひとくだりかきあつめて見たるなり。

ところで、『うた日記』で注目されることの一つは、古今集の両序に関する「真字序《まなジョ》　仮字序《かなジョ》」（ルビは原文のまま）と称する章が見えることで、その冒頭部に、次のようにある。

世《よ》にいひつたへたる説《セツ》には、古今集の序はもと紀貫之かなにてかけるを、のちに姪《をひ》の淑望《よしもち》に真字《まな》になほさせたるなりといへり。これはもと浮《うき》たる説《セツ》にて、そのかみのたしかなるものに見えたることにはあらず。さるを世々の歌学者《カガクシャ》たち其説《そのセツ》にひかれ、ちかき世《よ》に名《な》たかき契沖法師《ケイチウホウシ》・岡部真淵《おかべまぶ》・本居宣長《もとをりのりなが》その外《ほか》の大人《タイジン》たちも、みなその説《セツ》にくらまされて、仮字序《かなジョ》のこころをとかれたるは、あかぬことなり。

後でも触れるが、広道は岡山で隆正に語格のことで教えを乞うたが、その天保七年の頃、広道はこの板行して間もない『うた日記』（の「真字序　仮字序」章）を読んでいた可能性はある。たまたま一致したと言うことも考えられるが、いずれにせよ、広道の論文「古今集序難註」（随筆『玉篠』所収）は、この「真字序《まなジョ》　仮字序《かなジョ》」の章と、ほぼ同じものである。また、『うた日記』に、「てにをは　語格《ゴカク》」と言う短い章があり、全文は次の通り（ルビは全て原文）。

初心《ショシン》のうち、てにをは・語格《ゴカク》にかかはるはわろし。かかはらぬも又わろし。まづなにとなくうたかずおほくよむうちに、詞の玉の緒・玉あられ・あゆひ抄・かざし抄・詞のやちまた、また隆正があらはす詞のすみなはなど、心《こゝろ》しづかによみて、おひおひにさとるべし。いささかてにをは・語格《ゴカク》をわきまへしれば、くせと人のうたを難《とが》むるものなり。これも修《シユ》行《ギヤウ》のひとつなるべければ、まづゆるしおくべし。てにをは・語格《ゴカク》をしらぬ人のまけをしみに、てにをは・語格《ゴカク》は自然《シゼン》のものなり、まなびてしるべきものにあらず、といふはわらふべし。さる人いかでてにをは・語格《ゴカク》の自然《シゼン》をしるべき。これらは学業《ガクゲフ》をつとめずして鼻《はな》を延さんとする、今《いま》の世《よ》の人ごころなるべし。

このことは、広道が隆正に就いて問おうとしたものだろう。当時、隆正は国語学方面の著作を多くものしている。次に触れる板本『鼻くらべのさうし』巻末に「野之口隆正著述書目」（この板下も隆正）が付載されているが、その最初に「ことばのすみなハ」と言うタイトルのもとに、その第一集から第五集

（全九巻）までの国語学の書名が挙がるが、その第一集は外ならぬ前掲『通略延約弁』である。また「語格直言　四巻」も見え、

語意考（賀茂真淵）　玉のを（本居宣長）　やちまた（本居春庭）　あゆひ抄（富士谷成章）　ミくにのことだま（林国雄）　語学新書（鶴峯戊申）　その外、語格をいへる書の誤をこと〲く正したるなり。

と宣伝されている（注記は引用者―但し本書「語格直言　四巻」の存在は知られていない）。国語学書として当時の水準に照らしてどの程度のものか分からないが、広道が語格のことを問おうとした頃、隆正もそのことに熱心に取り組んでいて、案外にタイムリーだったのかも知れない。

(3)『鼻くらべのさうし』

『鼻くらべのさうし』（大阪府立中之島図書館蔵板本。『大国隆正全集第二巻』所収）もまた、次の巻末識語によれば、天保五年に大坂に来てから成っている。

天保五年、なにはに来ぬるはじめのほど、とひくる人もなく、とひゆくいへもなく、よむべきふみもなくて、つれ〲なるあまり、たはぶれにかけるさうしなり。ひきいでましとおもふことも、かたへにふみなきは、あかぬものになん、（下略）。

巻末刊記に刊年の記載がないが、『うた日記』などと同様に、個人蔵板であり板下も隆正である。本書は前掲『書籍目録』に見えないが、巻末刊記の「佐紀之屋蔵板」とある後に、発行書林として、これも隆正の手で、京は「恵比須屋市郎右衛門《ママ》」・「山城屋佐兵衛」・「近江屋佐七郎」の三書肆、江戸は「和泉屋

吉兵衛」・「田中長蔵」の二書肆、名古屋は「永楽屋東四郎」、そして最後に大坂の「藤屋弥兵衛」・「藤屋善七」・「藤屋卯三郎」の三書肆が並んでいて、恐らく『うた日記』と同じ頃に大坂で板行されていたのである。注①本文は次のように始まっている。

杉いとしげきみ山ならではすまぬものにおもへりしを、いまは市《いち》まち村里《むらさと》になん多くなりにける。ある片《かた》ゐなかにすめるものしり天狗《テング》、おのがさとにては、たちならぶ鼻のなかりければ、都《みやこ》にまゐりて鼻くらべせんとて、立ち出けり。

板本表紙見開きに、「この書ハはじめに狂歌師《きやうかし》・俳諧師《はいかいし》・易者《えきしや》・うたよみ等《とう》の鼻《はな》を論《ろん》じ、をはりに釈迦《しやか》・孔子《こうし》の鼻《はな》くらべ、皇国《やまと》・唐山《もろこし》の鼻《はな》くらべ猿田彦神《さるたひこのかみ》の判《はん》の詞《ことば》をおもしろくかきとられたるさうしなり。」と言う宣伝文句が記されてあり、「鼻くらべ」する者たちが列挙されている。

注①＝長田鶴夫『天保日記』（大阪市史編纂所蔵自筆本）天保六年閏七月十五日の条に「昨午半明月記目録一冊【写料十三目】鼻クラベ一冊【料三目五分】河内屋儀介持参、預置」とあり、天保六年初秋には板行されていた。

⑷『兼好法師伝記考証』

隆正は、翌六年初冬に『兼好法師伝記考証』注①（五巻五冊）を著わす。即ち、その巻之五巻末識語に、

天保《てんぽ》六年十月《かみなつき》引べき書《ふみ》どもを集《あつ》め、彼是《かれこれ》をミわたしおき、十月九日の暁《あかつきふで》筆を起して十五日の夜中《よなか》までにしるし畢《を》へぬ。

と、その旨記している（ルビは原文）。板行は天保八年で、五之巻末奥付刊記に「于時天保八丁酉発行」

とある。「書肆」として江戸は丁子屋平兵衛ら二書肆、京は戎屋市右衛門ら二書肆、大坂は藤屋弥兵衛と藤屋善七とが並んでいる。注②巻之一扉に見える「浪華書林　北尾春星堂蔵」はその「藤屋善七」のこと。なお、本書の内容に就き、巻末「野之口隆正大人著述近刻書目」掲出の広告文に、次のようにある。

これハ、兼好法師のおひたちより、くはしく古書に考がへ、南朝の忠臣なるよしをあかされたり。

本書は、『書籍目録』天保七年の条に見え、「兼好法師伝記考証　五冊／作者　野々口正作（江戸）／蔵板主　右同人／売弘　藤屋善七（高麗橋一丁目）／出願　天保七年七月／許可　天保八年二月」とあり、ほぼその記事通りに板行されたように見える（なお、ここでも隆正の居所は「江戸」とある）。

次に引く序文に見るように、本書は書肆からの依頼で書かれたと言うが、総ルビ、絵入り、五巻五冊というその体裁からも、全き読本仕立ての著作である。以下、自序と挿絵に就いて触れる。

㈠　自序（文末に「天保六年十月十五日　野之口隆正」とある）を摘記要約すれば、次のようである。

思いがけないことで（火災のため）この大坂に来て「ふみあき人北尾某（藤屋善七）」と親しくなったが、その善七が来て言うのには、家に「兼好法師ものがたり」の板木を蔵している、しかしその「絵も詞もおろそか」で改刻しようと思っているので、書き直してほしいと。私はこれまで兼好法師には気にも留めていなかったのでどうしようかと思ったが、「ことし（天保六年）の夏」に江戸に残したままの「妻子」を大坂へ「ひきつれて」来た際、彼は「なにくれといたづきし（骨を折ってくれた）人」だったので、期待に添えぬのもどうかと思い承諾した。彼は「来ん春世に広くせん」—来春には板行したいと言い、またその「巻のかずさへ五巻」と決めてきた。彼が言うようにはとてもいくまいと思っていたが「ひくべきふミ共よせあつめ」て書き始めると、決められた日数よりも早く「いつまき（五巻）」を書き終えた。これも思いがけなかったが、何よりも思いがけなかったのは、この兼好法師が「世の人のおもふにハたがひて、いとたゞしくますらをごゝろはげしき法し（法師）」だったことである。ただそれが「ざえミじかき身のはしりがき」でうまく伝わるかどうか心配だか、思いがけぬことの多い世の中だから、「おもひの外にもてはやされてとり見る人おほからん」ことを期したい、それが「春星堂のあるじ（藤屋善七）がおもひかけたる」ことでもあるから。

㈡　巻之一扉に「野々口大人輯校／村田嘉昇　画図」とある。「村田嘉昇」は村田嘉言のことだろう（嘉言が嘉昇を名乗った例を他に知らないが）。序の後に「兼好法師肖像」が描かれそれに次のような「兼好法師賛」が付され、そこには嘉言の名が見えている。

世をすてゝすてぬ吉野の山ざくらさかぬこずゑやいかにうかりし　隆正
ことかたの道にまよはでまごゝろにかけし南の山のしら雪　嘉言

さらに、巻之五の最後に付された「悪徒けんこん（乾坤）塚をあばく図」の落款は「嘉言（刻印「嘉言」）」とある。隆正が江戸を立つとき、旧師の村田春門を訪ねたが、その時に春門から大坂にいる息子嘉言のことを聞いていただろう。嘉言の挿し絵はそんな関係で実現したかも知れない。なお、嘉言の挿画は左記の『鼻くらべのさうし』にも見られ、その四葉の挿画のうちの一つの落款に「嘉言」とある。画人としての嘉言に就いては先にも見たが、この頃他に、巻末刊記に「天保六乙未年孟秋新雕」とある清原宣明編『女四書芸文図会』（全四巻）などにも、その挿し絵を見ることができる。

注①＝大阪府立女子大蔵板本―ただし国文研マイクロフィルム電子複写による。
注②＝本書の刊行は、〈西尾市岩瀬文庫古典籍書誌デ―タ―ベ―ス〉掲出の『兼好法師伝記考証』の見返しに「天保七丙申新鐫／浪華書林 北尾春星堂蔵（朱刻印「春星堂」）」とある。天保七年板行とあるべきか。

(5)『詞の正路』・『憐駭者』

『奉公事蹟』の天保七年の記事中に、次のような件がある。

八月、隆正詞の正路第一巻を著す。此頃、一儒生、駁本居翁書と題せる書を箋し、其説を詰れり。隆正、門生鈴木重胤の請ひを容れ、彼の駁者の徒、外来の教法に迷誤するを憐むの意を以て、憐駭者と題する書を著はし、之を駁せり。

前者の『詞の正路』（二巻一冊）は『大国隆正全集第四巻』に収まり、その隆正の序に「天保七年八月」の日付があって、先の「兼好伝」の翌年に成ったことが知られる。この中で、隆正が小さい頃から言葉（日本語）に強い関心を持ち続けていたことを記した、次のような件がある。

隆正よはひ九つのとしおもひけるは、いろはばかり世に尊《たふと》きものはあらじ、人の出す声をことごとくつくしてあるなり、天地の間の事《こと》、皆ことばにていふから、天地の間の理、ことばにそなはりてあるべきことなり、しかあらんには、このいろは四十七字のこころをだにたづねしらば、世の中のことわりは、つくしつべしとおもひよりぬ。十一のとし、はじめて五十音図《あいうえお》かながへしの法を[注①]きて、この図《かた》のいろはにまされることをしり、それよりこの図に心をよせて、廿《はたち》ばかりのころ、ある生ある有ある癡同言に初・中・後の分《わかち》あることにこころづき、これより活語に心をつくし、自行の活語に対格《ツヰカク》ありて、世の中の道理そなはれることを見出し、いよいよこころをつくして、皇国の古言に天地造化《テンチゾウクワ》と契合《ケイガフ》せる妙理《メウリ》あることをさとりたるは、二十六のとしなりき。

隆正の「二十六」は文化一四年、津和野藩江戸藩邸詰めの父秀馨の致仕を承けて家督を嗣いだ時で、かつ「皇国の古言に天地造化《テンチゾウクワ》と契合《ケイガフ》せる妙理《メウリ》」を悟った—国学（本学）の神髄に開眼した年だったと言う。また、後者の「門生鈴木重胤の請ひを容れ」て著したと言う『憐駁者』（上下二巻）は「同全集第二巻」に収まり、その冒頭に古文辞で書かれた重胤の序文（「憐駁者端文《レンハクサノハシブミ》」）が付されているが、その日付はなく、本文を含めて成立年を推定する表現が見当たらない。右の『奉公事蹟』に見える「此頃」を天保七年（の八月頃）として、諸書に天保七年の成立とされている。但し、『書籍目録』には

　憐駁者　二冊　作者　野々口正作（播州）注②　蔵板主　右同人　売弘　藤屋善七（高麗橋一丁目）　出願　天保九年
　五月　［付記］出願後都合により願ひ下げとなる。

とあり、一旦天保九年五月に出した板行願を取り下げている（再度願出の記事見えない。「古典籍データベース」によれば藤屋善七より二冊で板行されている）。ところで、本文の冒頭部に次のようにある。

　真儒は（ママ）皇国《みくに》に益あり、俗儒は（ママ）皇国に害あり、真儒はよく言行をつつしみて、惰夫《ダフ》を興《おこ》し、風俗を淳《あつ》くするものなればなり。俗儒はいたづらに外国の聖賢を尊《たふと》むばかりにて行《おこなひ》をつつしまず、大言をいひちらし、俗人を芥《あくた》のごとく見下《みくだ》すものなればなり。真儒は甚稀《いとまれ》にして俗儒は甚多《いとおほ》かり。ある儒生、外国の聖賢を虚誉《キヨヨ》するあまり駁本居翁書と題せる書を筆記して、わが（ママ）神代の古伝説を蔑如《ベツジヨ》せり。門人鈴木重胤、これを憤《いきどほ》りて弁ぜんことを請ふ。世にかかる惑《まどひ》の人のおほかりと見ゆれば、さる人々にも見せまほしくて、重胤が請《こひ》にまかせぬる、この憐駁者《レンハクシャ》なり。

肝心の「駁本居翁書」なるものは不明だが、とにかく「重胤が請」によって書いたとあるので、少なくとも京摂の地で流布していたらしい。ところで、右に引く本文冒頭部の、漢文を書き下したような対句の単調な畳みかけ—これは隆正の書いたものに珍しくない。この一見ぞんざいとも見える歯切れ良さは、国学者の文章に見ることは少なく、論敵にはとても効果的だろう。この漢文調の文体に就き本書の末部に、

この書は、もと文章をむねとしてかきたまへるものにあらず、達意を旨としてかきたまへるものなれば、からぶみよみの文章多かり。それらをもてとがむるは、師の大量大学をしらぬものなり。

との重胤のコメントが付されている。重胤は「この書」には「からぶみよみの文章多かり。」と（やや否定的に）言う。しかし、それは「この書」だけではない。その漢文調の簡潔さは、その中身のことはしばらく措き、隆正の書いたものに多く見られ、それが彼の「魅力」の一つになっていたのではないか。

注①＝「かながへし」は仮名返しのこと。「昔の語学用語。漢字音を反切によって説く方法を国語に応用し、例えば「にあ」の反は「な」というように、第一の仮名の子音と第二の仮名の母音とが結合して第三の仮名の音が生じたと説明するもの。」（『広辞苑』）

注②＝隆正の「居所」は「播州」とある。先に見た如く天保七年七月出願・天保八年二月許可の『兼好法師伝記考証』の居所は「江戸」とあった。それが天保九年五月の時点で「播州」とある。彼はこの頃から播磨小野藩に召し抱えられたと言うことか。それにしても天保五年からの「大坂」住はまさに仮寓だったらしい。

(6)　『三道三欲昇降図説』・『神道道しるべ』

前者『三道三欲昇降図説』は「古典籍データベース」掲出画像付「東大宗教」蔵板本によれば、本文一

六丁の小冊子。序跋奥付等なし。板下は隆正自身のもの。『大国隆正全集第二巻』に収まる。後者『神道道しるべ』もまた「東大宗教」蔵板本によれば、表紙題簽に「神道みちしるべ初編」とあり、これも板下は隆正の手になり、本文二七丁挿絵なしの小冊子（「同全集第二巻」所収）。これには本文末に「佐紀乃屋蔵板」とある。前者同様、刊年は記されていず、本文に続いて「佐紀乃屋（隆正の屋号）蔵板刻成書目　製本所／高麗橋一丁目　藤屋善七」のタイトルの下に、「通略延約弁一巻」・「ことばのまさみち五巻」・「憐駁者二巻　付刻三道三欲昇降図説一巻」・「うた日記一巻」・「はなくらべのさうし一巻」・「兼好伝考証五巻」の七作品（「三道三欲昇降図説一巻」は独立した一作品とする）が挙がる。そしてこの後、「近刻書目」として、「倫常真義二巻」・「正誤うたことば六巻」・「常中用語規折本二冊」の三作品が記されている。

『神道道しるべ』は、天保七年板行の「兼好伝考証」より後だが、しかし隆正の大坂時代のものと考えられる。『大国隆正全集第二巻』所収本に「神道道しるべ序」が付され、その末部に次のように鈴木重胤の識語が見えるからである。あるいは本書もまた重胤の関わったものか。

（上略）、吾師《ワガマナビノシ》野之口大人《ノノグチノウシ》、神典《カミノミフミ》に徴《アカ》して、神随《カムナガラ》の大道《オホミチ》を、誰《タレ》しの人《ヒト》にも、容易《タハヤス》く弁《ワキダ》めしらしめ給《タマハ》んとの、遠《トホ》き思慮《オモヒハカリ》にて、わざと鄙言《サトビゴト》もて、言挙給《コトアゲタマ》ふ此《コノ》ふみになんありける。故此《カレコノ》ふみの、世間《ヨノナカ》にほどこれらば、狭《サカ》しき曲径《エダミチ》の、言挙《コトアゲ》にまどふ事《コト》なく、直《ナホ》く正《タダ》しき神路山《カミヂヤマ》、おくふかくたどりいるべき、よきしるべにこそといとも尊《タフト》くおぼゆるまゝに、鈴木重胤《スズキノシゲタネ》、一《ヒト》くだりかきそふるになん。

(7)　隆正作品の評・噂

隆正は、篤胤と同じく毀誉褒貶の激しい国学者で、その作品に触れた（あまり芳しくない）「評」や「噂」

がある。先（320頁）にも彼の『矮屋一家言』に対する「悪口」を見たが、これ以外にもなおある。これまでに挙げた作品を中心に、そのいくつかを挙げてみる。

㈠　天保六年九月一六日付小津桂窓宛馬琴書簡（『馬琴書翰集成巻三』）に、畑銀鶏の『南柯夢』と並べて、隆正の『鼻くらべのさうし』が「鼻くらべ物語」の名で、次のように噂されている。

近頃の印本『南柯夢』といふ二冊物、被レ成二御覧一候よし。是も文人を譏《そし》り候『しりうごと』やうのゝよし。又『鼻くらべ物語』といふ物も出候が、是ハ平田門人の作と見え候へども、『南柯夢』ニハおとり候よし。此二書見候哉、右の作者存候ハヾ、御聞被レ成度よし、被二仰越一候ニ付、早速丁子や江申遣し、たづねさせ候処、知れ不レ申候キ。尤も、丁子や主人ハ、七月廿六日出立ニ、紀の高野山へ参詣、売用をかね京大坂へ罷越候留守中故、しれかね候。其節大坂書肆柏原源兵衛、江戸へ出府いたし罷在候て申候ハ、『南柯夢』ハ大坂河内や太兵衛方ニて稿本を見たり。江戸へハいまだ流布せざる書也と申候よし。こゝろ得がたく存候内、一両日前、丁子や平兵衛帰府いたし、早速拙宅江罷越候折、右二書の事、たずね候へバ、『南柯夢』ハ江戸の人、古人赤松金鶏悴銀鶏といふものゝ作にて、当年大坂へ罷越シ、外ニ一部著述の書とゝもに、河太をたのミ、出板いたし候よし。河太、右之本を丁子やニ見せ、引きうけ売捌キくれ候様被レ頼候へ共、悪ぼりニて不レ可レ売の書ニ候故、断り候て引受不レ申候よしニ御座候。『鼻くらべ』ハ、何方ニて出板いたし候哉、丁子やも未レ知と申候。

伊勢松坂の豪商小津久足（桂窓）から江戸の馬琴に、畑銀鶏の『南柯の夢』と『鼻くらべのさうし』とを読んだ感想を送って来て、後者は「平田門人の作」らしいが、それぞれいかなる人物かをも問い合わせて来た。実は馬琴はこれまで両書の存在すら知らず、桂窓からの質問に就き書肆丁子屋平兵衛に問い合わせた所、彼は京坂の方に出張中だったので、たまたま在府中の大坂書肆柏原源兵衛にその旨を尋ねたところ、『南柯夢』は河太でその稿本を見たが、江戸ではまだ流布していないはずだと言う、出張から帰った丁子屋に改めて尋ねると、彼が答えて言うのには、『南柯の夢』は江戸人銀鶏の作で、この年大坂にいて他の著作と共に河内屋太助方から出してもらったらしい、その河太から江戸での売り捌きを依頼されたが、彫りが悪いので私は断った、また『鼻くらべのさうし』の方はどこで出板されたのか（ましてやその著者も）知らないと。馬琴はこのように桂窓に返事した。

右書簡で注目されることが一、二ある。一つは板本『鼻くらへのさうし』の扉に「野之口隆正大人著」と大きく記されてはいるのに、それが誰のことか情報通の桂窓も馬琴も江戸の書肆も分からなかったことである。尤も、江戸で「今井仲」を称した者が大坂で突如改名したのを知っていたのは、先（323〜324頁）に見たように、旧師春門だけだったのでやむを得ないのかも知れない。もう一つは、「是ハ平田門人の作と見え候へども、云々」と言われていることである。作品中に篤胤の名は見えないが「そのいとま〳〵にハ、古書《ふるきふみ》をよミて日本のすぐれて正《たゞ》しきくになることをさとり、漢梵蘭《カンボンラン》の書《ふみ》をもまじへよミて、……」などとあるので、「平田門人」と言われるのはよく分かる。と言うことは、大坂移住後の「野之口」時代の隆正は、周りから「平田門人」と言われた可能性は十分にあったのではないか。ところが、先（317頁、(1)の注①）に触れた如く、安政四年になって「門人姓名録」に自分の名が載るのを見て、（実際は「平田門人」ではないのに）平田門人になっているのを初めて知った、と彼は言っている。安政四年は天保六年から二二年後である。この間、隆正自身が平田門人だと言う噂を聞かなかったとは考えられず、もし本当に篤胤の門人でなかったのなら然るべき応対もあっただろうに、どうも不思議である。

㈡　馬琴は、この後も『鼻くらべのさうし』を見ることが出来なかったようで、同年一〇月一一日付同上書簡（同上）に「『鼻くらべ物語』ハ今に手ニ入不レ申候。もし御所持ニ候ハヾ、御幸使（ママ）ニ御かし可被下候。」とあり、次の翌七年一月六日付殿村篠斎宛書簡（同上）でも「『鼻くらべ』ハ未レ見候。」と言う。

『銀鶏南柯夢（ママ）』[注①]、『鼻くらべ』等の事被二仰越一、承知仕候。此書の事、去秋中、桂窓子（小津久足）より被レ申候ニ付、見たく存候処、去冬『南柯夢』ハ、大坂板元河太より見せ本壱部、丁子や（丁子屋）より差越し候よしニて、早速丁平（丁子屋平兵衛）持参ニ付、見候処、御論のごとくニ候。只なげくべきハ、『妙々奇談』已来、うらみもなき人を嘲弄して、その身の才名をうらまく欲する書の多くで候ハ、よからぬ事と存候。（中略）。他（ママ）レ（彼レ＝銀鶏）が総角《あげまき》の頃ハ、面会せし事もありしやうに覚候へども、人となりはしらず候処、『南柯夢』にて、その人となりも推量せられ候。（中略）。『銀鶏なにハの夢』、（人情本『郭中／奇談浪花の夢』）外ニよみ本の作もあるよし。大坂ニ逗留の内、河太を口説《くどき》候てほらせ候が、よみ本抔《など》ハ尤《もつとも》大悪ぼりニて、（中略）。先便黙老子（木村黙老）よりも、是等の書の事とるに足らず、畢竟《ひつきよう》人の尻馬にのミ乗るもの也、『南柯夢』ハ『妙々奇談』『しりうごと』の尻馬、『難波の夢』（『浪花／雑誌街廼噂』カ）ハ（滝沢馬琴の）『羇旅漫録』の尻馬也と被レ申候。

『鼻くらべ』ハ未レ見候。作者不レ詳候処、委細御注し被レ成候ニ付、はじめて承知いたし候。これもうらみなき人を譏る書ならバ、なつかしからぬ物ニ候也。」

昨冬、同じ伊勢松坂の豪商殿村篠斎からも先の桂窓の書簡と同じように、『南柯乃夢』と『鼻くらべのさうし』のことを伝えて来たようで、右書簡はその返事である。馬琴はこのように言う。

その件は昨秋桂窓から聞いていて、見たいと思っていた所、前者に就いては板元の河太から江戸の丁平に送られて来たのを見た、確かにあなたの言われる通りで、例の『妙々奇談』が恨みもない者を嘲弄して己の名を売らんとする書の一つだ、（それを書いた）銀鶏とは彼が若者だった頃に会ったように思うが、よくは知らずいた所、その作品を見てどんな人間かが分かった、彼には人情本や読本もあるらしい、これらは大坂逗留中に河太に頼んで作らせたようだが、とても悪い彫りの粗末なものである、先にも讃岐高松藩の家老木村黙老からの手紙で、これらの書はみな評するに足りぬ人の尻馬に乗っただけのものだ、『南柯乃夢』は『妙々奇談』や『しりうごと』などの尻馬、『街廼噂』は『羈旅漫録』の尻馬に乗ったものだ、と言って来られた、『鼻くらべのさうし』は未だ見ていなくて、作者も詳しく知らなかった所、この度あなたが詳しくお知らせ下さって初めて分かった、この本も恨みのない者を譏っている書なら特に見たいとも思わないと。と言うことで、『鼻くらべのさうし』は、恐らく京坂周辺の狭い範囲で流布していて、中身も「うらみなき人を譏る書」程度に見られていたようである。

注①＝平亭銀鶏『銀鶏／一睡南柯乃夢』（『日本随筆大成第二期第20巻』）は天保六年三月刊で、「随筆大成」〈解題〉を借用すれば、本書は「毎月二十五日に書画会を催して、其の途でも有名であった著者が、当時の書画会が芸者会やら酒雅会やら一向わからぬものになった。寛政から享和の頃までは其の風があまりなかったがと、夢に託して気焔を挙げた」ものである。

㈢

右より数年後の天保十一年の霜月廿九日付中島広足宛本居内遠書簡（弥富浜雄編『名家書翰集抄』）に、

野々口隆正、大分著述有之趣なれど、（中略）、通略延約弁は、今にてはめづらしからぬ事、たれも〳〵さ存候事也。是も此の書中にて難ずれば再難も可レ有レ之候。猶是のみにては事たらず、いはば是々の説はわろし、別に吾説ありといひ、その説をいまだ発せざるやうにて、入たゝぬかたに見え申候。うたがたりとか申は、古今集序につきての論ま△《(ママ)》も、此中には一二とるべきかたも見え候が、さては鼻くらべのさうしなど申は、馬琴、三馬、一九が党にていたすべき物、古学者の歯牙にかくべき書には候はず、兼好が一代記のやうの戯作小説も見及候、是も同様ながら少々中に議論は有ㇾ之候、されど其説当不当はいかが候はん、右之外はいまだ見及不ㇾ申候。

とある。内遠は隆正作品をほとんど認めていない。「通略延約弁」に就いては、議論は珍しいものではない、ここで難じていることもまたきっと外から難ぜられるだろう、私には別に説があると言いながら、その説はいまだ提出されておらず、深くも考えていないようだ、と言う具合である。その中で「うたがたり」（『歌がたり』）の中の「古今集序につきての論」は「一二とるべきかたも見え候」と辛うじて評価されているが、この「論」に就いては先に見た。「鼻くらべのさうし」は江戸の馬琴がその名だけ知って手にすることの出来なかったものだが、内遠に言わせれば「古学者の歯牙にかくべき書には候はず」と手厳しく、いわば門前払いの体である。但し、これを「馬琴、三馬、一九が党にていたすべき物」とする評は、三馬や一九は知らず、もし馬琴がそれを聞けば強く抗議するだろう。さらに、「兼好が一代記のやうの戯作小説」即ち『兼好法師伝記考証』にも触れられているが、これも「鼻くらべのさうし」とほぼ同様で、中に「議論」もあるのは取り柄だが、しかしその当否はどうか、と疑問を呈している。

㈣　内遠書簡の二年後天保一三年に、先（322頁注②）の注記中で触れたように、『嚶々《おうおう》筆語』（『日本随筆大成第一期9』）が板行され、隆正はそこに「多那具母《たなぐも》考」を寄せた。その冒頭に、次のようにある。

皇国の古伝は、微言は無尽の意を含めたるものにて、それを推究むれば、天地間にありとある万のこと、具はり足れる玄妙不思議のものになん。

少し分かりにくいが、「皇国の古伝」には「天地間のありとある万のこと」が備わっていると言う。

その例証として呈示された本文の中の特徴的な件を、一つ二つ引けば次のようである（ルビ原文）。

○まづ久毛といふことのこゝろよりくはしくとくべし。久毛といふにふたつあり。そのひとつは眼に見ゆる雲をいふ。いまひとつは眼にかゝらぬ積気をいふ。本書に雲の字をかきてあれど、八重多那久毛は目にかゝらぬ積気をいへるなり。このふたつ精粗のわかちのみにて、もと同物なれば同名なるなり。久毛は酌《クム》といふはたらきことばよりいでゝ、地下の水を天上へひきあぐるものなればいふ。阿米は浴《アム》といふことばよりいでゝ、水気の天上へのぼりて又くだりかゝるをいふ。……、この理をおして、精緻の水気たちのぼるをも久毛といひ、地球をつゝむものを阿米天といふことわりをさとるべきなり。

○水気のかくのごとく昇り降るもとの理をかむがふるに、日輪《ヒ》の引力《ヒクチカラ》に引かれて昇り、地胎《ツチ》の引力《ヒクチカラ》に引《ヒ》かれて降るにぞありける【日輪の引力は伊邪那岐命しろしめし、地輪の引力は伊邪那美命しろしめす】。○このくにのいにしへ、天文究理などいふことあげはなくて、たゞ天之八重多那具毛といへる微言に、かばかりの天地の大理そなはりてありけるもあやしく、又さばかりものゝことわりを精しくいふ、西洋の究理家のこの八重棚のことしらぬもあやしくなん。

雲は（水、水蒸気を）「酌《く》む」から、雨（＝天）は「（水を）浴《あ》む」から転じたもの、と言う言霊説が開陳されているが、その自然現象はまず蘭学（洋学）によって、「酌む」のは「日輪」の「引力」により、「浴む」は地球の「引力」によると説明される。言霊説のいかがわしさに目をつむれば、「引力」の語は志筑忠雄『暦象新書』（享和二年一八〇二）にも見えている。隆正論文の目玉は、先の独自の言霊説とその蘭学由来の「引力」の源泉を指摘することである。即ち、「天之八重多那具毛といへる微言」は、「日輪《太陽》」の「引力」は伊邪那岐命の働き、「地球」の「引力」は伊邪那美命の働きであることを暗示していること、そしてそのことによって、「皇国の古伝」に「天地の大理」が備わっている証だとも力説する。

尤も、この隆正自慢の論文は温古会仲間からは大不評で、その一人岡部春平は、江戸の伴信友宛天保一三年八月一五日付書簡（『信友来翰集』）で、次のように難じている。

野之口隆正事、是ハ江戸人ニて、津和野侯の家士のよし。今井中トカ申居候由。志ハ一宗ノ開山ト仰ガレマホシク、唯々新説ヲト志申候。（中略）。但シ、隆正、語学その他蘭説を以て神典をとき、陰陽五行を付会して、手島（心学者手島堵庵り話す）道話と云やうの事ハ、嘔吐ナホ嘔吐。

ここには隆正のその論文名は見えないが、書簡日付からも、春平の脳裡に「柵雲考」があったことは確実である。それにしても「嘔吐ナホ嘔吐」とあるのは激しい。同じく同人の義門は、その天保一四年四月一二日付の伴信友宛の書簡（同上）で「嚶々筆話のあの柵雲考よ、諸国の笑具となれる事なるに、是元羽州《これもとうしゅう》（出羽＝平田篤胤）流の蘭 表背裡順《ひょうはいりじゅん》之事、知人ハ知レ之故也。」と言う。隆正の論文は「諸国の笑具」となっていること、その論文の背後には、例の篤胤流の蘭学摂取（表向きは批判しながら裏ではひそかに摂取すること）があることは、知る人はみんな知っていると言う。

信友は驚いただろうが、さらにまた「柵雲考」を批判した、同じく同人の長沢伴雄の天保一四年月日不明付書簡（同上）も来て、「隆正、しきりニ柵雲考を主張致し、この比ハ古事記ト左伝（「春秋左氏伝」）とを調合して講釈をいたし居候よし。をり〳〵人伝《ひとづて》に承り候度に、嘔吐を催ふし申候。」とある。義門同様に「柵雲考」と言う名を挙げると共に、春平と同じく「嘔吐を催ふし申候。」とまで言っている。とにかく隆正の評判は、同人仲間の間でも芳しくなかった。但し、江戸在府中に篤胤とも親交があり考え方も隆正に一番近いかと思われる西田直養なら、ひょっとして面白いと読んだかも知れないけれども。

第四部

文人萩原広道と大坂

広道は弘化二年三一才の時に文人として立つべく大坂に出てきたが、それまでにも門人は岡山城下や児島周辺には何人もいて、既に「文人」として一家をなしていた。岡山時代の広道は不明部分が多いが、最も分からないのがその「文人」になるまでの勉学修業時代のことである。一四才ころまでは『自叙伝』によって幾らか分かるが、特に大事なその後の十数年が分かっていない。そんな中で彼が後に書いたものから二つ三つは辛うじて推察できるものはある。また、彼が大坂に出てきた際に携えてきた草稿類にも注目される。それを通して彼の岡山時代の仕事の一端を知ることが出来るし、大坂で文人として立とうとする決意をもそこから伺えるからである。

広道は大坂に来てその俗地ぶりに慨嘆するが、彼は大坂を離れなかった。そして、黒船騒動や大地震などの続く不穏な世情の中で、また自身は中風で倒れ肢体不自由になり、そのため十二分にその才能を発揮できなかったけれども、最後まで文人として生きた。それが出来たのは、何としても彼の努力が大きい。ただ、先に見たことを繰り返すが、大坂は俗地ではあるけれども、必ずしもそれほどの「不文之地」ではなかったと言うことがあった。さらに言えば、むしろその「俗地」が、文人広道を文学者・思想家として鍛えていったのではないか、とさえ思われる。

以下、岡山時代の広道を踏まえ、大坂での広道をその文人としての業績（その著作）を通して確かめたい。彼の個々の著作の出来映えを顕彰しようと言うのではない。俗地の大坂で、しかも何故かこれまでの近世文学史や思想史で触れられることの少ない分野で、彼なりに文人として精一杯活動を続けていたことを見るためである。

一　岡山の萩原広道

冒頭〈はじめに〉でも触れたように、広道は小さい頃から「文学」に親しみ、「文人」として立ちたいとの思いは早くからあった。二十代初め頃に野之口隆正と出会い、その考えや生き方に必ずしも服することはなかったが、その本学運動には共鳴してますます「文人」への思いが募って行った。それが実行に移されたのは、大病に罹り武人（藩士）として仕えることが難しくなった時だった。大坂移住前の、このような文人広道の前史に就いても、別著『萩原広道』で詳しく触れた。広道の目指さんとした「文人」は、世のいわゆる文人が俗世と「精神的」な距離を保とうとしていたのとは違って、人生に（あるいは人世に）直接相渉らんとする、いわば「実学」志向の文人だった。そのことをも念頭において、彼の前半生を振り返ってみる。

I　総角の頃まで

(1)　武芸や和歌に親しむ

『自叙伝』や『藤原栄三郎奉公書』[注①]によれば、萩原広道は文化一二年二月、備前国上道郡宇治郷網ヶ浜村（現岡山市中区）の母の実家村上氏方で生まれた。その時、岡山藩下級藩士（「先徒」格）の父藤原栄三郎は、実家の金子氏方で病臥していた。程なく父の病も癒え、家族一緒に城下西川筋の裏、三俣の御徒町の自宅に戻った。一人っ子の広道は、その西川筋の家で一七才までの多感な時期を過ごした。『鴨川五郎集』に採られた広道作品の一つに、次のような長い詞書の付されたものがある。

また、わらはべなるほどにすまひし家の門べに年へてゆきて見るに、ものみなかはりはてゝおもかけだになかりしかば、いとかなしくてしばし立やすらふほどに、かどべにふしたる犬のいたうほえかゝりければ　／ふるさと八門のいぬさへ見しらずてとがむるまでになりにける哉

いつの作品だろうか、詞書中の「わらはべなるほどにすまひし家」が広道にはなつかしいその西川筋の家に違いない。この間、文政四年七才の時に母が亡くなった。十才の時に父に連れら藩学校に通い始め、四書五経の素読を始めた。広道は、藩士の子弟らしく、最初は漢学から始めたが、ほどなく「武芸」にも熱心に取り組むようになった。『自叙伝』に次のようにある（ルビは特に断らぬ限り引用者による。以下同じ）。

其ほどよりは武き芸ならはしてんとて、何くれとなくいとなび（忙しく）ならひわたるに（練習し続けて）、かの書読《ふみよむ》ことなどはおのづからすてはてゝ、又とり出しよみ見ることだになかりつるを、（下略）。

冒頭の「其ほど」は恐らく一二、三才の頃だろう。父は読書好きな広道に「武き芸（武芸）」を習わそうとし、広道も元々好きだったようで、「武芸」にすっかりはまり「書読《ふみよむ》こと」を「すてはて」たと言っている。尤も、武芸一辺倒で読書などは止めた、と言うのはいわば言葉の綾で、彼はいつからか歌も詠んでいた。文政一一年の一四才の時、藩学校の友人から同藩の平賀元義の噂を聞き、その友人を介していつか見て貰ったところ、「万葉の調べなり」と、次の歌をたいそう褒めてくれたと言う。

このごろのさつきのあめに水《み》かさます池の菖蒲《あやめ》は今花咲きぬ

これには「万葉の調べ」があるからかどうか、確かにいい歌である。広道の歌は、現在七百数十首ほど知られているが、この歌はその中で最も優れたものの一つではないか。小止みなく降り続く五月雨で溢れ

んばかりに水嵩《みずかさ》の増す池、その緊迫した景の中で（その不気味さに）すっくと対峙しつつ咲く紫の菖蒲の花、それは数えで一四才の子供の詠んだものとは、とても思われない。

『自叙伝』はその一四才の時で途切れるが、前掲『奉公書』によれば、文政一二年一五才の時に元服し、天保五年に小平太と改めた。弘化二年春の大坂移住時に鹿蔵と改めるまでその小平太を称している。天保九年二四才の時に父栄三郎が亡くなり、小平太の広道はその家督を嗣いだ。

注①＝森川彰「藤原栄三郎奉公書（翻刻）―萩原広道資料―」（『萩原広道研究への歩み―森川彰先生卆寿記念論文集―上』）

(2) 漢学を学ぶ

藩学校で漢学を習っていた時、武芸の方に関心が移ったと彼は言っていた。しかし、後の広道を考える上で見過ごせないのは、『自叙伝』が途切れ詳細不明なこの間、漢学（儒学）にも熱心に取り組んでいたらしいことである。彼の漢学方面の「力量」が暗に伺えるような資料を挙げてみる。

㈠　弘化二年の仲冬に成った『西戎音訳字論』に、次のような件がある（カタカナのルビは原文。以下同断）。

予《オノレ》、総角《アゲマキ》ナリシホド、或ル儒先生《センセイ》ニ、漢文章作ル〻《こと》ヲ習ハント思ヒテ、（下略）

「総角」（十七八）の頃、儒者に就いて漢学を習っていたと言う。これは藩学校での四書五経の素読というレベルのものとは勿論ちがっている。それがどれくらいの期間続きどの程度の漢学の力をつけたのか、彼の漢文作品などは残っておらず、よく分からない。しかし、国学者としてはかなりなものだったらしいことは、いくつかの間接的な証言から知られる。

例えば、『西戎音訳字論』に序文を乞われた沖清別は次のように言っている。

　萩はらぬし、この西戎音訳字論こたび桜木にものせむとするに、一こと此はしにとて見せ給ふを、よく〳〵見もてゆけば、げによく論じ定られたる書になむ有《アリ》ける。其かたのまなびせむ人々、此ふみよくよみ語ひて、このせちの如くそのうつしふみども物しなば、清別等が如きからまなびなきどちも、いと安く読こゝろえて、（下略）。

　広道より二才年下の清別（明治三年自刃、五三才）は、岡山藩士としての「格」も広道と殆ど変わらない親しい同志であり、広道と同様に詠歌を嗜み国学にも詳しい。後でも少し触れるが、広道は自分の書いたものを彼に見せ、その評・意見を求めることが多かった。そんな彼は「清別等が如きからまなびなきどちも、いと安く読こゝろえて、云々」と言いつつ広道の労を称えているが、その「（清別等が如き）からまなびなきどち」は、「からまなびある（者）」―即ち広道と対比されている。漢学は藩士ならある程度は出来ると言うことはなかったらしく、漢学の出来る広道は例外的だったようなのである。

（二）　広道が漢文・漢学の勉強に触れるのは、右の「総角ナリシホド、云々」以外には見ないが、しかし、後に国学で立った者としては、かなり漢籍に接していたように想像される。大坂に出る前年にその初稿の成った『本教提綱』上之巻（全六〇丁）の、第三章「〇外国《トツクニ》の道《ミチ》」は儒教（儒学）・仏教・道教を論じたもの。本書が国学のテキストであるだけに儒教に極めて批判的だが、儒学を必須とする藩士を対象としたものだけに、儒教には第三章全体（三四丁分）の三分の二に当たる二二丁分も割かれている。

　中国古代の歴史に言及する際には『史記』がしばしば援用され、また孔子に対しては、彼は〈人情〉重視していたと称揚するが、〈革命〉を是とする孟子に対しては、例によって厳しく、「さま〴〵詭《いつわり》の寓言《そらごと》をさへ作り、心の本性のさだをいひなどして、止《トゞマ》る処ハ功《コト》の急《ニハカ》に立たんことをのミ説きさわぎ、（下略）。」と批判し、さらに「孔子の書に孟軻（孟子）が書を並べいふなどハ、後世に儒者といふものゝ私説《わたくしごと》を押立てんとして強て採納《トリイレ》たるにて、また一時の権術《カリワザ》なるを知るべし。」とまで言う。また、同じく〈人情〉重視と言うことで、王安石の急進的な改革新法に反対し左遷された蘇東坡（蘇軾）に対しては、「人情世態を深く」悟っていた、と次のように称賛している。

総《すべ》て彼ノ国の史ども評論したる中にハ、此ノ蘇軾といふ人のいへる事どもぞ、さもありげに聞ゆる事の多かるハ、人情《ヒトノコヽロ》世態《ヨノシワザ》を深く暁《さと》りたる故なるべし。

専門の漢学者から見れば、広道の言うのは的はずれも少なくないのだろうが、彼が漢学全般に広く目を通していたらしいことは知られる。

㈢　広道が大坂に出て親交を結ぶようになった西田直養が、漢文の書ける数少ない国学者の一人に広道を、次のように挙げている（『西田直養』「西田直養（五十四）」）。

さて、偃武《えんぶ》（元和偃武＝戦国時代の終わった元和元年一六一五）以来、本学者（国学者）輩出、その人すくなからずといへども、漢文かく人はいと〳〵まれなり。契沖、宣長、春海、篤胤、我友にしては、（野之口）隆正、（岡部）東平、広道、（伴）信友なり。おのれ元来すこしく漢学せしこともあれど、中間廃棄、いまはよむことだにかたし、（下略）。

これの書かれた時期は、広道と知りあった弘化二年夏以後なのは勿論だが、「我友」として伴信友（弘化三年一〇月没、七四才）の名が見えるので、その彼の没するより前だろうか。それはともかくも、国学者で漢文の出来る者は少ない、自分も少し漢学を勉強したことはあるが、途中で放棄して今は漢文を書くことはおろか読むことすらも難しいと言う。「軽輩」身分だった広道とは違って、相応な漢学を身につけていて当然な二五〇石取りの上士の直養が、いかにも彼らしく正直に告白し、国学者で漢文の出来る錚々たるメンバーの中に広道も挙げているのである。

㈣　これより後、頼山陽門下の大和五条の儒者森田節斎（慶応四年没、五八才）は嘉永五年七月に上坂するが、その際宿舎に広道が訪ねて来たようで、親交のあった大和八木の儒者谷三山宛ての同年八月二日付書簡（『森田節斎全集』）で、節斎はその時の印象を次のように伝えている。

浪華ニテ萩原鹿蔵ト申候国学者来訪。為僕説源氏物語、甚奇。此生、元学漢籍後学国学。其見識与凡国学者異矣。

［大意］浪華に滞在中、萩原鹿蔵（広道）と言う国学者が訪ねて来た、私に源氏物語を論じてくれたが、それはたいそう予想外で珍しいものだった、この者は、最初は漢籍を学び、その後国学を学んだらしい、それだからか、その見識は、通常の国学者と異なっている。

広道が節斎の前でどんな源氏論を説いたかは興味深いが（節斎はそれを「奇」として称えているが）、ここでは節斎が広道のことを「最初は漢籍を学びその後国学を学んだ（者）」だと三山に紹介しているのが注目される。その言葉通りかどうかは分からないが、それは広道自身から聞いたことなのだろう。広道が（国学に先行して）漢学に熱心に取り組んでいた時期のあったことが、ここからも知られる。

㈤　斎藤拙堂『拙堂文集』（全六巻六冊、門人中内惇編、明治一四年刊―関西大学図書館蔵板本）の巻之三に「本学提綱序」が収まり、そこにもまた次の如き件が見える（句点、返り点原文）。

浪華萩原某世所レ謂国学者流。而頗渉二漢籍一。慨二国学者之固陋一。而憂二漢学者之紕繆一。慨然著レ書。

矯而正レ之。以諗二於世一。名曰二本学提綱一。属二序於余一。

［大意］浪華の萩原某は国学者であるが、しかし広く漢籍にも通じ、（漢籍を敵視・排除する一般の）国学者たちの固陋を哀れみ、また漢学者のあやまちを憂い、気力を奮い立たせて書を著し、両者の固陋・あやまちを正し、世に広く忠告せんとした。書の名は本学提綱と言い、その序を私に頼んだ。

この序文は、後（398頁）でも触れる如く、拙堂が文久元年の来坂時に人を介して依頼されたものかと思われるが、津藩著名の儒者斎藤拙堂からも、広道は「頗る漢籍に渉る」者と評されていたのだった。

(3)　古典研究を始める

㈠　先に見たように広道は歌は早くから詠み、漢学とは別に（あるいはそれに少し遅れて）、和歌・和文を初め国学の方面の書物にも親しんでいた。彼は、この後でも言及する『百首異見摘評』冒頭の総論でも、

総角《アゲマキ》なりしほどには、これかれ註釈どもあるにまかせて読たることありしかど、云々。

と言い、当時『百人一首』の注釈書もたくさん読んでいたらしいし、また『源氏物語評釈』巻頭の序文でも、総角の頃から源氏物語にはたいそう心を引かれ、なんども読もうとしてきた（しかしこれまでの注釈書によってはなかなか読み通すのが困難だった）、と次のように言っている。

おのれ、あげまきなりしほどより、この物がたりをいたうめでくつがへりつゝ、あまたゝびよむとはすれど、云々。

わずか二例だが、いずれの場合も誰かに就くと言うことはなく、広道一人で取り組んで来たらしい。

(二) 天保一四年三月末日付自序の付された随筆集『玉篠』の全六十三丁の本文中に、長短併せ四十五の文章が収まる。その中に「古今集序難註」と題された七丁に及ぶ文章―古今集両序のうち真名序の先行を主張した論文―があり、その冒頭、この古今集両序問題に就き、定説のないことを、次のように言う。

　古今集の序に漢文・仮字文の二つありて、文義全く同じく、漢文《カラブミ》の方ハ紀淑望ぬし、仮字文の方ハ貫之のなりといふ事、かた〴〵混《マギラ》はしき筋ありて、先達もさま〴〵考へられしかど、定《タシ》かに決《サダマ》れる説も無し。

これを承け、広道は「漢文のかたを此《ノ》集の正《タヾ》しき序にハ定むべき」だと主張する。「漢文と仮字文とハ、漢文のかた先成りて、後に其《レ》をうつして仮字文ハ作けんものと見え」るからで、と言うのも「漢文のかたハ、毛詩《ノ》序・文選《ノ》序などに因られたりと見えて、論《ロム》なきにしもあらねど、おほかたは義《コトハリ》貫《トヲ》りて聞え」るのに対して、「仮字文のかたハおもしろきやうなれど、よく味ひミつれバ、いと調ハぬ事ども」が多いからであると。本論文は、この後、その仮名序の「いと調ハぬ」ところや漢文序を引き写すように書かれたと思しきところ、これらを何ヶ条かにわたって挙げたものである。

論文として何か新しみがあるのかどうか分からないが、広道の伝記上、本文最後の件に「上にいへる説どもは、今より七八年前つかたに考置きたることにて、云々」と言っているのが注目される。『玉篠』の成った天保一四年より「七八年前」は天保六年か七年で広道二一、二二才の頃に当たる。この他、先にも言及したように、源氏物語にも熱心に取り組んできただろう。恐らく広道はこの頃を境にして、文人として独り立ちすべく研究・著述の時代に入って行ったのではないだろうか。

(三)

前掲『玉篠』に「近世物語」と言う題の文章が収まる。全文は次のようである（ルビは原文）。

近来、江戸に戯作者《ケサクシヤ》といふ者許多ありて、唐土の稗史・演義などに倣《ナラ》ひて、種々巧に作り出る中に、滝沢ノ某とか馬琴といふ人の書るのミ、勝れてをかしう見えたり。其中に、辞《テニヲハ》などハをり〳〵取外したる処も見ゆれど、凡て人情《ヒトノコヽロ》の趣向《ヲモムキ》を尽して、話説の次第・ゆき交る事どもの委きハ、幾里往《イクサトユキ》て幾時移るといふまでも、細かに用意したりと見えたるうへに、儒・仏の道の義理をもさるかたに弁まへ、文《フミ》づらもこよなうおぼえたり。京伝・三馬などいひけん人ハ、又可咲《ヲカ》しく謔《タハ》れたるかたの才に長たりきと見えて、是ハた、かいなでの作者にハ勝りたり。其余ハ、おほかた同じ列にていと〳〵劣《ヲト》れるハ、巻を開くもうたてげなるもありけり。

江戸の戯作者の中、「人情《ヒトノコヽロ》の趣向《ヲモムキ》を尽し」た作品を書いた滝沢馬琴が最も優れていると評価し、山東京伝や式亭三馬らもまた「かいなでの（通り一遍の）」戯作者たちとは違っていると評している。これは江戸時代の戯作者に対する現代の評価とほとんど変わらず、広道の批評眼の確かさをうかがわせる。いつ頃のことか、彼が（江戸から遠い備前岡山の地で）江戸戯作にも早くから読んでいたらしいことが知られて興味深い。ちなみに、先の本居内遠の隆正評の中に「さては鼻くらべのさうしなど申は、馬琴、三馬、一九が党にていたすべき物、古学者の歯牙にかくべき書には候はず、（下略）。」とあった。広道の馬琴をはじめ京伝・三馬らの戯作者に対するとらわれない評価は、やはり注目すべきことだろう。

Ⅱ　師野之口隆正

広道は岡山には特定の師はいなかった。一度歌を見て貰った平賀元義とはそのまま終わったのか、後のことは聞かない。そんな広道だが、野之口隆正（明治四年没、八〇才）には就いている。入門前後の詳細は不明だが、天保五年に江戸から大坂に移住して来た彼が、たまたま岡山に来ていた時のことだったのだろう。

(1)　隆正に「語格」を問う

『国学者伝記集成第二巻』掲出記事中に、広道晩年の門人松野真維の（師広道から直接聞いたのだろう）、次のような言葉が引かれている（文中の「翁」は（広道）のこと。ルビ引用者）。

松野（真維）云、翁、野々口隆正ニ語格ノ𠀋《こと》ヲ聞ントテ、備前ニ在リシトキ、名簿ヲ送リシ𠀋アリ。

実は、広道自身もまた、高鞆に宛てた嘉永元年八月七日付書簡（『広道書翰』）で「野生なども隆正翁ニてにハを伝授してもらひ候故、云々。」と、隆正に教わったことがあったと言っている。

先に真維の言う「語格ノ𠀋」と広道の言う「てにハ」とは同じことで、とにかく助辞の用法を隆正に教えてもらったらしい。但し、松野真維は右に続いて、「（広道の）学風ハ野之口、前田（夏蔭）注①ノ流ニアラザル𠀋、著書ヲ以テ知ルベシ。」と言う。確かに広道は隆正の考え方にかなり批判的で少し距離も置いていた。真維の言う如く、その両者の「著書」を比較すれば、その違いは確かに明らかである。

ちなみに、広道が上坂後に特に親交を結ぶようになった一人に紀伊藩の長沢伴雄がいる。伴雄が隆正に批判的だったことは、先の隆正「棚雲考」批判からも明らかで、彼は隆正を「をり〳〵人伝《ひとづて》に承り候度に、嘔吐を催ふし申候」とまで言っていた。一方、隆正の方も平田篤胤に伴雄を告げ口して、「京都江紀州・学問ニ上り居候長沢伴雄と申ものあり。此者、伴信友を後ロ立ニいたし、貴翁（篤胤）をそしり忌嫌《いみきら》ふ事甚しく、夫ニ付、私并ニ重胤などをあだかたきの如くわるくちを申《もうし》ふらし候云々。」（「天保十四年卯十月重胤秋田江下りし節持参野々口隆正添書九月二日付」〈『児の手かしは』所載〉）と言っている。京住の隆正は、在京することの多い若山の伴雄と昵懇となっていた広道をどう見ていただろうか。しかし、広道の方は、「学事」に関しては隆正とは一線を画するも、「懇意」な間柄は維持していて、同門の友人鈴木重胤が後年に隆正と対立したようなことは、最後までなかった。

注①＝夏蔭は、この前に「源氏評釈出版ノトキ、湖月抄ノ板元某ヨリ、種々故障出来テ出版ナリガタカリシヲ、久貝因幡守正典ノ斡旋ニテ、前田健助夏蔭門人萩原某ノ名義ニテ、許可ヲ得タリ。」とあった件を承けている。

(2)「漢癖」の隆正からの影響

隆正と対立せず「懇意」な間柄を維持し続けたのは、広道の律儀な性格もさることながら、彼自身はやはり、「学事」に関して隆正から小さくない影響を受けたと感じていたのかも知れない。

先にも触れたように、隆正の大坂移住時の天保五年に成った『鼻くらべのさうし』がある。その巻末付載の「野之口隆正著述書目」に少なからず隆正作品が並ぶが、その中に「源氏物語評注　初篇五冊」[注①]が掲出されている。タイトルは広道「源氏物語評釈」によく似ているが（体裁は広道の場合は「初帙」八冊でこれは「初篇」五冊ではあるが）、それだけでなく、その内容は次のように案内されている。

金聖歎が史進（水滸伝一〇八人の一人の九紋竜史進）・王進（もと禁軍教頭で史進の武術の師）の評にな

ひて、うつせミ・はゝきゞと名づけたるこゝろを解し、文章よのつねならぬものハ用意もよのつねならぬことを、あるじ紫式部のはらのうちをさぐりたる注なり。

これだけでは詳細は不明だが、金聖嘆とその評に言及しこれに倣おうとしている点、さらに、「源氏」の文章のすばらしさは、隠された巧みな「用意」に裏打ちされたものだとの見方や、「紫式部のはらのうち」―即ち作者の作意にも思いを馳せたと言っているのにも注目される。これらのことは、広道もまた『源氏物語評釈』において具体的に実践したことで、それが隆正のと全く無縁とは考えにくい。先(349頁)に直養が「我友」で漢文の出来る国学者を何人か挙げる中に若い頃昌平黌に学んだと言う隆正も入っていた。その隆正が、源氏物語を論じるに際して金聖嘆の水滸伝評に倣うことは十分にあり得ただろう。「よのつねならぬ」文章の背後に作者の「よのつねならぬ」「用意」に着眼することで、源氏物語を作品として「評」の対象としたのである。もし広道が隆正に倣ったことがあるとすれば、作品を対象化しそれを「構造的」に捉える捉え方ではないだろうか。もし蘭癖と同じように漢癖と言う言葉があるのなら、広道は隆正のその「漢癖」に惹かれたのではないか。先(334頁)に隆正の『憐駁者』に言及し、そこで重胤の「この書は、(中略)、達意を旨としてかきたまへるものなれば、からぶみよみの文章多かり。それらをもてとがむるは、師の大量大学をしらぬものなり。」との識語を引いたが、その漢文調を「とがむる」者は、ひょっとして重胤自身かも知れない。広道なら恐らくその歯切れの良さに惹かれてたのではないか。

注①＝「古典籍データベース」に「源氏物語評注」として、「大倉精神研」蔵の写本「源氏標註」八冊が挙がる。あるいはこれがそうか。ゆかしくも未見である。

Ⅲ　岡山時代の著作・草稿類

「文人」として立ちたいとの気持ちが、広道にかなり前からあったのではと思わせるのは、大坂移住前に書きためていた草稿類の想像以上の多さである。その草稿は実際に残っているのは少ないけれども。

(1)　五才の頃より「小き《ちいさ》文字かく事をこのみて、…」

『自叙伝』の、縁者の柳原源内兄弟に漢文の素読を習っていた五才頃のことを記した件に、次のようにある（カタカナのルビは原文。それ以外のルビや「」符号や注記などは全て引用者）。

されば、ます〳〵ならはし《習》てんの（親たちの）御心にやありけん、柳原源左衛門が嫡子源内兄弟【（割注略）】にたのみて、からふみ《漢文》の素読といふことを習はせ給ひけるに、「孝経」といふ書よみをへて、朱喜《ママ》（朱熹＝朱子）が「小学」を三巻ばかりもよみたり。此ほどより小き《ちいさ》文字かく事をこのみて、かの「小学」の本わろかりしを写すとて、筆とりてしるし、また「明衡往来《めいこうおうらい》」といふ物（藤原明衡著、平安末期成立の変体漢文で書かれた消息文例集）をも草書して写したりき。これは此ほどまでも、ものゝそこに残りたりしを、とり出して見るに、つたなきはもとよりなれど、文字形はよめぬべきほどにはものしたり。

広道は幼い頃から「小き文字」を書くのを好んだらしい。五才頃に「小学」や「明衡往来」を写したものまで取ってあって、今それを見て一人で悦に入っている。この『自叙伝』は広道が大坂に移住して間もなくの頃に書かれたと推測されるので、その「今」とは大坂に移住して間もなくの頃である。彼がいわば反古同然のものまで捨てずに大坂に持って来ていたのには驚く。しかし、幼くともまた手本を写したものに過ぎない文字であっても、本人にとってはかけがえのないものだったからだろう。些細なことのようだけれども、そこに大坂で「文人」として立たんとの彼の覚悟を見る。

幼少期の反古同然のものまで持って来ていたのだから、岡山時代に認めた書き物は恐らく（廃棄せず）全て大坂に持って来ていただろう。いま、それら大坂に持って来ていたと思われる著作・草稿類を挙げると、次のようである（書名直後の注記は改題名）。

(a)「百首異見摘評」（注釈）　(b)「玉篠」（随筆）　(c)「万葉集略解拾遺（万葉集略解補遺）」（注釈）

(d)「本学大概（本教提綱）」（国学）　(e)「冠辞考異」（注釈）　(f)「上古政跡考」（国学）

(g)「古語拾遺蛇足抄」（国学）　(h)「国神考」（国学）　(i)「神社勧請弁」（国学）　(j)「鳶之声」（随筆）

(k)「通俗好逑伝」（白話小説翻訳）　(l)「てにをは略図解（而於乎者《てにをは》略図義解）」（語学）

この中で現存するのは、(a)・(b)・(c)・(d)・(k)でその他は広道の書いたものの中には見えるが、現在残っていない。なお、これらに就いては、先の拙著『萩原広道』で触れているので、ここではその大半に就いては繰り返さない。ただ、(a)『百首異見摘評』と(d)『本学大概（本教提綱）』と(k)『通俗好逑伝』とに就いては、ここで言及する。(a)は現存する彼の最初の作品であり宣長が「学問に大に益ある」と言った注釈書で、「文人」としての彼の執筆姿勢がよく伺え、(d)は彼自身が最後までその完成と板行を目指した主著であり、(k)は全く未完の草稿ではあるが、岡山時代の彼と大坂書肆との関係を示唆する作品でもある。

(2)　『百首異見摘評』

(一)　天保一一年二六才の時、備前児島下津井《しもつい》湊で門人たちに香川景樹の『百首異見』（初版文政六年）をテ

キストに百人一首を講じ『百首異見摘評』を著している。その序文（総論とも称すべき文章）の冒頭に、

天保十一年といふとしの春、児島なる下津井の湊にやどりけるをりしも、百人一首の講説きかんとこふひと〴〵ありしに、また総角なりしほどにはこれかれ註釈どもあるにまかせて読たることありしかど、（下略）。

とある。「百人一首の講説きかんとこふひと〴〵ありしに、云々」とあり、この児島下津井辺りには、いつの頃からか広道の門人が多くいた。ちなみに、この序文末には「藤原ノ浜雄」と記されている。彼の著作でこの署名（姓「藤原」・名「浜雄」）のあるのはここだけで、すぐ後で引く『玉篠』自序の署名は、「吉備の岡山人　平　広道」とある（「広道」はこの『玉篠』が初出。）。

本書はその言葉通りに「摘評」でしかなく、数多くある百人一首注釈書の中では恐らく影は薄いだろうが、注目したいのはその序文や跋文に見える注釈姿勢である。それは注釈と言う範囲にとどまらず、著述一般の、またものの見方や考え方の姿勢につながっている。

㈡　序論の冒頭部に次のような件がある（ルビは原文）。

そも〳〵、万事は次第《ツギ〳〵》に明りゆくわざにしあれば、ものゝの注釈どもゝ、最後《イトノチ》に出来にたるが穏《オダ》しくたらひたるはもとより然るべき理《コトワリ》なれど、或は旧き説どもと全ら同じすぢのことをいはんも、むげにをさなきがごとくなれば、実はさしもおもはぬことをもしひごとし、或は珍奇《メヅラ》しきことを説いでゝ世ノ人を驚さんとするからに、本の意にはあづからぬことをさへ、引つけなどしてくだくだしくうるさきは、近世にあらはせる書籍どものおのづからなる躰《フリ》になんありける。さるからに、げによく論ひかなへたりとおもふも少《スクナ》からねど、はた思ひのほかに説キひがめたることも多きぞかし。

これを要約すると次のようになる。着実な学問の進行方向から大向こうに目立つべく敢えてはみ出て、奇説を競い合うような風潮を、広道は批判している。

㈠「万事は次第《ツギ》〳〵に明りゆくわざ」なので「ものゝの注釈ども」も「最後《イトノチ》に出来にたるが穏《オダ》しくたらひたる（十全な）」のは当然である。

㈡しかし「穏《オダ》しくたらひたる」はずの「近世にあらはせる書籍」の説に、「旧き説」に問題がなくとも同じことを言うのは未熟と思われるからか、とてつもないことを「しひごと（誣言）」し、耳目を集めんとて珍奇なことを言い出すのが多く、今やそれが一つの「躰《フリ》」となっている。

㈢跋文はかなり長いが、その前半で「或人」の本書に対する批判の言葉を次のように記している。

或人、讁《セメ》ていひけらく、この汝《イマシ》が著せる書を見るに、すべてたてたる趣意なく、いたづらに人の尾にすがりて、いさゝか定め諍ひたるばかりにて、百首の中にとりいでたる歌、わづかに三十首ばかり、そのうち歌の意を解たるはいと少《スクナ》く、みなかゝはらぬ他事をのミうちつぶやきたるは、そもなにの益《ヤウ》ぞや。みだりにいミじきひと〴〵を譏りたる罪の、さりどころなくおぼゆれば、いまよりかゝるひがごとをばさて置《オキ》て、百首の解を作らむとならば、人の説にはかゝはらで、汝がおもひよらむまゝに、よくもあしくも書キいでよ。然後《サテノチ》、しかるべき識《モノシリヒト》者たちにもとひはかりて、世にもおしひろめ、名をもあらはせよかしと、云々。

［大意］或人が責めて言うのには、あなたの書いたものは、人の言った末梢的なことばかりを無駄につっつき、すこしばかり言い定めただけで、百首全体から取り上げたのは僅か三〇首ほど、さらにそのうちでも歌の意味を解釈したのはほとんどなく、全体の意味解釈に関わらぬよそ事をぶつぶつつぶやいただけじゃないか、

いったいこれで何の役に立つというのか。みだりに「いミじきひと〴〵」を誹った罪は免れがたく思われるので、今からきっぱりこんなつまらぬものを書くのを止めよ、そして「百首の解」を作ろうと思うのなら、「人の説」はさておいて、あなたの思うところを、その当否はさておき、書いてみてはどうか、そうしてその後に、「しかるべき識者《モノシリヒト》たち」にも評を求め、広く世にも広めて名をもあらわしてはどうなのか、と。

この「或人」の非難に対して、筆者は「おのれ笑ひて答へけるは」と次のように応じている。

おのれ笑ひて答へけるは、のたまふことども、つぶさにうけたまはり侍りぬ。しかはあれども、己がおもふすぢは、さは侍らじ。既にもいへるごとく、この百人一首の注はかぎりもなく多かる中に、この異見は最後にいできたる書なれば、さき〴〵釈《とき》誤りたるを正したるなど、よき事は多くあしきふしは少《ナ》きからに、これによりていさゝかおもふすぢに違へる條《クダリ》を、かつ〴〵論《あげつら》ひたるばかりなるは、いふべきふしの少ければなり。されば、とりあげたる歌、はつかに三十首ばかりにして、みながら歌の意《コヽロ》を釈《とか》ざるがおほきは、おほかた、かなひたることの多ければなり。また、歌の外なる益なき條《クダリ》を、むねと論ひたるが如くなるは、其処《ソコ》に假説《ヒガゴト》のあればなり。さてまた、これをおきて別《コト》におのがおもひよるすぢをいひ出んとすとも、かの同じ歌を釈《トキ》たる説《コト》のさばかり違ふべきやうもあらざれば、徒《イタヅラ》におもひを費《ツヒヤ》したりとも、それはた、なにばかりのことかはあらん。たゞさきざきいひいでたるかぎりを、つら〳〵考へ定めて、よろしきかたに従ひなんは、後にうまるゝものゝならひにて、それ即《スナハチ》学道《マナビノミチ》の明りゆくにこそあれ、人のいひたることなればとて、其ㇾに違ひて説いづるをのミ、たてたるおもぶきとすべきものかは。

[大意] おっしゃることは分かりました。ただ私の思っていることはそうではないのです。既に本文でも言っていますが、数多い「百人一首」注釈書の中、景樹のこの『百首異見』は最も新しく、そのため先行する注

釈書の誤りを正した点は多く、悪い箇所は少ないのです。「おもふすぢに違へる条《クダリ》」を少ししか取り上げていないように見えるのは、実は「おもふすぢに違へる条《クダリ》」が少ないからです。だから、取り上げた歌が僅か三〇首ばかりでその上「みながら歌の意《コヽロ》を釈《トカ》ざるが」多いのは、『百首異見』の解釈の多くが適っているからで、屋上屋を架するが如き愚行を避けるためです。また、歌の解釈から離れた「益なき条《クダリ》」を専ら論じているような所があるのは、実はそこに『百首異見』の「僻説《ヒガゴト》」があると思うからです。最後に、「人の説」はさておいて、お前さんの思うところを書いてみてはどうか、と言うことですが、そんなことをしても、「人の説」とそれほど違うところもないので、一生懸命頑張ったところでどれだけのことがありましょうか。先学たちの諸論を子細に比較検討し、すこしでも良い方に従っていくというのは、後生の採るべき態度であり、そのことによってこそ学問の道は開けていくのであって、それは既に人が言ったことだからと言って、ことさら別に違ったことを言うのだけを、学問の趣意の眼目とすべきだとは、思いません。

少し長く引いたが、広道が学問（「学道《マナビノミチ》」）というものをどう考えていたかを伺うことが出来る。「たゞさきざきいひいでたるかぎりを、つら〳〵考へ定めて、よろしきかたに従ひなんは、後にうまるゝものゝならひにて、それ即《スナハチ》学道《マナビノミチ》の明りゆくにこそあれ、云々」と言う学問観は、ごく単純なことを言っているように見えるが、当時としては（いや現在でも）文字通りの有り難い発言ではないか。盗作・盗説騒動やオリジナル争い、またそれと連動する「其レに違ひて説《とき》いづるをのミ、たてたるおもぶきとす」るような突飛な「オリジナル」（＝珍説・奇説）が、特に国学者間で蔓延していたのである。

㈣　学問上の諸課題は、これまでの先学の業績を承けて次々と明らかにされていくものだ、と言う広道の学問観は、『源氏物語評釈』を含めた彼の著作に一貫して見られるが、それは彼の著作第一作目の『百首異見摘評』からすでにあったと言うことである。そんな中で注目されるのは、その学問観は師の隆正の学問観とはあまりにも対照的だったことである。

隆正は先（318頁）にも示したように、その第一作目の『矮屋一家言』の跋文ですでに「この書わが一家言なり。難ずるものにハこたへず。信じて猶こゝろえがたきふしあらバ、吾門にいりてとへ。／これらのこと、中がはじめていひいづることなれば、……」と言っていた。彼のこのような姿勢は終生変わらず、これより三〇年近くも経って書かれた『本学挙要』（安政二年四月成）でもなお見られ、時には一層過激なものになっていて、そこには次のような件が見えている（〇印、上略・下略は引用者）。

〇今の世の国学者は、むねと考証をするなり。考証はいかにもよきことなり。せではならぬものになん。しかはあれど、考証に大小の差別あり。他の先生たちの考証は小考証にして、いま隆正がする考証は大考証なり。小考証は書籍を考証する考証なり。隆正が考証は天地を考証にする考証なり。注①

〇（上略）、隆正は百たび千たび考へてすることなれば、隆正が説にしたがふ人は、隆正が説にしたがひて、別に見識をいだし、隆正より上にいでんなどはすべからず。

人は思っていてもなかなかここまで言えるものではない。先（342頁）に春平は隆正のことを「志ハ一宗ノ開山ト仰ガレマホシク、云々」と茶化していたが、確かに一派を立てんとするカリスマ的指導者となるとこれ位の心臓の強さがないとやってはいけないのだろう。そもそもからそんな「指導者」になる資格に欠けていた広道は、師の隆正からは本質的な影響は受けようがなかったのではないか。

注①＝いかにも彼らしい広言だが、これで思い起こされるのは先にも触れた彼の論文「多那具母考（棚雲考）」で、古事記に見える「天之八重多那雲」という言葉（＝古伝）を天地間の「理」によって考証（「大考証」）したもので、例えば、「水気のかくのごとく昇り降るもとの理をかむがふるに、日輪《ヒ》の引力《ヒクチカラ》に引かれて昇り地胎《ツチ》の引力《ヒクチカラ》に引《ヒ》かれて降るにぞありける【日輪の引力は伊邪那岐命しろしめし、地輪の引力は伊邪那美命しろしめす】。」などとある。ちなみに、「天地を考証にする考証」は必ずしも隆正だけではない。先（281〜284頁）にも見たが鶴峰戊申『古義神代考』の上巻七丁目にも、「近世西人《キンセイノ》嘗作《テツクル》二惑星地動之説《ワクセイチドウノヲ》一。其意蓋亦近《シタシ》レ于《ニ》二本教一也。伊弉諾神斬二軻遇突智《ヲ》一、……（近世西の人、嘗て惑星地動の説を作る、其の意蓋し亦た本教に近し。伊弉諾、軻遇突智を斬り、……）」とあった（引用漢文の訓点等は原文のままである）。

(2)『本学大概』（『本教提綱』）の執筆

広道としては最後まで手を入れながらも板行することの出来なかった『本教提綱』だが、その初稿の『本学大概』は大坂移住の前年弘化元年に草稿が書き始められた。いま少しその執筆の事情を調べてみる。

(一)　執筆の事情の分かるのは、『本教提綱』（大阪府立中之島図書館蔵自筆本）下之巻の巻末に付された跋文である。それは、姫路藩校好古堂教官斎藤守澄が認めたものを広道が写したもので、全文は次のようである（念のため後に大意を付した）。守澄は広道と同じく隆正門人で従ってこれまでも親交があっただろう。跋文冒頭で「今ハ難波にすめる吉備人萩原広道」と言っているので、書かれたのは弘化二年より後、その守澄は嘉永二年一一月になくなるので、[注①] それより前に書かれている。[注②] 従って、本文中の「本教提綱」は「本学大概」と書かれていたはずで、それを広道が（最晩年に）「本教提綱」と改めたのである。

今ハ難波にすめる吉備人萩原広道、ひとゝせわが姫路に旅ゐせりしころ、よる・ひるとなくむつびかたらひけるをりふし、わが城辺の物学びどころを造りあらたむることありき。それが中に、皇国学をむねとする室を本教舎と名《なづ》け、学の級を本学・史学・有職・詞学と四種におきて（掟て＝定め）ゝ、おのれ〳〵がこゝろざすかたをわけもちて、其一しなを専に心得しめんのした心をうち出《いで》試しに、さかし（然《さ》かし）、かねてもわが思ひとれるむねにや[注③]ゝかなひたり、たゞ課をわかつこと[注④]今少しあらまほしうもおぼゆれど、所の風俗によりてハ先さてもありぬべし、いかでうけばりて事おこしね、といへりしより、然こそおさ《ママ》でものせしか。猶とやかくやと、かたらひかたきにして、道々しきかたのものあらがひに、いくたびか夜ひと夜あかせりしに、かいなでの説どもとはこよなくまさりて、あなめでたと聞ゆること、はたいと多かりけり。

おのれいふ、近世、復古・究理など、さま〴〵いかめしう名どもおほせ（負せ）て、大声にいひさわぐあたりもあるやうなれど、道の要とあるすぢハ、さハいへどさだかならずなん、今君がおぼしおきてたるまゝを、さながら書あらハされなば、我学びの徒のこゝろ掟にしめしてん、いかで〳〵とあながちにうながしければ、書おくせ《（ママ）》りしこの本教提綱ぞかし。されど、かゝるふみひめおかんハまことに夜錦なり、とまたそゝのかして板にゑらしめつ。今より此書、世にほどこれ（播れ）らバ、みちに心ざゝんともがらのいみじき幸ならんものぞ。はりまの国姫路の殿人斎藤守澄

［大意］今は大坂に住んでいる吉備人の萩原広道が、ある年わが姫路に旅居していた頃、夜昼となく親しく話していたその時、我が藩の藩校（好古堂）が造り改められると言うことがあった。その中で、国学を主とした学舎を本教舎と名付けて、そこでは学びの組別を本学・史学・有職・詞学の四種（四課目）に定め、各人が志す方面にその一種を専門に学ばそう、との計画を試みに広道に言ったところ、それはいいね、かねて私が思っていたことにもほぼかなっている、ただ課目を分けることに就き、少しこうした方がいい思うところもあるが、所によってはまずそのままの課目でいいかと思う、自信を持ってその企画を実現させたらどうかと言った、それから間もなく、そんなに力も入れずにその通りになった。また、あれこれと広

道を相談相手にして、学問的な方面の討論に一晩を明かしたことが何度もあり、そこで出された説は、通り一遍な説とは比較にならず、ああ見事だと納得できたことが多かった。近頃、復古だとか究理だとかさまざまな厳めしい名を付け、大声で言い騒ぐ向きもあるが、学問の要とある道筋はいい騒ぐわりには定かでない、いまあなたの定めおきたいと思っていることをそのまま書き表してくれたら、それを我が藩校の生徒の心構えとして示そうと私は言いつつ、書いて欲しいと強く催促したところ、書き送ってきたのがこの本教提綱である。しかし、この書を秘めおくのは夜の錦でまことに惜しいとまた唆して板に彫らせた。今後この書が世の中に広がれば、道に志す仲間たちの大いなる幸となるだろう。播磨国姫路藩士斎藤守澄

注①＝『姫路市史第四巻本編近世2』第九章「文化の諸相」（687頁、竹下喜久男筆）。

注②＝守澄跋文は最晩年の広道が原文を写したもの。嘉永元年八月七日付高鞆宛広道書簡（『広道書翰』）に、

先年、本学大概と申書三巻、書竟申候。何ばかりの物ニも無御座候へども、小生学術之次第概畧相認候物ニ候処、今年書林ニ上木手伝候者出来、急卒取懸り申度候へども、日々無益之来客無絶間、其上俗事之手業までいとなみ候而、少しも校合のいとまなく、今以得はじめ不申候。

とあり、「今年書林ニ上木手伝候者出来、云々」と本書の「出板」に触れている。従って「またそゝのかして板にゑらしめつ。」とも言う守澄跋文はこれより以前に成ったか。ちなみに、『本教提綱』上之巻冒頭に広道の親友で守澄娘婿の秋元安民が「弘化三年四月」付の序文を寄せている。序文タイトルは「本教提綱序」とあり、本文にも「本教乃《の》提綱乎《を》書《かき》著《あらわ》之《し》天《て》、云々」とある。その筆跡からも広道によって書き改められているが、その日付まで変えることはまさかないだろうから、守澄跋文の成立もこれに近い頃かも知れない。

注③＝跋文に、広道の言葉として「かねてもわが思ひとれるむねに、云々」と見えるその「わが思ひとれるむね」に就き補足する。この後の方に「いかで〳〵とあながちにうながしければバ、云々」とあるが、その後に朱点で抹消された「備中なる林某が為にも、さるすぢしめすべき物かきてん、と契りしこともあれバとて」と、

かろうじて読み取れる件がある。詳細不明ながら、「備中の林某（林孚一カ）のために、その種の本（「さるすぢしめすべき物」—即ち『本学大概』のような本）を書こうと約束していたこともあったので」と言う風に解釈出来る。広道は姫路での話が出る前から『本学大概』のような本を書くつもりだったようである。

注④＝守澄は学ぶべき科目（課目）として「本学・史学・有職・詞学」の四つに分ける予定だったが、広道が「たゞ課をわかつことと今少しあらまほしうもおぼゆれど、云々」と言ったと言う。実際、広道は『本教提綱』下巻の「学問の大概」では、本教・武教・律令・歴史（史書）・故実・歌文・農桑・書数・外教・諸技の一〇科に分けている。ちなみに、学問（本教又は本学）を四つに分けることはもともと隆正の意向だったのだろう。同じく隆正門で備後福山藩誠之館国学寮教授の松本良遠（長兵衛）が同僚の森島新太と連名で上申した「本学四科論」があり『広島県史近世資料編Ⅵ』に収まる。それによると四科は神典・歴史・歌道・語学である。広道は幅広く学ばせようとしているだけでなく、いわゆる「実学」志向が強いことが分かる。

（二）

前掲嘉永元年八月七日付高鞆宛広道書簡に、次のような件がある（ルビ、注記は引用者）。

先年、本学大概と申書三巻、書竟《かきおえ》申候。（中略）、右書之意趣ハ、近来或国（播磨姫路藩）ニ而《て》、皇朝学之学館建立被致候而《いたされそうろうて》、家中之士を教導致さるべき目論《くわだて》之処、其教へ様ハいかにと其師たる拙生が学友（姫路藩校好古堂教授斎藤守澄）ニ尋られ候ニ付、内々預相談《そうだんにあずかり》候事故、何となく愚存を述たる物ニ而、当今之右より左へ役に立候処主意に而、学業を十科に分ち申候。（中略）、扨《さて》右学館之挙ハ、右学友より其君（姫路藩主酒井忠学）へ達し、尤之事《もっとものこと》ニ被取上居《とりあげられおり》申候処、其君無程逝去《ほどなくせいきょ》ニ而（弘化元年一一月一〇日没）、竟《つい》ニ半分も成就不仕《つかまつらず》、鬼哭《きこく》之至ニ御座候、（下略）。

［大意］先年、私は三巻より成る「本学大概」を書き終えました。本書を書いた動機とその中身ですが、最近、ある国—播磨国の姫路藩—の藩校（好古堂）に「皇朝学之学館（本教舎）」が付設されることになり、そ

の藩校教授で私の学友（同じ野之口隆正門）の斎藤守澄に、藩士を教える教授内容などに就き諮問がありました。そこでその友人から私の方に内々に相談があり、それに応えて書いたものが本書で、その趣意は、役立つことを主眼にして学ぶべきことを十科に分けました。このことは友人守澄よりその主君へ達して、尤もなことだと取り上げられた矢先、その主君が弘化元年一一月に亡くなりました。結局、計画の半分も完成せずに終わって、折角の努力も報われないままで恨めしき限りです。

いま、㈠の跋文と照らし合わせて、右書簡中の「或国」や「拙生が学友」などに注記を付した。この二つの資料で『本教提綱』成立の事情がほぼ推察されるが、もう一つ備前児島の豪商野崎家の『売用日記』と言う貴重な「資料」がある。その弘化元年五月二八日の条に「野々口先生・藤原先生（広道旧姓）、右御弐人御出。」とあり、なんと広道は隆正と共に弘化元年六月に野崎家を訪問して（行動を共にして）いたのである。この時の隆正は備後福山への途次で、前もって広道と岡山で落ち合う約束をしていて、恐らく姫路にも立ち寄り守澄とも会っていたと思われる。全くの憶測ながら、広道はこの時に隆正から姫路行（と本書執筆）を勧められたのではないだろうか。分かっている日付から考えれば、広道の姫路訪問と本書執筆は、弘化元年の六月以降で姫路藩主の亡くなる同一一月までと言うことになる。恐らく彼は秋から冬にかけて姫路に滞在し、本書の草稿を書き進めていたのである。なお、姫路旅居中には本書は草稿としても完全には出来上がらず、その未完の草稿は大坂移住時に一緒に持ってこられ、大坂で草稿（初稿）は仕上げられた。即ち、大坂移住後の翌弘化二年十一月一七日付高雅宛書簡に「本学大概と申もの大方に草稿仕候。」とあるのがそれである。

ちなみに、これより七年後の安政二年三月一九日付の池辺真榛宛書簡（「真榛宛広道書簡」）でも、広道は、次のように言っている。

> 本学提綱と申拙著、入二御覧一候様被二仰下一、此方より可レ奉レ願存候所にて、（中略）、十余年の昔、旅中にて認候ものにて何の益もなき物に候へども、学問の大抵を相記置候故、当今学館御建立などの為には少しは相成可レ申かとも奉レ存候。

「本学提綱」（「本学大概」の改題本）は「十余年の昔、旅中にて認《したため》候もの」とあるが、安政二年より「十余年」（十二年前）は弘化元年である。それと、「旅中」で書いたことが強調されているが、資料もなく慌ただしい合間に書いたと（従って不十分なものだと）言いたいのかもしれないが、逆にそんなよからぬ条件の中で書いたにしてはけっこういけるだろう、とどこかで自慢したがっているようにも聞こえる。そういえば、『百首異見摘評』や『万葉集略解拾遺』もみな「旅中」で認められたのだった。

注①＝谷口澄夫作成『野崎家文書売用日記抜粋　その1〜その8』（岡山県立図書館蔵）。

(3)　『通俗好逑伝』

(一)　『通俗好逑伝』（天理大学付属天理図書館蔵自筆草稿）は、『開巻驚奇侠客伝』（「第五編」）の種本の一つとして広道によって翻訳が手がけられたもの。本作品は『日本古典文学大辞典第四巻』にも掲出され、その冒頭に次のように記されている（徳田武筆、注記は原文）。

> 二巻一冊。蒜園主人（萩原広道）訳。初案では「翻訳好逑伝」であったが、内題が朱書で「通俗」と訂正されている。成立年未詳。清（広道は明とする）の名教中人編の白話小説『好逑伝』（全十八回）の第五回までの翻訳。

本作品に就いては、桑山龍平「萩原広道と好逑伝翻訳」（『ビブリア69』〈昭和53年6月〉）や同「萩原広道と好逑伝翻訳㈡」（『天理大学学報119号』〈昭和54年3月〉）において紹介されていて、特に後者では第一回全文が後の訂正稿を追って翻刻紹介され、詳細な注記も付されている。なお、原本の白話小説『好逑伝』は佐藤春夫の翻訳がある（『定本佐藤春夫全集第32巻』所収）。

㈡　『通俗好逑伝』には日付の記された序・跋・凡例の類がない。ただ、その成立時期の推定に関して手掛かりのようなのはある。即ち、初稿成立後にその冒頭部余白に書き込まれた「翻訳凡例」の第二条に、

訳語ハ、凡て俗言を用ふると雖ども、亦甚しき鄙語をバ省けり。語格ハ、止事を得ずして大半漢文の旁点の例に傚へれど、てにをハの格をバ大方に存したり。但、何等の下にや字を置たるが如きハ、全く俗語の格なれど、俗耳遠きを厭ひて、強て削らず。しかれども、近来一種の漢文訓ありて、一向に言を約んとして、意を失へる類にハ、凡て效ハず。

とある。文中の「但、……」以下の件は、その下巻末に天保一四年初冬の日付のある『万葉集略解拾遺』の上巻冒頭「広道再識」の、次の件に非常によく似ている。

いまだしき事おほかる中に、文こと葉殊にひが事多く、何の下にやもじをおき、のミの下になりの辞なき、などいとくちをしきさまなれど、書あらためんいとまだにあらねバ、さてすぐしぬ。

右の「再識」は、広道の大坂移住後（弘化二年春以後）に書かれたものだが、「過し年」（天保14年）に書いた中に「何の下にやもじをおき、のミの下になりの辞なき」例のあるのを「くちをしく」思いつつ、訂正する暇がなかったのでそのままにして来たと言っているのである。

そのことを確認した上で「翻訳凡例」第二条に戻ると、「何等の下にや字を置たるが如き」は本来は改めるべきだが、俗耳に遠くなるを厭ってそのままにしたと言う（「何等の下にや字を置」くのは今では普

通ということなのだろう）。これは『万葉集略解拾遺』冒頭の「再識」の姿勢とは異なっているが（恐らくこの「翻訳凡例」の書かれたのは「再識」より少し後なのだろう）、とにかく本文中で「何等の下にや字を置くという「ひが事」は共通しているので、『通俗好逑伝』本文と『万葉集略解拾遺』本文の書かれた時期の近さを推測してもいいだろう。また、「翻訳凡例」に「近来一種の漢文訓ありて一向に言を約んとして、意を失へる類」とあり、やや漠然とした物言いだが、これは『万葉集略解拾遺』「再識」の言う、「のミの下になりの辞なき」ような「ひが事」を指していると思われる。広道は、この「ひが事」に対しては、先の「何……や」とは違い、「凡て效ハず」と厳しい（本文もほぼその言葉通りに訂正されている）。

㈢　少し細かなことにこだわったが、要するに『通俗好逑伝』初稿成立の時期は『万葉集略解拾遺』初稿成立のそれとはかなり近いこと、つまり共に広道の岡山時代だったことが推測される、ということである。岡山時代から広道が馬琴を評価していたことは先に見た。『俠客伝』の「第五集」執筆ということとは別に、彼がこれまでに、『俠客伝』（第一集から第四集）を愛読していて、さらにそのタネ本の一つである『好逑伝』にもたいそう興味をもっていた（そして、翻訳を思い立った）と想像するのは全く無理だとは言えない。ただ、『好逑伝』に対する一般的な関心とは別に、殊更にそれを翻訳しようとする強い意志が働くためには、『俠客伝第五集』の執筆依頼があった方がより自然だろう。

もしそうなら、大坂書肆（河茂）からの「第五集」執筆依頼は、広道の大坂移住前の（当然、馬琴生前の）こととなり全く意外に思われようが、しかし、これは十分にあり得ることだと考える。先にも大坂書肆と、板下書き写本作りを通して、大坂以外の（播磨や備前などの）地域との交流を指摘したが、広道と大坂書肆との関係が彼の岡山時代からあったと考えても不自然ではないからである。彼が大坂に出てきた当初（その後もなお）、主として板下書き（や諸書の校合）で生計を立てていたが、それは彼が大坂に出てたまたま知った「仕事」だったとは考えにくく、大坂移住に際して前以て織り込み済みのことだったろう。『通俗好逑伝』は、岡山時代の広道と大坂書肆との浅からぬ関係を示唆してくれている。

Ⅳ　本学（本教）運動

文人として立ちたいとの強い思いと共に広道に脱藩・退去を思い立たせたのは、隆正の唱道した「本学（本教）」運動だったろう。運動は隆正派国学（「本学」）の勢力拡大を目指したものだが、そのために取られた「戦術」の一つが、従来の国学・和学呼称を「本学」呼称に改めさせる運動であった。これまでに広道著作の『本学大概』あるいは改名後の『本教提綱』に言及することが何度もあったが、その「本学」あるいは「本教」呼称について特に触れなかったので、それもここで改めて取り上げる。

⑴　『玉勝間』の「がくもん」の段

記紀・万葉など日本の古典を通して日本固有の文化思想風俗などを明らめんとする学問は「国学」や「和学」と呼ばれ、その語は現在も用いられている。しかし、その呼称の当否をめぐる議論はこれまでに何度もあった。例えば『玉勝間』（巻の一）の「がくもん」の段に、次のようにある（省略記号「……」は引用者）。

世ノ中に学問といふは、からぶみまなびの事にて、皇国の古ヘをまなぶをば、分て神学倭学国学などいふなるは、例のから国をむねとして、御国をかたはらになせるいひざまにて、いと〳〵あるまじきことなれ共、……、おのづから然いひならふべき勢ひ也。しかはあれど、近き世になりては、皇国のをもはらとするともがらもおほかれば、からぶみ学びをば、分て漢学儒学といひて、此皇国のをこそ、うけばりてたゞに学問とはいふべきなれ。……、国学といへば、尊ぶかたにもとりなさるべけれど、国の字も事にこそよれ、なほうけばらぬいひざまなり。

これまで〈学問〉と言えば「からぶみまなび」即ち漢学のことを指してきたが、そしてそれもやむを得ぬ事情もあったが、今のように「皇国の古へ」を学ぶ者が増えてきたのだから、堂々とその「皇国の古へ」を学ぶことをたんに〈学問〉と呼ぶべきで、今まで〈学問〉と言ってきた「からぶみまなび」を漢学・儒学と呼ぶべきだろう。と言うのも、これまでの呼称の「神学倭学国学」などと言うのは、「例のから国をむねとして、御国をかたはらになせるいひざま」であるからだ。「国学」と言うと良いように聞こえるがやはり躊躇される呼称であると宣長は言う。注① 繰り返すが、「皇国の古へ」を学ぶ学問の名称としての国学や倭学（和学）は「から国」を中心にした呼称で「いと〳〵あるまじきこと」だから、単に「学問」と呼ぶべきだと言うのだが、しかし、鈴門以外の者は勿論、鈴門の者でも、理屈は理屈として、これまでの慣用もありまた（幕府昌平黌や各藩の藩校を牛耳っている）儒者側からの当然の反発もあり、さながら従うわけにはいかなかっただろう。注② 実際には、この後も殆どの場合、国学や和学の名称がそのまま用いられている。そんな中で隆正は、「本学」（呼称）を主張したのだった。

注①＝「国学」はもともと律令制で、都に置かれた大学に対して国ごとに設けられた学校を指す。「国」はここでは地方の意であり―従って中央の「から」に対して地方の「日本」の意とも取られ―「なほうけばらぬひざまなり」と言ったのだろう。「皇国の古へ」を学びを国学・和学以外に「古学」と呼ぶことがあり、宣長はこの呼称は是としているようで、『玉勝間』八の巻の「ある人のいへること」の段に、次のようにある。

ある人の、古学を、儒の古文辞家の言にさそはれていできたる物なりといへるは、ひがこと也。わが古学は、契沖はやくそのはしをひらけり、かの儒の古学といふことの始めなる、伊藤氏など、契沖と大かた同じころといふうちに、契沖はいさゝか先だち、かれはおくれたり、荻生氏は、又おくれたり、いかでかかれにならへることあらむ。

注②＝但しこういう例はある。西田直養らは天保一二年四月に京都で温古会を結成するが、直養はその温古会を単に「学問会」とも呼んでいて、前掲『筱舎漫筆』の巻之十一冒頭「〇学問会」とのタイトルで次のようにあり、ここでは「学問」と言う語が宣長の言う意味で用いられていることが分かる。

此頃都下にて学問する人おほし。されどそのすぢみち一やうならず。同じ心ざしなるひと〴〵と会集して、ともに切磋琢磨せんとて社を結びぬ。そのひと〴〵は、紀伊の殿人長沢伴雄、一柳家なる野々口隆正、都人岡部東平、大橋長広、城戸千楯とおのれとなり。此会は、上、神典のことより、下、延喜までの物語にて、延喜以下にくだらず。それも猶、神代よりおこして櫛のはをすくがごとく、先哲のいまだひらかざる条々を発揮せむとなり。まづ古事記、日本紀、祝詞、万葉、この五典を研究して、其他におよばんとす。

(2)『古事記』序文

「本教」の語は古事記冒頭の序（上表文）の、次のような件の中に見える。

故《かれ》、太素《モト》は杳冥《くら》けれドモ、本教《モトつをしへ》に因《ヨ》りて土《くに》を孕《はら》み嶋《しま》を産《う》みし時《トキ》を識《し》り、元始《はじメ》綿邈《トほ》けれドモ、先聖《さきつひじり》に頼《ヨ》りて神《カミ》を生《う》み人《ひト》を立《た》てし世《ヨ》を察《し》れり。（岩波日本思想体系1『古事記』による。ルビは原文のまま）

この「本教」の意に就き、その頭注（青木和夫筆）で「日本古来の伝承。」と至極簡明に記されている。

ところで、「本教」即ち「古来の伝承」を国学者たちは「実事」であるとし日本固有の教えと考える。その「本教」の語は例えば篤胤の「本教外伝」（文化三年）とか「本教妙玄篇」（文政元年）とか、鶴峰戊申「本教異聞」（文化一三年）とか、あるいはもっと後のものだが、本居内遠「古学本教大意」（『増補本居宣長全集第十二』）にも見える（これは嘉永七年九月に紀伊藩主より「国学といふものの主意を下問」されて差し出したもの）。「本教」の語は『古事記』序文に見えるが、「本学」の語はいつ誰が使い出したのか分からない。注①しかし隆正派を喧伝するあたかもキャッチフレーズのごときもので、指導者隆正にそのものズバリの『本学挙要』（安政二年成、『大国隆正全集第一巻』）と言う著作があり、その上巻には次のような件が見える。

宝祚無窮の神勅たがはず、天皇は大御位をまもりたまひ、大将軍家は国政をとりて、下民に忠・孝・貞をはげまし、おのづから大帝爵の国体をあらはしたまひ、（中略）、下民はことごとく、おのおのうけえたる職業を、つとめてはげみ、またよくこの忠・孝・貞をわが日本国のものとして、たがはぬやうにすべきなり。これをわがたつる本学の大意とす。

本学といふ名は古書に見えざれど、本教といふことあれば、その本教の旨をまなびしる学術なるにより、これを本学といふなり。

つまり、「本学」と言う語は、「本教」とは違い、記紀万葉等の「古書」には見えない、しかし、「本教の旨をまなびしる学術」と言うことで「本学」と名付けたと言う。この「本学」と言う語に就き、隆正自身は「わがたつる本学」とも言うので、どうやら（彼自身にあっては）彼の発意による造語であったようで、繰り返すが、隆正派国学を特徴付けるのキーワードとも称すべきものだった。

注①＝岩波『日本思想体系50』にも『本学挙要』が収まるが、その冒頭の「本学」に付された注記に案内されているように、篤胤『霊能真柱』（「古典籍データベース」掲出の画像の付された国文研本による）の堤朝風「霊の真はしら序」の冒頭に「たまちはふ神の大御代の、まなびごとはしも、万のまなびの本つ学びにしあれば、云々」と、「本つ学び」の語の見えることから、注記者は「隆正のみが使用したものではない。」とのコメントを付している。しかし、「本つ学び」と熟語としての「本学」とはちょっと違うように思う。但し、先（349頁）に引いたように、西田直養は「さて、偃武以来、本学者輩出、その人すくなからずといへども、云々。」と、「本学」を使っていて、確かに隆正だけ使用した語ではないが（ひょっとして嘗て京都温古会同人で隆正と親しかった名残だろうか）、最も熱心にかつ意図的に「本学」を使用したのが隆正だったことは間違いない。

(3)「本教」・「本学」

ところで、「本教」・「本学」と言う言葉が、宣長が不当だとした「国学」・「和学」呼称の代わりに使われたと言うことだけなら、特に問題にすることはない。「国学」を「本学」に変えることで、従来の「国学」を継承しつつも、隆正は、いわば隆正派国学を目指そうとした。

西田直養は、先（36頁）にも引いた如く、萩原広道の『てにをは係辞弁』に寄せた弘化三年二月一二日付序文で、国学は「歌よミ文かくこと」と「神の御代なる豊のあらはにごと・ミ代〳〵の日つぎのこと」と「詞のはたらき・てにをはのさだめ」との、「三ことのすぢ」―国文・国史・国語より成るとしている。これは大枠として多くの国学者の認めるところと思われ、異論があるとすれば国史の細分化だろう。これは、本学を提唱する隆正派でも同じである。先（367頁注④）にも触れたように、福山藩誠之館国学寮教授松本良遠はその隆正門で広道とも親しいが、その彼が藩庁に同僚と共に国学を本学と改名すべきだと提出した「本学四科論」（『広島県史近世資料編Ⅵ』）で、本学（即ち国学）は「神典」「歴史」「歌道」「語学」の四科（いわば「四ことのすぢ」）より成っている。直養との違いは、「国史」が「神典」と「歴史」とに（「神代」と「人代」とに）細分化された点で、「歴史」から「神典」（「本教」部分）が特化されるのが「本学」派国学の特徴の一つと言えるかも知れない。しかし、それ以上に注目されるのは、例えば次のような件だろう。

今の世の人は、学文とだにいへば、儒学のことにこころえてあれど、儒学をのみ学ぶはこと狭し。『神代巻』を本書とし、支那・天竺・西洋よりわたり来れる書籍をすべて、わが神代巻の注釈末書とおもひて見るべきなり。／　わが家の学法はかくのごとくたてゝおくこと也。わが門に入る人はたれもかくのごとくこゝろえて、ひろく学ぶべし。

本学四科（の内の特に「神典」・『神代巻』）は当然「本書」たるべきも、「支那（漢学）・天竺（仏学）・西洋（蘭学・洋学）よりわたり来れる書籍」も「末書」ではあるが、しかし「本書」を理解し注釈すへきものとして、避けず忌み嫌わず「見るべきなり。」、「ひろく学ぶべし。」と隆正は言っている。先に、何もかもごった煮に「考証」する隆正を元の温古会仲間たちが難じているのを見、また考証には「大考証」があると言う隆正の言をいささか揶揄気味に引いたが、しかし、彼は決して動じることはなく、なお

隆正は、天地を考証にとりていふなり、又外国の古説を考証にとりていふなり。小考証に泥める国学者たちの、隆正が説をききて、考証なしといひ、牽強付会とそしるなるべし。そは考証に大小あることをしらぬ偏見なりけり。

と言い続ける。その「牽強付会」ぶりには閉口させられるが、狭い殻に閉じこもらず広く天地を見渡そうとする「気宇壮大」さは、少なくとも若い広道を引きつけるに十分に魅力的だっただろう。

二　大坂書肆と萩原広道

広道と大坂書肆との関係は岡山時代からあった。大坂移住の際も、彼の念頭には大坂書肆があった。文人として活躍のためは勿論、生計の維持のためにも、彼は常に大坂書肆に寄り添って行かねばならなかった。

I　大坂の書肆

(1)　書林之姦謀多キ

大坂書肆もまた大坂の商人であり、先に引いた大番頭久貝正典の歌を援用すれば、「ものゝふのこゝろ」をも変える「こがね」をひたすら追う者たちでもある。周防の鈴木高鞆から、編集中の『類題玉石集』の板行や著書類の板行の相談を受けた萩原広道は、その意を壮とし側面から種々援助しながら、一方では大坂書肆の姦計にはまらぬように、と何度も注意を喚起している。例えば次のようである。（前者―嘉永元年八月七日付高鞆宛広道書簡《『広道書翰』》、後者―嘉永二年二月八日付高鞆宛広道書簡《『広道の消息』》）

○玉石集も追々御取次可申候。何分商賈の習とハ申ながら、書林之姦謀多キニハこまり果申候。上木御催し候とも決而御油断被成まじく候。色々様々之手くだ御座候事、驚く斗の物ニ御座候。

大意―玉石集も追々書肆にお取り次ぎします、とにかく商売人の習わしとはいいながら、書肆の悪巧みの多さに困り果てます、上木する時は決して油断なさらないように、彼らのだましの多さは驚くばかりです。

○御著書類御上梓一件ハいかゞ相成候哉。かの玉あられの類の御本など、御出来に候ハヾ、拝閲奉祈候。其外とも、乍遠路、一応拝見仕候上ニハ、又々御世話可申上候。所詮ハ御蔵板ニ被成候義ハ、先御見合ニ而、草稿ヲ書林へ御売却被成候方、始終之御徳用ニ可相成歟。是迄いろ〳〵骨折候へども、所詮賈人之黠矧ニハ勝がたく、度々迷惑仕候故、内啓仕置申候。御賢考可被下候。

大意―著作板行の件はどうなったでしょうか、宣長「玉あられ」に倣った著作、もし出来上がっているなら拝見したく存じます、その他のも遠路ながら一応拝見した上、板行のお世話致します、とにかく蔵版での板行は見合わせ、草稿を書林へ売却される方が結局は得になると思います、これまで私も頑張りましたが、所詮商人の狡さには勝てず度々苦しみましたので内密に申し上げます、どうぞご考慮下さいますように。

(2) 開版に尻込みする書肆

大坂書肆は商人であり当然利を追求するが、それが文人にとって「狡猾」に映ることはしばしばあった。「大阪の出版」に、天保の改革に伴う書林仲間解散後、大坂書肆の開版意欲が減退しその開版出願は「文政・天保と次第に減少し、嘉永以後は歴然とした凋落である。」とあり、次のように敷衍されている。

天保十二年（一八四二）十二月、幕府は諸商諸職人仲間の解散を命じ、これにともなって翌年五月から三都の本屋仲間はその活動を停止しなければならなくなった。他方幕府は、これまで本屋仲間の行司に委ねていた出版前の原稿審査を、江戸の学問所（また医学館）に担当させた。大坂の本屋の原稿ははるばる江戸へ送られ、江戸の学問所等で開版の可否をきびしく審査されるのである。素人蔵版書も学問所の開版許可を要し、本屋から販売するには、出来あがりの本と原稿を添えて奉行所に提出し、改めて販売許可を得なければならなかった。

九ヵ年後の嘉永四年（一八五一）三月に仲間再興令が出て本屋仲間は復活した。しかし大坂の本屋は、これ以後新刊書の出版にしり込みする姿勢にかわった。

先に見たように、広道は高鞆に草稿を板行するに際して、「所詮ハ御蔵板ニ被成候義ハ、先御見合ニ而草稿ヲ書林へ御売却被成候方始終之御徳用ニ可相成歟。」と、蔵版にせず草稿を書林へ売り払った方がよいと勧めていた。書肆はリスクを避けるため、己の費用で開版することはやめその著作者本人に負担させ、製本と売り広めに専念する、そして売れ行きがよければその板木を買い取り、文字通り板元になる。前掲多治比論文は、大坂書肆が「新刊書の出版にしり込みする姿勢」を指摘すると共に、同時に板木の買い占めには積極的だったことを、次のように指摘している。

> 新規の開版をさしひかえた大坂の本屋は、空しく時を過していたわけではない。あり余る資金を投じて京都・江戸から既刊書の版木を買い集め、これまで蓄積した版木も活用して再刷本を造って売りまくったのである。本屋仲間記録の『京都江戸買板印形帳』は天保五年以降明治三年（一八三四―一八七〇）まで、大坂の本屋が京都・江戸から版木を購入したさいの記録で、たとえば天保五年八月に河内屋長兵衛が、江戸の本屋美濃屋甚三郎から『里見八犬伝』七編揃いの版木を一五〇両で購入したと記載している。この記録を集計すると、購入した版木の総数は一八八一点で購入金額は金に換算して一万三〇〇〇両におよぶ。本屋別に見ると河内屋茂兵衛がもっとも多く、六三五点を購入し、三六〇〇両を支払った。

多治比論文に掲出されている「版木購入状況」表によれば、秋太は一一九点二三四両、河喜は一八五点二二八両である。例えば、広道の『てにをは係辞弁』も『さよしぐれ』も好評で比較的流布したようで、書肆（秋太）はそれを見逃さずに、「既刊書の版木」の「買い集め」の一つとして、広道から不当に買い叩いて手に入れたのであろう。恐らくそんなことを一度ならず思い知らされた広道は、草稿は書肆に売却してそれを「御蔵板ニ被成候義」は「御見合」せになられた方がよい、と高鞆に忠告したのである。

Ⅱ　文人をつなぐ書肆

書肆は確かに利を追求する商人ではあるが、しかし一方、書籍（板本や書写物〈写本〉等）の制作と販売とを通して、文化の発信とその中継の役割を大きく果たしていた。そんな側面は「大坂仮寓の文人たちとその著作」の章でも見たが、もっと顕彰され評価されるべきことだと思う。具体的には、各地に点在する文人たちと行商や文通を通して線として繋がり、またそれら文人同士を繋げると共に各地の書肆とも連携して面としても広がって行った。大坂移住後、病弱の身で旅することの少なかった広道が、大坂の地以外の地の広範な文人たちと交わることが出来たのは、その書肆の存在が最も大きかった。その事例を少し見てみる。主として広道書簡などでたまたま気づいたものを挙げただけなので、実際はこの何倍も何十倍もあるだろう。

(1)　青黎館（今津屋辰三郎）

広道は西田直養から歌集『直養集』（筑波大学付属図書館蔵写本）の評を乞われたので、その評を頭書にすると共に、弘化二年八月一日付の「付紙」を添付して返したが、その「付紙」の冒頭に、

青藜館春樹がもてきて、御集（『直養集』）のしりごと（後言《しりうごと》—陰口、ここでは批判の意）せよと仰つけ給へるよし申に、先いとかしこまり侍りぬ。

とある。要するに、青藜館春樹があなたの家集を持って私のところへ来て、これを批判せよとあなたがおっしゃっていると申しますので、まずもって恐縮致した次第です、と言うのだろう。大坂で文人として立たんとしている広道を直養は何かと配慮してくれていたことは先に見た。詳細は省くが、広道はこの一

月余り前の六月に直養と初めて会って、そこから二人の交際が始まったのだった。

ところでここで注目したいのは、「青藜（黎）館春樹」のことである。「青黎館」が書肆今津屋辰三郎のことであるのは、先（258頁）に『改訂増補近世書林板元総覧』に見た（但し彼が「春樹」を称したかどうかは不明）。またその今津屋の居所は「江戸堀三丁目」とあるが、ここはこの時の広道寓居の京町堀南二丁目とも近い。これ以後も広道宅を何度か訪れたようで、少し後の嘉永二年二月八日付高鞆宛書簡（『広道の消息』）に次のような件があり、今津屋辰三郎父子はかねがねウチにもやって来る、と広道は言っている。

（上略）、誰人に候哉、正月廿五六日比と覚申候。門前之赤本屋へ御紙面一通持参され置との事ニ而、其晩受取拝見仕候。然ル処、其已前ニ書林今津屋へ御托し被成候御状今一通有之候哉之趣ニ承候故、此地ニ而、今津屋辰三郎同息子平七と申もの兼々拙家へも参候もの故、早速承ニ遣し候処、一向受取居不申候よし申候。

大意―先月の正月廿五、六日頃に、どなたかが「門前之赤本屋」（どう言う書肆か不明）へ、あなたの（私宛の）お手紙を持参し置いて行ったと言うことで、私はその晩に（その「赤本屋」から）受け取り早速拝見しました。するとこれより先に、今津屋宛に出された（私宛の）お手紙もあるとのことを知りました、その今津屋父子は前から私宅を訪ねて来る昵懇の者で、早速問い合わせましたが、受け取っていないと申しております。

今津屋辰三郎方に出したと言う広道宛の高鞆書簡は、この後直ぐに届いたようで、嘉永二年二月一四日付同上書簡（『広道の消息』）の冒頭に、「旧冬霜月廿二日出之御書翰二封今日【二月十四日】当地へ到着之由ニ而、江戸堀今津屋辰三郎持参、拝見仕候。」と見える。

なお、青黎館と直養とは大坂書肆と風雅を嗜む好学の在坂蔵屋敷役人との関係として分かり易い。青黎館は恐らく他の蔵屋敷にも出入りしていたことだろう。直養は江戸藩邸勤務中の天保九年に『金石年表』を板行しているが、ここ大坂では『詠歌眼目』を板行している。即ち、「古典籍データベース」掲出の同書の「富山市図山田孝雄」蔵板本は、その文末に「弘化四年といふとしの葉月のもち／の日なにはの浦にかくれすむ／萩原廣道／しるす」とある（弘化四年八月一五日付）広道序文が付され、奥付に「篠迺舎〔西田直養〕蔵板／嘉永元戊申三月新刻／弘所　大坂心齋橋通淡路町　今津屋平七梓」とある。直養蔵版ながら製本・売弘書肆は「今津屋平七」で、先の高鞆宛広道書簡にあったように、彼は青黎館の息子である。高鞆と青黎館との関係は分からないが、青黎館が商用で周防の高鞆方を訪れることがあったのかも知れない。

(2)　秋田屋太右衛門

㈠　嘉永元年正月二三日付鈴木高鞆宛書簡（『広道の消息』）の冒頭に、次のようにある。

客冬十月十五日御発出之華翰、本月廿日、書林秋田屋太右衛門ゟ相達、辱拝見仕候。（中略）。未拝顔不仕候処、虚名御高聞之由ニ而、遥々御芳訊被下、汗背《かんぱい》之至奉存候。

これは、広道宛の前年弘化四年一〇月一五日付高鞆書簡に対する返事で、その高鞆書簡は残らないが、大坂の広道のことを知った周防宮市の高鞆の方から秋太を通して、初めて手紙を寄越して来たことが分かる。彼が広道を知ったのは、書簡のこの後の方に「拙著係辞弁と申もの御覧被下候由、御甘心之旨被仰下、慚愧仕候。」とあることから推測される。

「係辞弁」即ち『てにをは係辞弁』は、その巻末に「嘉永二年正月／発行書肆　秋田屋太右衛門」とある板本が流布しているが、弘化三年一二月一一日付藤井高雅宛広道書簡に「漸、一冊上木出来仕候へども、売弘御免なく候故、書林よりは売出し不申候。」とあり、本書は実はその二年前に出来ていて許可の下りないまま、少しずつ流布していたらしい。「売弘御免」と言うのも建て前であることが多いようで、秋田屋太右衛門はその前から本書を売り弘めていて、周防の高鞆も行商でやって来た秋太から本書を購入したと想像される。その際に、高鞆は秋太から広道の噂を聞いた、そしてそれを承けて広道も「虚名御高聞之由ニ而、云々」（実際以上の評判をお聞きになり遠くからご書信をお寄せ下さってたいそう恥じ入りおります）と言ったのだろう。高鞆は、本書を読んだ感想を認め、また編集中の類題集用の広道及びその周りの者の詠草を得るため、秋太方に広道宛書簡を発した、そして二ヶ月後にその秋太から広道の手に届いたと言うわけである。書肆秋太が広道と高鞆とを繋いだのだった。

㈡　嘉永元年三月二一日付高鞆宛広道書簡（『広道の消息』）に、近藤芳樹に就き、次のような件がある。

近藤氏寄居哥談初・二篇、一覧仕候。書林秋田屋より野生方ニ何ぞ出し候様、申来居申候。追々何ぞ遣申候。追々何ぞ遣申候。同氏ニも知音ニなり度と存居候へども、雑務多忙ニ而、未だ遣し不申候。

冒頭の「近藤氏寄居哥談初・二篇」は、先（129頁以下）にも触れた近藤芳樹の『寄居歌談』初編・二編のこと。初編表紙に「壬寅（天保一三年）」とあり、二編のそれには「癸卯（同一四年）」とあるので各編はそれぞれの年に板行されたのだろうが、広く流布するのは弘化二年版で両書の奥付には共に「弘化二乙巳歳／弘所書林　芸州広島播磨屋町薬舗　出店　井筒屋忠八郎」とある。井筒屋忠八郎は芳樹の広島時代の門人で末田正勝のこと。彼が本書を仕切った（製本・売弘に与った）のだろう。大坂での販売を井筒屋から引き受けた秋太が出来たばかりの二冊本を広道に贈り、その際何か歌話を芳樹まで寄せたらどうかと勧めたらしい。とにかくこの時点ではまだ文通は始まっていないが、秋太が芳樹との間を取り持ったのである。

秋太は芳樹とも早くから親しく、広島の井筒屋とも親しかった。『芳樹日記』の芳樹在坂中の、天保一一年三月の条には、広島からやって来た井筒屋が芳樹や秋太と親しく交わっている様子が伺え、また、同日記弘化三年一〇月一九日の条（芳樹在萩）には、

大阪の秋田や太右ヱ門・広島の末田正勝のふたり来れるよし、山城やよりいひおこせたり。やがて正勝きたれり。菓子また肴代などおくりものあり。秋田やよりたばこの粉をおくれり。

と見え、二人して萩まで行商に赴いているのである。あるいはまた、嘉永五年十月一七日付高鞆宛広道書簡（『広道書翰』）に、次のような件が見える。

（末田）正勝登坂、二度私家へ尋くれ申候。秋田屋へ止宿、道遠方にて頓と度々も出會不致、此方ゟハ度々出かけ候へども、毎々呑ニ忙しき由ニて外出がち故、（下略）。

広道は嘉永三年の四月から山陽道旅行に出かけ、八月に広島に着き一ヶ月半ばかり滞在し、末田正勝と交わり世話にもなった。その正勝が大坂にやって来て、ごく懇意な秋田屋に止宿していたのである。

㈢　嘉永三年正月十一日付高鞆宛広道書簡（『広道の消息』）に次のように中島広足に言及されている。

広足へ文通仕候事、仰之通ニ御座候。秋太へ頼来、已来文通してくれと申事故、一翰遣し返事参り又一翰遣し置申候。何分おもしろき人らしく聞え申候。

周防の高鞆と長崎の広足とはこれまでに文通があった（面識もあったか）。そんな中で高鞆の方から大坂の広道のことを広足に好意的に伝えていたのだろう。その広足から、広道と文通を始めたと高鞆に知らせてきたらしい、そのことを高鞆はまた広道に伝えて来たようで、右の件はそのことを承けた

もの。広道は、広足の方から秋太を通して私と文通したいと言ってきたので、こちらから広足に手紙を出しました、彼から返事が来たので、また私の方から手紙を出したところです、広足と言う人は魅力的な人だと評判ですね、と高鞆に返事している。この後どうなったか、残されている高鞆宛書簡には見えない。なお、この後の安政四年に広足は大坂の門人に招かれて大坂に来、翌五年から文久二年までの数年間大坂に居住する。広足来坂の直前に中風で倒れ後遺症の残る広道だったが、徐々に回復に向かう中、その広足と親しく交っている。広足と広道とを繋ぐ役割を秋太は果たしていたのだった。

(3)　河内屋喜兵衛

嘉永四年五月廿三日付高鞆宛広道書簡（『広道の消息』）に、次のような件が見える。

> 紀州之諸平、五月十八日忽然と出来、書林河喜方ゟ拙生ヲ呼ニおこせ申候。廿日参逢申候。狂気と申体ハ更になく候へども、何角憤慨むねニ満候体ニて、上向へ憚候事を述候段ハ一切條理聞え不申候。夫故、狂人のやうニも聞なし候事歟。何分ニも浪人して哥よみニなり候覚悟と聞え候間、頻ニ諌め置申候。

加納諸平は弘化四年一二月大病し嘉永三年頃まで一進一退を繰り返していて、嘉永四年のこの頃に漸く回復したらしい。彼が大坂に出てきた理由の一つは『鰒玉集第六編』（嘉永四年九月刊）板行に関することがあったようだ。河内屋喜兵衛即ち「河喜」はその「第六編」売弘書林の一つだった。諸平は大坂では河喜方に滞在していて、その使用人かを通して、広道に面会を求めてきたらしい。広道は河喜に出かけて行き諸平と会いその印象を高鞆に伝えている。広道は諸平とその鰒玉集の歌風を評価せずこれまで殆ど交流はなく、今回が初めての対面である。河喜方はその両文人を取り持った文字通りの中継場所であった。

三　広道の著作活動

先に来坂・仮寓文人たちの在坂中の著作活動を見た。広道もまた彼らに劣らずに多くの著作をものにしている。そのうち板本に就いては、天保一三年五月から嘉永四年一二月までの間、書林仲間停止に付き『書籍目録』に記録を欠くため、大坂書林の関わりは分かりにくい。ただし、自序や刊記などによって、またその著作に触れている広道書簡からも、いくらか補うことは出来る。

Ⅰ　広道の著作

広道は、弘化二年に大坂にやって来たが、その夏五月に京町堀川沿いの家に住み、翌三年夏には大坂北郊北野村に転居し、その後、高麗橋、江戸堀南、江戸堀北に転居する。

いま、写本・板本を問わず、確認できる広道著作を、その居所毎に挙げると次のようである。写本はそれが成った時であるが、板本は板行された時なので、稿の成った時とはかなりずれているものもある。なお、広道には、この他何種かの類題集への関与があり、またいくつかの歌合評や他人の著作に寄せた序文・評、あるいは中途で草稿のまま残されたもの（「山陽道名所」「寄合随筆」「葭沼詞集」など）があるが、ここでは省いた。

京町堀寓居（弘化二年～弘化三年）

(a)　『あしの葉わけ一の巻』（写本）

(b)　『私家歌会式』[注①]（写本）

(c)『西戎音訳字論』(写本)　(d)『本学大概』[注②](初稿、写本)
(e)『秋二百六拾番歌合』(板本、共著)

北野村寓居(弘化三年~嘉永元年)

(f)『てにをは係辞弁』(板本)　(g)『神璽考疑同傍評私議』[注③](写本)

高麗橋寓居(嘉永元年~嘉永五年)

(h)『さよしぐれ』(板本)　(i)『心の種』(板本)
(j)『葉山のしをり』(板本)　(k)『古言訳解』(板本)
(l)『近世名家遺文集覧』(板本)　(m)『本学提綱』[注②](写本)
(n) 俗文(仮名)『生野銀山孝義伝』[注④](板本)

江戸堀南寓居(嘉永五年~安政元年)

(o)『開巻驚奇侠客伝第五集』(嘉永二年成、板本)　(p)『源氏物語評釈』(板本、初帙)

江戸堀北寓居(安政元年~文久三年)

(q)『源氏物語評釈』(板本、二帙)—但し、実際の板行は元治・慶応年間。
(r)『本教提綱』[注②](写本)

注①=写本(大阪市立大学図書館森文庫蔵)として伝わり、その主要部分は(i)の『心の種』に取り込まれている。
注②=(d)『本学大概』と(m)『本学提綱』と(r)『本教提綱』とは同じものの改題本。
注③=西尾市岩瀬文庫蔵自筆稿本
注④=漢文で書かれた小川含章『生野銀山孝義伝』を俗文(仮名)に改めたもの。

Ⅱ　広道著作活動と大坂書肆

大坂書肆の案内により広道が他の文人との交友を深めて行った例を見たが、ここでは、彼自身の著作や関わりのある作品のうち、その序・跋、識語などを通して大坂書肆との関係の分かるものの一部を取り上げる。但し、最後に取り上げる『本教提綱』は先にも見たが、ここでは書肆との関係よりも周辺の人々との関係にやや詳しく言及する。当然のことながら、著作の成立には多くの人が関わっているわけで、文学史や思想史はもっとこう言う側面にも目を向けるべきではないかと考える。

(1)『真珠乃船』

㈠『真珠乃船』（三巻三冊、大阪府立中之島図書館蔵板本）上巻扉に「入江昌喜随筆／山川正宣／萩原広道閲評／真珠乃船全三冊／浪華書林　積玉圃発兌」とある。篠崎小竹の序（『題辞』）の日付は「嘉永三年庚戌春　正月」、広道の序（「真珠の船のはしがき」）も同じ「嘉永三年春正月」であり、成立は嘉永三年春。下巻巻末刊記に刊年の記載はないが、嘉永三年一八五〇中には刊行されたのだろう。なお、上巻冒頭の「校例」を正宣と広道ふたりが記しているが、その日付は前者は「戊申（嘉永元年）冬　正宣」とあり、後者は「己酉（嘉永二年）冬　広道」とあり、「閲評」の両者に一年の隔たりがある。本書は天明四年一七八四に『久保之取蛇尾《くぼのすさび》』の名で出され、それが今回『真珠乃船』と改題再刊された経緯は広道序文に詳しい（本書は『久保之取蛇尾』のタイトルで『続日本随筆大成11』に収められているが、広道序文も見える）。

㈡広道序文「真珠の船のはしがき」に次のようにある。

（上略）、この書は、入江昌喜といふ人の筆にまかせてしるしたる久保之取蛇尾といふゝみにて、はやう板にゑりてほどこらしたるを、いかにしてかはおこなはれざりけむ、世にしる人もまれなるバかりになむ有ける。（中略）。おのがあひしれる柳原のあるじ、年ごろこのゑり板をもたりけるに、ひさしう蔵の底にうづみてのミあるをわびしがりて、いかで此ふミにおもふ事すこし書そへ、ふみの名をもあらためて、よに行はるべきさまにしてよ、とかたらふによりて、またかたはしより読試るに、まなびの道のひらけたる今よりいはゞ、いさゝかかたぶかるゝ所なきにはたあらねど、さすがにいみじくかうがへえたる事どもゝおほかるを、しかすて物にせむがあたらしくて、山川のをぢがりつかハして、これにおもふことかきつけてよといひしかば、たがへるくだりどもにかうがへをくハへておこせぬ。またふミの名あらためむハ、つくりぬしの心にたがふわざなれば、とていなミしかども、名のむつかしきにもじさへあやしうかゝれたれバ、こればかりにてもおこなはるまじきさまなり、といふもことわりにおぼえければ、いまのよに名高きからまなびの博士、篠崎の翁ハ、入江氏とあひしれるなからひなりきと聞て、やがてかしこへはかりしかば、しかして世におこなハれむとならば、つくりぬしのこゝろも、さはいへどけしうハ思ふまじき道理なりとて、真珠のふねとつけられけり。さてなむおのれもいさゝかおもふ事しるしつけて、柳原がりかへしやりつる。（下略）。

即ち、広道は言う。「おのがあひしれる柳原のあるじ（河内屋喜兵衛）」が、「この（『久保之取蛇尾』の）ゑり板（板木）」を長年所持していたが、それが摺られないまま「ひさしう《（久しう）》蔵の庭にうづみ《（埋み）》てのミある」のを「わびし」く思って、「此ふミにおもふ事すこし書そへ、ふみの名をもあらため」、なんとか「よに行はるべきさまにしてよ」と、広道に相談に来たと言う。そこで、「またかたはしより読試《よみこころみ》る」と、「まなびの道のひらけたる今」から見ると、「いさゝかかたぶか《（傾か）》るゝ所」もなくはないが、しかし「さすがにいみじくかうがへ《（考へ）》たる事ども」が多いので、このまま捨て置くのも惜しく、「山川のをぢ《（翁）》（山川正宣）」のもとに、「これにおもふことかきつけてよ」と言いやると、彼は「たがへるくだりどもにかうがへ《（考へ）》をくはへて」、送ってきた。書名を改めることは原著者の意に反するのではと否むと、あるじは、「（「久保之取蛇尾」では）名のむつかしきに、もじ（文字）さへあやしうかゝれたれバ、こればかりにても、おこなはるまじき（広く流布しそうにない）さまなり」と言う。なるほど、それも「ことわり」だと思い、「いまのよに名高き、まなびの博士篠崎の翁（篠崎小竹）」は、「入江氏とあひしれるなからひ」だったと聞いているので、そこへ相談に行ったところ、「篠崎の翁」も、改題することで世に広く流布するのであれば著者も「けしう《（怪しう）》（不快に）ハ思ふまじ」と、「真珠のふね」と命名してくれた、そして「おのれもいさゝかおもふ事しるしつけ」て、河内屋喜兵衛方に返した、と。

改題の相談に乗ってくれた小竹に就いては、これまでに何度も言及している。摂津池田の山川正宣（文久三年没、七四才）は初めてだが、広道はこの頃から彼と親しくなっていたようである。注①なお、前掲両者の「校例」の日付から考えると、「柳原のあるじ」が広道に「よに行はるべきさまにしてよ」と依頼に来たのは嘉永元年の前半頃だろうか。とにかく、広道は大坂書肆のニーズに応えて、埋もれていた「名著」の再刊に、小竹や正宣らの文人たちの協力を得て実現させたのだった。

注①＝嘉永元年一〇月二六日付高鞆宛書簡（『広道の消息』）に正宣に就き次のようにある（注記・ルビは引用者）。なおここには見えないが、彼は文化一一年入門の賀茂季鷹門である（水田紀久「山川正宣上」『上方文化4』）。

池田ニ居申候山川大三郎正宣（右傍に「年六十ニ近し」とあり）と申者ハ、（中略）、歌文ハ短なる方ニて、仮字もてにハも違ひたる事ありげニ見え候へども、（古器・古物類の）穿鑿ハ里数をもいとハず走り廻り候故、野拙などよりハ勝り居申候。近来（弘化四年九月）京ニて没し候穂井田標輔忠友と申者と至而《いたって》入魂《じっこん》ニ仕候。先ハかの忠友が小店之様ニ見え申候。家業ハ酒家ニ而、已前《いぜん》ハ大名之銀主など致したる豪家に候へども、近来ハ逼塞いたし居申候。乍去《さりながら》諸蔵屋敷などへ出勤候ニ一月ニ二三度も大坂へ出申候。豪邁なる老人にて人の言ハ大抵きかぬかたちの質ニ候へども、申す事ニハ折々妙なる事御座候故、別而《べっして》交り申候。

(2)『遺文集覧』

㈠ 本書『遺文集覧』の成立は、広道序文日付の「嘉永二年冬かむな月」により嘉永二年一〇月。序文や本文の板下も全て広道の手になる。また、初版本と思われる刈谷市中央図書館村上文庫蔵板本（上下二冊）の表紙題簽に「遺文集覧上（下）」とあり、下巻奥付に「浪華　萩原広道輯并評／嘉永三庚戌秋発兌」とあり、嘉永三年秋の板行である。また、出板（売弘）書肆として、京都の恵比寿屋市右衛門、江都の山城屋佐兵衛・須原屋茂兵衛、及び浪華の藤屋禹三郎・藤屋善七の五書肆が並ぶ。

㈡ 本書もまた書肆からの働きかけによる著作で、そのことの分かる件を引けば次のようである。

ひと日、㋐ふみあきひと北尾のハらからとひきていへらく、このごろ㋑扶桑残葉集といふふミをあがなひえたる、これが中よりさるべきふミどもぬき出て、まづ二巻ばかりにえらびえさせよ、板にゑりて世にほどこらさむといふによりて、そのふみをこひとりて見れば、たれやし人のすさびなるらむ、ちかきよに名だかうきこえたる人々の、かきすてたるふみどもを、まめやかにかいあつめて二十巻となしたるなり。さるハ、㋒なにがしの中納言の君のあつめさせたまへる㋓拾葉集に、もれのこりたるをひらひあつめたる心なるべし。いとめづらかなるこゝちして、つら〳〵よみこゝろむるに、たゞにあつむるをのミむねとして、さしもよきあしきけぢめをバわかちあへざりきと見えて、いかにぞやおぼゆるもまじり、あるハ又、その人の名をいつはりよせたるさまの物などもありて、しどけなきことなきにしもあらず。さはれ、あつめたるいたづきハ、げにいとおむかしくめでたかりけり。かれ、その中よりこれかれとえりいでゝ、いふがまゝにふたまきとなして、北尾がりおくりやりつ。さるハ、人のたがへしつくりたる物を、ゐながらとりてくらふがごとく、いとも〳〵人わろくやさしきわざなれど、かの残葉集をさながらゑらんハ、いとたやすからぬわざなれば、まづかくてもよにひろまらバ、かんなふみかゝむとするうひまなびの、いまの物事をしるすたづきとなる事もぞある、とてなむ。されど、これハた、いにしへ学にくハしからざりしほどの物もまじれゝバ、たゞその心をのみとりて、ひたぶるに詞づかひになゝづミそ、とやいはまし。さて、ゑりはてゝはしがきなからんはいかゞといふに、このことのもとするゑをあきらかにしるしつけて、よにつみえがましきしわざをことわるになん。

序文要旨―書肆の北尾兄弟が訪ねて来て、最近この「扶桑残葉集」と言うのを手に入れた、この中から適当な文章をいくつか抜き出して二巻ばかりのものにしてほしい、それを板行して世に広めたいと言うので、それを見せてもらった、誰かの慰み半分の所為らしく、近世の名のある人の書き捨てた文を集めて二〇巻にしたもので、その書名も水戸光圀の「扶桑拾遺集」に洩れたのを集めたものという意味らしい。見ていくと、玉石混淆で名の違っているのもあり整った文集とは言いがたいが、しかし集めた人の骨折りは賞賛に値する。そこでその中からあれこれと選び出して言う通り二巻にして、書肆の北尾方に渡した、しかし自分は何もせず人の苦労して集めたものをあたかも居食いするが如く抜き出しただけで、みっともなくはずかしいことだが、しかしその「扶桑残葉集」をそのまま板に彫るのは容易でないので、さしあたりこんなものでも世に広まれば、仮名文を書こうとする初学者が今の物ごとを記す手がかりとなることもあるだろうとの所為である。なお、この中に古典研究のまだ未熟な頃の文も混じっているので、その文の内容に留意して言葉遣いに泥んではならないと言っておくべきだろう。印刷も終わり端書き（編者識語）のないのもどうかということで、本書成立の経緯を記し、本書が先行する文集からの抜き書きであると言う罪深さを弁明しておくのである。

冒頭㋐の「ふみあきひと北尾のハらから」は本書板元の書肆藤屋善七・禹三郎兄弟のこと。㋑の「扶桑残葉集」は、写本二〇巻二〇冊で国立国会図書館蔵。長短全て290編の作品名は、『国書総目録第八巻』にリストアップされている。㋒の「なにがしの中納言の君」は水戸光圀のこと。㋓の「拾葉集」は『扶桑拾葉集』（全三〇巻、元禄二年成立、元禄六年刊）を指している。

㈢　書肆藤屋善七は来坂後の隆正著作に多く関わっていた。その中の『兼好法師伝記考証』は、善七方にあった「兼好法師ものがたり」をもとに成ったものだった。『遺文集覧』もまた善七所蔵の「扶桑残葉集」をもとに編んだものだが、本書は遺文集として非常によく出来たものだと思う。しかし、より注目されるのは、序文中に「人のたがへしつくりたる物を、ゐながらとりてくらふがごとく、いとも〳〵人わろくやさしきわざなれど、云々」とある如く、本書が基本的には先人の功の上に乗っかって成っていることを、編者広道自身が強く自覚している点で、ここには引かないが、それは例えば『心の種』跋文中などにも見られ、学問や先行の著作物に対する謙虚な（当時は稀な）姿勢が見て取れるのである。

(3)　『源氏物語評釈』

本書板行の経緯については高鞆宛のいくつもの広道書簡で触れられており、多治比郁夫「『源氏物語評釈』の出版事情―河内屋茂兵衛あて萩原広道書簡」（『京阪文藝史料第五巻』）などの基本的な史料も少なくなく、かなり詳しく分かっている。ここで、多治比郁夫「大阪の出版」の簡潔かつ周到な説明を引くと、

国学者の萩原広道が自著『源氏物語評釈』初編八冊の出版に乗り出したのは、ちょうど本屋仲間が復活したころ

であった。ところがどの本屋も出版をひきうけてくれない。その事情は友人あての書翰に「当表、書林之株と申もの旧に復しかけ候処、ドサクサ致したる訳合御座候て、一向に規則相立不申候。夫に付、何事之上木物も書林手へ受取之事、何方も一切見合居申候。さしあたり大に困入候事多く御座候」と書いている。やむを得ず広道は前金払いの予約者を募って資金を調達し、版木屋との交渉、紙の仕入れまで自分で行い、ようやく本を完成させたのが嘉永七年の春である。この本の売り弘めは河内屋茂兵衛が中心であったが、河内屋茂兵衛は本の製作について広道の相談相手となっていたに過ぎない。学問所の開版許可申請は、広道が江戸の知人を通して行い、江戸の本屋が奉行所に願い出て販売許可を取得した。

とある。蔵版で板行する苦労は、『さよしぐれ』なども同じだっただろうが、『源氏物語評釈』の場合は、その規模が大きいだけにその苦労も並大抵のものではなかったようである。それは板行までも勿論大変だが、苦労はその後も続く。例えば、周防の書肆で高鞆と親しいらしい「鶴屋」に『源氏物語評釈』を何部かを託したがなかなかお金を送ってこないので、その催促を高鞆に依頼している次のような広道書簡(前者は安政元年十一月廿三日付、後者は同二年五月三〇日付、共に『広道の消息』)がある。

　鶴屋上坂兎角《とかく》延引ニ相成候よし。何卒早々上られ候様御促し可レ被レ下候。且又度々申ハきのどく(気が重い)故、捨置候へども、かの源氏之代、何卒速に登し呉られ候様、宜《よろしく》御促し可被下候。諸方へ取ちらし候本代、兎角遠方ハ集りかね、大ニこまり入申候。鶴屋斗《ばかり》ならバさても不レ苦候へども、諸方ニてハ大分大金高ニ相成、当惑仕候事ニ御座候。文人ハかけ乞ニも出懸られず、万々苦心御察し可被下候。

本代を送って来ないのは鶴屋以外にもあちこちにあったらしく、「文人ハかけ乞ニも出懸られず、云々」と言いつつ、そんな体裁などかまってはおられずに「かけ乞い」に出かけている姿が彷彿としてくる。

　鶴屋事、先達而《せんだって》一書到来、不相替《あいかわらず》壮健之由、珍重ニ御座候。（中略）。下拙方書物之代、段々延引ニ相成、迷惑致候故（困りますので）、乍気毒《きのどくながら》及催促《さいそくにおよび》候処、いまだ三部もうれ不レ申候由。左様之事ニ候ハヾ、其本《そのほん》早々返され候様、御通被レ下、急々私方へ御登し可レ被レ下候。代物ハ二歩よりハ負られ不レ申候。且、二帙分之代壱両貴家様より被レ下候由、いかなる御算用有レ之候哉、不存《ぞんぜず》候へ共、御きのどくニ存候。何角《なにかと》御不都合ニ而、今便ニも不レ被レ下候由、承知仕候。御廻り合次第早々御頼申上候。去午之地震已来、文人輩散々よわり居申候。纔《わずか》之代物ニも困入候情景、宜御察し可レ被レ下候。扨、右源氏ハ本ニて被レ返候とも少しも不苦《くるしからず》候。爰元《ここもと》ニてハ、金手（買い手）沢山御座候へ共、本なくて困入居候間、少しも迷惑ニハ相成不レ申候。いたまぬ様ニして、早々登され候様、御取斗《とりはかり》可レ被レ下候。

鶴屋には何部渡していたのか、こちらから催促したところ「三部もうれ不レ申候」と言ってきたと言う、それならこちらには買い手はいくらもいるので、残りを早々に送り返すよう伝えてほしいと言うわけである。本の値段を負けろとも言うが、広道はもちろん断っている。それにしても、『源氏物語評釈』の板行前後は、嘉永六年六月のペリーの黒船来航、翌安政元年一月の黒船再来航と日米和親条約の締結、そして同四月の京都大火（禁裡炎上）と右書簡に見える「去年之地震」即ち同六月の東南海大地震と、災難続きである。「文人輩散々よわり居申候。纔之《わずかの》代物ニも困入候情景、宜《よろしく》御察し可被下候。」と言うのはウソではない。多くの借財を背負って蔵版で板行したため、広道は一時も気の休まることがないのである。

(4)　『本学大概』（「本学提綱」）

本書に就いては、広道の主著としてこれまでに何度も言及してきている。結局板行されなかったが、しかしその板行の動きも事実としてあったので、ここではその点を中心に取り上げる。

㈠　広道の『さよしぐれ』は比較的好評で、再刻版（増補版）も出されそれに鈴木高鞆の「跋文」も付されている。実は高鞆はこれより先、自分の著作目録も『さよしぐれ』巻末に付けてくれと言って来たらしい。広道を同志と思っている彼には悪意はないが、広道はそれを断るべくあれこれと弁明し、その苦肉の策として、『本学提綱』巻末に高鞆が跋文を認め、その縁で「著作目録」を載せてはどうかと提案をした。即ち、嘉永二年二月一四日付高鞆宛広道書簡（『広道の消息』）に、次のような件が見える。

昨春ゟ上梓受合せ置候本学提綱【本学大概の事】と申候もの、近々清書ニかゝり可レ申つもりニ候へバ、その跋文一段御認被下候而《くだされそうろうて》、その縁ニかの巻尾ニ（「高鞆著作目録」を）つけ、発行仕候てハ、如何可レ有レ之哉。御一考可レ被レ下候。

要するに、昨春より板行を請け合ってもらっている『本学提綱』は、板行すべく近々清書にとりかかるつもりである、あなたはその際、跋文を認《したた》め下さって、その縁であなたの著作目録を付けられたらどうかと言うのだが、高鞆の跋文の件はここでは実はメインでない。注目したいのは、『本学提綱』の上梓を昨春から書肆に請け合わせていると言う冒頭の件である。書肆の合意も取ってあり、近々清書にかかるとも言う。清書は広道の場合は板下を書くと言うことだから、板行もかなり間近に迫ってきたように聞こえる。しかし、書肆が上梓を断ってきたのか、広道自身が本書の未《いま》だしを痛感して上梓を延期したのか、とにかく嘉永二年時に板行はされなかったし、その後もしばらく板行の話は聞かれなかった。

㈡　これより十余年後にもまた、『本学提綱』板行の話があったようで、この頃大坂にいて一旦熊本に帰郷中の中島広足の、文久二年九月二日付秋田屋太右衛門宛書簡（『混沌第十号』〈昭和六一年三月〉）に「萩原本学大概、御引受上木ニ相成候哉。」と言う件が見える。今回の本書の板行に就き、秋太からか、前もって広足に相談があったらしく、在坂中の広足の文久元年八月一八日付秋太宛書簡（同上）に、

　萩原著書其時分直ニ返上仕候、宿本にハ無二御座一候、徳次郎ニもたせ返上仕候、無二相違一候。

とある。ここに見える「萩原著書」とは先の書簡に見えた「萩原本学大概」のことで、広足にも見て貰うために預けられていたに違いない。いつまでも戻らないので秋太から広足方に問い合わせがあったかして、右の件はそれに対する返事だろう。それはともかくも、本書の板行が広道においては文久元年前後から考えられていて、それがまわりでも話題になっていたことが知られる。なお、前掲高鞆宛書簡に見えた嘉永二年時の本書板行に関わる書肆も秋太だったかも知れないが、今回も板行に移されることなく、本書は稿本三冊のまま大阪府立中之島図書館に蔵されている。

㈢　先（350〜351頁）にもその一部を引いたが、斎藤拙堂が本書の序文（「本学提綱序」[注①]）を書いていて、それが『拙堂文集』三之巻に収まる。[注②] そこで拙堂は次のように言っている（序文中「萩原某」は萩原広道）。

　本居宣長は昔に用いられていた「和魂」と言う語を見いだし、口癖のようにして門人たちに示した。そのため今では多くの人がこの語を使うようになり、見識のない者はやまとだましいさえあれば全てが足りる、漢学なぞは無用だなどと言う。こんなことを言う者は、この語が元は源氏物語や愚管抄等から出ているのを知らない。そもそも「和魂」なるものは「漢才」と併せて役に立つものであって、今の人々の言う所とは異なっている。その上、菅原道真の「菅家遺戒」も、国学の要はもし和魂漢才でもってしないなら、その深奥をうかがい知ることは出来ないとも言っているのだ。一方、近頃の儒者と言えば漢籍一辺倒で、彼（漢）を尊び我（和）を卑しとして、国典を読まず和歌和文を論ぜず、国史律令などそれがどう言う物かと言うことすら知らない。こんな中で、国学者でありながら漢籍にも広く通じている浪花の「萩原某」が国学者の固陋を哀れみ漢学者の過

ちを憂えて、これを正すべく本書を著し、名付けて本学提綱と言い、私に序を依頼してきた、私は漢学者であるがまた国典にも広く通じ、孔子の学を主としながらも一方では大和魂を失わない者である。この書が今の学者の弊を的確に言い当てているのを喜び、それを吹聴すべくここに私の意見を記してはしがきとする。

この拙堂序文は広道方に送られて来なかったのだろうか、稿本として残る『本教提綱』には、巻頭に付された弘化三年四月付秋元安民序文以外に、他の序文は見えない。

注①＝永山祐介氏のブログ「独学漢文法」に「斎藤拙堂『本学提綱序』／江戸時代の儒学者、斎藤拙堂「本学提綱序に云う」として、白文とその大意が載る（白文の「原文」の出典は不明）。

注②＝「本学提綱序」の全文は次の通り（句点や返り点は原文のまま）。

古者有二和魂之語一。鈴屋翁一拈二出之一。以為二口実一。掲二示後進一。至二今日一人人言レ之。陋者或借レ此自便。謂苟有二和之心魂一足矣。奚以二漢之才学一為。殊不レ知此語本出二源氏物語・愚管抄等書一。皆配二漢才一言レ之。与二今日人人所レ言者一異。且菅家遺戒云。国学之要。自レ非二和魂漢才一。不レ能レ窺二其閫奥一。其言如レ此。而意亦可レ知也。由レ此観レ之。古者所レ謂和魂者。既非二今日所レ謂和魂一。而今日所レ云国学者。又非二古者所レ云国学一。必有レ資二於漢之才学一。豈独国史律令和歌物語之謂哉。蓋我列聖廓然大公。不レ置二彼我於胸中一。彼言而是。我取以為レ法。彼行而善。我遵以為レ典。毫無二掩レ拙護レ陋之見一。雖二今日国家之制一亦然。故其建レ学教レ士。不レ止二於国史律令和歌物語一。是非二所レ謂佗石攻レ玉之意一歟。雖レ然。近世儒士耳目濡二染於漢籍一。或尊レ彼卑レ我。不レ屑レ読二国典一。無レ論二和歌物語一。有下不レ知三国史律令為二何物一者上。本末之倒置亦太甚矣。豈其可耶。浪華萩原某世所レ謂国学者流。而頗二渉漢籍一。憫二国学者之固陋一。而憂二漢学者之紕繆一。慨然著レ書。矯而正レ之。以諗二於世一。名曰二本学提綱一。属二序於余一。余漢学者。而頗二渉国典一者也。宗二孔子之学一。而不レ失二大和魂一者也。甚嘉三此書之中二今日学者之弊一也。為レ之書二鄙見一。助而張レ之。以寘二於簡端一。

㈣　この拙堂序文の書かれた時期を推測してみる。序文は「本学提綱序」なので書かれたのは嘉永二年以後。拙堂が本書を全く見ずに書くとは思われず、しかし本書三冊を大坂から伊勢津に送ったり誰かに託すことは、これまでの広道と拙堂との関係から考えられず、拙堂が大坂にやって来た時が僅かなチャンスとなる。「年譜」注①によれば、拙堂は、嘉永二年以後は、嘉永三年秋と安政三年秋と文久元年三月の三度に来坂している。この中で「本学提綱」の板行が考えられたのは、先に見た如く文久元年前後のことなので、文久元年三月の拙堂来坂時に序文が依頼されたと考えるのが一番自然だろう（書かれたのは伊勢帰宅後で、何かの都合で広道方に送られずに留め置かれた可能性が高い）。

注①＝橋本栄治『叢書日本の思想家39斎藤拙堂・土井聱牙』付載「斎藤拙堂・土井聱牙略年譜」

㈤　文久元年三月在坂中の拙堂消息は、旭荘の『日間瑣事』や当時京坂に滞在していた長門萩の芳樹『芳樹日記』などから、ある程度は伺うことが出来る。前者の文久元年三月二一日の条によれば、拙堂が三月二〇日頃に来坂し堂島玉江橋辺の「逆旅」に宿っていたこと、後者の同上二七日の条によれば、拙堂がこの日に大坂を出立した（芳樹が玉造まで送った）ことなどが知られる。なお、芳樹のこの頃の消息に就き、多治比郁夫「近藤芳樹と緒方洪庵」（『京阪文藝史料第二巻』）に次のような件が参考になる。

文久元年（一八六一）の二月十七日に、芳樹は河内喜里川の中西多豆伎を訪ね、そのまま奈良や月ヶ瀬を遊覧、宇治から京都に出て三月四日に帰阪する。十日には網嶋の岡氏の別荘に花見に行った洪庵を追うて、そのまま一夜を過ごした。右の二月十七日より三月十日までの日記はかなり詳細な記述であるが、直後に更に手を加えて『梅桜日記』と題して出版した。巻頭に斎藤拙堂が題し、森一鳳が梅と桜の花びらを描き、中島広足が「いづれとも何か分べきなつかしき春のゐまいの花のいろ香を」の歌を添え、小本ながらしゃれた一冊となっている。

芳樹が、奈良・京都の周遊旅行から帰り、右引用文中に見える『梅桜日記』を認めた頃に、拙堂が来坂している。芳樹は、安政元年五月、江戸藩邸詰めの帰途、伊勢津に立ち寄り拙堂を訪ねていて、実は彼とは旧知の間柄だった。早速にも芳樹は拙堂に『梅桜日記』の巻頭に掲げるべく題詩を乞うた。題詩には「玉雪雙清／拙堂隠士書」とあり、日付はないが、拙堂在坂中だったことは明らかである。ところが、これにもう一つ付記すべきことがある。

芳樹に板本『大祓執中抄』三巻三冊がある。『国書総目録』には、板本として弘化三年版や安政四年版や元治元年版が挙がる。しかし、弘化三年版は弘化三年五月付加納諸平序文によったのだろうし、安政四年版は同じく「安政四年三月ばかり」付千家尊孫序文によったのだろう。『芳樹日記』安政五年二月二八日の条に、「午後、佐久良東雄ガ北御堂裏ノ亭ヲ訪フ。大祓執中抄二冊ヲカス。」と見えるが、これは稿本の「大祓執中抄」を貸したと言うことで、この時はまだ板行されていなかった。さらに念を押せば、右諸平序文の後に安政六年六月付佐々木春夫識語が付されているので、板行はさらにそれより後となるだろう。と言うことで板本としては元治版が一番確からしいと言うことになる。いずれにせよ、少なくとも文久元年にはまだ板行されていなかった。と言うのも、実は前掲『拙堂文集』の「本学提綱序」の直前に、「大祓執中抄序」が載るからである。『拙堂文集』に収まる他の文章も年次順に並んでいるのかは分からないが、少なくともこの両序はほぼ同じ頃に認められたと考えられるだろう。なお、「大祓執中抄序」も、芳樹に届けられなかったのか、板本『大祓執中抄』には見えない。

㈥　先「本学提綱序」に、「浪華萩原某世所㆑謂国学者流。……。名曰㆓本学提綱㆒。属㆓序於余㆒。」とあり、著者の萩原広道は「萩原某」と呼ばれている。一方、「大祓執中抄序」には、「長門芳樹近藤子検㆓覈大祓之詞」。備加二詮釈一。凡若干巻。名曰二執中抄一。属レ余叙レ之」とあり、著者近藤芳樹は「芳樹近藤子」と呼ばれていて、芳樹と広道の扱いは違っている。考えられるのは、芳樹は直接拙堂に依頼したに違いないが、広道の場合は誰かを通して（あるいは誰かが気を利かして）依頼したのではないか。もし直接会って依頼したのなら「萩原某」とはならぬだろう。それではその「誰か」とは誰か。書肆の秋田屋太右衛門も十分可能性はあるが、一番考えられるのは既に拙堂に『梅桜日記』に題詩を書いて貰っていた近藤芳樹で、自分用の序文を頼み同時に広道用のも依頼したのだろう。共に国学書ではあるが、両書は競合するようなものではなく、碩学の序を戴くことでより広い層の読者を獲得出来るだろうからである。

(七)

拙堂序文成立の経緯や時期に就いては右のようだとして、本書のタイトル改変に就いて触れる。

タイトルは、Ａ本学大概↓Ｂ本学提綱↓Ｃ本教提綱、と改題されているが、その時期は必ずしも明確でない。文久二年時点でも広足は本書を最初のタイトル「本学大概」で呼んでいるように、当時広道の周りの者の間でも、その改題が知られていたとは言いがたい。弘化二年に成ったと推測されるＡ「本学大概」は、前掲嘉永二年二月一四日付高鞆宛書簡に「昨春ゟ上梓受合せ置候本学提綱【本学大概の事】と申候もの、近々清書ニかゝり可申つもりニ候へバ、云々」とあるので、嘉永二年にＢ「本学提綱」と改題されたと考える。[注①] 一方、Ｃ「本教提綱」の改題時期は確定しがたい。現存の広道書簡にＣの名は見えず、例えば前掲の安政二年の池辺真榛宛書簡（「真榛宛広道書簡」）に「本学提綱と申拙著、入御覧候様被仰下、云々」とあり、さらにすぐ右に見たように、文久元年かと推測される拙堂序文も「本学提綱序」とあった。従って、最後のＣ「本教提綱」への改題は、文久二年以後の広道最晩年のこととなるだろう。それを考える上でヒントになるのは、この時点でのタイトル変更のきっかけである。

『本教提綱下之巻』の「学問の大概」の章の最初は「〇第一科　本教」だが、その中に、

（上略）、故、此書をも本教提綱といへり。【初ハ本学提綱といへり。是ハ本教学といふ意なり。然れども、本学といふこと上古になし、と或人のいへれバ改たり。】

と言う件がある（【】は割注）。「或人」の「本学といふこと上古になし」との指摘を知り、タイトルの「本学」を避け（古事記に出典をもつ）「本教」に変えたと言うのだが、その問題の「或人」とは、確証はないが、恐らく六人部是香だろう。彼の『篶能玉籤』（大阪府立中之島図書館蔵板本）に接し、板行しようという間際になって、タイトルを変更したのではないか。と言うのも、その『篶能玉籤』の「国学やまと心　和魂　本学　和学」の章に次のような件があり、そこに「本より本学といふ事ハ有べくもあらず。」と言われているからである（なお、是香自身はこれまで通りの「国学」呼称を是とした注②）。

近キ頃国学といふを、彼ノ令なる諸国の学館より起れる称呼《ナ》に混《マギ》るゝを嫌《キラ》ひ、古事記ノ序に本教とあるを拠として本学といひ、あるひは古く何事の上にも和ノ字を付て呼《イヒ》つるに習ヒて和学といふべし、などいふ説も起れるハ、皆私の狡意《サカシラ》にして好《ヨロ》しからず、本より本学といふ事ハ有べくもあらず。

『篶能玉籤』の板行に就いては別のところでやや詳しく触れた（拙稿「刊年問題三題―広道・是香・言道の刊本―」〈『葭第25号』〉）。結論的に言えば、本書は全き私家版として安政二年二月～安政四年四月の間に刊行されていた。その後官許を得て、文久元年九月に板行された（但し何故か翌二年に不許可になった）。広道が前者の板本を見た可能性もあるが、安政三年秋に中風で倒れた時と微妙に重なるので、後者の版の可能性が高い。この頃に『本教提綱』板行が計画されていたので、時期的にもぴったり重なるだろう。

ところで、是香の指摘が正しいかどうかは、ここでは問わない。隆正門ではキーワードとも言うべき「本学」を、従って広道も弘化元年の初稿以来二〇年近くも本書のタイトルに付し続けてきたのに、是香の指摘を是として、「本学」呼称を止め「本教」と改めたわけである。もともと党派性とは縁の薄い広道だったけれども、それを学問的に正しい指摘だと彼自身が認めたに違いない。それにしても、正しいと認めればあっさりと受け容れる学問的公正さは、やはり称賛されてもいいだろう。彼はこの二年後に亡くなり本書も板行されることはなかったが、「本学」を「本教」と訂正できただけでも（その「本教」呼称もまた妥当なのかどうかは別にして）、彼としてはきっと本望だったに違いない。

注①＝先（367頁）にも引いた嘉永元年八月七日付高鞆宛書簡に「先年、本学大概と申書三巻、書竟申候。」とあり、嘉永元年のこの頃はまだ「本学大概」と呼ばれていた。「古典籍データベース」掲出の「本学提綱」はその成立は弘化三年とあるが、その正宗文庫蔵本に付された弘化三年四月付秋元安民序文によったのだろう。この安民序文はもとは「本学大概」に付されたものでタイトルが変わっても踏襲され、事実、『本教提綱』にもその冒頭に同じ弘化三年四月付の安民序文が「本教提綱序」として見える。

注②＝是香は「古く国学と連続《ツヾキ》たる文こそ知らね、皇極紀に国記、古語拾遺に国史とあるに拠リても国学といふぞ正しかりける。」と言う。つまり（「本学」と同じく）、古く「国学」と熟して記されたものはないが、「国記」や「国史」はあるので、それに準ずれば「国学」呼称は正しい、と言うことのようである。

㈧　前掲森川「本教提綱―その書誌―」も指摘するように、大阪府立中之島図書館蔵稿本『本教提綱』第一冊目の表紙に「願人　越後屋治兵衛」と「作者　萩原広道」と見えることである。京都の有力な彫師で書肆でもある越後屋治兵衛は、前掲『侠客伝第五集』の売弘書肆の一つであり、その開版願を京都東奉行所へ願い出た者だった。今回はそれが実際に出されのかどうかは分からないが、『侠客伝第五集』と同じく、板元は大坂書林（秋田屋太右衛門だろうか）で願人を京都の越治が買って出ていたのである。

四　俗地の文人萩原広道

Ⅰ　「文人」とは何か

⑴　文人の「定義」

広道は、文人として立つのが困難な俗地大坂の地で「文人」として生きた。晩年は中風で倒れて肢体（右手）不自由になり満足な活動はとうてい出来なかったが、最後まで「文人」として生き抜いたのだった。ところで、その「文人」と言う言葉をこれまで多用してきたが、改めて「文人」とはどう言う者を言うのか、よく使われる割には、必ずしも自明とは言えない。そこで、本来の「文人」の意味を手短に知るべく『岩波古語辞典』をのぞいてみると、三つの意味が記されている。その三つ目の「特に大学寮の文章生をさす。」はここでは除外していいだろうから、問題となるのは次の二つ（A、Bの符号は引用者）である。

A―「文事にたずさわる人」とあり、『続日本紀』の養老五年(七二一)一月二七日の記事が案内されている。確かにそこには「(上略)、又詔曰、文人・武士、国家所重。医卜・方術、古今斯崇。」と見える。

B―「詩文・書画などの風雅をよくする人。」とあり、『続日本紀』神亀五年(七二八)三月三日の記事が案内されていて、そこに「天皇御鳥池塘、宴五位已上、賜禄有差。又召文人、令賦曲水之詩。」とある。

漢語としての「文（文事・文学・文人）」は言うまでもなく、その対象として漢学・漢詩文を指している。Aの「文人」は「武士」（あるいは「武人」）と対立させられた言葉で（共に朝廷に仕える者）、Bの「文人」はAの「文人」の中で、特に「詩文・書画などの風雅をよくする人。」のことを指している。Bの「文人」がよく使われていて、「文人墨客」などと熟して用いられたりしている（「墨客」は書画をかく人）。それと、当然のことだが、「文人」は、AであれBであれ、まず官吏・役人である。それを前提としての「仕事」または「余技・趣味」として「文」に関わっている者の謂いである。。

国学者歌人である広道の言う「文人」は、そもそもから言えばAでもBでもないけれども、アナロジカルに言うと、まずBでないのは確かだが、「文事」をより幅広く――「武事」に対して――広く学問芸術一般をさすものと考えれば、Aに近いと言うことになるだろうか。

(2)　近藤芳樹の「文人」

広道より一四才年上の周防（後に長門萩藩士）の芳樹は、嘉永六年以後から広道と交わるようになり、江戸詰めの往途・帰途、あるいは上京・上坂時には、広道宅を訪ねることが多かった。

㈠　その芳樹の日記『芳樹日記』文政九年四月五日の条に次のような件があり、そこに「文人」が見える。

兼好法師徒然草に、友とするにわろきもの七あり。一にハたかくやんごとなき人、二にハわかき人、三にハ病なくてつよき人、四にハ酒このむ人、五にハたけくいさめる兵、六にそら言する人、七にハよくふかき人。よき友三つあり。一にハものくるゝ友、ふたつにハくすし、三にハちゑある友トアリ。芳樹云。余ハコレニ異ナリ。友トスルニワロキモノ、三ツアリ。文人ト名ノハル儒者、二ツニハ老タル人、三ニハ金モタヌ人。友トスルニヨキモノモ、マタ三ツアリ、ヤムゴトナキ人、色コノム人、書ヲヨム人ナリ。

芳樹は友とするによろしくない者の一人に、「文人ト名ノル儒者」を挙ている。ここで、儒者漢学者の中で「風雅」（特に漢詩文）に遊ぶ者を「文人」と呼んでいて、明らかに先のBの例（「文人墨客」の「文人」）と同じである。

(二)　周防大道の上田堂山に宛てた文政一二年六月晦日付芳樹書簡（『芳樹書簡』）に、次のような件があり、ここにも「文人」が見える。

則チ日々山田へ参り、律令格式其外、有職之事研究仕候。カツマタ《且又》、儒家ニテハ猪飼敬所へ参り申候。此人、京師《けいし》ニ而《て》ハマヅ第一之儒者ニ而御座候。頼へ可参《まいるべき》カト奉存候所、頼ハ一向之文人ニ而、中々書之引立ハ一人も不仕、身之為不宜《よろしからず》と段々申人御座候ニ付、（認め物の依頼には）参不申候。

冒頭の「山田」は、これまでも触れている京都吉田家家司で有職家の山田以文のこと。「猪飼敬所」は「経書」研究の儒者として知られる。「頼」は言うまでもなく頼山陽である。敬所は京第一の儒者だが、山陽は「一向之文人ニ而《て》（もう全くの文人で）」宜しくないと言うので訪れもしないと言う。芳樹は山陽を「友トスルニワロキモノ」の一人である「文人ト名ノル儒者」だと見なしたのである。

(三)　右に見た「文人」は、いずれも儒者・漢詩人に対して用いられている。ところが、文政七年一一月三日付同上書簡（同上）の中に、江戸の伴信友を紹介した次のような件が見える（文末の「頼ミ遣シ、云々」とは、先（313頁）にも触れた「延齢松集」用の歌を信友に乞うたことを言う）。

江戸表へも伴州五郎信友【博学者也。酒井若狭守君之家来、大平先生ノ門人。当年五十才バカリ。正ト考又残桜記抔《など》、其外著述多く、甚頼モシキ学者。彼イハユル文人家ノ交リヲタチ、事実ノヿノミヲ見究イタシ候学者也、(下略)。】へも頼ミ遣シ置候事ニ御座候（【 】内は割り注。以下同じ）。

「大平先生ノ門人」とある。事実、信友の名は『藤垣内門人姓名録』の享和三年の条に見える。信友は「著述多く、甚《はなはだ》頼モシキ学者」であり「事実ノヿ《こと》ノミヲ見究イタシ候学者」であって、「彼《かの》イハユル文人家」などとは交りを絶っている、と芳樹は言っている。「文人家」とは少し聞き慣れないが、「イハユル」とあるのでそんな言葉遣いもあったようで、いわば「文人」を称しそれを売り物にするような者を言うのだろうか。国学者信友の噂の中で言及されているので、ここでの「文人」は(漢詩文ではなく)歌文などの風雅に遊ぶ者の謂い—いわゆる「歌詠み」と同意—である。

芳樹日記・書簡によれば、「文人」とは、漢学(漢詩文)や和学(歌文)のジャンルは問わず、「風雅をよくする人」あるいは「風雅にあそぶ人」のことで、恐らく世間一般でも用いられているものだろう。

(3) 広道の「文人」

さて、改めて広道は「文人」をどう言う意味合いで用いていただろうか。

㈠ 繰り返すが、芳樹の「文人」は、(和漢を問わず)「風雅をよくする人・風雅にあそぶ人」と言う意味であり、当時も今も広く流布する「文人」のイメージと重なっている。特に有職故実と言う「実学」を学ぶ国学者芳樹にとって、漢詩文・歌文と言ういわば「虚学」に親しむ「文人」たちは、その〈本業〉である儒学や国学を傍らに置き、本来は〈副業〉または余暇の慰みに精を出すと言う、本末転倒をなしているが故に、当然にも否定的にならざるを得なかっただろう。

しかし、広道の「文人」は、彼はそれを目指して大坂に移住して来たのだから、芳樹のように否定的意味で用いられている訳はない。広道の「文人」はそれ自身が本業であると考えている点で、芳樹の言うのとは決定的に違っている。「文人」の仕事は余技でもましてや遊びでもなく、まさにプロ（職業）としての、「生業」としてのそれである。広道の友人や門人たちも、広道がそう言う「文人」として立とうとしたからこそ、その挙を支援したのだった。そのことは、弘化三年一二月一一日付高雅宛書簡（『広道消息』）からも伺うことが出来る。[注①] また、本書の冒頭〈まえがき〉に引いた弘化二年八月頃と推定される坂根六三郎宛広道書簡に「大阪《（ママ）》にて御存じの歌よみになりても相なるべく、云々。」とあった。本学運動に従わんとする広道自身は「歌よみ」には批判的だったが、それも「文人」の在り方の一つの姿であり、やや自嘲的ながらも「生業」としてそれを甘受していたのだった。従って、広道の言う「文人」は、先の分類のBには当てはまらず、Aの「武士」に対照される「文人」の意味に近い。脱藩して、「剣」ならぬ「刀」の代わりに、「ペン」ならぬ「筆」を執らんとした広道にとって、「文人」はそれと対立する「武人・武士」が強く意識されていただろう。

　ところで、広道の言う「文人」はAに近いけれども、そこで引かれている用例中の「文人」は朝廷に仕える「文官」（官吏）であったことを考えると、勿論、Aでもない。脱藩浪人の広道が目指した「文人」は、官（幕府・藩）の後ろ盾（「職禄」）など全くなくて、ただに「文事にたずさわる」ことを生業とする者である。勿論、俗塵を避けて雅事を弄ぶと言うBの「文人」像とも決定的に違うわけで、寧ろ、俗の渦中でまさに俗にまみれながら「文事」に従うのである。

注①＝書簡中に「当夏は、児島之辺へ御出張、訴訟之扱ひを被成候とやら承及申候。いかゞ相果候哉。下津井・味野辺、御逗留中、所々より、御噂申越し候。（中略）。拙著之書をも、何ぞ一部上梓してくれるとやら申事。尊兄御考も御座候て、戯文は止めに可致とも申越候。いつれ戯文は不本意に御座候へども、理屈めきたるものはうれ口あしく、困り申候、（下略）。」とある。詳細は不明ながら、「拙著之書をも、何ぞ一部上梓してくれるとやら申事。」とあり、備前児島辺の旧門人が文人としての広道を支援しようとしていたことが伺える。

㈡　徳島藩の池辺真榛宛の安政二年三月一九日付広道書簡（「真榛宛広道書簡」）に、次のような件がある。

江戸にて、国学所御建立の内評も有之候よし。左様に相成候はゞ、珍重に奉存候。但しこれも塾中によき学者出来候はゞ、其人をば如何可被遊、との見込立不申ては、いたづらに近く御座候はんか。本朝の書物よみ計大勢出来候計にても、真に大道の開けたりとも全く難申候半か。何分にも惣裁たるべき人は、偏頗なく人情にも世態にも被通候方にて、学問のつゞまる所何等の国益に成候と申事、能々呑込候人を御撰用あらまほしく候。（中略）、就ては、野生義なども往々御咄被下候由、御懇志千万不浅奉謝候。乍去、御存の廃物、自ら何の用にも難相立をもよく存知居候上は、さるきら〳〵しき所へ這出候事は甚好しからず、何分にも大抵に御くらまし置可被下候。（中略）、此節、備後福山にも文武の学校—号は誠之舘、水戸老侯の御扁額とか—建立有之、国学寮を第一位に被致候て、野生が旧友松本長兵衛と申者、世話方に被仰付候由。何卒参りてくれと申越候へども、多忙故謝して参不申候。

「国学所御建立、云々」とは徳島藩江戸藩邸内の国学所建立の噂を言う。この話を真榛から聞いた広道は、その学校の「惣裁」には、人情世態に広く通じていてかつ学問は究極的には「国益」に繋がることを理解している人を選ぶべきだと進言している。中で注目されるのは、その学校から立派な人間が育ったらその者をいかに処遇するつもりなのか、これから先のそんな「見込み」をも立てているのかどうか、それなしに学校を作っても「いたづら」ごとに終わるだろうと警告していることである。ありきたりな人材登用を言っているのではない、学生たちの学ばんとする意欲や達成したその成果に対する見返りに言及しているのであり、この点は、後（422頁以下）でも触れるごとく、広道が「海防策」批判の中でゆくりなくも踏み込んだ、西洋諸制度への「評価」とも繋がっている。

一方真榛の方もまた、その国学所設置に就き広道のことをいろいろ吹聴してくれているらしい。これはその教官に広道を採用させようとの真榛の心遣いなのだろうが、広道はその「懇志」を有り難いとしながらも、その話はなかったことにして置いてほしいと頼んでいる。実は福山藩校誠之館に国学寮が出来て、その世話方の友人からも話があったのだがこちらの方も断っている。広道は己を「廃物」と見なし、出仕することは全く望んでいず、「只一杯の酒にても呑候て、賎妓の三味せんにても聞、残生を養ひ候つもりに決着仕居申候。」（前掲真榛宛書簡の中略部分）とまで言っている。とにかく、ただただ「文人」として立つこと―「文事」に携わりそれを渡世として人生を全うすることだけなのである。

(三)　広道の書いたものに「文人」の語を見ることは少ないが、安政元年三月一日付高鞆宛書簡（『広道の消息』）に「アメリカ騒ギ二而、世上も何角とさわがしく、文人不景気御高察可被下候。」とあり、黒船来航後、筆一本で生きる我々のごとき「文人」の不景気は大変なもので、なにとぞご高察下さいと言っている。また、翌安政二年五月三〇日付同上書簡（『広道の消息』）にも「去年之地震已来、文人輩散々よわり居申候。纔《わずか》之代物（代金）ニも困入候。」とあり、「散々よわり居《お》」るその「文人輩」の中に勿論広道も含まれている。先に見た芳樹の「文人」と広道の「文人」とに就き、その雅俗・上下等の区別を問うているのではない。対象との関わり方・対象への意識の違いが両「文人」の違いを生じさせている。

自分の書き散らした草稿類は門人たちが立派な板本に仕立ててくれる、その際の経費も勿論出してくれる、編集校正の作業にも手分けして当たってくれる、出来上がった板本もまた彼らが配布するのに従事してくれると言うような、そんな信者のような多くの門人に取り囲まれた文学・思想界におけるカリスマ的指導者ならいざ知らず、「筆は一本也、箸は二本也、衆寡敵せず。」と喝破した明治文壇の斎藤緑雨―その彼と同じように、未成熟ではあるが同様の文壇・出版ジャーナリズムの中で筆一本で生きていた広道にとっては、外寇騒ぎや自然災害による社会の混乱は、文字通り致命的だった。

ところで、広道の言う「文人」が、近代の緑雨のように筆一本で「文事」に携わる者を言うのなら、もはや「文人」と言う呼称は似つかわしくないだろう。明治の小説家たちが好んで?用いたらしい「文士」と言う言葉も（「文人」よりも古い言葉らしいが）、しかし広道には似つかわしくない。その言葉には、一見超俗を誇示しながらも俗におもねそこにどっぷりつかった己に居直ったような意識が見え隠れする。広道もそんな意識と無縁でなかっただろうが、彼は主著『本教提綱』の完成とその板行を最後まで諦めなかった。世の役に立つ実学としての「学問」を構築したいとの志―明治の山路愛山のいわゆる人生に相渉らんとする志―を、「文人」として立たんとした時以来、最後まで持ち続けていたのである。

Ⅱ　人情・世態に通ずること

広道は「人情」を重視した。人の上に立つ者はみな、「（国学所）惣裁たるべき人」も勿論、「偏頗なく人情にも世態にも」通じているべきで、それは作品鑑賞と言うような場でさえも同じだ、と広道は考えていた。

(1)　「人情」に就くことの大切さ

国学は、漢学の「（空）理」に対しては「（実）情」を、「教え（観念的徳目）」に対しては「実事（実際の行跡〕」を対峙させてきた。注① 従って、広道の「人情」重視も国学者一般の考えに沿ったものとは言える。しかし、ここでは一つ一つ挙げないけれども、「人情」あるいは「情」一般は、しばしば「実情」とかにすり替えられ、さらにその「実」の中身が、「益荒男心」や「丈夫心」や「和魂」など、その時々の論者の都合に応じて、適当に置き換えられて行く。広道もまたそんな風潮と無縁とは必ずしも言えなかったが、しかし、彼の言う「人情」は観念的で理想化された「実情」ではなく、現実の俗地に生きる俗人の抱く「人情」でありそれ以上でも以下でもなかっただろう。それこそが俗地大坂で生き続けた証《あかし》そのものだった。

すぐ後でみるように、大坂移住直後に書かれた『あしの葉わけ』でも「人情」に就くことの大切さが強調されていて、彼の「人情」重視の姿勢は岡山時代からのものだったことが知られるが、その姿勢は俗地大坂に移住することでますます強められていったと言うことになる。貴人・雅人が高い所から何か珍しいものでも観察するように俗地にうごめく俗人の「人情」を観察していたのではなく、同じ俗地で生活を共有し、彼らと同じ目線で、広道はさまざまな「人情」とその行く末を見続けていた。

彼の書いたものの中から、「人情」に就くことの大切さを論じた件を、この後にいくつか引いてみる。

注①＝文政三年になった篤胤門の竹内孫市『古道学弁書』(豊橋市立中央図書館蔵写本)に、「一体真の道と申すものハ、実事の上に備ハり有るものにて候」とか「実事が有れバ教へハいらず、道の実事なき故に教ハ起り候也。されば、教訓と申すものハ、実事より卑きものにて候。」とかとある。もっともなようではあるが、問題はその「実事」の中身である。その竹内孫市は、同じ年に、気吹舎塾生として山崎美成が篤胤方に連れてきた例の「寅吉」を見、その問答を身近に見聞し、篤胤の記していた(公開する前の)「仙境異聞」を閲覧し、それに依拠した『神童憑談略記』(国立国会図書館デジタルコレクション)を著している。寅吉が天狗小僧であることもその彼の話す中身も、孫市にとっては(師の篤胤と同じように)まさに本当の「実事」だったのだろう。

(2)　四くさの御民の外なる者の人情―雅文笑話集

広道は、弘化二年春に大坂にやって来た。最初に旅装を解いた場所は分からないが、五月に京町堀川沿いの家に移った。翌三年夏には大坂北郊北野村に転居するので、この京町堀僑居は一年である。大坂移住後京町堀僑居一年を含めての一ヶ年余の間に、広道は数点の著作をものするが、その最初の著作が『あしの葉わけ一のまき』である。冒頭序文の日付に「弘化二年といふとしの夏みな月とをかの日（六月一〇日）寸簸《きび》（吉備）の葭沼（広道）たハぶれ《戯》にしるす。」とあり、大坂に移住して半年も経たない時に書かれた。

ところで、序文末部に「ミな《皆》、このめでたくかたじけ《辱》なき大御代の、ひろら《広》けき御かげ《蔭》にたちかくれたる、四くさ《種》の御民のほか《外》なる人どもの、うへなりかし。」（漢字のルビは原文）とあり、本書に収まる作品で取り上げたのは「四くさの御民の外なる人ども」―いわゆる「士農工商」と言う身分制度からはみ出た者たちだという。近来、近世社会の様々な集団の研究が進められ、「身分的周縁」などと言う言葉も使われている。広道の取り上げたのもその「周縁」の者たちであり、さらに「士」身分からドロップアウトした広道自身もまたその「周縁」の者に限りなく近いのである。やんごとなき者たちが下々の者の生業を珍しがり〈職人歌合〉として興じるようなのとは違い、広道の場合は、同じ立場から彼らを観察・描写している。本書はその「一のまき」だが、序文に続いて、本書全八巻の構成が次のように記されていて、相当に大きな作品が考えられていた。その草稿の一部でも残されていないかと願うばかりである。

○一の巻　物あらひの女　舩をさ　さみせんざうるり　　○二の巻　かし舟　家かり　とミ人
○三の巻　旅人屋ど　かミゆひ　湯あみ屋　　○四の巻―はふり　ずさ　ほうし
○五の巻　くすり師　哥よみ狂哥師／俳諧師　ゑかきてかき

○六の巻　茶のゆいけ花　鳥かひうゑ木／金魚　ふるうつハ物賣
○七の巻　かるわざ放下師　見せもの　かぶき　○八の巻　うかれ女男あそび　茶屋いけす　すまひ
附録―人ノ情のおもぶきをおし《推》きハ《究》めざれバ、何の学びもすべて《総》むなし《空》ごと《［談］》なるべき論《アゲツラ》ひ［二条］。
　この段ハ、たハぶれながら、此書のミたま《魂》とあるべきことなれば、まづいひおくべけれども、いさゝかおもふむねもありて、しりへにハ附し也。

計画によれば、例えば五の巻で「哥（歌）よみ」も取り上げられる予定で、ひょっとして広道の自画像がそこで垣間見られたかも知れぬが、二の巻以下は知られていない（恐らく書かれなかったのだろう）。この中で特に注目されるのは、「此書のミたま《魂》とあるべき」だと言う「附録」で、そこでは「人情」に即さなければどんな学問も机上の空論に終わることが論じられていたらしい。残念ながら、これも残っていないが、それを媒介しないでは何事も空論だという「人情」と言うものを、「四くさの御民の外なる人ども」の中に具体的に見ようとしていたことが知られて興味深い。と言うのも、「四くさの御民」の中に赤裸々な「人情」を見いだすのは困難で、彼らはそれぞれに与えられたポジションごとに外側から仮面を被せられ（「理」によって押さえ込まれ）ていて、結局外に現れてくるのは、上田秋成『癖物語』のタイトルを借用すれば、まさに彼らおのおのの「癖」でしかないからである。どんな学問でも、人間（人情）観察に立脚したものでなければならず、本書もまたその人間観察の一環として著されたものだった。

(3)　人情に通暁すること―詠歌

周防宮市の鈴木高鞆に宛てた広道の嘉永元年三月二一日付書簡（『広道の消息』）はかなり長いが、その中で次に引く件は高鞆からの書簡を承けたもので、当時の広道を考える上で注目される。その高鞆書簡は残っていないが、その冒頭の文言から、編集中の『玉石集』に寄せられた作品の「難」（「ひが事」）に対して、高鞆はそれを逐一指摘しようとしていたらしい。広道は自分の体験を持ち出して、やや婉曲的にではあるが、それは決してやるべきではないと強く諫めている。即ち、次のようである。

乍序《ついでながら》申上試候。今般玉石集御撰ニ付、右歌詞とも御詰難《きつなん》之義、至極御尤ニ奉レ存候。併、惣体世上有名家と申者を見わたし候ニ、忠告して歓ぶ者ハ稀なる様に相見え候へバ、御手元ニ而ひが事の分御捨被レ成候而、さしつけ先方へ御尋被レ成候事ハ、暫時御見合ニてハ如何と相考申候。

就中、都会之人気ハ、うハベ斗《ばかり》ほめ合て、さりげなく過し候体之人多く、たま／＼病ニいひ中《あ》テたる事も御坐候へバ、猜忌《さいき》を招く媒とも相成可レ申、左候ハヾ、向来《きょうらい》事ニ触故障多キ事も、必可レ有レ之哉と奉レ存候。（中略）。

拙生なども、国元ニ居申候内ハ討論を好候而、京摂へ出候砌《みぎり》も、彼是研究之義ニ付、舌論など致候処、大ニ土風ニ不レ叶とて、諸友処々諌《いさめ》候故、漸々《ようよう》閉口仕（口を閉じ）、近来ハ唯はりぬき人形の如くなる体ニて居申候。定而《さだめて》いふかひなく被思召《おぼしめされ》候はん、と慚愧《ざんき》仕候へども、心をしらぬ人々ニ向ひて討論致候ハヾ、度々《たびたび》災《わざわい》之端を引出候事故、唯一二之知己を待斗《まつばかり》ニ御坐候。情態、御憫察可レ被レ下候。

繰り返すが、高鞆は、寄せられた歌で難のあるものに就きその旨を直接本人に伝え（その改作を求め）ようとした。それは、類題集編集に打ち込む高鞆のまじめさ・真剣さの表れであり、彼からすれば恐らく作品を寄せた作者に対する好意でもあっただろう。広道もそのことは知っていて、まずは「至極御尤ニ奉存候。」と同意・同感を示している。しかしすぐに、「ひが事」ある作品は採らずに捨てたらよい、わざわざ相手にその「ひが事」を聞きただすなどのことは控えた方がよい、とやんわり進言している。その「ひが事」の主はあるいは京や大坂の作者だったのだろうか、広道は「都会之人気（都会人の気風）」に話を転じている。要するに、都会の人間は、何か思うことがあっても、うわべは適当に褒め合い取り繕いやりすごすのが一般で、もし「ひが事」を指摘するようなことをしたら、その者は妬まれ嫌われ、これまでも事に触れて差し障りも多く出来《しゅったい》したようです、と注意を促している。

おもしろいのはこれに続く広道の体験談である。口角泡を飛ばして論戦するのを好んだ広道が、友人たちから「土風（上方の地の気風）」に合わないから、仮に自分の方が正しいと思っても、自説をあまり言い立てない方がよいと言われ、段々口数も少なくなり今は「はりぬき（張り子）人形」のようになっていると言う。ところで、あまりあれこれ言い立て議論をふっかけたりはしない方がよい、と友人たちはなぜ広道を諫めたのだろうか（もし広道自身に何か落ち度があったのなら、諫められる前に本人が反省すべきことだろう）。友人たちの諫めは親切心から出たのは勿論としても、そのきっかけは他にあっただろう。

これが広道の大坂移住間もない頃だけに、そのきっかけはかなり限定され、中でも広道が「名家と申者を見わたし候ニ、忠告して歓ぶ者ハ稀なる様に相見え、云々」と言うのがそのヒントになる。要するにその「名家」は千種有功で、「忠告して、云々」はその有功を難じた翁満を承けている、と考えられる。

有功・翁満論争は先（221頁以下）にやや詳しく見たが、そこでミソを付けた翁満が、彼より少し遅れて大坂にやって来た広道に、己の失敗談を披露し、あんたも注意しないとダメだよ、と言い聞かせたかも知れない。しかし、それはちょっとストレートすぎるようなので、その論争を端で（大坂で）漏れ聞いた者たちの方が可能性が高いだろう。彼らは、今回のこの論争を、どちらかと言えば有功の方に肩を持ちながら、一方在坂の翁満にも少しは同情しつつ、「前車の覆るは後車の戒め」とばかりに、どこか楽しみながら吹聴し合っていたのではないか。

そんな者の中に、大坂に移住直後から広道の支援者になっていた松田直愛もいただろう。彼は大坂商人として、村田春門・嘉言社中であると共に、京の有功とも交流があった。直愛はこれまでも文人と交流するのを好んでいて、例えば若狭小浜の義門とも親しくしていた。その義門の『袖ぬれ廼日記』（三木幸信編『義門研究資料集成別巻二』）天保一四年三月九日（在坂）の条に次のようにある。


（上略）、さて直愛家に松あり。さるによりて、翠園とかゝせ玉ひたる額字をば千種殿より賜はりぬるにつきて、歌あつめ侍るを、いかで其一うたと乞ふ。これにと出しけるたにざくに、

ときはなると言ひしみどりのそのかみの色の一しほおもほゆるかな

有功から「翠園」の額を賜ったことにちなんで義門にその歌を乞い、義門もそれに応じていたことが分かる。有功は堂上歌人として著名な京の公家であるけれども、大坂の裕福な商人で歌を嗜む者にとっても格別な人だったらしい。先（134頁）にも「○佐々木春夫が歌の評」（中島広足『橿園随筆』）で、大坂玉造の豪商佐々木春夫が有功にも評を求めていたのを見たが、没後に編まれた春夫の家集『萱舎歌集』（本間良三郎編、大正一三年七月刊）にも、「千種正三位殿【有功卿】の御前に召されて歌つかへまつりける時、夕顔といふ題たまひければ」との詞書をもつ作品が収まる。いつの頃か、有功に召された時のものらしい。

と言うことで、大坂で文人として生きようとする広道を何かと世話する直愛らが、有功・翁満論争をそれとなく匂わせ、「舌論など致」すのは「大ニ土風（大坂という土地の気風）ニ不叶《かなわず》」と「諫《いさめ》」たと考えても決して無理ではない。広道もまた、それを彼の親切心から出たものとして謙虚に聞いたに違いない。しかも、それをたんに大坂商人の世渡りの術・処世術としてのみ聞いたのでは決してなかっただろう。

先（225頁）に引く有功書簡に「凡《およそ》祝詠或送別など、人の志したる詩歌など其主の意に叶ハぬも可有之候《これあるべく》へ共、夫を一々難問候事ハ人情にもあらず、礼義にもそむき候半歟。」とあった。和歌もまた、俳諧と同じくオケージョナルポエム（機会詩）であって、詠んだ時や場を考慮せずに―つまり表現の多様さや幅を認めずに一義的に（言葉尻を捉えて）それを非として問詰するのは、「人情」ではないし「礼儀」にも背くではないかと言う。有功の言うのは尤もなことで、広道にも思い当たるフシは多々あっただろう。文学批評においても、俗情に媚びるというのとは全く違って、「人情」に通暁しなければならないのである。

(4) 人情のなりゆく末々を洞察―源氏論

広道は『本教提綱』を本来は姫路藩校の国学用テキストとして著した。読者が藩士（武士）であるため、その内容もそれに即したものになっているが、その中之巻の「物の感」の章の、次の件もそうである。

　このころの大御世となりてハ、一向闘戦《ヒタスラタヽカヒ》の事ハ絶はてゝ、如是《カク》穏やかに辱き形勢なれバ、武士等の心得も其昔のやうに、荒々しきばかりにてハ事ゆくべからず。其も猶、鎗一本鎧一領ばかりの士より已下ハさてもよか《ン》めれど、其君の御代官として民をも治め人をも役《ツカ》ひ、財用《タカラ》を掌《シ》り訴訟《ウタヘ》を判《ワカ》ちなどセんすぢの人々ハ、武道《タケキミチ》の事ハ云までもあらず、暇の間にハ書を読て、物事の條理《スヂコトワリ》・世間の情態《コヽロシワザ》、総てハ人情のおのづから趣く末々を細密《コマヤカ》に考へて、物の感《アハレ》の大《イミ》じきを知尽さるべきなり。此を知ざれバ、いかばかり猛くもあれ、いかばかり理を知てもあれ、事に臨ミてハ案外《オモヒノホカ》なる空譚《ムナシゴト》と成ゆきて、俄に為術《センスベ》なき事どもも必あるべし。されバ先、此理をむねと思ひて物の感《アハレ》知るを、学問の大なる基本《モトヰ》とすべし。

ここでは、「其君の御代官」のような民を直接治める「士」が対象であり、その者の心得を述べている。

即ち、武士として「武道」が必須なのは言うまでもないが、「暇《いとま》の間《ま》にハ書を読て、物事の條理《スヂコトワリ》・世間の情態《コヽロシワザ》、総てハ人情のおのづから趣く末々を細密《コマヤカ》に考へて、物の感《アハレ》の大《イミ》じきを知尽《しりつく》さるべきなり。」（平仮名ルビは引用者）と言う。広道にとって「物の哀れを知る」とは人情の機微を知ることで、その人情は伝統的「雅情」（だけ）ではなく、何よりも現世的「俗情」に即したものである。広道の『源氏物語評釈』のおもしろさは、伝統的な「雅情」による読みは尊重しつつも、それに時折「俗情」をも対置した点にあるだろう。彼はその『評釈』の［総論上］で、「されバ何れの書を読んにも、ひたぶるに其文ことバに泥《ナヅ》むことなく、人ノ情のなりゆく末々を深く思ひはかりて、其世のさまをさとるべし。」と言っていた。その「人ノ情」は「其文ことバ」に絡められた伝統的「雅情」のみを言うのではない。いま源氏物語を読んでいるこの「私」の現世的「情」―美醜善悪真偽こき混ぜた尋常の「情」、即ち「俗情」も大切である、いやむしろ、尋常の「情」・「俗情」によって作品は読み進められ味読されるべきだ、と言いたげである。

『源氏物語評釈』の［末摘花巻］巻頭の〈評〉に、例えば次のようにある。

　此巻ハ、若紫の反対にいと古めきたる常陸宮の姫君の事をいはんとて、わびしくわろき事のかぎりをあつめて語るを主としたる事ハ、いふもさらなる中に、（中略）。雪の中にとひ給へるくだりハ、かのわびしくむつかしく、ふつゝかにうるさきすぢを、かぞへたてゝ書たるにて、末摘花君のさまの、むねとある所なれバ、心とゞめて見るべし。其中に、古代の礼儀を失ハざると、さうじミ（正身＝当人）のわらひて心うつくしくしくけだかきと、かたちに髪のめでたきをいはれたるなん、わろき中にとり所ある事を残したるなるべき。かくてぞ、あながちなる作り物語めかずして、さもあるべく聞ゆなる、これ、この作りぬしの用意のいミじき所也、といふべし。

「常陸宮の姫君」即ち末摘花は若紫の「反対」として登場させられていて、そのため彼女は「わびしくわろき事のかぎりをあつめて」描写されている。しかし、看過してはならぬのは、そんな中に彼女が「古代の礼儀」を失わず、「心うつくしくけだかき」こと、髪のすばらしい持ち主であることが書かれ、一方的にマイナスばかりではなく、いくつかのプラスもまた持ち合わせているように造形化されていて、強引な作り話のようではなくいかにも実在しているかのように思われて、これこそ作者の手腕のすばらしいところと言わねばならない。広道はさらに繰り返して、このことはこの末摘花だけではない、どの人物もそうである、この源氏物語と言う作品が決して「作り事」めかず、欠点も美点もある世の尋常の人々の在りようさながらに映し出している、そこに作者の並々ならぬ才能を知るべきだ、と次のように言うのである。

抑、作り物語ハ、よさまにいはんとてハ、よき事の限をとりぐしたるさまにいひ、あしき人の上とては、あしき事の限りを書あらハすが、やまと・もろこしなべての作り物語の常なるを、此つくりぬし、さるさかひをよく見あきらめて、今一きハ用意せられたるなど、此物語ハ、さらに作り事と聞えぬなり。さるハ、世中にある人々のうへを見るに、いかならんあしき人にても、又其中にハさすがによき心しわざもまじり、よき人なれバとて、露のあやまちなからんハ、さらにある事なきが常にて、もろこしざまの理屈づめとかいふらんすぢの人ハ、たえて世の中にはなきもの也。かゝることわりをよく思ひしらん人ハ、作りぬしのざえのたゞならぬをしるべくなん。

［大意］そもそも、作り物語（架空の物語＝創作）は、人のよき様子を言わんとよきことの限りを取り揃えて言い立て、悪い人に就いては悪い限りのことを書き立てたりするのが、やまと・もろこしを問わず、一般の作り物語の常のことだが、この源氏物語の作者は、その善悪の境目をはっきりと見極め、そのことを創作に当たって心準備して書いていて、この源氏物語は、決して作りごととは思われないのだ。と言うのも、世の中

の実際の人々を見ると、どんな悪い人でもまたその中にはよい心やよい行いも交じっているものだし、反対にいい人だからと言って少しの間違いもないような人は決していないのが常のこと、もろこし風の理屈詰めで作られたような人など、絶えていないものなのだ。このような道理を十分承知している人は、作者紫式部の才の尋常でないことをきっと知っているに違いない。

(5)　士人の議は下情を知らず──海防論

広道の親友で姫路藩士の秋元安民は、黒船騒動を承けて海防書『伊勢の浜荻』(嘉永六年秋付自序)を認《したた》めて広道や高雅に送って評を求めた(大阪市立大学図書館森文庫蔵写本には両者の詳細な書き込み評が見える)。安政元年正月六日付高雅宛書簡(『広道消息』)にこれ(「安民ガ一書」)を承けた、次のような件が見える。

安民ガ一書ハ、一寸一見仕候。儒論トハ遥ニマサリタル様ニ覚申候。乍去、右ヨリ左ヘ宜サマ行ハレ候所ノ時勢人情ノツマリ迄、微細ニ論ジタルモノナラネバ、猶イカガ哉ト覚申候。

つまり、安民海防論は「時勢人情ノツマリ(極み)迄、微細ニ論ジタルモノナラネバ、云々」と批判しているが、これは安民のものに限らず、世に流布する海防論に対する広道の不満だった。興味深いことに、そのことをやや具体的に論じた広道の論が「広道云、云々」と、本書第五章の本文に引かれ、さらにその箇所に広道自身が頭書をも認めている。広道の論も随分雑なところがあり、その西洋認識も極めて浅薄ではあるが、「時勢・人情」に目を向けず、やたらに大言壮語し、財政的な裏付けを全く欠いて軍備の増強・巨艦の製造を言い立てることに対して、かなり冷静にものを見ているとは言える。まず、本文に、

広道云。皇国上古ノ法制、租・庸・調ナリシ時ハ、工役ノ事モサマデ国用ノ費トハナラザリシヲ、織

　田・豊臣二公ノ頃、米年貢ヲ十分ニ収ラレシヨリ、金銭ヲ賜ハラデハ工役ハ成ラヌヿトナリテヨリ已来、諸負人ト云者、小吏ト狃合《なれあ》ヒ、何事モ高価ニ定メテ、両利ヲ謀ル弊風起レル也。故ニ今、巨礟《きよほう》・大船ヲ造ランニモ、奸人ノ曲計ニ投了スル等、外ノ数迄委シク積ラバ、其費巨万ナルベシ。西洋諸州ナドハ、下民ト雖ドモ珍奇ノ物品ヲ製造スル者アレバ、位禄ヲモ予へ、諸侯ニモ封ズル習俗ナル故、我モ我モト丹誠ヲコラス情理ナリ。彼製度ノ異ナルヲ一様ニ論定セントスルハ、僻説ト云ツベシ。

とある。この緊急課題に対して迂遠な「皇国上古ノ法制、租・庸・調」などを持ち出す所、いかにも国学者らしいが、それはさておき、「西洋諸州」のように「下民ト雖ドモ、珍奇ノ物品ヲ製造スル者アレバ、位禄ヲモ予へ、諸侯ニモ封ズル」ような「習俗」のない現在の我が国の制度下では、「巨礟・大船」を作り出すのは、費えばかりが巨大になり難しいと言う。「西洋諸州」を褒め称えようとしているのでは勿論ないが、安直な海防策を批判する中で、ゆくりなくも「西洋諸州」の「製度」の利（または理）を認めているのが注目される。次いで広道頭書である。彼はその頭書中で、「スベテ士人ノ議ハ、下情ヲ知ズヿ《こと》多クシテ、迂闊ナルヿ甚多シ。」と言い、信州松代藩士佐久間象山の、老中でもあった藩主の真田幸貫に上申した「象山海防上書」（天保13年11月成立）を、「或人ノ海防説」と呼んで次のように批判している。

　或人ノ海防説ニ、年々廻米ノ舩洋中ニテ破舩スル失亡ノ費ヲ計リテ、其費ヲ以テ諸大名家又富商ナドニ課セ、蛮舩ノ製ヲナラヒテ、各国ノ浦々ニ繋ギ置キテ、事アラバ軍艦ニ備ヘ事ナクバ廻米用ニ充《あて》ント。

「或人」の言うことは、いかにも理屈は合っているように見える、しかし、実は「情ニ於テ、必成《なる》ベカラザルヿ」である、と言うのも、一体、外国では莫大の費用をかけて大船を造っても、「コレニ乗テ海外ノ諸国ニワタリ行キ交易ヲシテ、其利ヲ計レバ、一両年ノ中ニ造船ノ費ハ取カヘス」ことが出来る、また

「我邦ニテモ千石・二千石ナドノ大舩ハ、造ルニ千金・二千金ヲ費ストモ、其舩ニ物ヲ積テ東西南北スルヿハ、凡一二年バカリニシテ、其費ヲバトリカヘス」ことは出来る、ところが、「大名家ニテ造ラレシニハ、例ノ買上ゲト云フヿシテ、金銀ヲ以テ諸具ヲ買取リ、工匠ニ雇銭ヲ与ヘナドシテ造ラルベケレバ、其費莫大ナル」上に、それを「纔《わずか》ニ江戸廻米ノ用ニ充ル」だけでは「其費ヲ取カヘサント数千年ヲヘテモ不可能だ、その上、莫大の費用を補填するため「竟《つい》ニハ必《かならず》下民ニ課役金ナド」を命ぜられることになるが、これは必ず「大ナル乱ノ基」となる、また「富商ニ令シテ造ラシ」ても、「諸方ノ産物ヲ積テ我邦ノ海浜ヲノミノリ廻ルバカリニテハ、其費返ラザレバ、必ウケガフマジキ也。」、利が取れないなら富商も決して引き受けないだろう、と広道は批判する。要するに、これを一言で言うと「スベテ士人ノ議ハ、下情ヲ知ズヿ多クシテ、迂闊ナルヿ甚多シ。」となる。

この議論の中に、外国では世界相手に交易しているので莫大な造船費用も直ぐに取り戻せるとあり、ところが日本でもし外国船のような大きい船を造っても、たんに我が国の限られた沿海を廻るだけなら、その建造にかかる莫大な費用を取り戻すことなど到底出来ないと言い、聞きようによっては、幕府の鎖国政策を批判しているようにも受け取れる件が見える。「人情」の行方を末々まで考えた結果このような結論に達したと言うことで、勿論、広道に鎖国政策批判の気持ちはなかっただろう。しかし、広道の本心が那辺にあれ、「人情」に即して考えを進めていくと、身分制度を含めた現行の諸制度への批判とも西洋の制度への賛美とも取れる先の物言いと同じものが、ここでもまた彼の口から洩らされているのである。

「近代」は、大坂という俗地に住む広道のところへ、とっくにやって来ていた。

あとがき──幕末と維新との狭間《はざま》

Ⅰ　萩原広道に就いては、二年前に『萩原広道』（上下巻二冊）を出しましたが、いささか分厚すぎて、もう少しコンパクトなものをと考えていました。ただ、「伝」を単純に縮小するだけでは意味がないので、「俗地の大坂で文人として生きた萩原広道」というテーマでまとめてみようと思いました。

㈠　俗地の大坂と言うことに関しては、四点触れました。一つは、文雅に理解を示すことの少ない商人の町、即ち俗地にもかなり多くの武士役人─いわゆる四民の中では相対的に知識階級に属する者─がいたこと、二つは、彼らはその殆どが江戸や各地諸藩からやって来た者で、一年毎あるいは数年毎、時には十数年毎に入れ替わり、そのことによって「文化」（思想・文学）の伝播交流が自ずと活性化されていたのではないかと言うこと、三つは、「文化」と密接な関係にある書肆が大坂に多くあり、その数はあるいは江戸には及ばずとも文雅の地の京には引けを取らぬほどだったこと、そして多量に板行される書籍は、入れ替わりやって来る江戸や諸藩の武士役人たちもその大きな受け皿の一つになっていたのではと思われること、四つは、次々と入れ替わりながらも多くの文人が仮寓・在坂していたこと、そしてその在坂期間中に、自著は勿論、書肆の依頼にも応じてかなりの著編書をものにしていたのです。

要するに、大坂は俗地ではあるけれども、決して「不文之地」ではなかったと言うことなのです。

㈡　次いで広道のことですが、彼もまた他の来坂仮寓の文人と同じく旺盛な著作活動を行います。ただ、彼らとの決定的な差は、大坂の俗地にどっぷりと浸《つか》っていた（いや浸らざるを得なかった）ことです。例えば、一つは大坂書肆との関係です。多くの仮寓文人たちは、大坂書肆とはその「文化」（文雅）的側面とだけ関係を結べばよかったのでしょうが、広道はそんなきれいごとでは済まされず、板下書きの仕事などを通して書肆の俗的（大坂商人的）側面とも真っ向から対峙しなければならなかったのです。ただ、その苦労のおかげで、彼の人間（「人情」）観察は深められて行ったのではないかと思います。

㈢　「人情」の重視は早くから近世文芸の大きな特徴だと指摘されて来ていますが、しかしその「人情」は、本文でも触れた如く、いつのまにか「雅情」とか「真心」とか「誠」とか「丈夫心」とかと特権化されて行き、幕末期に至っては極めて独善的排他的な心情に結びつけられていったように思います。一方、広道の場合はあくまでも彼我共通する「情」―俗情をも受け容れ排除しないところの「情」です。それを「知」の側面から言えば、奇を衒《てら》ってオリジナルを称し特異さ非凡さを誇る特権的な「知」ではなく、広く世間に行き渡っている「知」、まさに「衆知」を重視することに繋がります。広道の『源氏物語評釈』（以下単に「評釈」とも略します）は、しばしば友人知人たちの「説」を取り入れ自説の足りぬところを補強していますが、広道はまさに「衆知」を集めんとしていたわけです。彼の「人情」重視は岡山時代以来のものですが、さまざまな人間の「情」のぶつかり合う俗地大坂の地で、ますます「人情」への考察を深めて行ったでしょう。本文中に、彼の書いたものの中から、その例をいくつか挙げました。

㈣　「俗地」とか「人情」とかに妙にこだわっています。自然な情・俗情を肯定的に生きる人たち―、即ち俗人たちの集まる地は俗地と呼ばれますが、まさにそんな俗地から〈近代〉は生まれたのではないでしょうか。もとより大坂の地はその一例にすぎず、雅地の京の中にも「俗地」はあったはずですし、江戸は広大な市街地を擁するだけに、その「俗地」面積？は大坂より広かっただろうと想像します。

Ⅱ　もう二十年近くも前、源氏物語の研究―特にその注釈書としての広道の「評釈」の研究―をされていて、一方近代文学にも造詣の深い外国人研究者（パトリック・カドー氏）とお話しする機会があり、もとより日本語の堪能な方で、いろいろご教示を頂いたことがありました。広道の「評釈」を明治に入って精力的に顕彰に努めた依田学海（天保四年―明治四二年）の「情報」もその一つでした。「評釈」に初めて出会った時のことが『学海日録』慶応四年七月二七日（明治改元一月余り前）の条に見えて、そこで「なべての書にはいやまさりてきこゆ。」とほめています。「評釈」を当時（明治以前に）読んだ人のコメントが殆ど残されておらず、明治改元直前のものだったとは言え、この記事は有り難かったです。

㈠　『小説神髄』（明治一八年）の著者坪内逍遙（安政六年―昭和一〇年）は広道の「評釈」を読んでいたのではないか、と言う趣旨のこともそのカドー氏から伺ったように記憶しております。学海は明治文壇で活躍した人ですが、一方、その前半生は佐倉藩士で江戸藩邸の留守居をも勤めていた人でした。明治人ではありますがまた江戸時代の人でもあったので、彼の話はそれほど違和感なく聞くことが出来ました。しかし、逍遙はその生年は江戸時代とは言え明治の改元時は数えの一〇才ですから、学海などと比較すると全くの明治人と言えるでしょう。学校で昔教わった歴史観をそのまま引きずり、いまだ江戸と明治との間に深い溝を感じそこから抜け出せないでいる私は、そんな理不尽な溝をいとも簡単に跨いで越えてしまう外国人研究者の柔軟さ・とらわれのなさに圧倒され、羨ましく思いました。ただその時は広道のおっかけに没頭していたと言うこともあり、せっかく広道と逍遙との繋がりを示唆する貴重なお話も何か別世界の人の話のようで、結局聞き流してしまいました。今頃になって、『小説神髄』の「小説の主脳は人情なり、世態風俗これに次ぐ。」と言う周知の言葉を思い出し、改めて逍遙の「人情」重視と広道の「人情」重視とを重ねて、その示唆の重さをかみしめている次第です。

㈡　急いで付記しますが、逍遙は「評釈」を読んでいたはずだ、と決めつけているのではありません。事実がどちらであっても、その〈示唆〉の重さは変わりません。幕末国学の文学運動の中から生まれた広道の「評釈」が明治の文学論とどこかで繋がっている、少なくともそう言う可能性があると言うこと、あるいは広道一己の問題を越えてもっと広く、幕末国学の文学運動が一見〈維新〉によって断ち切られたように見えながら、根のところで近代文学の成立に大きく関わっていたのではないかと言うこと、などを示唆してくれているからです。これまでも〈幕末〉の問題は繰り返し論じられて来ましたが、そこでの問題の多くは、〈維新〉の視点からあるいは集権化された〈東京〉の視点から切り取られたものです。文化的に豊かな〈地方〉がなお散在していた〈幕末〉期には、まだまだ多様な可能性が秘められていました。本書冒頭の「凡例」で触れた如く、〈幕末〉を黒船以後と限定せず少なくとも天保年間まで遡るべきだと考えますが、それは〈幕末〉の多様な可能性を探るためでもあります。

㈢　「幕末国学の文学運動」と言う言葉を繰り返しました。大坂の契沖から始まる国学の古典研究は、江戸では賀茂真淵などに承け継がれ、さらにその門下の江戸派の人々、あるいは伊勢の本居宣長らに伝承され発展して行きますが、山崎芙紗子「近世の古典注釈」（『岩波講座日本文学史第10巻』）の中でも指摘されていますように、特に宣長はその入門書「宇比山踏《ういやまぶみ》」で、古典を深く正確に読み進めるためにも「物の注釈」することを心掛けよ、と言っています。事実、その言葉どおりに鈴屋門の人々の注釈書は少なくありません。宣長に私淑していた広道もまた、その勧めに従い早くから「物の注釈」に取り組んでいました。従って、広道の「評釈」は、単に源氏の注釈書という側面からだけでなく、近世後期から幕末に多く見られる「物の注釈」群の一つとしても見るべきではないかと思っています。

㈣　これも本文中で触れましたが、国学の「正統」は宣長から篤胤へ承け継がれたとされることで、古道（復古思想）が強調され、その文学（歌文）運動の側面は軽んじられ、幕末期に至ってはほとんど無視されていたように思います。そんな中で、「評釈」が辛うじて残され幸いにも評価される機会を得たのは、恐らく扱った対象がたまたま源氏物語だったからでしょう。幕末期の古典注釈書は、源氏物語の注釈をも含めて他にまだいくらもありますが、その作品個々の評価は勿論のこと、幕末国学の文学運動と言う側面から見ての評価をも併せ、改めて検討されるべきだと思います。ところで、その幕末国学の文学運動としては、「物の注釈」運動よりも一層広範囲な、幕末類題集の運動があります。その運動と広道との関わりは先の『萩原広道』でも触れていますので繰り返しませんが、その幕末類題集運動（幕末和歌運動）との関係で少し付け加えたいことがあります。例えば、坪内逍遙『小説神髄』は、文学史上に何の前触れもなく明治一八年に突如現れた、と少なくとも私にはそう映ります。それが突然の出現のように見えるのは、恐らく江戸と明治との間の深い深い溝のためで、もし例えば「評釈」を初めとした幕末国学の文学運動と何らかの繋がりが明らかにされたなら、その魔法のような唐突さは、ごく自然な認識を妨害していたあの深い溝と共に、消えるはずです。実は和歌分野でもこれと似たことがあります。

㈤　近代文学史の和歌（短歌）分野の記述は、明治三〇年代の正岡子規や与謝野鉄幹・晶子や佐佐木信綱らによる短歌革新運動からスタートするのが普通ですが、予告なしのこの唐突さは小説ジャンルにおける『小説神髄』のそれ以上ではないでしょうか。彼らの主宰する和歌結社には短期間の間に多くの歌人が集まり、その結社の逐次刊行和歌雑誌には全国の同人作者たちから作品がどっと寄せられてくるのですから、彼ら短歌革新の旗手たちの手際はまるで魔法使いのように映ります。しかし、落ち着いて観察すれば、作品が全国津々浦々から寄せられて来るのは、〈維新〉による断絶でしばしその表現の場を奪われた作者たちが、この間も細々とではあっても詠み継いでいたからではないでしょうか。幕末国学の文学運動—特にその一環としての幕末類題集運動によって、全国各地に数多くの小歌壇が生み出され、そこにその多くが無名である作者たちが集まっていたのです。子規らの短歌革新運動が近代文学史上で唐突に映るのは、ここでも幕末と維新との間の深い溝のため、幕末類題集運動が見えなくなってしまっているからだろうと思います。本文中（五五頁以下）で佐佐木信綱による言道「発見」譚にくどく言及したのもそんな思いがあったからです。

Ⅲ　広道のことを長く調べているものですから、広道とは要するにどう言う人間なんだ、と問われることがよくあります。教科書などに全く見えないし、文学史や思想史のテキストに出ることもまずないので、「要するに」と言われても一口ではとても答えられません。そこで、面倒なので源氏物語の注釈書を著した人だと言いますと、何となく分かったような顔をしてくれて、それ以上問われることはありません。しかし、これはどうも源氏物語という「権威」に阿《おも》ねているようだし、またそれは広道の目指していたものではないと言う思いも募り、いささか憂鬱になります。実は、例えば『贈位諸賢伝』（昭和二年七月刊、『日本人物情報大系第42巻』所収）等に掲出されているいわゆる勤皇派の志士たちは別にして、幕末期における各地の諸文人の自立した活動を（特に中央の視点からではなく）「評価」する軸や枠組みが、これまでの文学史や思想史にはあまりなかったように思います。勿論、大坂の広道に就いても同じことで、「評釈」以外の著作類や幕末類題集運動をはじめとした彼の文学的諸活動は、それらが正面から検討される以前に、ほとんど無視されて来たのが実状でした。そこで、不遜にも国学史・近世文学・近世和歌史の「問題」に、本文中でもスペースを割いて言及し、右にもまたそれを繰り返した次第です。

先の『萩原広道』に続き、今回も遊文舎の皆さんにお世話になりました。厚くお礼を申し上げます。

二〇一八・五・三一　　山崎勝昭

［人名索引］

——＊本文中に見える人名を出来るだけ掲出したが網羅的ではない。頻度の最も高い萩原広道は掲出していない。

また、頻度の高い者の掲出頁は全て挙げずに適宜端折った。

［あ］

［た］

（人名索引　終）

著者略歴

山崎 勝昭

1942年4月　大阪市港区生まれ
1961年3月　大阪府立市岡高校卒
1965年3月　大阪大学理学部（高分子学科）卒
1968年3月　大阪大学文学部（国文学）卒
1973年3月　神戸大学大学院（修士・国文）修
2003年3月　大阪府立豊中高校国語科教員退職
〈著書〉
『葭—萩原広道とその時代』（第1号〈1996〉～第28号〈2013〉）他
『萩原広道』（上）（下）2016年3月

俗地と文人―幕末期大坂の萩原広道―

2018年6月20日発行

著　者　山　崎　勝　昭
吹田市千里山東2の17のA 205
e-mail：yamakatsu@muf.biglobe.ne.jp

発売元　株式会社　ユ ニ ウ ス
大阪市淀川区木川東4の17の31
TEL（06）6304-9325

印刷所　株式会社　遊　文　舎
大阪市淀川区木川東4の17の31
TEL（06）6304-9325

ISBN 978-4-946421-66-2 C3395 ¥3,500